新版财务、税务、审计文书写作指导用书

税务文书
式样与范本案例

项国 翟继光 于冬梅 主编

立信会计出版社
LIXIN ACCOUNTING PUBLISHING HOUSE

图书在版编目（CIP）数据

税务文书式样与范本案例 / 项国，翟继光，王冬梅主编． -- 上海： 立信会计出版社，2024.10. -- ISBN 978-7-5429-7732-8

Ⅰ．F812.423

中国国家版本馆 CIP 数据核字第 2024T3Z025 号

责任编辑　毕芸芸

税务文书式样与范本案例
SHUIWU WENSHU SHIYANG YU FANBEN ANLI

出版发行	立信会计出版社		
地　　址	上海市中山西路 2230 号	邮政编码	200235
电　　话	（021）64411389	传　　真	（021）64411325
网　　址	www.lixinaph.com	电子邮箱	lixinaph2019@126.com
网上书店	http://lixin.jd.com		http://lxkjcbs.tmall.com
经　　销	各地新华书店		

印　　刷	北京鑫海金澳胶印有限公司
开　　本	710 毫米 ×1000 毫米　1/16
印　　张	23.5
字　　数	473 千字
版　　次	2024 年 10 月第 1 版
印　　次	2024 年 10 月第 1 次
书　　号	ISBN 978-7-5429-7732-8/F
定　　价	86.00 元

如有印订差错，请与本社联系调换

序言 PREFACE

　　税务文书是为制定和执行税法所使用的具有特定格式的各种文书的总称。为进一步规范税收征纳行为,促进税收执法文书合法、准确、规范地使用,推进依法治税,根据《中华人民共和国税收征收管理法》及其实施细则的有关规定,2005年,国家税务总局重新制定、修改了部分税收执法文书。《国家税务总局关于印发全国统一税收执法文书式样的通知》(国税发〔2005〕179号)是各级税务机关制作各类税务文书的基本依据。《国家税务总局关于修订"税务处理决定书"式样的通知》(国税函〔2008〕215号)、《国家税务总局关于修订税务行政处罚(简易)执法文书的公告》(国家税务总局公告2017年第33号)、《国家税务总局关于修订部分税务执法文书的公告》(国家税务总局公告2021年第23号)先后对《国家税务总局关于印发全国统一税收执法文书式样的通知》(国税发〔2005〕179号)中的部分文书式样进行了修订。为与新修订的《中华人民共和国行政复议法》相衔接,积极发挥行政复议化解行政争议的主渠道作用,《国家税务总局关于修订部分税务执法文书的公告》(国家税务总局公告2024年第1号)又修订了部分税务执法文书。

　　为配合《国家税务总局关于印发全国统一税收执法文书式样的通知》(国税发〔2005〕179号)、《国家税务总局关于修订部分税务执法文书的公告》(国家税务总局公告2021年第23号)以及《国家税务总局关于修订部分税务执法文书的公告》（国家税务总局公告2024年第1号）的实施，使广大税务人员在税收执法文书制作和使用上有具体的、可参照的标准，我们组织相关专家编写了《税务文书式样与范本案例》。

本书分为八章，第一章为税务管理类文书，包括税务事项通知书、扣缴义务人登记表、财务会计制度及核算软件备案报告书、外出经营活动税收管理证明、外出经营活动情况申报表、纳税人存款账户账号报告表、税务证件挂失报告表、停业复业（提前复业）报告书以及税务行政许可类文书。

第二章为发票管理类文书，包括发票领购簿，代开发票申请表，发票挂失/损毁报告表，发票换票证，调验空白发票收据以及收缴、停止发售发票决定书。

第三章为税款征收类文书，包括委托代征协议书、核定（调整）定额通知书、定期定额户自行申报（申请变更）纳税定额表、个体工商户税收定期定额征收管理文书、纳税人合并（分立）情况报告书、延期申报申请核准表以及延期缴纳税款申请审批表。

第四章为税务检查类文书，包括税务检查通知书、税务协助检查通知书、检查存款账户许可证明、调取账簿资料通知书、调取账簿资料清单、询问通知书、询问（调查）笔录、陈述申辩笔录、现场笔录、勘验笔录、提取证据专用收据、税务稽查结论、税务处理决定书、责令限期改正通知书以及税务文书送达回证。

第五章为阻止出境类文书，包括阻止欠税人出境布控申请表、边控对象通知书、阻止出境决定书、阻止欠税人出境撤控申请表、阻止欠税人出境撤控通知书以及解除阻止出境决定书。

第六章为税收保全类文书，包括税收保全措施决定书（冻结存款适用），冻结存款通知书，解除税收保全措施决定书（冻结存款适用），解除冻结存款通知书，税收保全措施决定书（扣押/查封适用），查封商品、货物或者其他财产清单，扣押商品、货物或者其他财产专用收据以及解除税收保全措施决定书（扣押/查封适用）。

第七章为税收强制执行类文书，包括催告书（行政强制执行适用），催告书（申请人民法院强制执行适用），税收强制执行决定书（扣缴税收

前 言

款项适用），扣缴税收款项通知书，税收强制执行决定书（拍卖/变卖适用），拍卖/变卖抵税财物决定书，拍卖/变卖结果通知书，拍卖/变卖商品、货物或者其他财产清单，返还商品、货物或者其他财产通知书，强制执行申请书，协助执行通知书（一），协助执行通知书（二），协助执行通知书（三）。

第八章为税务处罚类文书，包括税务行政处罚事项告知书、税务行政处罚决定书（简易）、税务行政处罚听证通知书、听证笔录、税务行政处罚决定书、不予税务行政处罚决定书、暂缓或者分期缴纳罚款通知书、税务行政执法审批表、涉嫌犯罪案件移送书以及涉嫌犯罪案件情况调查报告。

本书共收录了98份税务文书式样，近百份文书范本。所收录的范本均来源于税务机关执法过程中的真实文书，具有很高的参考价值。为避免对相关纳税人的声誉造成影响，本书省略了具体纳税人的名称，但保留了税务机关的名称。

本书可作为各级税务机关执法的参考工具书，也可以作为各高校、研究机构进行税法、税务研究的参考书。广大企事业单位等纳税人可以通过本书提前了解自己可能收到的各类税务文书。

编者

2024年10月

目录 CONTENTS

第一章 税务管理类文书 ……………………………………… 1

第一节 税务事项通知书 …………………………………… 1
第二节 扣缴义务人登记表 ………………………………… 13
第三节 财务会计制度及核算软件备案报告书 …………… 16
第四节 外出经营活动税收管理证明 ……………………… 18
第五节 外出经营活动情况申报表 ………………………… 22
第六节 纳税人存款账户账号报告表 ……………………… 24
第七节 税务证件挂失报告表 ……………………………… 25
第八节 停业复业（提前复业）报告书 …………………… 27
第九节 税务行政许可类文书 ……………………………… 29

第二章 发票管理类文书 ……………………………………… 41

第一节 发票领购簿 ………………………………………… 41
第二节 代开发票申请表 …………………………………… 44
第三节 发票挂失/损毁报告表 ……………………………… 46
第四节 发票换票证 ………………………………………… 49

· 1 ·

第五节　调验空白发票收据 ································· 51
第六节　收缴、停止发售发票决定书 ························· 52

第三章　税款征收类文书 ······································ 54

第一节　委托代征协议书 ··································· 54
第二节　核定（调整）定额通知书 ··························· 62
第三节　定期定额户自行申报（申请变更）纳税定额表 ········· 70
第四节　个体工商户税收定期定额征收管理文书 ··············· 71
第五节　纳税人合并（分立）情况报告书 ····················· 86
第六节　延期申报申请核准表 ······························· 88
第七节　延期缴纳税款申请审批表 ··························· 91

第四章　税务检查类文书 ······································ 94

第一节　税务检查通知书 ··································· 94
第二节　税务协助检查通知书 ······························· 100
第三节　检查存款账户许可证明 ····························· 102
第四节　调取账簿资料通知书 ······························· 103
第五节　调取账簿资料清单 ································· 112
第六节　询问通知书 ······································· 114
第七节　询问（调查）笔录 ································· 118
第八节　陈述申辩笔录 ····································· 125
第九节　现场笔录 ··· 126
第十节　勘验笔录 ··· 130
第十一节　提取证据专用收据 ······························· 132
第十二节　税务稽查结论 ··································· 134

目 录

第十三节　税务处理决定书 …………………………………………… 143

第十四节　责令限期改正通知书 ……………………………………… 162

第十五节　税务文书送达回证 ………………………………………… 166

第五章　阻止出境类文书　168

第一节　阻止欠税人出境布控申请表 ………………………………… 168

第二节　边控对象通知书 ……………………………………………… 170

第三节　阻止出境决定书 ……………………………………………… 173

第四节　阻止欠税人出境撤控申请表 ………………………………… 181

第五节　阻止欠税人出境撤控通知书 ………………………………… 183

第六节　解除阻止出境决定书 ………………………………………… 185

第六章　税收保全类文书　187

第一节　税收保全措施决定书（冻结存款适用）……………………… 187

第二节　冻结存款通知书 ……………………………………………… 203

第三节　解除税收保全措施决定书（冻结存款适用）………………… 205

第四节　解除冻结存款通知书 ………………………………………… 208

第五节　税收保全措施决定书（扣押/查封适用）…………………… 210

第六节　查封商品、货物或者其他财产清单 ………………………… 214

第七节　扣押商品、货物或者其他财产专用收据 …………………… 216

第八节　解除税收保全措施决定书（扣押/查封适用）……………… 217

第七章　税收强制执行类文书　221

第一节　催告书（行政强制执行适用）……………………………… 221

第二节　催告书（申请人民法院强制执行适用）……………223

第三节　税收强制执行决定书（扣缴税收款项适用）…………225

第四节　扣缴税收款项通知书 …………………………………229

第五节　税收强制执行决定书（拍卖/变卖适用）……………231

第六节　拍卖/变卖抵税财物决定书 …………………………243

第七节　拍卖/变卖结果通知书 ………………………………246

第八节　拍卖/变卖商品、货物或者其他财产清单 …………249

第九节　返还商品、货物或者其他财产通知书 ………………251

第十节　强制执行申请书 ………………………………………253

第十一节　协助执行通知书（一）……………………………255

第十二节　协助执行通知书（二）……………………………257

第十三节　协助执行通知书（三）……………………………258

第八章　税务处罚类文书 …………………………………… 260

第一节　税务行政处罚事项告知书 ……………………………260

第二节　税务行政处罚决定书（简易）………………………309

第三节　税务行政处罚听证通知书 ……………………………313

第四节　听证笔录 ………………………………………………315

第五节　税务行政处罚决定书 …………………………………318

第六节　不予税务行政处罚决定书 ……………………………348

第七节　暂缓或者分期缴纳罚款通知书 ………………………353

第八节　税务行政执法审批表 …………………………………355

第九节　涉嫌犯罪案件移送书 …………………………………358

第十节　涉嫌犯罪案件情况调查报告 …………………………364

第一章 税务管理类文书

第一节 税务事项通知书

一、全国统一税收执法文书制度

(一) 国税发〔2005〕179号文

为进一步规范税收征纳行为，促进税收执法文书合法、准确、规范地使用，推进依法治税，根据《中华人民共和国税收征收管理法》(以下简称《税收征收管理法》)及其实施细则的有关规定，国家税务总局重新制定、修改了部分税收执法文书，发布了《国家税务总局关于印发全国统一税收执法文书式样的通知》(国税发〔2005〕179号)。

各级税务机关要充分认识税收执法文书的重要性，严格按照规定的权限及程序使用和管理税收执法文书。同时，要加强各部门的协调配合，充分发挥信息化管理的优势，保证税收执法文书使用规范、流转畅通、归档及时。

本次制定、修改的税收执法文书共67个，包括税务管理、税款征收、税务检查以及税务行政处罚等使用的文书。各省、自治区、直辖市和计划单列市国家税务局、地方税务局可根据实际工作需要，适当增加文书的联次，并制定具体的管理办法。没有纳入此次统一下发范围内，但已在国家税务总局(包括国家税务总局和其他部门联合发文)制定的其他有效规章、规范性文件中规定的税收执法文书可继续使用。

国家税务总局在制定、修改税收执法文书的同时，制定了《税收执法文书标准》。各级税务机关在制作、使用税收执法文书时，应当按照统一的标准执行。除有特殊规定或业务上有特殊需求的外，未在本次统一的文书，也应当按照《税收执法文书标准》制作和使用。

各级税务机关要以此次推行全国统一税收执法文书为契机,加强科学化、精细化管理,认真总结和积累文书使用和管理经验。执行中发现的问题请及时报告国家税务总局(征收管理司)。此次下发的全国统一税收执法文书,自2006年5月1日起执行。

(二)税收执法文书标准

为规范、简化税收执法文书的制作和使用,有利于信息化管理,促进信息共享,根据《税收征收管理法》及其实施细则的规定,确定税收执法文书标准如下。

1. 文书名称

统一对外文书的税务机关名称,除法律、行政法规特别规定和部门之间对等原则外,均采用"××税务局",与现行文书发文文头保持一致,税务局和稽查局都使用的文书,文头采用"××税务局(稽查局)"。

2. 文书字号

文书字号统一为"税〔 〕号",年份应使用公元全称,去掉"年"字,例如"2004"不得写成"04",并用六角号"〔 〕"括起;年份和序号一律使用阿拉伯数码;序号前一律不加"第"字和虚位"0"。稽查局使用文书时,应在字轨中增加"稽"字,以区别于本级税务局。如《税收强制执行决定书》(扣缴税收款项适用),税务局使用时,字轨为"税强扣〔 〕号";稽查局使用时,字轨为"税稽强扣〔 〕号"。

3. 引用条款

文书引用新《税收征收管理法》及其实施细则等法律、行政法规、行政规章时,应尽量直接标明具体的条款,并引用原文。

4. 文书的受理和审批

文书的受理和审批栏,统一使用经办人、负责人、税务机关签章。在使用中应按照《税收征收管理法》及其实施细则规定的权限和程序使用,例如《税收征收管理法》明确为税务局局长批准的,签字的负责人应为局长。

5. 告知事项

文书中有告知事项的,统一将告知事项作为文书的内容,放在文书正文的尾部。复议事项中应写明具体的复议税务机关名称,需要先缴纳税款、滞纳金或者提供纳税担保的,在告知事项中标明。

6. 技术规范

(1)文书尺寸。除有个别要求的文书外,统一使用A4幅面纸张(210mm×297mm)印制。

(2)字体字号。税务机关名称使用2号宋体;文书名称使用1号宋体;文书字轨文号、字号和正文使用3号仿宋;表格内文字使用小4号仿宋。使用说明使用3号仿宋。

（3）文书一般每页22行，每行28个字。
（4）取消一式两栏或多栏文书，统一采用一式多份文书。

二、文书式样

_____税务局（稽查局）

税务事项通知书

_____税通〔　〕号

_____（纳税人识别号：　）：

事由：

依据：

通知内容：

税务机关（签章）
年　月　日

三、文书的使用说明

（一）设置依据

本通知书依据《税收征收管理法》及其实施细则设置。

（二）适用范围

税务机关对纳税人、扣缴义务人通知有关税务事项时使用。除法定的专用通知书外，税务机关在通知纳税人缴纳税款、滞纳金，要求当事人提供有关资料，办理留抵退税，异常增值税扣税凭证处理，变更检查人员、变更检查所属期，办理有关涉税事项时均可使用此文书。

（三）填写说明

（1）抬头：填写被通知人名称或者姓名、统一社会信用代码或者有效身份证件号码，没有统一社会信用代码的，以纳税人识别号代替。

（2）事由：简要填写通知事项的名称或者实质内容。

（3）依据：填写有关税收法律法规的具体内容。

（4）通知内容：填写办理通知事项的时限、资料、地点、税款及滞纳金的数额、所属期等具体内容。通知纳税人、扣缴义务人、纳税担保人缴纳税款、滞纳金的，应告知被通知人：若同税务机关在纳税上有争议，必须先依照本通知的期限缴纳税款及滞纳金或者提供相应的担保，然后可自上述款项缴清或者提供相应的担保被税务机关确认之日起六十日内依法向税务机关申请行政复议。其他通知事项需要告知被通知人申请行政复议或者提起行政诉讼权利的，应告知被通知人：如对本通知不服，可自收到本通知之日起六十日内依法向税务机关申请行政复议，或者自收到本通知之日起六个月内依法向人民法院起诉。告知税务行政复议的，应写明税务复议机关名称。

四、文书范本

（一）关于要求纳税人提供相关涉税资料的税务事项通知书

烟台市地方税务局芝罘分局
税务事项通知书
烟芝地税通〔2016〕001号

×纳税人（详见《需公告送达纳税人名单》）：

事由：提供有关涉税资料。

依据：《中华人民共和国税收征收管理法》第五十四条、第五十六条、第五十七条。

通知内容：请于2017年2月5日前向地税主管税务所提供与你单位经营场所（场地）有关的权属证书、合同（协议）等涉税资料。

本通知书自公告之日起满30日，即视为送达。

附件：《需公告送达纳税人名单》（略）。

烟台市地方税务局芝罘分局
2016年12月30日

相关说明

一、为加强房产税和城镇土地使用税（以下简称两税）税收管理，根据烟台市地方税务局《关于在市直范围内开展房产税和城镇土地使用税税源普查活动的实施方案》要求，决定自2016年8月起，在芝罘区范围内组织开展一次两税税源普查活动，同时对普查过程中发现的漏征漏管户及已停止经营的不达起征点个体工商户一并进行清理。

二、本次税务事项通知送达范围为实地查无下落且税务登记记载的联系方式均无效的纳税人或已经通知但拒不配合的纳税人。

三、根据《中华人民共和国税收征收管理法》及其实施细则的有关规定，纳税人必须接受税务机关依法进行的税务检查，如实反映有关情况，提供有关资料，不得拒绝、隐瞒。纳税人逃避、拒绝或者以其他方式阻挠税务机关检查的，由税务机关责令改正，可以处一万元以下的罚款；情节严重的，处一万元以上五万元以下的罚款。

四、根据《山东省纳税信用管理实施办法（试行）》的有关规定，有下列情形之一的纳税人，本评价年度直接判为D级：

1．在规定期限内未按税务机关处理结论缴纳或者足额缴纳税款、滞纳金和罚款的；

2．以暴力、威胁方法拒不缴纳税款或者拒绝、阻挠税务机关依法实施税务稽查执法行为的；

3．由D级纳税人的直接责任人员注册登记或者负责经营的；

4．存在税务机关依法认定的其他严重失信情形的。

对纳税信用评价为D级的纳税人，税务机关应采取以下措施：

1．对直接责任人员注册登记或者负责经营的其他纳税人纳税信用直接判为D级；

2．增值税专用发票领用按辅导期一般纳税人政策办理，普通发票的领用实行交（验）旧供新、严格限量供应；

3．加强出口退税审核；

4．加强纳税评估，严格审核其报送的各种资料；

5．列入重点监控对象，提高监督检查频次，发现税收违法违规行为的，不得适用规定处罚幅度内的最低标准；

6．在组织税收财会知识培训辅导的同时，重点加强对相关税收法律责任的宣传；

7．将纳税信用评价结果通报相关部门，建议在经营、投融资、取得政府供应土地、进出口、出入境、注册新公司、工程招投标、政府采购、获得荣誉、安全许可、生产许可、从业任职资格、资质审核等方面予以限制或禁止；

8．D级评价保留2年，第三年纳税信用不得评价为A级。

（二）拍卖事项通知书

海南省地方税务局第一稽查局
税务事项通知书
琼地税一稽通〔2016〕8号

海南××实业有限公司（纳税人识别号：××××）：

事由：本局将依据《海南省地方税务局第一稽查局税收保全措施决定书》（琼地税一稽保封〔2016〕1号）所查封你公司的抵税房产：一间车库（产权证号：××；房号：××号）现已依法进入评估拍卖程序。

依据：《抵税财物拍卖变卖试行办法》第十一条规定。

通知内容：我局委托海南中瑞诚资产评估事务所对《海南省地方税务局第一稽查局税收保全措施决定书》（琼地税一稽保封〔2016〕1号）拟拍卖你公司抵税财物依法评估，其评估结果通知如下：

评估基准日：2016 年 07 月 25 日。

评估方法：采用重置成本法进行评估。

评估结论：评估值为贰万伍仟元人民币（￥25 000.00）。

如对评估结果有异议，应在收到本评估结果三日内提出，并到我局领取《海南××资产评估事务所评估报告》××海评字〔2016〕第 0027 号。

海南省地方税务局第一稽查局
2016 年 8 月 11 日

（三）纳税申报事项通知书

国家税务总局麻阳苗族自治县税务局
税务事项通知书
麻税通〔2023〕835 号

麻阳××贸易有限公司（社会信用代码：××××）

事由：

1. 发生出口业务未按规定如实办理纳税申报。

2. 出口适用增值税征税政策的出口货物未按规定计算缴纳增值税及其他税费。

依据：

1.《中华人民共和国税收征收管理法》第二十五条第一款。

2.《财政部 国家税务总局关于出口货物劳务增值税和消费税政策的通知》（财税〔2012〕39 号）第七条。

通知内容：

请你单位于 2023 年 8 月 31 日前如实办理纳税申报，并缴纳适用增值税征税政策的出口货物计算的增值税及其他税费。

特此通知。

国家税务总局麻阳苗族自治县税务局
2023 年 8 月 24 日

（四）补缴增值税事项通知书

攀枝花市国家税务局稽查局
税务事项通知书
攀国税稽税通〔2016〕1 号

攀枝花市××商贸有限公司（纳税人识别号：×××××）：

事由：对取得作废的增值税专用发票已抵扣的增值税进项税额作进项税额转出，

并补缴税款。

依据：根据《中华人民共和国增值税暂行条例》第九条规定。

通知内容：经比对，你公司2015年10月认证抵扣增值税进项税额145 299.11元的9份增值税专用发票（发票代码××，发票号码为××至××）为作废增值税专用发票。现责令你公司于2016年6月10日前到我局对上述进项税额作转出补缴增值税税款145 299.11元，并加收滞纳金。

如你公司对本通知不服，可自收到本通知之日起六十日内按照本通知要求缴纳税款、滞纳金，然后依法向四川省攀枝花市国家税务局申请行政复议。

攀枝花市国家税务局稽查局
2016年5月12日

（五）责令限期缴纳税款通知书

崇仁县国家税务局稽查局
税务事项通知书
崇国税稽通〔2017〕17号

抚州××服装织造有限公司（纳税人识别号：××××）：

事由：责令限期缴纳税款。

依据：《中华人民共和国税收征收管理法》第四十条、《中华人民共和国税收征收管理法实施细则》第七十三条。

通知内容：根据济宁市微山县国家税务局稽查局发来编号为××的确定虚开的协查函，证实你公司于2015年6~8月接受微山县××纺织有限公司虚开的60份增值税专用发票（金额5 914 785.41元，税额1 005 513.59元）。经核实你公司已申报进项税额抵扣。根据《中华人民共和国增值税暂行条例》第九条规定，进项税额不得从销项税额中抵扣，应补缴增值税1 005 513.59元。

现责令你公司自接到本通知之日起15日内到我局办理税款缴纳入库手续，如果你公司逾期未缴纳税款，我局将依照《中华人民共和国税收征收管理法》第四十条规定采取强制执行措施。

地　　址：抚州市崇仁县人民大道

电　　话：0794-××××

联系人：朱××

电　　话：××××××

联系人：刘××

电　　话：××××××

崇仁县国家税务局稽查局
2017年12月4日

（六）逾期纳税通知书

中山市地方税务局城区税务分局
税务事项通知书
中山地税城区通〔2017〕30009号

中山市××实业集团有限公司（纳税人识别号：××××）：

事由：根据广东省中山市中级人民法院2011年10月24日作出的《执行裁定书》[（2010）中法执字第115-3号]，你单位于中山市石岐区青溪路的证号为中府国用（2008）字第×的土地使用权及地上附着物（即江滨绿苑，不含已在中山市国土资源局办理了商品房销售登记备案并已售出的房地产33套以及已实际入住的拆迁户所居住5套房地产）被拍卖给买受人中山×房地产有限公司。我分局已通过留置送达、邮寄送达、公告送达等送达方式向你单位送达了《税务事项通知书》（中山地税城区通〔2016〕30001号），告知你单位应于2016年11月26日前办理转让江滨绿苑房地产项目的相关纳税申报，现已逾期仍未申报。

依据：《中华人民共和国税收征收管理法》第三十五条。

通知内容：现对你单位转让江滨绿苑房地产项目，核定营业税及相关地方附征税费（包括：城市维护建设税、教育费附加、地方教育附加、堤围防护费）和企业所得税应纳税费额，详见附表。请自本通知书送达之日起15日内，到税务机关缴纳上述税费。

如纳税人对税务机关采取《中华人民共和国税收征收管理法实施细则》第四十七条规定的方法核定的应纳税额有异议的，应当提供相关证据，经税务机关认定后，调整应纳税额。

如对本通知不服，可自收到本通知之日起60日内按照本通知要求缴纳税款，然后依法向中山市地方税务局申请行政复议。

你单位如需查询相关情况，可拨打电话××（陈先生）询问。

附表：

税种	核定应纳税费额（元）
营业税	4 691 747.20
城市维护建设税	328 422.30
教育费附加	140 752.42
地方教育附加	93 834.94
堤围防护费	93 834.94

（续表）

税种	核定应纳税费额（元）
企业所得税	3 284 223.04

中山市地方税务局城区税务分局
二〇一七年九月三十日

（七）责令限期申请一般纳税人通知书

南京市秦淮区国家税务局
税务事项通知书
（责令限期申请增值税一般纳税人）
秦国税认通〔2016〕060601 号

南京××装饰工程有限公司（纳税人识别号：××××）：

事由：责令限期申请增值税一般纳税人通知。

依据：《中华人民共和国增值税暂行条例》《中华人民共和国增值税暂行条例实施细则》《增值税一般纳税人资格认定管理办法》。

通知内容：你单位（个人）所属期 201504 至 201603 累计申报商业增值税收入 847 485.95 元，已超过小规模纳税人标准。限你单位（个人）在 2016 年 6 月 17 日前向主管税务机关报送《中华人民共和国增值税一般纳税人申请认定表》或《不认定增值税一般纳税人申请表》。逾期未报送的，税务机关将按《增值税暂行条例实施细则》第三十四条规定，调整你单位（个人）的增值税小规模纳税人征收率为 17%，且不得使用增值税专用发票。

南京市秦淮区国家税务局
二〇一六年六月六日

（八）配合税务调查通知书

东莞市地方税务局稽查局
税务事项通知书
东地税稽税通〔2017〕9 号

东莞市××实业投资有限公司（纳税人识别号：××××）：

事由：我局对你公司 2012 年 6 月至 2013 年 12 月的涉税情况进行检查，需要你公司相关责任人反映经营情况，提供有关资料。

依据：《中华人民共和国税收征收管理法》（2001年修订版）第五十六条：纳税人、扣缴义务人必须接受税务机关依法进行的税务检查，如实反映情况，提供有关资料，不得拒绝、隐瞒。第五十七条：税务机关依法进行税务检查时，有权向有关单位和个人调查纳税人、扣缴义务人和其他当事人与纳税或者代扣代缴、代收代缴税款有关的情况，有关单位和个人有义务向税务机关如实提供有关资料及证明材料。

通知内容：请你公司法人代表、股东、财务负责人于2017年11月10日前到东莞市南城区鸿福路93号东莞市地方税务局稽查局配合调查。

东莞市地方税务局稽查局
2017年9月28日

（九）约谈通知书

国家税务总局青岛市市北区税务局
税务事项通知书
青北税通〔2024〕236号

青岛×××国际贸易有限公司：××××

事由：税务约谈。

依据：《中华人民共和国税收征收管理法》第五十四条第（四）项。

通知内容：税务机关在对你（单位）2023年1月3日至2023年6月14日的纳税申报情况进行纳税评估时发现你单位出口货物的供货企业存在涉嫌虚开增值税专用发票等需要对其供货的真实性及纳税情况进行核实的疑点，需要你（单位）进行陈述说明、补充提供举证资料。

为此，根据《中华人民共和国税收征收管理法》第五十四条第（四）项的规定，需请你（单位）委派财务会计人员等于收到本通知书之日起五日内到税务机关（山东路199号第二办公区）接受税务约谈。

国家税务总局青岛市市北区税务局
二〇二四年一月二十四日

（十）减免税变更纳税通知书

文昌市地方税务局第二税务分局
税务事项通知书
文昌地税第二分局通〔2016〕103号

林×1、林×2、王×1、林×3、陈×1、杨×、林×4、詹×、吴×、李×1、周×1、李×2、陈×2、何×、黄×1、陈×3、黄×2、林×5、宋×、蔡×、冯×、黄×3、黄×4、邱×、黄×5、王×2、王×3、李×3、周×2、陈×4、许×、符×：

事由：经检查，林×1等32人于2014年12月16日办理土地投资入股享受减免土地增值税6 161 418.17元，由于文昌×置业有限公司于2015年7月8日办理税务登记变更经营范围为从事房地产开发，已不符合财税字〔1995〕48号文第一条的规定。林×1等32人应按规定缴纳上述土地增值税6 161 418.17元。

依据：根据《中华人民共和国税收征收管理法》第二十五条第一款、第三十二条和《中华人民共和国税收征收管理法实施细则》第七十二条的规定。

通知内容：限林×1等32人于接到本通知书之日起15天内到文昌市地方税务局办税服务厅申报缴纳以上税款合计6 161 418.17元，同时按规定缴纳自滞纳之日起至解缴之日的滞纳金。

如对本通知不服，可自收到本通知之日起，60日内依法向海南省文昌市地方税务局申请行政复议；或者自收到本通知之日起，6个月内依法向人民法院起诉。

文昌市地方税务局第二税务分局
2016年9月26日

（十一）进项税额转出通知书

泗县国家税务局
税务事项告知书
泗国税通〔2017〕66号

泗县××医疗器械销售有限公司（纳税人识别号：××××）：

事由：责令限期做进项税转出，并及时前来我局接受调查。

依据：根据《国家税务总局关于走逃（失联）企业开具增值税专用发票认定处理有关问题的公告》（税务总局公告〔2016〕76号）及宿国税货便函〔2017〕2号《关

于开展走逃（失联）企业专项整顿的指导意见》之规定。

通知内容：你（单位）于2016年1月接受的销货方（纳税人名称：上海××实业有限公司，纳税人识别号：××××）开具的增值税专用发票三张（分别为：发票代码：××，发票号码：××，金额：94 034.19元，税额：15 985.81元；发票代码：××，发票号码：××，金额：83 837.61元，税额：14 252.39元；发票代码：××，发票号码：××，金额：18 470.09元，税额：3 139.91元）为失控发票，我局依法通知你单位进行进项税转出，请于2017年7月21日前办理进项税转出，逾期未办理，我局将依法处理。

泗县国家税务局
二〇一七年七月十九日

（十二）税务事项通知书送达公告

税务文书送达公告

（广州×××贸易有限公司税务事项通知书）

国家税务总局广州市税务局第一稽查局2024年第90020号送达公告

广州×××贸易有限公司（纳税人识别号：××××）：

因采用直接送达、留置送达、委托送达、邮寄送达等方式无法向你单位送达税务文书。根据《中华人民共和国税收征收管理法实施细则》第一百零六条的规定，向你单位公告送达《税务事项通知书》（穗税一稽 税通〔2023〕640号），文书内容如下：

事由：检查人员变更。

依据：《税务稽查案件办理程序规定》（国家税务总局令第52号）第八条、第十五条。

通知内容：检查人员由高飞、罗泽江变更为高飞、张坤。

请你单位及时到我局（地址：广州市机场路131号六楼）领取《税务事项通知书》（穗税一稽 税通〔2023〕640号）正本，否则，自公告之日起满30日，上述告知内容将作为《税务事项通知书》正本被视为送达。

特此公告。

国家税务总局广州市税务局第一稽查局
2024年1月24日

第二节 扣缴义务人登记表

一、相关法律制度

（一）税收征收管理法中的相关规定

根据《税收征收管理法》第四条的规定，法律、行政法规规定负有纳税义务的单位和个人为纳税人。法律、行政法规规定负有代扣代缴、代收代缴税款义务的单位和个人为扣缴义务人。纳税人、扣缴义务人必须依照法律、行政法规的规定缴纳税款、代扣代缴、代收代缴税款。

根据《中华人民共和国税收征收管理法实施细则》（以下简称《税收征收管理法实施细则》）第十三条的规定，扣缴义务人应当自扣缴义务发生之日起30日内，向所在地的主管税务机关申报办理扣缴税款登记，领取扣缴税款登记证件；税务机关对已办理税务登记的扣缴义务人，可以只在其税务登记证件上登记扣缴税款事项，不再发给扣缴税款登记证件。

（二）个人所得税法中的相关规定

根据《中华人民共和国个人所得税法》（以下简称《个人所得税法》）第八条的规定，个人所得税，以所得人为纳税义务人，以支付所得的单位或者个人为扣缴义务人。个人所得超过国务院规定数额的，在两处以上取得工资、薪金所得或者没有扣缴义务人的，以及具有国务院规定的其他情形的，纳税义务人应当按照国家规定办理纳税申报。扣缴义务人应当按照国家规定办理全员全额扣缴申报。

根据《个人所得税法》第九条的规定，扣缴义务人每月所扣的税款，自行申报纳税人每月应纳的税款，都应当在次月十五日内缴入国库，并向税务机关报送纳税申报表。工资、薪金所得应纳的税款，按月计征，由扣缴义务人或者纳税义务人在次月十五日内缴入国库，并向税务机关报送纳税申报表。特定行业的工资、薪金所得应纳的税款，可以实行按年计算、分月预缴的方式计征，具体办法由国务院规定。

根据《个人所得税法》第十一条的规定，对扣缴义务人按照所扣缴的税款，付给百分之二的手续费。

（三）消费税法中的相关规定

根据《中华人民共和国消费税暂行条例》（以下简称《消费税暂行条例》）第四条的规定，委托加工的应税消费品，除受托方为个人外，由受托方在向委托方交货时代收代缴税款。委托加工的应税消费品，委托方用于连续生产应税消费品的，所纳税款准予按规定抵扣。

二、文书式样

扣缴义务人登记表

扣缴义务人名称		组织机构统一代码	
		纳税人识别号	
法定代表人（负责人）		身份证件名称		证件号码	
地　　址				邮政编码	
财务负责人				联系电话	
行　　业					
开户银行		账　　号			是否缴税账号
代扣代缴、代收代缴税款的业务内容					
扣缴义务人					

经办人：　　　　法定代表人（负责人）：　　　　扣缴义务人（签章）

年　月　日

（续表）

税务机关	
是否办理税务登记	是否发放扣缴税款登记证件
□是　　□否	□是　　□否
经办人：　　　　　　负责人：	税务机关（签章） 年　月　日

三、文书的使用说明

（一）设置依据

本表依据《税收征收管理法实施细则》第十三条设置。

（二）适用范围

本表适用于具有代扣代缴、代收代缴税款义务的扣缴义务人向税务机关申报办理扣缴税款登记时使用。

（三）填写说明

（1）组织机构统一代码：办理组织机构统一代码证书的扣缴义务人填写质量技术监督部门核发的9位国标码，未办的不填写。

（2）纳税人识别号：办理税务登记的扣缴义务人填写。

（3）开户银行、账号：扣缴义务人用于缴纳税款的开户银行的全称及银行账号。

（4）代扣代缴、代收代缴税款的业务内容：依照税法规定具有代扣代缴、代收代缴义务的扣缴义务人，应代扣代缴、代收代缴的具体项目。

（四）格式与份数

本表为A4型竖式。一式二份，税务机关一份，扣缴义务人一份。

第三节　财务会计制度及核算软件备案报告书

一、相关法律制度

根据《税收征收管理法》第二十条的规定，从事生产、经营的纳税人的财务、会计制度或者财务、会计处理办法和会计核算软件，应当报送税务机关备案。纳税人、扣缴义务人的财务、会计制度或者财务、会计处理办法与国务院或者国务院财政、税务主管部门有关税收的规定抵触的，依照国务院或者国务院财政、税务主管部门有关税收的规定计算应纳税款、代扣代缴和代收代缴税款。

根据《税收征收管理法实施细则》第二十四条的规定，从事生产、经营的纳税人应当自领取税务登记证件之日起15日内，将其财务、会计制度或者财务、会计处理办法报送主管税务机关备案。纳税人使用计算机记账的，应当在使用前将会计电算化系统的会计核算软件、使用说明书及有关资料报送主管税务机关备案。纳税人建立的会计电算化系统应当符合国家有关规定，并能正确、完整核算其收入或者所得。

二、文书式样

财务会计制度及核算软件备案报告书

纳税人名称		纳税人识别号	
资　料	名　称		备　注
1. 财务、会计制度			
2. 低值易耗品摊销方法			
3. 折旧方法			
4. 成本核算方法			
5. 会计核算软件			
6. 会计报表			

（续表）

纳税人：	税务机关：
经办人： 负责人： 纳税人（签章）	经办人： 负责人： 税务机关（签章）
报告日期： 年 月 日	受理日期： 年 月 日

注：从事生产、经营的纳税人应当自领取税务登记证件之日起15日内，将本表报送税务机关备案。

三、文书的使用说明

（一）设置依据

本表依据《税收征收管理法》第二十条设置。

（二）适用范围

从事生产、经营的纳税人自领取税务登记证件之日起15日内将其财务、会计制度或财务、会计处理办法报送税务机关备案时使用。采用电子计算机记账的，应当在使用前将其记账软件的名称和版本号及有关资料报送税务机关备案。

（三）填写说明

（1）低值易耗品摊销方法：包括一次摊销法、分期摊销法、五五摊销法。

（2）折旧方法：包括直线折旧法（平均年限法、工作量法）、加速折旧法（双倍余额递减法、年数总和法、缩短折旧年限等）；采用加速折旧法的，在备注栏注明批准的机关和附列资料。

（3）成本核算方法：纳税人根据财务会计制度规定采用的具体的存货计价方法或产成品、半成品成本核算方法。

（4）会计核算软件：采用电子计算机记账的，填写记账软件的名称和版本号，并在备注栏注明批准使用的机关和附列资料。

（5）会计报表：包括资产负债表、利润表、现金流量表及各种附表，在"名称"栏按会计报表种类依次填写。

（四）格式与份数

本表为 A4 型竖式，一式二份，税务机关和纳税人各一份。

第四节　外出经营活动税收管理证明

一、相关法律制度

根据《税收征收管理法实施细则》第二十一条的规定，从事生产、经营的纳税人到外县（市）临时从事生产、经营活动的，应当持税务登记证副本和所在地税务机关填开的外出经营活动税收管理证明，向营业地税务机关报验登记，接受税务管理。从事生产、经营的纳税人外出经营，在同一地累计超过 180 天的，应当在营业地办理税务登记手续。

根据《税务登记管理办法》第三十二条至第三十六条的规定，纳税人到外县（市）临时从事生产经营活动的，应当在外出生产经营以前，持税务登记证到主管税务机关开具《外出经营活动税收管理证明》（以下简称《外管证》）。税务机关按照一地一证的原则，发放《外管证》，《外管证》的有效期限一般为 30 日，最长不得超过 180 天。纳税人应当在《外管证》注明地进行生产经营前向当地税务机关报验登记，并提交下列证件、资料：税务登记证件副本、《外管证》。纳税人在《外管证》注明地销售货物的，除提交以上证件、资料外，应如实填写《外出经营货物报验单》，申报查验货物。纳税人应当在《外管证》有效期届满后 10 日内，持《外管证》回原税务登记地税务机关办理《外管证》缴销手续。

《国家税务总局关于优化〈外出经营活动税收管理证明〉相关制度和办理程序的意见》（税总发〔2016〕106 号）就优化《外管证》相关制度和办理程序提出如下意见。

（一）正确认识《外管证》在当前税收管理中的意义

外出经营税收管理是现行税收征管的一项基本制度，是《税收征收管理法实施细则》和《中华人民共和国增值税暂行条例》规定的法定事项。《外管证》作为纳税人主管税务机关与经营地税务机关管理权限界定和管理职责衔接的依据与纽带，对维持现行税收属地入库原则、防止漏征漏管和重复征收具有重要作用，是税务机关传统且行之有效的管理手段，当前情况下仍须坚持，但应结合税收信息化建设与国税、地税合作水平的提升，创新管理制度，优化办理程序，减轻纳税人和基层税务机关负担。其存废问题需根据相关法律法规制度和征管体制机制改革情况，综合评估论证后统筹考虑。

（二）创新《外管证》管理制度

1. 改进《外管证》开具范围界定

纳税人跨省税务机关管辖区域（以下简称跨省）经营的，应按本规定开具《外管证》；纳税人在省税务机关管辖区域内跨县（市）经营的，是否开具《外管证》由省税务机关自行确定。

2. 探索外出经营税收管理信息化

省税务机关管辖区域内跨县（市）经营需要开具《外管证》的，税务机关应积极推进网上办税服务厅建设，受理纳税人的网上申请，为其开具电子《外管证》；通过网络及时向经营地税务机关推送相关信息。在此前提下，探索取消电子《外管证》纸质打印和经营地报验登记。

3. 延长建筑安装行业纳税人《外管证》有效期限

《外管证》有效期限一般不超过180天，但建筑安装行业纳税人项目合同期限超过180天的，按照合同期限确定有效期限。

（三）优化《外管证》办理程序

1.《外管证》的开具

（1）"一地一证"。从事生产、经营的纳税人跨省从事生产、经营活动的，应当在外出生产经营之前，到机构所在地主管税务机关开具《外管证》。税务机关按照"一地一证"的原则，发放《外管证》。

（2）简化资料报送。一般情况下，纳税人办理《外管证》时只需提供税务登记证件副本或者加盖纳税人印章的副本首页复印件（实行实名办税的纳税人，可不提供上述证件）；从事建筑安装的纳税人另需提供外出经营合同（原件或复印件，没有合同或合同内容不全的，提供外出经营活动情况说明）。

（3）即时办理。纳税人提交资料齐全、符合法定形式的，税务机关应即时开具《外管证》（可使用业务专用章）。

2.《外管证》的报验登记

（1）纳税人应当自《外管证》签发之日起30日内，持《外管证》向经营地税务机关报验登记，并接受经营地税务机关的管理。纳税人以《外管证》上注明的纳税人识别号，在经营地税务机关办理税务事项。

（2）报验登记时应提供《外管证》，建筑安装行业纳税人另需提供外出经营合同复印件或外出经营活动情况说明。

（3）营改增之前地税机关开具的《外管证》仍在有效期限内的，国税机关应予以受理，进行报验登记。

3.《外管证》的核销

（1）纳税人外出经营活动结束，应当向经营地税务机关填报《外出经营活动情况申报表》，并结清税款。

（2）经营地税务机关核对资料，发现纳税人存在欠缴税款、多缴（包括预缴、应退未退）税款等未办结事项的，及时制发《税务事项通知书》，通知纳税人办理。纳税人不存在未办结事项的，经营地税务机关核销报验登记，在《外管证》上签署意见（可使用业务专用章）。

（四）其他事项

异地不动产转让和租赁业务不适用外出经营活动税收管理相关制度规定。

二、文书式样

外出经营活动税收管理证明

_____税外证〔 〕号

纳税人名称		纳税人识别号		
法定代表人（负责人）		身份证件名称		身份证件号码	
联系人		联系电话		
外出经营地		外出经营地行政区划码		
登记注册类型		经营方式		
外出经营活动情况					
货物或服务名称	外出经营地点	合同有效期限		合同金额
		年 月 日至 年 月 日		
		年 月 日至 年 月 日		
合同对方企业名称		合同对方纳税人识别号		

(续表)

机构所在地主管税务机关		
经办人：	负责人：	
	税务机关（签章） 年　月　日	
税务机关联系电话：		
事项告知：纳税人应当在《外出经营活动税收管理证明》（以下简称《外管证》）有效期届满后 10 日内，持《外管证》回原税务登记地税务机关办理《外管证》缴销手续。		
证明有效日期	自　年　月　日起至　年　月　日	
以下由外出经营地税务机关填写		

货物或服务名称	预缴征收率（2% 或 3%）	预缴税款金额	代开发票金额	代开发票名称	代开发票代码	代开发票号码
合计金额						

外出经营地税务机关意见：

经办人：　　　　　负责人：　　　　　税务机关（签章）
　年 月 日　　　　　年 月 日　　　　　年 月 日

三、文书的使用说明

（一）设置依据

本表依据《税收征收管理法实施细则》第二十一条、《税务登记管理办法》第三十二条设置。

（二）适用范围

纳税人需要临时到外埠从事生产经营活动时使用。

（三）填写与使用方法

本表由纳税人在外出经营前向税务登记地税务机关领取并填写有关内容；到达外出经营地在开始经营前向外出经营地税务机关报验登记；外出经营活动结束后，经外出经营地税务机关签章，由纳税人持本表返税务登记地税务机关办理有关事项。

第五节 外出经营活动情况申报表

一、相关法律制度

根据《税收征收管理法实施细则》第二十一条的规定，从事生产、经营的纳税人到外县（市）临时从事生产、经营活动的，应当持税务登记证副本和所在地税务机关填开的外出经营活动税收管理证明，向营业地税务机关报验登记，接受税务管理。从事生产、经营的纳税人外出经营，在同一地累计超过180天的，应当在营业地办理税务登记手续。

根据《税务登记管理办法》第三十五条的规定，纳税人外出经营活动结束，应当向经营地税务机关填报《外出经营活动情况申报表》，并结清税款、缴销发票。

二、文书式样

外出经营活动情况申报表

纳税人名称			纳税人识别号		
外出经营活动税收管理证明号码					
证明有效期	自 年 月 日到 年 月 日				
实际经营期间	自 年 月 日到 年 月 日				
到达时间			报验时间		
经营地点			货物存放地点		
货物（服务）名称	预缴税款征收率(2%或3%)	已预缴税款金额	实际合同金额	开具发票金额（含自开和代开）	应补预缴税款金额

（续表）

合计金额			
申请单位：		税务机关意见：	
经办人：　法定代表人（负责人）： 　年　月　日　　　　年　月　日 　　　　申请单位（签章） 　　　　　　年　月　日		经办人：　　　　　负责人： 　年　月　日　　　　年　月　日 　　　　税务机关（签章） 　　　　　　年　月　日	

三、文书的使用说明

（一）设置依据

本表依据《税收征收管理法实施细则》第二十一条、《税务登记管理办法》第三十五条设置。

（二）适用范围

本表适用于外出经营活动的纳税人在经营活动结束后向外出经营地税务机关申报时使用。

（三）填写说明

（1）外出经营活动证明号：填纳税人税务登记地税务机关开具的外出经营活动税收管理证明号。

（2）到达时间：填纳税人到达外出经营地的时间。

（3）报验时间：填纳税人向外出经营地税务机关报验的时间。

（4）经营地点：填外出经营地的具体地点，要明确区、街及街道号。

（5）货物存放地点：填外出经营货物的具体存放地点，要明确填到区、街及街道号。

第六节　纳税人存款账户账号报告表

一、相关法律制度

根据《税收征收管理法》第十七条的规定，从事生产、经营的纳税人应当按照国家有关规定，持税务登记证件，在银行或者其他金融机构开立基本存款账户和其他存款账户，并将其全部账号向税务机关报告。银行和其他金融机构应当在从事生产、经营的纳税人的账户中登录税务登记证件号码，并在税务登记证件中登录从事生产、经营的纳税人的账户账号。税务机关依法查询从事生产、经营的纳税人开立账户的情况时，有关银行和其他金融机构应当予以协助。

根据《税收征收管理法实施细则》第十七条的规定，从事生产、经营的纳税人应当自开立基本存款账户或者其他存款账户之日起15日内，向主管税务机关书面报告其全部账号；发生变化的，应当自变化之日起15日内，向主管税务机关书面报告。

《国家税务总局关于修改〈纳税人存款账户账号报告表〉式样的公告》（国家税务总局公告2018年第35号）对《纳税人存款账户账号报告表》进行了修改，自2018年7月5日起，从事生产、经营的纳税人依法向主管税务机关报告其银行账号时，使用修改后的《纳税人存款账户账号报告表》。

二、文书式样

纳税人存款账户账号报告表

纳税人名称		纳税人识别号		
经营地址				
银行开户登记证号		发证日期	年　月　日	
账户性质	开户银行	账号	开户时间	变更时间	注销时间	备注

（续表）

报告单位：	受理税务机关：
经办人：	经办人：
法定代表人（负责人）：	负责人：
报告单位（签章）	税务机关（签章）
年　月　日	年　月　日

注：账户性质按照基本账户、一般账户、专用账户、临时账户如实填写。本表一式二份，报送主管税务机关一份，纳税人留存一份。

第七节　税务证件挂失报告表

一、相关法律制度

根据《税收征收管理法实施细则》第二十条的规定，纳税人应当将税务登记证件正本在其生产、经营场所或者办公场所公开悬挂，接受税务机关检查。纳税人遗失税务登记证件的，应当在15日内书面报告主管税务机关，并登报声明作废。

根据《中华人民共和国发票管理办法》（以下简称《发票管理办法》）第十五条的规定，需要领用发票的单位和个人，应当持设立登记证件或者税务登记证件，以及经办人身份证明，向主管税务机关办理发票领用手续。领用纸质发票的，还应当提供按照国务院税务主管部门规定式样制作的发票专用章的印模。主管税务机关根据领用单位和个人的经营范围、规模和风险等级，在5个工作日内确认领用发票的种类、数量以及领购方式。单位和个人领用发票时，应当按照税务机关的规定报告发票使用情况，税务机关应当按照规定进行查验。

根据五证合一制度改革，新办企业已经取消税务登记证，目前，《税务证件挂失报告表》主要适用于发票领购簿的挂失。

二、文书式样

税务证件挂失报告表

纳税人名称		纳税人识别号	
遗失被盗税务证件	证件名称	证件号码	
遗失被盗情况说明			
遗失声明			
纳税人提供的资料	1.	2.	
	3.	4.	
	5.	6.	
	7.	8.	
	9.	10.	

（续表）

主管税务机关意见：		
经办人： 　年　月　日	负责人： 　年　月　日	税务机关（签章） 　年　月　日

三、文书的使用说明

（一）适用范围

本表适用于纳税人遗失税务登记证正本、税务登记证副本、发票领购簿等税务证件后向税务机关报告挂失时使用。

（二）填写说明

（1）遗失、被盗情况说明：应写明遗失、被盗证件的原因、有关情况、如何处理等。

（2）遗失声明：应写明遗失证件的纳税人名称、纳税人识别号、遗失证件的种类等情况并声明作废。遗失声明应在地市级（含地市级）以上发行的非娱乐性报刊、杂志，或者税务机关根据有关规定要求的媒体上发布。

（3）纳税人提供的资料：填写纳税人向税务机关报告挂失时提供的有关资料。这些资料包括：刊登遗失声明的报纸、杂志的报头或者刊头；刊登遗失声明的版面原件和复印件；遗失、被盗证件后，公安机关或其他有关部门出具的立案处理证明、说明；税务机关要求提供的其他材料。

第八节　停业复业（提前复业）报告书

一、相关法律制度

根据《税务登记管理办法》第四章的规定，实行定期定额征收方式的个体工商户需要停业的，应当在停业前向税务机关申报办理停业登记。纳税人的停业期限不得超过一年。

纳税人在申报办理停业登记时，应如实填写停业复业报告书，说明停业理由、停业期限、停业前的纳税情况和发票的领、用、存情况，并结清应纳税款、滞纳金、罚款。税务机关应收存其税务登记证件及副本、发票领购簿、未使用完的发票和其他税务证件。

纳税人在停业期间发生纳税义务的，应当按照税收法律、行政法规的规定申报缴纳税款。

纳税人应当于恢复生产经营之前，向税务机关申报办理复业登记，如实填写《停业复业报告书》，领回并启用税务登记证件、发票领购簿及其停业前领购的发票。

纳税人停业期满不能及时恢复生产经营的，应当在停业期满前到税务机关办理延长停业登记，并如实填写《停业复业报告书》。

二、文书式样

停业复业（提前复业）报告书

填表日期：　　年　月　日

纳税人基本情况	纳税人名称			纳税人识别号		经营地点		
停业期限				复业时间				
缴回发票情况	种类	号码	本数	领回发票情况	种类	号码	本数	
缴存税务资料情况	发票领购簿	税务登记证	其他资料	领用税务资料情况	发票领购簿	税务登记证	其他资料
	是（否）	是（否）	是（否）		是（否）	是（否）	是（否）
结清税款情况	应纳税款	滞纳金	罚款	停业期是（否）纳税	已缴应纳税款	已缴滞纳金	已缴罚款
	是（否）	是（否）	是（否）		是（否）	是（否）	是（否）

（续表）

		纳税人（签章）： 年 月 日	
税务机关复核	经办人： 年 月 日	负责人： 年 月 日	税务机关（签章） 年 月 日

三、文书的使用说明

申请提前复业的纳税人在表头"提前复业"字样上划钩。

已缴还或领用税务资料的纳税人，在"是"字上划钩，未缴还或未领用税务资料的纳税人，在"否"字上划钩。

纳税人在停业期间有义务缴纳税款的，在"停业期是（否）纳税"项目的"是"字上划钩，然后填写后面内容；没有纳税义务的，在"停业期是（否）纳税"项目的"否"字上划钩，后面内容不用填写。

第九节 税务行政许可类文书

一、相关法律制度

（一）《国家税务总局关于简化税务行政许可事项办理程序的公告》的相关规定

《国家税务总局关于简化税务行政许可事项办理程序的公告》（国家税务总局公告2017年第21号发布，国家税务总局公告2018年第31号、2018年第67号修改）规定，为推进税务行政许可标准化建设，提高办税便利化程度，根据《中华人民共和国行政许可法》《中华人民共和国税收征收管理法》及其实施细则等法律法规规定，以及国务院深化行政审批制度改革要求，参照《行政许可标准化指引（2016版）》，国家税务总局决定对税务行政许可事项办理程序进行简并优化，并将《国家税务总局关于税务行政许可若干问题的公告》（国家税务总局公告2016年第11号）所附的税务行政许可文书样式和税务行政许可项目分项表更新。

1. 简化受理文书

对能够当即办理的税务行政许可事项，直接出具和送达《准予税务行政许可决定书》，不再出具《税务行政许可受理通知书》。各省税务局确定本省税务行政许可事项即办范围。网上受理税务行政许可申请的，通过电子回执单等方式予以确认。

2. 提供代办转报服务

税务行政许可实施机关与申请人不在同一县（市、区、旗）的，申请人可在规定的申请期限内，选择由其主管税务机关代为转报申请材料。主管税务机关在核对申请材料后向申请人出具材料接收清单，并向税务行政许可实施机关转报。代办转报一般应当在5个工作日内完成。有条件的税务机关可以通过信息化手段实现申请资料网上传递。税务行政许可实施机关收到转报材料后，对符合受理条件的，出具并及时送达《税务行政许可受理通知书》。税务机关对代办转报事项应当做好台账登记。代办转报不得收取任何费用。

3. 简化申请材料

税务行政许可申请材料为税务行政许可实施机关发放的证照或批准文书，或者相关证照、批准文书信息能够通过政府信息共享获取的，申请人只需提供上述材料的名称、文号、编码等信息供查询验证，不再提交材料原件或复印件。取消经办人、代理人身份证件复印件报送要求，改为当场查验证件原件。网上申请的，提供经办人、代理人身份证件原件电子照片或扫描件。各省税务局可以结合推行实名办税情况，进一步简化办税人员身份证件查验程序。

4. 实现咨询服务可预约

税务行政许可实施机关通过官方网站、电子邮箱或移动办税平台等咨询服务预约渠道，对税务行政许可事项相关问题的咨询实现24小时可预约。税务机关受理预约事项后，与纳税人协商约定在适当的工作时间提供咨询服务。

5. 完善文书送达方式

税务行政许可实施机关与申请人不在同一县（市、区、旗），或者直接送达税务行政许可文书存在其他困难情形的，税务行政许可实施机关可以委托申请人主管税务机关代为送达，也可以根据申请人书面要求，按照申请人在《税务行政许可申请表》上填写的地址，在文书出具之日起2个工作日内向申请人邮寄送达。邮寄送达的，以挂号函件回执上注明的收件日期为送达日期，并视为已送达。税务机关应当保留邮寄单据并做好台账登记。邮寄送达不得收取任何费用。鼓励有条件的税务机关提供网上出具税务行政许可电子文书服务，方便申请人自行下载打印。

（二）《国家税务总局关于全面实行税务行政许可事项清单管理的公告》的相关规定

《国家税务总局关于全面实行税务行政许可事项清单管理的公告》（国家税务总局公告2022年第19号）规定，为进一步落实党中央、国务院关于优化营商环境的决策部署，深入开展"我为纳税人缴费人办实事暨便民办税春风行动"，根据《国务院办公厅关于全面实行行政许可事项清单管理的通知》（国办发〔2022〕2号，以下简称《通知》）精神和要求，国家税务总局就全面实行税务行政许可事项清单管理有关工作公告如下。

1. 依法编制行政许可事项清单

（1）统一编制清单。税务总局根据国务院审定的行政许可事项清单，发布全国统一实施的税务行政许可事项清单（以下简称清单），纳入全国行政许可管理系统管理。省及省以下税务机关一律不得在清单外实施税务行政许可。

2022年，税务总局根据《通知》附件《法律、行政法规、国务院决定设定的行政许可事项清单（2022年版）》，发布《税务行政许可事项清单（2022年版）》，编列"增值税防伪税控系统最高开票限额审批"1项税务行政许可事项。《国家税务总局关于进一步简化税务行政许可事项办理程序的公告》（2019年第34号）发布的"对纳税人延期缴纳税款的核准""对纳税人延期申报的核准""对纳税人变更纳税定额的核准""对采取实际利润额预缴以外的其他企业所得税预缴方式的核定""企业印制发票审批"等5个事项不再作为行政许可事项管理，依照有关法律、行政法规规定实施，具体办理程序另行公告。

（2）及时动态调整清单。税务总局起草的法律、行政法规拟新设或者调整税务行政许可的，承办司局应当充分研究论证并在起草说明中专门作出说明，按规定报送审查。税务行政许可正式实施前，税务总局向国务院审改办提出调整清单的申请，并部署税务行政许可实施机关做好实施前准备。因深化行政审批制度改革需要动态调整清单的，参照上述程序办理。

（3）做好有关清单衔接。市场准入负面清单、政务服务事项基本目录、"互联网＋监管"事项清单等涉及的税务行政许可事项，要严格与清单保持一致并做好衔接。清单调整的，要适时调整有关清单或者及时向有关清单编制牵头部门提出调整意见。

2. 严格依照清单实施税务行政许可

（1）科学制定行政许可实施规范。税务总局对税务行政许可事项制定全国统一的实施规范，明确许可条件、申请材料、审批程序、审批时限等内容，并向社会公布。同时按照税务行政许可标准化、规范化、便民化要求，持续推动减环节、减材料、减时限，适时优化调整实施规范。

（2）依法依规实施税务行政许可。税务总局根据清单和实施规范编写统一格式的办事指南。各省、自治区、直辖市和计划单列市税务局（以下简称各省税务局）根据审批工作的需要，可以在统一格式办事指南基础上细化编制符合本省实际的办事指南，但须在本省范围内保持统一和规范。办事指南通过办税服务厅、税务网站等向社会公布，一经公布必须严格遵照执行，不得增加许可条件、申请材料、中介服务、审批环节、收费、数量限制等。各省税务局可以在实施规范基础上进一步压缩税务行政许可事项承诺办结时限，并确保税务行政许可事项办结"零超时"。

（3）严肃清查整治变相许可。各级税务机关要严格落实清单之外一律不得违法实施行政许可的要求，大力清理整治变相许可。在清单之外，以备案、证明、目录、计划、规划、指定、认证、年检等名义，要求税务行政相对人经申请获批后方可从事特定活动的，应当认定为变相许可，要通过停止实施、调整实施方式、完善设定依据等予以纠正。

3. 加强事前事中事后全链条监管

（1）明确监管主体和监管重点。税务行政许可实施机关是税务行政许可事项监管主体，要充分评估税务行政许可事项实际情况和风险隐患，科学划分风险等级，明确监管重点环节，实施有针对性、差异化的监管政策，提升监管的精准性和有效性。与税务行政许可事项对应的监管事项，要纳入"互联网＋监管"平台监管事项动态管理系统。

（2）结合清单完善监管规则标准。税务总局制定并公布全国统一、简明易行、科学合理的税务行政许可事项监管规则和标准，各省税务局可以结合本地实际，进一步细化监管规则和标准。对取消下放的税务行政许可事项，要进一步明确监管层级、监管部门、监管规则和标准，对履职不到位的要问责，坚决杜绝一放了之、只批不管等问题。

4. 做好清单实施保障

（1）加强组织领导。各级税务机关要高度重视行政许可事项清单管理工作，加强统筹协调，及时研究解决清单管理和行政许可实施中的重大问题，推动工作落地落实。

（2）主动接受监督。加强对清单实施情况的动态评估和全面监督，畅通投诉举报渠道，依托"12366纳税缴费服务热线"、"12345政务服务便民热线"、政务服务"好差评"系统、税务网站等接受社会监督。

（3）探索清单多元化应用。依托全国行政许可管理系统，公布税务行政许可事项的线上线下办理渠道，逐步完善清单事项检索、办事指南查询、网上办理导流、疑难问题咨询、投诉举报留言等服务功能，方便企业群众办理行政许可和开展监督。鼓励各地税务机关创新清单应用场景，提升纳税人缴费人获得感和满意度。

上述公告自2022年11月1日起施行，《国家税务总局关于公开行政审批事项等相关工作的公告》(2014年第10号)、《国家税务总局关于公布税务行政许可事项目录的公告》(2015年第87号)、《国家税务总局关于规范行政审批行为改进行政审批有关工作的意见》(税总发〔2015〕142号)、《国家税务总局关于更新税务行政许可事项目录的公告》(2016年第10号发布,2018年第31号修改)、《国家税务总局关于税务行政许可若干问题的公告》(2016年第11号)、《国家税务总局关于简化税务行政许可事项办理程序的公告》(2017年第21号发布,2018年第31号、第67号修改)、《国家税务总局关于进一步简化税务行政许可事项办理程序的公告》(2019年第34号)同时废止。

二、文书式样

(一) 税务行政许可申请表

税务行政许可申请表

申请日期： 年 月 日

申请人	申请人名称				
	统一社会信用代码（纳税人识别号）				
	地址及邮政编码				
	经办人		身份证件号码		联系电话
代理人	代理机构名称		统一社会信用代码（纳税人识别号）		
	代理人员姓名		身份证件号码		联系电话
申请事项	增值税防伪税控系统最高开票限额审批				
申请材料	除提供经办人身份证件（□）外，应提供□增值税专用发票最高开票限额申请单 委托代理人提出申请的，还应当提供代理委托书（□）、代理人身份证件（□）。				

收件人： 收件日期： 年 月 日

编　号：

（二）税务行政许可受理通知书

税务行政许可受理通知书

（　　）税许受字〔　　〕第（　）号

_____（申请人）：

　　你（单位）于___年__月__日提出的增值税防伪税控系统最高开票限额审批税务行政许可申请收悉。

　　经审查，根据《中华人民共和国行政许可法》第三十二条第一款第五项的规定，决定自___年__月__日起受理。

（　　）税务局
（加盖税务机关印章或者许可专用章）
年　月　日

注：1. 税务行政许可事项，不收取任何费用。

　　2. 以上受理事项法定办结时限为20个工作日，承诺办结时限为__个工作日，依法需要听证的，所需时间不计算在上述期限内。

　　3. 行政许可决定文书将通过□受理窗口□邮寄方式□电子送达方式发放，如有提前，将电话通知。

　　4. 申请人可通过_____途径查询办理进程。

签收栏	
受送达人：	年　月　日

（三）税务行政许可不予受理通知书

税务行政许可不予受理通知书

（　　）税许不予受字〔　　〕第（　）号

_____（申请人）：

　　你（单位）于___年__月__日提出的增值税防伪税控系统最高开票限额审批税

务行政许可申请收悉。

经审查，该事项不属于本机关职权范围，根据《中华人民共和国行政许可法》第三十二条第一款第二项的规定，决定不予受理。请你（单位）向 _____（有关行政机关）_____ 申请。

（　　）税务局
（加盖税务机关印章或者许可专用章）
年　月　日

....

签收栏
受送达人：　　　　　　　　　　　　　　年　月　日

（四）补正税务行政许可材料告知书

补正税务行政许可材料告知书

（　　）税许补字〔　　〕第（　　）号

（申请人）：

你（单位）于___年___月___日提出的增值税防伪税控系统最高开票限额审批税务行政许可申请收悉。

经审查，根据《中华人民共和国行政许可法》第三十二条第一款第四项的规定，需要补正下列材料：

1. _____；
2. _____；
3. _____。

请你（单位）补正后再向本机关提出申请。

（　　）税务局
（加盖税务机关印章或者许可专用章）
年　月　日

签收栏	
受送达人：	年 月 日

（五）准予税务行政许可决定书

准予税务行政许可决定书

（　）税许准字〔　〕第（　）号

_____（申请人）：

　　你（单位）于___年__月__日提出的增值税防伪税控系统最高开票限额审批税务行政许可申请，本机关于___年__月__日受理。

　　经审查，根据《中华人民共和国行政许可法》第三十八条第一款的规定，决定准予你（单位）取得该项税务行政许可。

（　）税务局

（加盖税务机关印章或者许可专用章）

年 月 日

···

签收栏	
受送达人：	年 月 日

（六）不予税务行政许可决定书

不予税务行政许可决定书

（　）税许不准字〔　〕第（　）号

_____（申请人）：

　　你（单位）于___年__月__日提出的增值税防伪税控系统最高开票限额审批税务行政许可申请，本机关于___年__月__日受理。

　　经审查，你（单位）提出的税务行政许可申请____（不予许可的依据和理由），决定不予该项税务行政许可。

　　如你（单位）不服，请于收到本决定之日起六十日内向_____（行政复议机关名称）_____申请行政复议，或者在六个月内向_____人民法院提起诉讼。

（　）税务局

（加盖税务机关印章或者许可专用章）

年　月　日

签收栏
受送达人：　　　　　　　　　　　　　　　　　　　年　月　日

（七）税务行政许可决定延期告知书

税务行政许可决定延期告知书

（　）税许延告字〔　　〕第（　）号

_____（申请人）：

　　你（单位）于___年___月___日提出的增值税防伪税控系统最高开票限额审批税务行政许可申请，本机关已经于___年___月___日受理。

　　由于_____（延长决定期限的理由）_____，根据《中华人民共和国行政许可法》第四十二条第一款的规定，现将作出税务行政许可决定的日期延长_____个工作日，于___年___月___日前作出税务行政许可决定。

（　）税务局

（加盖税务机关印章或者许可专用章）

年　月　日

签收栏
受送达人：　　　　　　　　　　　　　　　　　　　年　月　日

（八）准予变更税务行政许可决定书

准予变更税务行政许可决定书

（　）税许变准字〔　〕第（　）号

_____（申请人）：

你（单位）于___年___月___日提出的增值税防伪税控系统最高开票限额审批变更税务行政许可申请，本机关已经于___年___月___日受理。

经审查，根据《中华人民共和国行政许可法》第四十九条的规定，决定准予你（单位）变更该项税务行政许可。

（　）税务局

（加盖税务机关印章或者许可专用章）

年　月　日

....

签收栏
受送达人：　　　　　　　　　　　　　　　　　年　月　日

（九）不予变更税务行政许可决定书

不予变更税务行政许可决定书

（　）税许变不准字〔　〕第（　）号

_____（申请人）：

你（单位）于___年___月___日提出的增值税防伪税控系统最高开票限额审批变更税务行政许可申请，本机关已经于___年___月___日受理。

经审查，你（单位）提出的变更税务行政许可申请（不予变更许可的理由），决定不予变更该项税务行政许可。

如你（单位）不服，请于收到本决定之日起六十日内向_____（行政复议机关名称）　申请行政复议，或者在六个月内向_____人民法院提起诉讼。

（　）税务局

（加盖税务机关印章或者许可专用章）

年　月　日

签收栏	
受送达人：	年 月 日

（十）撤销税务行政许可决定书

撤销税务行政许可决定书

（　）税许撤销字〔　〕第（　）号

<u>　　　　　　　　　　</u>（申请人）：

　　你（单位）于<u>　　</u>年<u>　　</u>月<u>　　</u>日取得的增值税防伪税控系统最高开票限额审批税务行政许可，经核实，系<u>　　（违法取得行政许可的原因）　　</u>。

　　根据《中华人民共和国行政许可法》第八十九条第<u>　　</u>款第<u>　　</u>项的规定，决定予以撤销。

　　如你（单位）不服，请于收到本决定之日起六十日内向<u>　　（行政复议机关名称）　　</u>申请行政复议，或者在六个月内向<u>　　　　　</u>人民法院提起诉讼。

（　）税务局
（加盖税务机关印章或者许可专用章）
年 月 日

签收栏	
受送达人：	年 月 日

（十一）撤回（变更）税务行政许可决定书

撤回（变更）税务行政许可决定书

（　）税许撤回（变更）字〔　〕第（　）号

<u>　　　　　　　　　　</u>（申请人）：

　　你（单位）于<u>　　</u>年<u>　　</u>月<u>　　</u>日取得增值税防伪税控系统最高开票限额审批税务

· 39 ·

行政许可。由于＿＿＿（依法撤回或者变更行政许可的原因）＿＿＿。根据《中华人民共和国行政许可法》第八条第二款的规定，决定予以撤回（变更为：＿＿＿＿）。

如你（单位）不服，请于收到本决定之日起六十日内向＿＿＿（行政复议机关名称）＿＿＿申请行政复议，或者在六个月内向＿＿＿＿＿人民法院提起诉讼。

（　　）税务局

（加盖税务机关印章或者许可专用章）

年　月　日

签收栏	
受送达人：	年　月　日

（十二）税务文书送达回证

税务文书送达回证

送达文书名称	
受送达人	
送达地点	
受送达人签名或者盖章	年　月　日　时　分
代收人代收理由并签名或者盖章	年　月　日　时　分
受送达人拒收理由	年　月　日　时　分
见证人签名或者盖章	年　月　日　时　分
送达人签名或者盖章	年　月　日　时　分
填发税务机关	（签章）　年　月　日　时　分

第二章　发票管理类文书

第一节　发票领购簿

一、相关法律制度

根据《发票管理办法》（2023 年修正）第十五条的规定，需要领用发票的单位和个人，应当持设立登记证件或者税务登记证件，以及经办人身份证明，向主管税务机关办理发票领用手续。领用纸质发票的，还应当提供按照国务院税务主管部门规定式样制作的发票专用章的印模。主管税务机关根据领用单位和个人的经营范围、规模和风险等级，在 5 个工作日内确认领用发票的种类、数量以及领用方式。单位和个人领用发票时，应当按照税务机关的规定报告发票使用情况，税务机关应当按照规定进行查验。

自 2023 年 7 月 20 日以后，法律不再强制要求使用发票领购簿。

二、文书式样

发票领购簿
国家税务总局监制

纳税人识别号：□□□□□□□□□□□□□□□□□□

发票领购簿号码：
纳税人名称：　　　　　　　　　　　　纳税人（签章）
法定代表人（负责人）：
发票管理人：

　　　　　　　　　　　　　　　　　税务机关（签章）
　　　　　　　　　　　　　　　　　　年　月　日

（续表）

	发票种类	发票代码	发票名称	单位	限购数量		备注
					每次限购/每月限购		
					数量	票面金额	
核准使用发票情况							
核准使用发票情况							
	购票方式：☐批量供应　☐验旧购新 　　　　　☐交旧购新　　☐其他				须提供发票担保的，是否已经提供担保人或交纳保证金：☐是　☐否		

发票领购记录

年		发票代码	发票名称	单位	数量	字轨	起讫号码	售票人	购票人
月	日								

发票缴销、挂失记录

年		发票代码	发票名称	缴销	挂失	单位	数量	字轨	起讫号码	经办人
月	日									

发票违章记录

使 用 说 明

1.本"领购簿"为纳税人向税务机关办理领购发票手续的凭证。

2.核准使用发票情况、发票领购、缴销、挂失等记录均由税务机关填写。

3.纳税人发生变更税务登记机关、变更领购发票种类及注销税务登记的，应到税务机关办理发票领购簿的换发、注销手续。

4.纳税人发生停业、复业时，应到税务机关办理发票领购簿的封存、启用手续。

5.发票领购簿要妥善保管，不得转借、涂改。如有丢失，立即报告税务机关，申请挂失后补发。

6.纳税人领购的发票，只准在税务机关核准的范围内使用，不得跨地区或跨行业使用、不得转借、虚开发票；未经税务机关批准，不准拆本使用发票。

7.纳税人发生发票丢失、被盗的，应于丢失、被盗当日书面报告税务机关。

三、文书的使用说明

（1）本领购簿依据《发票管理办法》设置。
（2）适用范围：纳税人领购发票时使用。
（3）单位：本、份或元。
（4）本领购簿为 195mm×330mm 竖式。

第二节　代开发票申请表

一、相关法律制度

根据《发票管理办法》第十六条的规定，需要临时使用发票的单位和个人，可以凭购销商品、提供或者接受服务以及从事其他经营活动的书面证明、经办人身份证明，直接向经营地税务机关申请代开发票。依照税收法律、行政法规规定应当缴纳税款的，税务机关应当先征收税款，再开具发票。税务机关根据发票管理的需要，可以按照国务院税务主管部门的规定委托其他单位代开发票。禁止非法代开发票。

二、文书式样

代开发票申请表

纳税人识别号：☐☐☐☐☐☐☐☐☐☐☐☐☐☐☐
纳税人名称：　　　　　开票类别：　　　　　编号：

货物或应税劳务名称	单位	数量	单价	金额	税率（征收率）	税 额

（续表）

价税合计（大写金额）							
付款方纳税人名称			联系电话				
付款方地址			开户银行及账号				
付款方纳税人识别号							

申请理由：

　　　　　　　　　　　　　　　　　　（签章）

经办人：　　　　　　　　　　　　　　年　月　日

主管税务机关意见：

经办人：　　　　　负责人：　　　　　税务机关（签章）

　年　月　日　　　　　年　月　日　　　　　年　月　日

代开发票种类：

代开发票名称：

代开发票号码：

税票号码：

经办人：　　　　　　　　代开发票日期：

第三节　发票挂失／损毁报告表

一、相关法律制度

根据《中华人民共和国发票管理办法实施细则》（2024年修正，以下简称《发票管理办法实施细则》）第三十五条的规定，使用纸质发票的单位和个人应当妥善保管发票。发生发票丢失情形时，应当于发现丢失当日书面报告税务机关。

二、文书式样

发票挂失／损毁报告表

纳税人识别号：□□□□□□□□□□□□□□□□□□
纳税人名称：

	发票名称	发票代码	份数	发票号码		其中：空白发票		
				起始号码	终止号码	份数	起始号码	终止号码
挂失损毁发票								
挂失损毁情况说明								

经办人：　　　　　　法定代表人（负责人）：　　　　　　纳税人（签章）
　年　月　日　　　　　　　年　月　日　　　　　　　　　　年　月　日

（续表）

挂失声明		
纳税人提供资料	1.	2.
	3.	4.
	5.	6.
	7.	8.

主管税务机关发票管理环节意见：

经办人：　　　　　负责人：　　　　　税务机关（签章）
　年　月　日　　　　　年　月　日　　　　　年　月　日

上级税务机关发票管理环节意见：

经办人：　　　　　负责人：　　　　　税务机关（签章）
　年　月　日　　　　　年　月　日　　　　　年　月　日

挂失/损毁发票清单

纳税人识别号：☐☐☐☐☐☐☐☐☐☐☐☐☐☐☐

纳税人名称： 第 页共 页

	发票名称	发票代码	起始号码	终止号码	份数	类型	丢失被盗日期
增值税专用发票							
	合计						
普通发票							
	合计						

纳税人	税务机关
经办人： 负责人： 纳税人（签章） 年月日　年月日　　年月日	经办人： 负责人： 税务机关（签章） 年月日　年月日　　年月日

注：此表作为《发票挂失/损毁报告表》的附表使用。

三、文书的使用说明

（一）适用范围

本表适用于纳税人发票遗失、被盗，或者遇水、火等灾害后造成损毁等情况向税务机关报告时使用。

（二）填写说明

（1）挂失、损毁情况说明：应写明挂失、损毁的原因、有关情况、如何处理等。

（2）挂失声明：挂失声明中应写明挂失发票纳税人名称、纳税人识别号、发票种类、发票号码等相关情况并声明作废。挂失声明应在地市级（含地市级）以上发行的非娱乐性报刊、杂志，或者税务机关根据有关规定要求的媒体上发布。

（3）纳税人提供的资料：填写纳税人向税务机关报告挂失或者损毁时提供的有关资料。这些资料包括：刊登遗失声明的报纸、杂志的报头或者刊头；刊登遗失声明的版面原件和复印件；遗失、被盗发票后，公安机关或其他有关部门出具的立案处理证明、说明；税务机关要求提供的其他材料。

（4）挂失、损毁发票数量较大，在报告表中无法全部反映的，可以使用《挂失／损毁发票清单》，作为报告表的附件并在提供资料中注明。

第四节 发票换票证

一、相关法律制度

根据《发票管理办法》第三十一条的规定，税务机关需要将已开具的发票调出查验时，应当向被查验的单位和个人开具发票换票证。发票换票证与所调出查验的发票有同等的效力。被调出查验发票的单位和个人不得拒绝接受。税务机关需要将空白发票调出查验时，应当开具收据；经查无问题的，应当及时返还。

根据《发票管理办法实施细则》第三十七条的规定，上述所称发票换票证仅限于在本县（市）范围内使用。需要调出外县（市）的发票查验时，应当提请该县（市）税务机关调取发票。

二、文书式样

发票换票证

纳税人识别号：☐☐☐☐☐☐☐☐☐☐☐☐☐☐☐

纳税人名称： No：

被换发票名称		发票代码		发票号码	
换票原因					
被换发票原填开内容					
原开具发票单位或个人		纳税人识别号		原填开日期	
原收取发票单位或个人		纳税人识别号		备注	
品名或经营项目	单位	数量	单价	金额	税率	税额
合计						
金额合计（大写）	

纳税人	税务机关
经办人： 负责人： 纳税人（签章）	经办人： 负责人： 税务机关（签章）
年月日 年月日 年月日	年月日 年月日 年月日

三、文书的使用说明

本换票证根据《发票管理办法》及其实施细则设置。用于税务机关将纳税人所拥有的已经开具的发票调出查验时使用。发票换票证与所调换的原发票具有同等法律效力。

第五节　调验空白发票收据

一、相关法律制度

根据《税收征收管理法》第二十一条的规定，税务机关是发票的主管机关，负责发票印制、领购、开具、取得、保管、缴销的管理和监督。

根据《发票管理办法》第三十一条第二款的规定，税务机关需要将空白发票调出查验时，应当开具收据；经查无问题的，应当及时返还。

二、文书式样

调验空白发票收据

纳税人识别号：☐☐☐☐☐☐☐☐☐☐☐☐☐☐☐

纳税人名称：　　　　　　　　　　　　　　No：

被调验发票情况						
发票种类	发票名称	发票代码	调验发票起始号码	调验发票终止号码	发票份数	备注

调验理由	

纳税人	税务机关
经办人：　　负责人：　　纳税人（签章） 　年　月　日　　年　月　日　　年　月　日	经办人：　　负责人：　　税务机关（签章） 　年　月　日　　年　月　日　　年　月　日

三、文书的使用说明

本收据根据《发票管理办法》及其实施细则设置。用于税务机关将纳税人所拥有的空白发票调出查验时使用。

第六节 收缴、停止发售发票决定书

一、相关法律制度

根据《税收征收管理法》第七十二条的规定，从事生产、经营的纳税人、扣缴义务人有本法规定的税收违法行为，拒不接受税务机关处理的，税务机关可以收缴其发票或者停止向其发售发票。

二、文书式样

（一）收缴、停止发售发票决定书

_____税务局
收缴、停止发售发票决定书
_____税停票〔 〕号

_____：

根据《中华人民共和国税收征收管理法》第七十二条的规定，由于你单位存在的税收违法行为，且拒不接受税务机关处理，决定自_____年__月__日起停止向你单位出售发票并收缴你单位的空白发票。

如对本决定不服，可自收到本决定之日起，六十日内依法向_____申请行政复议；或者自收到本决定之日起三个月内依法向人民法院起诉。

税务机关（签章）
年 月 日

（二）解除收缴、停止发售发票决定书

_____税务局

解除收缴、停止发售发票决定书

_____税停票〔 〕号

_____：

　　由于你单位已经依法接受税务机关_____决定书的处理，并依法履行了决定书规定的义务，根据《中华人民共和国税收征收管理法》第七十二条的规定，决定自___年__月__日起解除_____税停票〔 〕号的决定。你单位可依法使用和领购发票。

税务机关（签章）

年　月　日

第三章 税款征收类文书

第一节 委托代征协议书

一、相关法律制度

(一)《税收征收管理法》的相关规定

根据《税收征收管理法》第二十九条的规定,除税务机关、税务人员以及经税务机关依照法律、行政法规委托的单位和人员外,任何单位和个人不得进行税款征收活动。

根据《税收征收管理法》第七十八条的规定,未经税务机关依法委托征收税款的,责令退还收取的财物,依法给予行政处分或者行政处罚;致使他人合法权益受到损失的,依法承担赔偿责任;构成犯罪的,依法追究刑事责任。

(二)《委托代征管理办法》的相关规定

1. 总则

为加强税收委托代征管理,规范委托代征行为,降低征纳成本,根据《税收征收管理法》《税收征收管理法实施细则》《中华人民共和国民法典》(以下简称《民法典》)及《发票管理办法》的有关规定,制定该办法。

该办法所称委托代征,是指税务机关根据《税收征收管理法实施细则》有利于税收控管和方便纳税的要求,按照双方自愿、简便征收、强化管理、依法委托的原则和国家有关规定,委托有关单位和人员代征零星、分散和异地缴纳的税收的行为。

该办法所称税务机关，是指县以上（含本级）税务局。该办法所称代征人，是指依法接受税务机关委托、行使代征税款权利并承担《委托代征协议书》规定义务的单位或人员。

2. 委托代征的范围和条件

委托代征的范围由税务机关根据《中华人民共和国税收征收管理法实施细则》关于加强税收控管、方便纳税的规定，结合当地税源管理的实际情况确定。税务机关不得将法律、行政法规已确定的代扣代缴、代收代缴税收，委托他人代征。

税务机关确定的代征人，应当与纳税人有下列关系之一：与纳税人有管理关系；与纳税人有经济业务往来；与纳税人有地缘关系；有利于税收控管和方便纳税人的其他关系。

代征人为行政、事业、企业单位及其他社会组织的，应当同时具备下列条件：有固定的工作场所；内部管理制度规范，财务制度健全；有熟悉相关税收法律、法规的工作人员，能依法履行税收代征工作；税务机关根据委托代征事项和税收管理要求确定的其他条件。

代征税款人员，应当同时具备下列条件：具备中国国籍，遵纪守法，无严重违法行为及犯罪记录，具有完全民事行为能力；具备与完成代征税款工作要求相适应的税收业务知识和操作技能；税务机关根据委托代征管理要求确定的其他条件。

税务机关可以与代征人签订代开发票书面协议并委托代征人代开普通发票。代开发票书面协议的主要内容应当包括代开的普通发票种类、对象、内容和相关责任。代开发票书面协议由各省、自治区、直辖市和计划单列市自行制定。

代征人不得将其受托代征税款事项再行委托其他单位、组织或人员办理。

3. 委托代征协议的生效和终止

税务机关应当与代征人签订《委托代征协议书》，明确委托代征相关事宜。《委托代征协议书》包括以下内容：税务机关和代征人的名称、联系电话，代征人为行政、事业、企业单位及其他社会组织的，应包括法定代表人或负责人姓名、居民身份证号码和地址；代征人为自然人的，应包括姓名、居民身份证号码和户口所在地、现居住地址；委托代征范围和期限；委托代征的税种及附加、计税依据及税率；票、款结报缴销期限和额度；税务机关和代征人双方的权利、义务和责任；代征手续费标准；违约责任；其他有关事项。

代征人为行政、事业、企业单位及其他社会组织的，《委托代征协议书》自双方的法定代表人或法定代理人签字并加盖公章后生效；代征人为自然人的，《委托代征协议书》自代征人及税务机关的法定代表人签字并加盖税务机关公章后生效。

《委托代征协议书》签订后，税务机关应当向代征人发放《委托代征证书》，并在广播、电视、报纸、期刊、网络等新闻媒体或者代征范围内纳税人相对集中的场所，公告代征人的委托代征资格和《委托代征协议书》中的以下内容：税务机关和代征人的名称、联系电话，代征人为行政、事业、企业单位及其他社会组织的，应包括法定代表人或负责人姓名和地址；代征人为自然人的，应包括姓名、户口所在地、现居住地址；委托代征的范围和期限；委托代征的税种及附加、计税依据及税率；税务机关确定的其他需要公告的事项。

《委托代征协议书》有效期最长不得超过3年。有效期满需要继续委托代征的，应当重新签订《委托代征协议书》。《委托代征协议书》签订后，税务机关应当向代征人提供受托代征税款所需的税收票证、报表。

有下列情形之一的，税务机关可以向代征人发出《终止委托代征协议通知书》，提前终止委托代征协议：因国家税收法律、行政法规、规章等规定发生重大变化，需要终止协议的；税务机关被撤销主体资格的；因代征人发生合并、分立、解散、破产、撤销或者因不可抗力发生等情形，需要终止协议的；代征人有弄虚作假、故意不履行义务、严重违反税收法律法规的行为，或者有其他严重违反协议的行为；税务机关认为需要终止协议的其他情形。

终止委托代征协议的，代征人应自委托代征协议终止之日起5个工作日内，向税务机关结清代征税款，缴销代征业务所需的税收票证和发票；税务机关应当收回《委托代征证书》，结清代征手续费。

代征人在委托代征协议期限届满之前提出终止协议的，应当提前20个工作日向税务机关申请，经税务机关确认后按照该办法第十四条的规定办理相关手续。

税务机关应当自委托代征协议终止之日起10个工作日内，在广播、电视、报纸、期刊、网络等新闻媒体或者代征范围内纳税人相对集中的场所，公告代征人委托代征资格终止和该办法第十一条规定需要公告的《委托代征协议书》主要内容。

4. 委托代征管理职责

税收委托代征工作中，税务机关应当监督、管理、检查委托代征业务，履行以下职责：审查代征人资格，确定、登记代征人的相关信息；填制、发放、收回、缴销《委托代征证书》；确定委托代征的具体范围、税种及附加、计税依据、税率等；核定和调整代征人代征的个体工商户定额，并通知纳税人和代征人执行；定期核查代征人的管户信息，了解代征户籍变化情况；采集委托代征的征收信息、纳税人欠税信息、税收票证管理情况等信息；辅导和培训代征人；在有关规定确定的代征手续费比率范围内，按照手续费与代征人征收成本相匹配的原则，确定具体支付标准，办理手续费支付手续；督促代征人按时解缴代征税款，并对代征情况进行定期检查；其他管理职责。

税收委托代征工作中，代征人应当履行以下职责：根据税务机关确定的代征范围、核定税额或计税依据、税率代征税款，并按规定及时解缴入库；按照税务机关有关规定领取、保管、开具、结报缴销税收票证、发票，确保税收票证和发票安全；

代征税款时，向纳税人开具税收票证；建立代征税款账簿，逐户登记代征税种税目、税款金额及税款所属期等内容；在税款解缴期内向税务机关报送《代征代扣税款结报单》，以及受托代征税款的纳税人当期已纳税、逾期未纳税、管户变化等相关情况；对拒绝代征人依法代征税款的纳税人，自其拒绝之时起24小时内报告税务机关；在代征税款工作中获知纳税人商业秘密和个人隐私的，应当依法为纳税人保密。

代征人不得对纳税人实施税款核定、税收保全和税收强制执行措施，不得对纳税人进行行政处罚。

代征人应根据《委托代征协议书》的规定向税务机关申请代征税款手续费，不得从代征税款中直接扣取代征税款手续费。

5. 法律责任

代征人在《委托代征协议书》授权范围内的代征税款行为引起纳税人的争议或法律纠纷的，由税务机关解决并承担相应法律责任；税务机关拥有事后向代征人追究法律责任的权利。

因代征人责任未征或少征税款的，税务机关应向纳税人追缴税款，并可按《委托代征协议书》的约定向代征人按日加收未征少征税款万分之五的违约金，但代征人将纳税人拒绝缴纳等情况自纳税人拒绝之时起24小时内报告税务机关的除外。代征人违规多征税款的，由税务机关承担相应的法律责任，并责令代征人立即退还，税款已入库的，由税务机关按规定办理退库手续；代征人违规多征税款致使纳税人合法权益受到损失的，由税务机关赔偿，税务机关拥有事后向代征人追偿的权利。代征人违规多征税款而多取得代征手续费的，应当及时退回。

代征人造成印有固定金额的税收票证损失的，应当按照票面金额赔偿，未按规定领取、保管、开具、结报缴销税收票证的，税务机关应当根据情节轻重，适当扣减代征手续费。

代征人未按规定期限解缴税款的，由税务机关责令限期解缴，并可从税款滞纳之日起按日加收未解缴税款万分之五的违约金。

税务机关工作人员玩忽职守，不按照规定对代征人履行管理职责，给委托代征工作造成损害的，按规定追究相关人员的责任。

违反《委托代征协议书》其他有关规定的，按照协议约定处理。

纳税人对委托代征行为不服，可依法申请税务行政复议。

6. 附则

各省、自治区、直辖市和计划单列市税务机关根据本地实际情况制定具体实施办法。

税务机关可以比照该办法的规定，对代售印花税票者进行管理。

该办法自2013年7月1日起施行。

二、文书式样

（一）委托代征协议书

委托代征协议书

_____税委〔 〕 号

甲方（委托单位）：

地　　址：

乙方（受托单位、组织或个人）：

地　　址：

法定代表人（负责人）姓名（选填）：

乙方或乙方法定代表人（负责人）居民身份证号码：

为加强税收征收管理，保障国家税收收入，做好代征税款工作，甲、乙双方经协商于___年___月___日签订如下委托代征协议。

一、甲方依据《中华人民共和国税收征收管理法》《中华人民共和国税收征收管理法实施细则》《中华人民共和国民法典》及《中华人民共和国发票管理办法》的有关规定，委托乙方代征税款。

二、本协议规定，由乙方代征以下税款：

（一）代征税种及附加：

（二）代征范围：

（三）计税依据及税率：

（四）代征期限：

三、本协议规定，乙方票、款结报缴销期限和额度为：

四、甲方的权利和义务：

（一）甲方应遵守国家法律、行政法规、规章关于委托代征的规定，有责任对乙方代征工作进行指导。并依法向乙方支付代征手续费，甲方支付代征手续费的标准为已解缴代征税款的____%。

（二）甲方应依法及时向乙方提供代征税款所需要的税收票证。

（三）因国家税收法律、行政法规、规章的废止或修订致使本协议失效或部分失效时，甲方负有及时通知乙方并要求终止协议的责任。

（四）甲方有权检查乙方代征税款的情况。

五、乙方的权利和义务：

（一）乙方应当遵守国家法律、行政法规、规章关于委托代征的规定，按照本协议规定的税种及附加、范围、标准、期限代征税款，并依法收取甲方支付的代征手续费。

（二）乙方应当依法及时足额解缴税款，做到税收票证开具金额与结报税款一致。

（三）乙方在代征过程中遇纳税人拒绝纳税的，应在24小时内报告甲方，由甲方依法处理。乙方不得对纳税人实施税款核定、税收保全和税收强制执行措施，不得对纳税人进行行政处罚。

（四）乙方应当按照税务机关的票证管理规定，领取、保管、开具、结报缴销有关凭证。

（五）代征税款时，应向纳税人开具甲方提供的税收票证。

六、违约责任：

（一）甲方违反本协议，乙方有权按照本协议或者有关法律规定要求甲方履行义务，有权依法提起民事诉讼。

（二）乙方违反本协议，甲方有权按照本协议或者有关法律规定要求乙方履行义务，并可以根据实际情况选择单方面终止协议。

（三）因乙方责任未征或少征税款的，甲方应向纳税人追缴税款，并可向乙方按日加收未征少征税款万分之五的违约金，但乙方将纳税人拒绝缴纳等情况自纳税人拒绝之时起24小时内报告甲方的除外。乙方违规多征税款的，由甲方承担相应的法律责任，并责令乙方立即退还，税款已入库的，由甲方按规定办理退库手续；乙方违规多征税款致使纳税人合法权益受到损失的，由甲方赔偿，甲方拥有事后向乙方追偿的权利。乙方违规多征税款而多取得代征手续费的，应当及时退回。

（四）乙方未按规定期限解缴税款的，由甲方责令限期缴纳，并可从税款滞纳之日起按日加收未解缴税款万分之五的违约金。

（五）乙方造成印有固定金额的税收票证损失的，应当按照票面金额赔偿；未按照规定领取、保管、开具、结报缴销税收票证的，甲方有权根据情节轻重，扣减代征手续费。

七、有下列情形之一的，委托代征协议提前终止：

（一）因国家税收法律、行政法规、规章等规定发生重大变化，需要终止协议的；

（二）甲方被撤销主体资格的；

（三）乙方发生合并、分立、解散、破产、撤销或者因不可抗力发生等情形，需要终止协议的；

（四）乙方有弄虚作假、故意不履行义务、严重违反税收法律法规的行为，或者出现其他严重违反协议的行为；

（五）甲方认为需要终止协议的其他情形。

终止委托代征协议的，乙方应自委托代征协议终止之日起5个工作日内，向甲方结清代征的税款，缴销代征业务所需的税收票证和发票。甲方应当收回《委托代征证书》，结清代征手续费。

八、乙方不得将其受托代征税款事项再行委托其他单位、组织或人员办理。

九、本协议未尽事宜，按照相关法律、行政法规规定处理。

十、本协议有效期限为　　年　月　日至　　年　月　日。

十一、本协议书一式三份，甲方二份，乙方一份。

甲方（签章）　　　　　　　　　　乙方（签章）

协议签订日期：　年　月　日　　　协议签订日期：　年　月　日

法定代表人：（签字）　　　　　　法定代表人：（签字）

使用说明

（1）设置依据。本协议依据《税收征收管理法》《税收征收管理法实施细则》《民法典》《发票管理办法》设置。

（2）适用范围。本协议适用于税务机关委托有关单位和人员代征税款时使用。

（3）填写说明：

A.乙方为单位、组织的，在"地址"栏填写乙方的工作场所地址，在"乙方或乙方法定代表人（负责人）居民身份证号码"栏填写法定代表人（负责人）居民身份证号码；乙方为自然人的，在"地址"栏填写户口所在地地址，如户口所在地和现居住地不同的，应同时填写户口所在地及现居住地地址，在"乙方或乙方法定代表人（负责人）居民身份证号码"栏填写自然人的居民身份证号码。

B.协议第二项中，代征税种及附加：填写委托代征的所有税种及附加；代征范围：填写乙方负责代征税款的纳税人范围。

C.协议第四项中，甲方支付代征手续费标准为根据有关规定，并经甲乙双方商定的比例。

（二）终止委托代征协议通知书

终止委托代征协议通知书

＿＿税终委〔　〕号

＿＿＿＿＿＿＿＿＿＿：

因＿＿＿＿＿＿＿＿＿＿＿＿＿＿＿＿，我局决定终止委托代征协议，请接到通知后，于＿＿年＿月＿日前到我局结清代征税款、缴销票证并办理终止委托代征手续。

特此通知。

税务局（公章）
年 月 日

注：本表一式二份，一份税务机关留存，一份交代征人留存。

（三）委托代征证书

委托代征证书

_____：

根据《中华人民共和国税收征收管理法》及其实施细则的有关规定，经过我局与你单位（组织或人员）协商一致，委托你单位（组织或人员）代征税款。

代征税种及附加：_____；
代征范围：_____；
计税依据及税率：_____；
代征期限：_____。

具体代征程序和税款的解缴，以及双方的权利和义务，依照双方订立的《委托代征协议书》执行。

本证书的有效期限自____年_月_日至___年_月_日止。

税务局（公章）
年 月 日

三、文书范本

（一）广西税务机关终止委托代征协议通知书

终止委托代征协议通知书

江税终委〔2022〕1号

中国××集团有限公司崇左市分公司：

因存在税务机关认为需要终止协议的其他情形，我局决定终止委托代征协议，请接到通知后，于2022年2月22日前到我局结清代征税款、缴销票证并办理终止委托代征手续。

特此通知。

国家税务总局崇左市江州区税务局
2022年2月15日

（二）安徽税务机关委托代征证书

委托代征证书

黔税委〔2023〕13号

黄山市黟县××有限公司：

根据《中华人民共和国税收征收管理法》及其实施细则的有关规定，经过我局与你单位（组织或人员）协商一致，委托你单位（组织或人员）代征税款。

代征税种及附加：增值税 城市维护建设税 教育费附加 地方教育附加 个人所得税；

代征范围：景区宣传劳务费；

计税依据及税率：增值税按现行税法规定计算，城市维护建设税＝增值税税额×5%，教育费附加＝增值税税额×3%，地方教育附加＝增值税税额×2%，个人所得税按现行税法规定计算；

代征期限：2023-05-05日至2023-12-31。

具体代征程序和税款的解缴，以及双方的权利和义务，依照双方订立的《委托代征协议书》执行。

本证书的有效期限自2023年05月05日至2023年12月31日止。

国家税务总局黟县税务局
二〇二三年五月五日

第二节　核定（调整）定额通知书

一、相关法律制度

（一）《税收征收管理法》的相关规定

根据《税收征收管理法》第三十五条的规定，纳税人有下列情形之一的，税务机关有权核定其应纳税额：依照法律、行政法规的规定可以不设置账簿的；依照法律、行政法规的规定应当设置账簿但未设置的；擅自销毁账簿或者拒不提供纳税资料的；虽设置账簿，但账目混乱或者成本资料、收入凭证、费用凭证残缺不全，难以查账的；发生纳税义务，未按照规定的期限办理纳税申报，经税务机关责令限期申报，逾期仍不申报的；纳税人申报的计税依据明显偏低，又无正当理由的。税务机关核定应纳税额的具体程序和方法由国务院税务主管部门规定。

(二)《企业所得税核定征收办法（试行）》的相关规定

为了加强企业所得税征收管理，规范核定征收企业所得税工作，保障国家税款及时足额入库，维护纳税人合法权益，根据《中华人民共和国企业所得税法》及其实施条例、《税收征收管理法》及其实施细则的有关规定，制定该办法。该办法适用于居民企业纳税人。

纳税人具有下列情形之一的，核定征收企业所得税：依照法律、行政法规的规定可以不设置账簿的；依照法律、行政法规的规定应当设置但未设置账簿的；擅自销毁账簿或者拒不提供纳税资料的；虽设置账簿，但账目混乱或者成本资料、收入凭证、费用凭证残缺不全，难以查账的；发生纳税义务，未按照规定的期限办理纳税申报，经税务机关责令限期申报，逾期仍不申报的；申报的计税依据明显偏低，又无正当理由的。特殊行业、特殊类型的纳税人和一定规模以上的纳税人不适用该办法。上述特定纳税人由国家税务总局另行明确。

税务机关应根据纳税人具体情况，对核定征收企业所得税的纳税人，核定应税所得率或者核定应纳所得税额。具有下列情形之一的，核定其应税所得率：能正确核算（查实）收入总额，但不能正确核算（查实）成本费用总额的；能正确核算（查实）成本费用总额，但不能正确核算（查实）收入总额的；通过合理方法，能计算和推定纳税人收入总额或成本费用总额的。纳税人不属于以上情形的，核定其应纳所得税额。

税务机关采用下列方法核定征收企业所得税：参照当地同类行业或者类似行业中经营规模和收入水平相近的纳税人的税负水平核定；按照应税收入额或成本费用支出额定率核定；按照耗用的原材料、燃料、动力等推算或测算核定；按照其他合理方法核定。采用上述所列一种方法不足以正确核定应纳税所得额或应纳税额的，可以同时采用两种以上的方法核定。采用两种以上方法测算的应纳税额不一致时，可按测算的应纳税额从高核定。

采用应税所得率方式核定征收企业所得税的，应纳所得税额计算公式如下：

$$应纳所得税额 = 应纳税所得额 \times 适用税率$$
$$应纳税所得额 = 应税收入额 \times 应税所得率$$

或：$应纳税所得额 = 成本（费用）支出额 \div (1 - 应税所得率) \times 应税所得率$

实行应税所得率方式核定征收企业所得税的纳税人，经营多业的，无论其经营项目是否单独核算，均由税务机关根据其主营项目确定适用的应税所得率。主营项目应为纳税人所有经营项目中，收入总额或者成本（费用）支出额或者耗用原材料、燃料、动力数量所占比重最大的项目。

应税所得率按下表规定的幅度标准确定：

行业	应税所得率
农、林、牧、渔业	3% ~ 10%
制造业	5% ~ 15%
批发和零售贸易业	4% ~ 15%
交通运输业	7% ~ 15%
建筑业	8% ~ 20%
饮食业	8% ~ 25%
娱乐业	15% ~ 30%
其他行业	10% ~ 30%

纳税人的生产经营范围、主营业务发生重大变化，或者应纳税所得额或应纳税额增减变化达到20%的，应及时向税务机关申报调整已确定的应纳税额或应税所得率。

主管税务机关应及时向纳税人送达《企业所得税核定征收鉴定表》，及时完成对其核定征收企业所得税的鉴定工作。具体程序如下：纳税人应在收到《企业所得税核定征收鉴定表》后10个工作日内，填好该表并报送主管税务机关。《企业所得税核定征收鉴定表》一式三联，主管税务机关和县税务机关各执一联，另一联送达纳税人执行。主管税务机关还可根据实际工作需要，适当增加联次备用。主管税务机关应在受理《企业所得税核定征收鉴定表》后20个工作日内，分类逐户审查核实，提出鉴定意见，并报县税务机关复核、认定。县税务机关应在收到《企业所得税核定征收鉴定表》后30个工作日内，完成复核、认定工作。纳税人收到《企业所得税核定征收鉴定表》后，未在规定期限内填列、报送的，税务机关视同纳税人已经报送，按上述程序进行复核认定。

税务机关应在每年6月底前对上年度实行核定征收企业所得税的纳税人进行重新鉴定。重新鉴定工作完成前，纳税人可暂按上年度的核定征收方式预缴企业所得税；重新鉴定工作完成后，按重新鉴定的结果进行调整。

主管税务机关应当分类逐户公示核定的应纳所得税额或应税所得率。主管税务机关应当按照便于纳税人及社会各界了解、监督的原则确定公示地点、方式。纳税人对税务机关确定的企业所得税征收方式、核定的应纳所得税额或应税所得率有异议的，应当提供合法、有效的相关证据，税务机关经核实认定后调整有异议的事项。

纳税人实行核定应税所得率方式的，按下列规定申报纳税：主管税务机关根据纳税人应纳税额的大小确定纳税人按月或者按季预缴，年终汇算清缴。预缴方法一经确定，一个纳税年度内不得改变。纳税人应依照确定的应税所得率计算纳税期间实际应缴纳的税额，进行预缴。按实际数额预缴有困难的，经主管税务机关同意，可按上一年度应纳税额的1/12或1/4预缴，或者按经主管税务机关认可的其他方法预缴。纳税人预缴税款或年终进行汇算清缴时，应按规定填写《中华人民共和国企业所得税月（季）度预缴纳税申报表（B类）》，在规定的纳税申报时限内报送主管税务机关。

纳税人实行核定应纳所得税额方式的，按下列规定申报纳税：纳税人在应纳所得税额尚未确定之前，可暂按上年度应纳所得税额的1/12或1/4预缴，或者按经主管税务机关认可的其他方法，按月或按季分期预缴。在应纳所得税额确定以后，减除当年已预缴的所得税额，余额按剩余月份或季度均分，以此确定以后各月或各季的应纳税额，由纳税人按月或按季填写《中华人民共和国企业所得税月（季）度预缴纳税申报表（B类）》，在规定的纳税申报期限内进行纳税申报。纳税人年度终了后，在规定的时限内按照实际经营额或实际应纳税额向税务机关申报纳税。申报额超过核定经营额或应纳税额的，按申报额缴纳税款；申报额低于核定经营额或应纳税额的，按核定经营额或应纳税额缴纳税款。

对违反该办法规定的行为，按照《中华人民共和国税收征收管理法》及其实施细则的有关规定处理。

各省、自治区、直辖市和计划单列市税务局，根据该办法的规定制定具体实施办法，并报国家税务总局备案。

二、文书式样

（一）核定（调整）定额通知书

核定（调整）定额通知书

_____税核〔　〕号

_____（纳税人）：

根据《中华人民共和国税收征收管理法》《中华人民共和国税收征收管理法实施细则》以及相关规定，经审核你户的月应纳税经营额为_____元，月应纳税额为_____元（分税种税额见下表）。请按规定的期限申报缴纳应纳税款。本通知自___年__月__日起执行。定额执行期间内，如月应纳税经营额发生变化，请按有关规定如实向主管税务机关申报。不按规定的期限申报和缴纳应纳税款的，税务机关将依法予以处罚。

应纳税额明细表

税　种	税　率	税　额（元）
税额合计（大写）：		

税务机关（签章）
年　月　日

（二）企业所得税核定征收鉴定表

企业所得税核定征收鉴定表

纳税人编码：　　　　鉴定期：　　　年度　　　　金额单位：元

申报单位		
地　址		
经济性质	行业类别	
开户银行	账　号	
邮政编码	联系电话	
上年收入总额	上年成本费用额	
上年注册资本	上年原材料耗费量（额）	
上年职工人数	上年燃料、动力耗费量（额）	
上年固定资产原值	上年商品销售量（额）	
上年所得税额	上年征收方式	

（续表）

行次	项　　目	纳税人自报情况	主管税务机关审核意见
1	账簿设置情况		
2	收入核算情况		
3	成本费用核算情况		
4	纳税申报情况		
5	履行纳税义务情况		
6	其他情况		

纳税人对征收方式的意见： 经办人签章：　　　　（公章） 　　　　年　月　日	主管税务机关意见： 经办人签章：　　　　（公章） 　　　　年　月　日

县级税务机关审核意见：

　　　　　　　　经办人签章：　　　　　　　　　　　　（公章）

　　　　　　　　　　　　　　　　　　　　年　月　日

三、文书范本

(一) 佛山税务机关核定（调整）定额通知书

佛山市顺德区国家税务局

核定（调整）定额通知书

顺国税核〔2006〕5304 号

佛山市顺德区××水果店：

根据《中华人民共和国税收征收管理法》《中华人民共和国税收征收管理法实施细则》以及相关规定，经审核你户的月应纳税经营额为 12 000.00 元，月应纳税额为 480.00 元（分税种税额见下表）。请按规定的期限申报缴纳应纳税款。本通知自 2006 年 8 月 1 日起执行。定额执行期间内，如月应纳税经营额发生变化，请按有关规定如实向主管税务机关申报。不按规定的期限申报和缴纳应纳税款的，税务机关将依法予以处罚。

应纳税额明细表

税种	月应纳税经营额	税率（征收率）	税额（元）
增值税	12 000.00 元	0.04	480.00
税额合计（大写）：肆佰捌拾圆整			

佛山市顺德区国家税务局

二〇〇六年八月二十九日

(二) 鹤山税务机关核定（调整）定额通知书送达公告

国家税务总局鹤山市税务局

核定定额通知书送达公告

鹤山税核通公告〔2020〕1 号

鹤山市沙坪××清洗店等 5162 户纳税人（名单详见附件）：

根据《国家税务总局广东省税务局征管和科技发展处关于进一步做好疫情防控期间有关征管工作的通知》（粤税征科便函〔2020〕16 号）中关于"对受疫情影响的双定户，根据优惠政策规定合理调整其核定经营额和应纳税额，对核定无税的双定户如受疫情影响也需根据其受影响程度调整定额"的工作要求，参照《财政部 税务总局关于支持新型冠状病毒感染的肺炎疫情防控有关税收政策的公告》（财政部 税务总局公告2020年第8号）和《财政部 税务总局关于支持个体工商户复工复业增值税政策的公告》（财政部 税务总局公告2020年第13号）的精神，结合我局的实际情况，国家税务总局鹤山市税务局已对我市受疫情影响较大的公共交通运输服务、生活服务、文化、旅游、餐饮等五个行业实行定期定额管理的个体工商户统一按25%的幅度下调2020年度的定额。根据《中华人民共和国税收征收管理法实施细则》第一百零六条第一款第（一）项规定，现向你单位公告送达《核定定额通知书》。自公告之日起满30日，《核定定额通知书》视为送达。现告知内容如下：

根据《中华人民共和国税收征收管理法》《中华人民共和国税收征收管理法实施细则》以及相关规定，经审核你户月应纳税额为附件对应金额，（详见附件）。请按规定的期限申报缴纳应纳税款。本通知自2020年1月1日起至2020年12月31日止执行。

一、定额有效期间内，如你户月应纳税经营（所得）额超过税务机关的核定定额百分之三十的，应当在法律、行政法规规定的申报期限内，向主管税务机关进行申报并缴纳税款。

二、定期定额户应当在定额有效期满60日内，以该期每月实际发生的经营额、所得额向主管税务机关进行汇总申报。

三、不按规定的期限进行申报或缴纳应纳税款的，税务机关将依法予以处罚。

四、对税务机关核定的定额有争议的，可以在接到《核定定额通知书》之日起30日内向主管税务机关提出重新核定定额申请。也可以按照法律、行政法规的规定提起行政复议或诉讼。

各主管税务分局联系电话：
国家税务总局鹤山市税务局沙坪税务分局 0750-8936628
国家税务总局鹤山市税务局古劳税务分局 0750-8777901
国家税务总局鹤山市税务局共和税务分局 0750-8300567
国家税务总局鹤山市税务局宅梧税务分局 0750-8633692

附件：核定定额通知书名单（修改版）20200415.xlsx（略）。

国家税务总局鹤山市税务局
2020年4月14日

第三节　定期定额户自行申报（申请变更）纳税定额表

一、相关法律制度

根据《个体工商户税收定期定额征收管理办法》第二条的规定，个体工商户税收定期定额征收，是指税务机关依照法律、行政法规的规定，对个体工商户在一定经营地点、一定经营时期、一定经营范围内的应纳税经营额（包括经营数量）或所得额（以下简称定额）进行核定，并以此为计税依据，确定其应纳税额的一种征收方式。

根据《个体工商户税收定期定额征收管理办法》第三条的规定，定期定额征收税款适用于经主管税务机关认定和县以上税务机关（含县级，下同）批准的生产、经营规模小，达不到《个体工商户建账管理暂行办法》规定设置账簿标准的个体工商户的税收征收管理。

二、文书式样

定期定额户自行申报（申请变更）纳税定额表

填表时间：　年　月　日　　　　　　　　　　　　　　单位：人、平方米、元

纳税人申报	纳税人基本情况	纳税人名称			纳税人识别号		经营地点	
	纳税人经营情况	经营行业	营业面积（平方米）	雇佣人数（人）				
	申报项目	月经营额	月收益额	调整项目	原月经营额	原月收益额	现月经营额	现月收益额
	纳税人签章：							
税务机关复核	纳税人经营情况	经营行业	营业面积	雇佣人数				
	经办人：　年　月　日		经办人：　年　月　日			税务机关（签章）　年　月　日		

三、文书的使用说明

（一）适用范围

本表由申报核定或申请调整定额的定期定额户填报基础信息时使用。

（二）填写说明

（1）申请调整定额的纳税人在表头"申请变更"字样上划钩。

（2）自行申报定额的纳税人不必填写"调整项目"的内容，申请调整定额的纳税人不必填写"申报项目"的内容。

（3）"纳税人经营情况"空白区域的具体项目及计量单位由县级以上税务机关确定。

（三）留存要求

税务机关应留存本表。

第四节　个体工商户税收定期定额征收管理文书

一、相关法律制度

（一）《个体工商户税收定期定额征收管理办法》的相关规定

为规范和加强个体工商户税收定期定额征收（以下简称定期定额征收）管理，公平税负，保护个体工商户合法权益，促进个体经济的健康发展，根据《中华人民共和国税收征收管理法》及其实施细则，制定该办法。

该办法所称个体工商户税收定期定额征收，是指税务机关依照法律、行政法规及该办法的规定，对个体工商户在一定经营地点、一定经营时期、一定经营范围内的应纳税经营额（包括经营数量）或所得额（以下简称定额）进行核定，并以此为计税依据，确定其应纳税额的一种征收方式。

该办法适用于经主管税务机关认定和县以上税务机关（含县级，下同）批准的生产、经营规模小，达不到《个体工商户建账管理暂行办法》规定设置账簿标准的个体工商户（以下简称定期定额户）的税收征收管理。

主管税务机关应当将定期定额户进行分类，在年度内按行业、区域选择一定数量并具有代表性的定期定额户，对其经营、所得情况进行典型调查，做出调查分析，填制有关表格。典型调查户数应当占该行业、区域总户数的5%以上。具体比例由省级税务机关确定。

定额执行期的具体期限由省级税务机关确定，但最长不得超过一年。定额执行期是指税务机关核定后执行的第一个纳税期至最后一个纳税期。

税务机关应当根据定期定额户的经营规模、经营区域、经营内容、行业特点、管理水平等因素核定定额，可以采用下列一种或两种以上的方法核定：按照耗用的原材料、燃料、动力等推算或者测算核定；按照成本加合理的费用和利润的方法核定；按照盘点库存情况推算或者测算核定；按照发票和相关凭据核定；按照银行经营账户资金往来情况测算核定；参照同类行业或类似行业中同规模、同区域纳税人的生产、经营情况核定；按照其他合理方法核定。税务机关应当运用现代信息技术手段核定定额，增强核定工作的规范性和合理性。

税务机关核定定额程序：

第一，自行申报。定期定额户要按照税务机关规定的申报期限、申报内容向主管税务机关申报，填写有关申报文书。申报内容应包括经营行业、营业面积、雇佣人数和每月经营额、所得额以及税务机关需要的其他申报项目。本项所称经营额、所得额为预估数。

第二，核定定额。主管税务机关根据定期定额户自行申报情况，参考典型调查结果，采取该办法上述相关规定的核定方法核定定额，并计算应纳税额。

第三，定额公示。主管税务机关应当将核定定额的初步结果进行公示，公示期限为五个工作日。公示地点、范围、形式应当按照便于定期定额户及社会各界了解、监督的原则，由主管税务机关确定。

第四，上级核准。主管税务机关根据公示意见结果修改定额，并将核定情况报经县以上税务机关审核批准后，填制《核定定额通知书》。

第五，下达定额。将《核定定额通知书》送达定期定额户执行。

第六，公布定额。主管税务机关将最终确定的定额和应纳税额情况在原公示范围内进行公布。

定期定额户应当建立收支凭证粘贴簿、进销货登记簿，完整保存有关纳税资料，并接受税务机关的检查。

依照法律、行政法规的规定，定期定额户负有纳税申报义务。实行简易申报的定期定额户，应当在税务机关规定的期限内按照法律、行政法规规定缴清应纳税款，当期（指纳税期，下同）可以不办理申报手续。

采用数据电文申报、邮寄申报、简易申报等方式的，经税务机关认可后方可执行。经确定的纳税申报方式在定额执行期内不予更改。

定期定额户可以委托经税务机关认定的银行或其他金融机构办理税款划缴。凡委托银行或其他金融机构办理税款划缴的定期定额户，应当向税务机关书面报告开户银行及账号。其账户内存款应当足以按期缴纳当期税款。其存款余额低于当期应纳税款，致使当期税款不能按期入库的，税务机关按逾期缴纳税款处理；对实行简易申报的,按逾期办理纳税申报和逾期缴纳税款处理。

定期定额户发生下列情形,应当向税务机关办理相关纳税事宜:定额与发票开具金额或税控收款机记录数据比对后,超过定额的经营额、所得额所应缴纳的税款;在税务机关核定定额的经营地点以外从事经营活动所应缴纳的税款。

税务机关可以根据保证国家税款及时足额入库、方便纳税人、降低税收成本的原则,采用简化的税款征收方式,具体方式由省级税务机关确定。

县以上税务机关可以根据当地实际情况,依法委托有关单位代征税款。税务机关与代征单位必须签订委托代征协议,明确双方的权利、义务和应当承担的责任,并向代征单位颁发委托代征证书。

定期定额户经营地点偏远、缴纳税款数额较小,或者税务机关征收税款有困难的,税务机关可以按照法律、行政法规的规定简并征期。但简并征期最长不得超过一个定额执行期。简并征期的税款征收时间为最后一个纳税期。

通过银行或其他金融机构划缴税款的,其完税凭证可以到税务机关领取,或到税务机关委托的银行或其他金融机构领取;税务机关也可以根据当地实际情况采取邮寄送达,或委托有关单位送达。

定期定额户在定额执行期结束后,应当以该期每月实际发生的经营额、所得额向税务机关申报,申报额超过定额的,按申报额缴纳税款;申报额低于定额的,按定额缴纳税款。具体申报期限由省级税务机关确定。定期定额户当期发生的经营额、所得额超过定额一定幅度的,应当在法律、行政法规规定的申报期限内向税务机关进行申报并缴清税款。具体幅度由省级税务机关确定。

定期定额户的经营额、所得额连续纳税期超过或低于税务机关核定的定额,应当提请税务机关重新核定定额,税务机关应当根据本办法规定的核定方法和程序重新核定定额。具体期限由省级税务机关确定。

经税务机关检查发现定期定额户在以前定额执行期发生的经营额、所得额超过定额,或者当期发生的经营额、所得额超过定额一定幅度而未向税务机关进行纳税申报及结清应纳税款的,税务机关应当追缴税款、加收滞纳金,并按照法律、行政法规规定予以处理。其经营额、所得额连续纳税期超过定额,税务机关应当按照该办法上述相关规定重新核定其定额。

定期定额户发生停业的,应当在停业前向税务机关书面提出停业报告;提前恢复经营的,应当在恢复经营前向税务机关书面提出复业报告;需延长停业时间的,应当在停业期满前向税务机关提出书面的延长停业报告。

税务机关停止定期定额户实行定期定额征收方式,应当书面通知定期定额户。

定期定额户对税务机关核定的定额有争议的,可以在接到《核定定额通知书》之日起30日内向主管税务机关提出重新核定定额申请,并提供足以说明其生产、经营真实情况的证据,主管税务机关应当自接到申请之日起30日内书面答复。定期定额户也可以按照法律、行政法规的规定直接向上一级税务机关申请行政复议；对行政复议决定不服的，可以依法向人民法院提起行政诉讼。定期定额户在未接到重新核定定额通知、行政复议决定书或人民法院判决书前，仍按原定额缴纳税款。

税务机关应当严格执行核定定额程序，遵守回避制度。税务人员个人不得擅自确定或更改定额。税务人员徇私舞弊或者玩忽职守，致使国家税收遭受重大损失，构成犯罪的，依法追究刑事责任；尚不构成犯罪的，依法给予行政处分。

对违反该办法规定的行为，按照《中华人民共和国税收征收管理法》及其实施细则有关规定处理。个人独资企业的税款征收管理比照该办法执行。各省、自治区、直辖市国家税务局、地方税务局根据该办法制定具体实施办法，并报国家税务总局备案。该办法自2007年1月1日起施行。1997年6月19日国家税务总局发布的《个体工商户定期定额管理暂行办法》同时废止。

（二）国税发〔2006〕183号文件的相关规定

根据《国家税务总局关于个体工商户定期定额征收管理有关问题的通知》（国税发〔2006〕183号）的规定，国家税务总局令第16号发布的《个体工商户税收定期定额征收管理办法》（以下简称《办法》）于2007年1月1日开始施行。为了有利于征纳双方准确理解和全面贯彻落实《办法》，将有关问题明确如下：

《办法》第二条所称的"经营数量"，是指从量计征的货物数量。对虽设置账簿，但账目混乱或成本资料、收入凭证、费用凭证残缺不全，难以查账的个体工商户，税务机关可以实行定期定额征收。

个人所得税附征率应当按照法律、行政法规的规定和当地实际情况，分地域、行业进行换算。个人所得税可以按照换算后的附征率，依据增值税、消费税、营业税的计税依据实行附征。

核定定额的有关问题规定如下：定期定额户应当自行申报经营情况，对未按照规定期限自行申报的，税务机关可以不经过自行申报程序，按照《办法》第七条规定的方法核定其定额。税务机关核定定额可以到定期定额户生产、经营场所，对其自行申报的内容进行核实。运用个体工商户定额核定管理系统的，在采集有关数据时，应当由两名以上税务人员参加。税务机关不得委托其他单位核定定额。

新开业的个体工商户，在未接到税务机关送达的《核定定额通知书》前，应当按月向税务机关办理纳税申报，并缴纳税款。

对未达到起征点定期定额户的管理如下：税务机关应当按照核定程序核定其定额。对未达起征点的定期定额户，税务机关应当送达《未达起征点通知书》。未达到起征点的定期定额户月实际经营额达到起征点，应当在纳税期限内办理纳税申报手续，并缴纳税款。未达到起征点的定期定额户连续三个月达到起征点，应当向税务机关申报，提请重新核定定额。税务机关应当按照《办法》有关规定重新核定定额，并下达《核定定额通知书》。

定期定额户委托银行或其他金融机构划缴税款的，其账户内存款数额，应当足以缴纳当期税款。为保证税款及时入库，其存款入账的时间不得影响银行或其他金融机构在纳税期限内将其税款划缴入库。

定期定额户在定额执行期结束后，应当将该期每月实际发生经营额、所得额向税务机关申报（以下简称分月汇总申报），申报额超过定额的，税务机关按照申报额所应缴纳的税款减去已缴纳税款的差额补缴税款。

《办法》第二十条"……或者当期发生的经营额、所得额超过定额一定幅度……"中的"当期"，是指定额执行期内所有纳税期。

滞纳金的有关问题规定如下：定期定额户在定额执行期届满分月汇总申报时，月申报额高于定额又低于省税务机关规定申报幅度的应纳税款，在规定的期限内申报纳税不加收滞纳金。对实行简并征期的定期定额户，其按照定额所应缴纳的税款在规定的期限内申报纳税不加收滞纳金。

实行简并征期的定期定额户，在简并征期结束后应当办理分月汇总申报。定期定额户的经营额、所得额连续纳税期超过或低于定额一定幅度的，应当提请税务机关重新核定定额。具体幅度由省税务机关确定。定期定额户注销税务登记，应当向税务机关进行分月汇总申报并缴清税款。其停业是否分月汇总申报由主管税务机关确定。

二、文书式样

（一）个体工商户定额信息采集表

1. 适用于营业税改征增值税试点纳税人

个体工商户定额信息采集表
（适用于营业税改征增值税试点纳税人）

单位名称：　　　　　　　　　　　　　　采集日期：　　年　　月　　日

纳税人识别号		业户名称	
业主姓名		经营地址	
联系电话		经营范围	
调查项目名称	调查项目内容		
定额项目			
资产投资总额（元）			
经营面积（m²）			

（续表）

主要经营用具及台（套）数	
月发票开具额	
年房屋租金（元）	
仓储面积（m²）	
所属乡镇、街道	
所属集贸市场	
从业人数	
经营方式	
代理品牌数量	
淡季旺季情况	
调查项目名称	调查项目内容
代理区域	
交通工具	
所属路段	
经营年限	
广告类别	
信誉程度	
其他项目	

"其他项目"补充说明：

纳税人签字：	税收管理员签字：
年 月 日	年 月 日

2. 适用于商业

个体工商户定额信息采集表
（商业）

单位名称：　　　　　　　　　　　　　　采集日期：年　月　日

纳税人识别号		业户名称	
业主姓名		经营地址	
联系电话		经营范围	
调查项目名称	调查项目内容		
定额项目			
资产投资总额（元）			
经营面积（m²）			
调查项目名称	调查项目内容		
年房屋租金（元）			
仓储面积（m²）			
所属乡镇、街道			
所属集贸市场			
从业人数			
经营方式			
兼营情况			
代理品牌数量			
淡季旺季情况			
代理区域			
交通工具			
所属路段			
经营年限			
广告类别			
信誉程度			
国税月核定税额			
应纳消费税经营收入占总收入比例（%）			
其他项目			
"其他项目"补充说明：			
纳税人签字： 年　月　日		税收管理员签字： 年　月　日	

3. 适用于工业生产及来料加工业

个体工商户定额信息采集表
（工业生产及来料加工业）

单位名称：　　　　　　　　　　　　　　　采集日期：年　月　日

纳税人识别号		业户名称	
业主姓名		经营地址		联系电话	
经营范围		经营方式	
调查项目名称	调查项目内容		
定额项目	
资产投资总额（元）	
经营面积（m²）	
房屋租金（元）	
从业人数	
主要设备名称及台（套）数	
主要设备生产效率	
辅助设备名称及台（套）数	
月用电量（度）	
设备容量	
所属乡镇（街道）	
所属集贸市场	
产品销售区域	
所属路段	
淡季旺季情况	
所属区域	
交通工具	
经营年限	
广告类别	
信誉程度	
国税月核定税额	
其他项目	
"其他项目"补充说明：		
纳税人签字： 年　月　日	税收管理员签字： 年　月　日		

4. 适用于修理修配业

个体工商户定额信息采集表
（修理修配业）

单位名称：　　　　　　　　　　　　　　　采集日期：年　月　日

纳税人识别号			业户名称	
业主姓名		经营地址		联系电话	
经营范围			经营方式	
调查项目名称	调查项目内容				
定额项目	
资产投资总额(元)	
从业人数	
技术资质	
维修种类	
烤漆设备	
所属乡镇、街道	
所属路段	
交通工具	
经营年限	
广告类别	
信誉程度	
国税月核定税额	
其他项目	

"其他项目"补充说明：

纳税人签字：	税收管理员签字：
 　 　 　 年　月　日	 　 　 　 年　月　日

（二）定期定额个体工商户纳税分月汇总申报表

定期定额个体工商户_____税纳税分月汇总申报表

税款所属期限：　　年　月　日至　　年　月　日　　　　　　　单位：元

纳税人名称			纳税人识别号		
业主姓名			经营地址		
行　业			从业人数（人）		联系电话

纳税人分月汇总申报情况							
年　月	实际月应纳税经营额	核定月应纳税经营额	税率（征收率）	应纳税额	已申报纳税额	应补税额	备注
	1	2	3	4	5	6	
合计							

纳税人或代理申报人声明： 　　我声明：此申报表是按照国家有关税收法律、行政法规的规定和本业户的实际生产、经营情况填报的，我确信它是真实的、可靠的、完整的。	如纳税人填报 纳税人签字： 　　　　　　　年　月　日	如由代理人填报 代理人签字、盖章： 　　　　　　　年　月　日

以下由税务机关填写

接收人：	接收日期：	审核人：	审核日期：
审核意见			主管税务机关盖章

填表说明：

（1）本表由实行定期定额征收的个体工商户在定额执行期结束后根据实际生产、经营情况分月如实填写，并按照主管税务机关规定的申报期限进行申报。

（2）应纳税额：当"实际月应纳税经营额"≥"核定月应纳税经营额"时，应纳税额＝实际月应纳税经营额 × 税率（征收率）；当"实际月应纳税经营额"＜"核定月应纳税经营额"时，应纳税额＝核定月应纳税经营额 × 税率（征收率）。

（3）已申报纳税额：是指纳税人每月实际已申报纳税的数额，包括核定的纳税人应纳税额和代开发票金额超过核定的应纳税经营额所缴纳的税额。

（4）应补税额＝应纳税额－已申报纳税额。

(三) 个体工商户定额核定汇总审批表

填报单位：

核定期：　年　月　日至　年　月　日

单位：元

个体工商户定额核定汇总审批表

纳税人识别号	业户名称	业主姓名	经营地点	调整额度（幅度）	调整原因	月核定应纳税经营额	税款核定情况			
							月核定税额			
							税	税	税	合计

县级核准
主管部门审核：
经办人：　年　月　日
负责人：　年　月　日

主管领导审批：
　年　月　日

填报单位负责人：　税源管理岗负责人：　经办人：　年　月　日

（四）个体工商户定额核定审批表

个体工商户定额核定审批表

纳税人名称：

纳税人识别号			业主姓名			电话			
经营地址			核定期限		年 月 日至		年 月 日		
项目	应纳税经营额	税		税		税		税		合计
^	^	税率	税额	税率	税额	税率	税额	税率	税额	^
业户自报定额比对										
^	上期定额			上期月均开具普通发票应税金额						
项目	应纳税经营额	税		税		税		税		合计
^	^	税率	税额	税率	税额	税率	税额	税率	税额	^
主管税务机关核定	1									
^	2									
管理环节意见	经办人：　　负责人：　　（签章）　　　　年　月　日									
主管税务机关意见	（签章） 负责人：　　　　　　　　　年　月　日									
县（市）级税务机关意见	（签章） 负责人：　　　　　　　　　年　月　日									

填表时间：　　年　月　日

注：本表一式三份，一份纳税人留存、主管税务机关和县（市）级税务机关各留存一份。

（五）核定定额通知书

核定定额通知书
_____税核〔　〕号

_____（纳税人）：

根据《中华人民共和国税收征收管理法》《中华人民共和国税收征收管理法实施细则》以及相关规定，经审核你户月应纳税额为_____元（分税种税额见下表）。请按规定的期限申报缴纳应纳税款。本通知自____年__月__日起至____年__月__日止执行。

应纳税额明细表

税　种	应纳税经营额	税率（征收率）	税　额（元）
税额合计（大写）：			

税务机关（签章）
年　月　日

告知事项：

1. 定额执行期间内，如你户月应纳税经营额超过税务机关的核定定额百分之____的，应当在法律、行政法规规定的申报期限内，向主管税务机关进行申报并缴纳税款。

2. 定期定额户应当在定额执行期满后_____日内，以该期每月实际发生的经营额、所得额向主管税务机关进行汇总申报。

3. 不按规定的期限进行申报或缴纳应纳税款的，税务机关将依法予以处罚。

（六）不予变更纳税定额通知书

不予变更纳税定额通知书
_____税不变〔　〕号

_____（纳税人）：

你(申请人)于____年__月__日提交的《定期定额户自行申报（申请变更）纳税定额表》收悉。

经审核，原核定定额符合实际，决定不予变更，特此通知。

税务机关（签章）
年　月　日

（七）未达起征点通知书

未达起征点通知书

____税未达〔　〕号

_____（纳税人）：

经审核,你户月均应纳税经营额为____元,未达____税起征点,从____年_月_日起至____年_月_日止暂不缴纳____税。在此期间,如你户月应纳税经营额达到____税起征点(____元/月),应于次月10日前向主管税务机关如实申报缴纳税款。否则,税务机关将依法进行处理。

税务机关（签章）
年　月　日

三、文书范本

国家税务总局青岛市黄岛区税务局

核定定额通知书

黄岛区××财务管理服务部等1691户纳税人（识别号××××等）：

事由：个体工商户实行定期定额方式征收各项税收。

依据：《中华人民共和国税收征收管理法》、《中华人民共和国税收征收管理法实施细则》、《个体工商户定期定额征收管理办法》（国家税务总局令第16号）、《国家税务总局关于个人所得税定期定额核定管理有关问题的通知》（国税发〔2006〕183号）等文件规定。

通知内容：经审核你户月应纳税额为0.0元。请按规定的期限申报缴纳应纳税款。本通知自2022年10月01日起至2022年12月31日止执行（2022年01月01日起至2022年12月31日止执行）。

告知事项：

1.定额有效期间内,如你户月应纳税经营（所得）额超过税务机关的核定定额的,应当在法律、行政法规规定的申报期限内,向主管税务机关进行申报并缴纳税款。

2.定期定额户应当在定额有效期满后15日内,以该期每月实际发生的经营额、所得额向主管税务机关进行汇总申报。

3.不按规定的期限进行申报或缴纳应纳税款的,税务机关将依法予以处罚。

4.对税务机关核定的定额有争议的,可以在接到《核定定额通知书》之日起30日内向主管税务机关提出重新核定定额申请。也可以按照法律、行政法规的规定提起行政复议或诉讼。

国家税务总局青岛市黄岛区税务局
2023年1月30日

第五节　纳税人合并（分立）情况报告书

一、相关法律制度

根据《税收征收管理法》第四十八条的规定，纳税人有合并、分立情形的，应当向税务机关报告，并依法缴清税款。纳税人合并时未缴清税款的，应当由合并后的纳税人继续履行未履行的纳税义务；纳税人分立时未缴清税款的，分立后的纳税人对未履行的纳税义务应当承担连带责任。

根据《税收征收管理法实施细则》第五十条的规定，纳税人有解散、撤销、破产情形的，在清算前应当向其主管税务机关报告；未结清税款的，由其主管税务机关参加清算。

二、文书式样

纳税人合并（分立）情况报告书

纳税人识别号		纳税人名称	
合并（分立）原因	批准合并（分立）文件和决议		合并（分立）时间

合并(分立)前基本情况	纳税人识别号	纳税人名称	负责人	生产经营地址	是否欠税

（续表）

合并(分立)时欠缴税款情况	纳税人识别号	纳税人名称	税种	税额	税款所属期

合并(分立)后基本情况	纳税人识别号	纳税人名称	负责人	生产经营地址	备注

告知事项：《中华人民共和国税收征收管理法》第四十八条：纳税人有合并、分立情形的，应当向税务机关报告，并依法缴清税款。纳税人合并时未缴清税款的，应当由合并后的纳税人继续履行未履行的纳税义务；纳税人分立时未缴清税款的，分立后的纳税人对未履行的纳税义务应当承担连带责任。

纳税人需要说明的与纳税有关情况：

纳税人	税务机关
经办人：　　负责人：　　税人（签章） 年 月 日　　年 月 日　　年 月 日	经办人：　　负责人：　　税务机关（签章） 年 月 日　　年 月 日　　年 月 日

三、文书的使用说明

（一）设置依据

本报告依据《税收征收管理法》第四十八条、《税收征收管理法实施细则》第五十条设置。

（二）适用范围

纳税人发生合并、分立情形的，向税务机关报告有关情况时使用。

（三）填写说明

（1）合并（分立）原因：填写合并（分立）的批准文件或企业决议中确认的合并或分立原因。

（2）合并（分立）文件和决议：经有关部门批准的，填写批准合并（分立）的文件、文号和企业的合并（分立）决议；不需要有关部门批准的，只填写企业的合并（分立）决议。

（3）合并（分立）前基本情况：应按项目填写合并（分立）前的所有纳税人情况。是否欠税栏按照有无欠税填"是"或者"否"。

（4）合并（分立）时欠缴税款情况：应按项目填写合并（分立）时所有各方的欠税情况。

（5）合并（分立）后基本情况：应按项目填写合并（分立）后的所有纳税人情况。

（6）纳税人需要说明的与纳税有关情况：由报告的纳税人填写与纳税有关的情况。这些情况包括：资产的分配、主要业务的归属、人员安排等。

（四）格式与份数

本表一式多份，税务机关存档一份，合并、分立的每户纳税人存档一份；解散、撤销、破产的纳税人存档一份。

第六节　延期申报申请核准表

一、相关法律制度

根据《税收征收管理法》第二十七条的规定，纳税人、扣缴义务人不能按期办理纳税申报或者报送代扣代缴、代收代缴税款报告表的，经税务机关核准，可以延期申报。经核准延期办理前款规定的申报、报送事项的，应当在纳税期内按照上期实际缴纳的税额或者税务机关核定的税额预缴税款，并在核准的延期内办理税款结算。

根据《税收征收管理法实施细则》第三十七条的规定，纳税人、扣缴义务人按照规定的期限办理纳税申报或者报送代扣代缴、代收代缴税款报告表确有困难，需要延期的，应当在规定的期限内向税务机关提出书面延期申请，经税务机关核准，在核准的期限内办理。纳税人、扣缴义务人因不可抗力，不能按期办理纳税申报或者报送代扣代缴、代收代缴税款报告表的，可以延期办理；但是，应当在不可抗力情形消除后立即向税务机关报告。税务机关应当查明事实，予以核准。

二、文书式样

延期申报申请核准表

纳税人识别号		纳税人（扣缴义务人）名　称	
申请延期申报税种	税款所属时期	规定申报期限	申请延期申报的期限

申请延期申报的理由：

经办人：　　　　　　法定代表人（负责人）：　　　　　　纳税人（签章）
　　年　月　日　　　　　　年　月　日　　　　　　　　　　年　月　日

（续表）

以下由税务机关填写				
核准延期申报期限：	年　月　日前			
预缴税款 核定方式	□上期实际缴纳税额　　　　□税务机关核定税额			
预缴税种	税　目	税款所属时期	上期实际 缴纳税额	核定预缴税额

经办人：　　　　　　　　　负责人：　　　　　　　　税务机关（签章）

　年　月　日　　　　　　　　年　月　日　　　　　　　年　月　日

三、文书的使用说明

（一）设置依据

本表依据《税收征收管理法》第二十七条设置。

（二）适用范围

纳税人、扣缴义务人不能按期办理纳税申报、报送代扣代缴、代收代缴税款报告表，在规定的申报期限届满之前申请延期申报时使用。

（三）填表说明

(1) 申请延期申报的税种：纳税人、扣缴义务人逐项填写无法正常申报的税种。

(2) 核准延期申报期限：税务机关批准的准予延期申报的截止日期。

(3) 预缴税款核定方式：采取哪种核定方式在相应的"□"内打"√"。

(4) 核定应纳税种：税务机关批准的纳税人、扣缴义务人申请延期申报的税种。

(5) 核定预缴税额：税务机关核定的纳税人、扣缴义务人预缴税款的税额。

第七节　延期缴纳税款申请审批表

一、相关法律制度

根据《税收征收管理法》第三十一条的规定，纳税人、扣缴义务人按照法律、行政法规规定或者税务机关依照法律、行政法规的规定确定的期限，缴纳或者解缴税款。纳税人因有特殊困难，不能按期缴纳税款的，经省、自治区、直辖市国家税务局、地方税务局批准，可以延期缴纳税款，但是最长不得超过三个月。

根据《税收征收管理法实施细则》第四十一条的规定，纳税人有下列情形之一的，属于上述特殊困难：因不可抗力，导致纳税人发生较大损失，正常生产经营活动受到较大影响的；当期货币资金在扣除应付职工工资、社会保险费后，不足以缴纳税款的。计划单列市国家税务局、地方税务局可以参照上述批准权限，审批纳税人延期缴纳税款。

根据《税收征收管理法实施细则》第四十二条的规定，纳税人需要延期缴纳税款的，应当在缴纳税款期限届满前提出申请，并报送下列材料：申请延期缴纳税款报告，当期货币资金余额情况及所有银行存款账户的对账单，资产负债表，应付职工工资和社会保险费等税务机关要求提供的支出预算。税务机关应当自收到申请延期缴纳税款报告之日起 20 日内作出批准或者不予批准的决定；不予批准的，从缴纳税款期限届满之日起加收滞纳金。

二、文书式样

延期缴纳税款申请审批表

金额单位：元（列至角分）

纳税人识别号				纳税人名称		
申请延期缴纳税款情况	税种	税款所属时期	应纳税额	申请延期缴纳税额	申请延期缴纳期限

（续表）

当期货币资金余额	人民币（大写）		¥	
当期应付职工工资支出预算		当期社会保险费支出预算		

申请延期缴纳税款理由				
	经办人： 年 月 日	法定代表人（负责人）： 年 月 日	纳税人（签章） 年 月 日	

税务机关审批意见				
管理部门意见			县（区）税务机关意见	
税种	延期缴纳税额	延期缴纳期限	税种	延期缴纳税额	延期缴纳期限
经办人：　　负责人：　　税务机关（签章） 年 月 日　　年 月 日　　年 月 日			经办人：　　负责人：　　税务机关（签章） 年 月 日　　年 月 日　　年 月 日		
（地）市级税务机关审核意见			省级税务机关批准意见		
税种	延期缴纳税额	延期缴纳期限	税种	延期缴纳税额	延期缴纳期限
经办人：　　负责人：　　税务机关（签章） 年 月 日　　年 月 日　　年 月 日			经办人：　　负责人：　　税务机关（签章） 年 月 日　　年 月 日　　年 月 日		

三、文书的使用说明

（一）设置依据

本表依据《税收征收管理法》第三十一条设置。

（二）适用范围

纳税人因有特殊困难不能按期缴纳税款，申请延期缴纳税款时使用。

（三）提交材料

申请延期缴纳税款的附报以下材料：
（1）所有银行存款账户的对账单；
（2）资产负债表；
（3）应付职工工资和社会保险费的支出预算；
（4）税务机关要求报送的其他材料。

（四）填写说明

税务机关审批意见：直辖市、计划单列市税务机关审批的，可不填写"（地）市级税务机关审核意见"。

（五）格式与份数

本表为 A4 型竖式，各级税务机关分别留存一份，纳税人一份。

第四章 税务检查类文书

第一节 税务检查通知书

一、相关法律制度

根据《税收征收管理法》第五十四条的规定，税务机关有权进行下列税务检查：检查纳税人的账簿、记账凭证、报表和有关资料，检查扣缴义务人代扣代缴、代收代缴税款账簿、记账凭证和有关资料；到纳税人的生产、经营场所和货物存放地检查纳税人应纳税的商品、货物或者其他财产，检查扣缴义务人与代扣代缴、代收代缴税款有关的经营情况；责成纳税人、扣缴义务人提供与纳税或者代扣代缴、代收代缴税款有关的文件、证明材料和有关资料；询问纳税人、扣缴义务人与纳税或者代扣代缴、代收代缴税款有关的问题和情况；到车站、码头、机场、邮政企业及其分支机构检查纳税人托运、邮寄应纳税商品、货物或者其他财产的有关单据、凭证和有关资料；经县以上税务局（分局）局长批准，凭全国统一格式的检查存款账户许可证明，查询从事生产、经营的纳税人、扣缴义务人在银行或者其他金融机构的存款账户。税务机关在调查税收违法案件时，经设区的市、自治州以上税务局（分局）局长批准，可以查询案件涉嫌人员的储蓄存款。税务机关查询所获得的资料，不得用于税收以外的用途。

根据《税收征收管理法实施细则》第八十九条的规定，税务机关和税务人员应当依法行使税务检查职权。税务人员进行税务检查时，应当出示税务检查证和税务检查通知书；无税务检查证和税务检查通知书的，纳税人、扣缴义务人及其他当事人有权拒绝检查。税务机关对集贸市场及集中经营业户进行检查时，可以使用统一的税务检查通知书。税务检查证和税务检查通知书的式样、使用和管理的具体办法，由国家税务总局制定。

《国家税务总局关于印发全国统一税收执法文书式样的通知》(国税发〔2005〕179号)将该项文书命名为"一类税务检查通知书"。《国家税务总局关于修订部分税务执法文书的公告》(国家税务总局公告2021年第23号)将该项文书命名为"税务检查通知书"。

二、文书式样

_____税务局（稽查局）
税务检查通知书
_____税检通〔 〕号

_____:（纳税人识别号：   ）

　　根据《中华人民共和国税收征收管理法》第五十四条规定，决定派___等人，自__年_月_日起对你（单位）__年_月_日至__年_月_日期间（如检查发现此期间以外明显的税收违法嫌疑或线索不受此限）涉税情况进行检查。届时请依法接受检查，如实反映情况，提供有关资料。

税务机关（签章）
年　月　日

　　告知：税务机关派出的人员进行税务检查时，应当出示税务检查证和税务检查通知书，并有责任为被检查人保守秘密；未出示税务检查证和税务检查通知书的，被检查人有权拒绝检查。

三、文书的使用说明

（一）设置依据

本通知书依据《税收征收管理法》第五十四条、第五十九条和《税收征收管理法实施细则》第八十九条设置。

（二）适用范围

税务检查人员在依法对纳税人、扣缴义务人实施税务检查时使用。本通知书与《税务文书送达回证》一并使用。

（三）填写说明

（1）本通知书抬头填写纳税人、扣缴义务人等税务行政相对人名称或者姓名，统一社会信用代码或者有效身份证件号码，没有统一社会信用代码的，以纳税人识别号代替。

（2）"决定派_____等人"横线处至少填写两人姓名。

（3）文书字号设为"检通"，稽查局使用设为"稽检通"。

（四）格式与份数

本通知书为A4竖式，一式二份，一份送被查对象，一份装入卷宗。

四、文书范本与案例

（一）哈尔滨税务机关税务检查通知书

国家税务总局哈尔滨市税务局稽查局
税务检查通知书
哈税稽检通〔2023〕86号

贾××：（纳税人识别号：××××）

根据《中华人民共和国税收征收管理法》第五十四条规定，决定派谭学森、姜立军等人，自2023年12月20日起对你（单位）2017年1月1日至2017年12月31日期间（如检查发现此期间以外明显的税收违法嫌疑或线索不受此限）涉税情况进行检查。届时请依法接受检查，如实反映情况，提供有关资料。

国家税务总局哈尔滨市税务局稽查局
二〇二三年十二月二十日

告知：税务机关派出的人员进行税务检查时，应当出示税务检查证和税务检查通知书，并有责任为被检查人保守秘密；未出示税务检查证和税务检查通知书的，被检查人有权拒绝检查。

（二）广州税务机关税务文书送达公告

税务文书送达公告
（广州××贸易有限公司税务检查通知书）

国家税务总局广州市税务局第二稽查局税务文书送达公告2024年第8002号

广州××贸易有限公司（纳税人识别号：××××）：

因采用直接送达、留置送达、委托送达、邮寄送达等方式无法向你单位送达税务文书。根据《中华人民共和国税收征收管理法实施细则》第一百零六条的规定，现向你（单位）公告送达《国家税务总局广州市税务局第二稽查局税务检查通知书》（穗税二稽检通〔2024〕1号），文书内容如下：

根据《中华人民共和国税收征收管理法》第五十四条规定，决定派林伟波、谢邵恒等人，自2024年1月2日起对你（单位）2018年12月24日至2022年6月30日期间（如检查发现此期间以外明显的税收违法嫌疑或线索不受此限）涉税情况进行检查。届时请依法接受检查，如实反映情况，提供有关资料。

请你单位及时到我局（地址：广州市东风西路154号）领取《国家税务总局广州市税务局第二稽查局税务检查通知书》（穗税二稽检通〔2024〕1号）正本，否则，自公告之日起满30日，上述《国家税务总局广州市税务局第二稽查局税务检查通知书》（穗税二稽检通〔2024〕1号）正本即视为送达。

特此公告。

国家税务总局广州市税务局第二稽查局
2024年1月23日

（三）撤销税务检查通知书案例

湖北省高级人民法院
行政裁定书
（2016）鄂行申635号

再审申请人（一审原告、二审上诉人）：湖北××律师事务所，住所地：湖北省武汉市汉阳区汉阳大道××号。

负责人：刘××，主任。

被申请人（一审被告、二审被上诉人）：武汉市地方税务局稽查局，住所地：湖北省武汉市江岸区澳门路106号，现办公地址：湖北省武汉市江汉区建设大道417—335号凌云大厦。

法定代表人：郭×，局长。

再审申请人湖北××律师事务所因诉武汉市地方税务局稽查局（以下简称武汉地税稽查局）政府信息公开一案，不服湖北省武汉市中级人民法院（2016）鄂01行终342号行政判决，向本院申请再审。本院依法组成合议庭对本案进行了审查，现已审查终结。

湖北××律师事务所申请再审称，1.武汉地税稽查局为了证明是"有人检举"向一审法院提交《检举税收违法行为登记表》《武汉市地税局稽查与征管工作联系单》等证据，在未经湖北××律师事务所质证的情况下直接予以确认，二审法院对此也避而不谈。一审、二审判决认定事实的主要证据未经质证。2.一审、二审判决适用法律、法规确有错误。请求再审撤销一审、二审判决，以及武汉地税稽查局于 2014 年 9 月 3 日作出的《告知书》，改判武汉地税稽查局对湖北××律师事务所的政府信息公开申请重新予以答复，由武汉地税稽查局承担本案的全部诉讼费用。

　　本院审查认为，湖北××律师事务所 2014 年 8 月 28 日向武汉地税稽查局邮寄的《政府信息公开申请书》要求的是公开如何选择和确定其为稽查对象，一审、二审法院依照《国务院办公厅关于做好政府信息依申请公开工作的意见》第二条的规定，认定该信息系处于讨论、研究、审查中的过程性信息，不属于应当公开的政府信息，其事实根据和法律依据充分，认为武汉地税稽查局向湖北××律师事务所下达武地税稽三检通一〔2014〕59 号《税务检查通知书》只是涉诉税务稽查工作中一个程序中的环节，亦符合《中华人民共和国税收征收管理法》《中华人民共和国税收征收管理法实施细则》《税务稽查工作规程》的相关规定，并无不当。《检举税收违法行为登记表》《武汉市地税局稽查与征管工作联系单》是否质证及采信不影响原判对案件事实的认定，原审审判程序合法。因此，一审法院对湖北××律师事务所要求撤销武地税稽三检通一〔2014〕59 号《税务检查通知书》并责令重新答复的诉讼主张不予支持，判决予以驳回，符合《中华人民共和国行政诉讼法》第六十九条，《最高人民法院关于审理政府信息公开行政案件若干问题的规定》第十二条第一项的规定。二审法院认定武汉地税稽查局决定不予公开湖北××律师事务所申请公开的信息正确，其法律、法规依据充分，维持一审判决，符合《中华人民共和国行政诉讼法》第八十九条第一款第一项的规定。

　　综上，原一审、二审判决认定事实清楚，适用法律、法规正确。湖北××律师事务所的再审申请不符合《中华人民共和国行政诉讼法》第九十一条规定的情形。依照《最高人民法院关于执行〈中华人民共和国行政诉讼法〉若干问题的解释》第七十四条规定，裁定如下：

　　驳回湖北××律师事务所的再审申请。

审判长　王×
审判员　胡×
审判员　吴×
二〇一六年十一月六日
书记员　雷×

（四）上海税务机关有关拒绝检查权的宣传单

对未出示税务检查证和税务检查通知书的拒绝检查权

　　我们派出的人员进行税务检查时，应当向您出示税务检查证和税务检查通知书；对未出示税务检查证和税务检查通知书的，您有权拒绝检查。

第四章　税务检查类文书

（一）拒绝检查权的含义

税务人员必须依法行使税务检查权，不得擅自对您实施检查。为表明我们税务机关和税务人员的身份，对您进行检查时我们应当出示税务检查证和税务检查通知书，这是税务检查的法定程序。如果税务人员未出示税务检查证和税务检查通知书，您有权拒绝我们的检查。

（二）拒绝检查权的法律依据

《中华人民共和国税收征收管理法》第五十九条规定，税务机关派出的人员进行税务检查时，应当出示税务检查证和税务检查通知书。未出示税务检查证和税务检查通知书的，被检查人有权拒绝检查。

《中华人民共和国税收征收管理法实施细则》第八十九条规定，税务机关和税务人员应当依照税收征管法及本细则的规定行使税务检查职权。

税务人员进行税务检查时，应当出示税务检查证和税务检查通知书；无税务检查证和税务检查通知书的，纳税人、扣缴义务人及其他当事人有权拒绝检查。税务机关对集贸市场及集中经营业户进行检查时，可以使用统一的税务检查通知书。

税务检查证和税务检查通知书的式样、使用和管理的具体办法，由国家税务总局制定。

（三）您如何实现拒绝检查权

税务检查人员必须按税务检查证或税务检查通知书载明的检查范围和期限，行使税务检查权。如果税务人员未出示税务检查证和税务检查通知书，您可以拒绝提供账簿、凭证等涉税资料，并可以向税务机关进行检举。

税务检查证是税务检查人员进行税务检查的法定专用公务凭证，主要内容包括持证人姓名、照片、工作单位、检查范围、检查职责、发证机关、证号、税务检查证专用章、有效期限和发证时间。

税务检查通知书是实施检查的税务机关开具给被查纳税人的告知书，载明了检查时间、检查人员的姓名、证号、检查所属期间、实施检查的税务机关名称及文书号等，并盖有签发税务机关的公章。

我们将您以前会计年度的账簿、记账凭证、报表和其他有关资料调回税务机关进行检查时，如果未经县级以上税务局（分局）局长批准，您有权拒绝。我们调回您当年的账簿、记账凭证、报表和其他有关资料进行检查，如果未经设区的市、自治州以上税务局局长批准，您也有权拒绝。

（四）事例解说

某市税务局稽查局于2009年7月2日派出两名税务稽查人员对A企业进行税收检查，稽查人员在出示了各自的检查证后即要展开检查，该企业以稽查人员未出示税务检查通知书为由而拒绝检查，以此维护自己的权益。

第二节　税务协助检查通知书

一、相关法律制度

根据《税收征收管理法》第五十六条、第五十七条的规定，纳税人、扣缴义务人必须接受税务机关依法进行的税务检查，如实反映情况，提供有关资料，不得拒绝、隐瞒。税务机关依法进行税务检查时，有权向有关单位和个人调查纳税人、扣缴义务人和其他当事人与纳税或者代扣代缴、代收代缴税款有关的情况，有关单位和个人有义务向税务机关如实提供有关资料及证明材料。

《国家税务总局关于印发全国统一税收执法文书式样的通知》（国税发〔2005〕179号）将该项文书命名为"二类税务检查通知书"。《国家税务总局关于修订部分税务执法文书的公告》（国家税务总局公告2021年第23号）将该项文书命名为"税务协助检查通知书"。

二、文书式样

　　　　　　　税务局（稽查局）
　　　　　税务协助检查通知书
　　　　　＿＿＿税协通〔　〕号

＿＿＿＿＿＿＿＿＿＿＿＿：

　　根据《中华人民共和国税收征收管理法》第五十七条规定，现派＿＿＿＿＿等＿＿人，前往你处对＿＿＿＿＿＿＿＿＿＿进行调查取证，请予支持，并依法如实提供有关资料及证明材料。

　　　　　　　　　　　　　　　　　　　税务机关（签章）
　　　　　　　　　　　　　　　　　　　　年　月　日

　　告知：税务机关派出的人员进行税务检查时，应当出示税务检查证和税务检查通知书，并有责任为被检查人保守秘密。未出示税务检查证和税务检查通知书的，被调查人有权拒绝为税务机关提供有关资料及证明材料；有权拒绝协助税务机关调查取证。

三、文书的使用说明

（一）设置依据

本通知书依据《税收征收管理法》第五十四条、第五十七条、第五十九条设置。

（二）适用范围

检查人员在向有关单位和个人调查取证、协查案件时使用。

本通知书与《税务文书送达回证》一并使用。

（三）填写说明

（1）本通知书的抬头填写有配合调查义务的单位或个人名称，空白横线处分别填写所派出税务人员的姓名和需要调查取证的涉税事项。

（2）文书字号设为"协通"，稽查局使用设为"稽协通"。

（四）格式与份数

本通知书为 A4 竖式，一式二份，一份送被调查对象，一份装入卷宗。

四、文书范本

国家税务总局苏州工业园区税务局稽查局

税务协助检查通知书

苏园税稽协通〔2024〕15 号

李××（身份证号：230302********4032）：

　　根据《中华人民共和国税收征收管理法》第五十七条的规定，现派姚宁宁、陆钰等 2 人，前往你处对你（单位）2016 年 1 月 1 日至 2023 年 12 月 31 日期间涉税情况进行调查取证，请予支持，并依法如实提供有关资料及证明材料。

国家税务总局苏州工业园区税务局稽查局
二〇二四年五月十七日

　　告知：税务机关派出的人员进行税务检查时，应当出示税务检查证和税务检查通知书，并有责任为被检查人保守秘密。未出示税务检查证和税务检查通知书的，被调查人有权拒绝为税务机关提供有关资料及证明材料；有权拒绝协助税务机关调查取证。

第三节 检查存款账户许可证明

一、相关法律制度

根据《税收征收管理法》第五十四条的规定，税务机关有权进行下列税务检查：经县以上税务局（分局）局长批准，凭全国统一格式的检查存款账户许可证明，查询从事生产、经营的纳税人、扣缴义务人在银行或者其他金融机构的存款账户。税务机关在调查税收违法案件时，经设区的市、自治州以上税务局（分局）局长批准，可以查询案件涉嫌人员的储蓄存款。税务机关查询所获得的资料，不得用于税收以外的用途。

二、文书式样

_____税务局（稽查局）
检查存款账户许可证明
_____税许〔 〕 号

_____：

根据《中华人民共和国税收征收管理法》第五十四条第（六）项规定，经_____税务局(分局)局长批准,我局税务人员_____等_____人(税务检查证号码分别为：_____)前去你处查询_____的_____情况，请予支持协助。

税务机关（签章）
年　月　日

三、文书的使用说明

（一）设置依据

本证明依据《税收征收管理法》第五十四条设置。

（二）适用范围

检查人员在对纳税人、扣缴义务人在银行或者其他金融机构的存款账户及案件涉嫌人员在银行或者其他金融机构的储蓄存款账户进行查询时使用。

本证明与《税务文书送达回证》一并使用。

（三）填写说明

（1）抬头填写具体市、县银行及其办事处名称，也可填写其他非银行金融机构的具体名称。

（2）"经_____税务局（分局）局长批准"横线处填写符合《中华人民共和国税收征收管理法》规定具有审批权限的税务局（分局）局长所在税务机关的具体名称。

（3）"_____等"横线处填写检查人员的姓名。

（4）"税务检查证号码分别为：_____"横线处填写检查人员的税务检查证编号。

（5）查询纳税人、扣缴义务人存款账户由县以上税务局（分局）局长签发，查询案件涉嫌人员的储蓄存款由设区的市、自治州以上税务局（分局）局长签发。

（6）"前去你处查询____的____情况"中第一横线处填写纳税人或扣缴义务人及案件涉嫌人员名称或姓名，第二横线处填写"存款账户"或者"储蓄存款"。

（7）文书字轨设为"许"，稽查局使用设为"稽许"。

（四）格式与份数

本证明为A4竖式，一式二份，一份送有关银行或其他金融单位，一份装入卷宗。

第四节　调取账簿资料通知书

一、相关法律制度

根据《税收征收管理法》第五十四条的规定，税务机关有权进行下列税务检查：检查纳税人的账簿、记账凭证、报表和有关资料，检查扣缴义务人代扣代缴、代收代缴税款账簿、记账凭证和有关资料。

根据《税收征收管理法实施细则》第八十六条的规定，税务机关行使上述《税收征管法》第五十四条职权时，可以在纳税人、扣缴义务人的业务场所进行；必要时，经县以上税务局（分局）局长批准，可以将纳税人、扣缴义务人以前会计年度的账簿、记账凭证、报表和其他有关资料调回税务机关检查，但是税务机关必须向纳税人、扣缴义务人开付清单，并在3个月内完整退还；有特殊情况的，经设区的市、自治州以上税务局局长批准，税务机关可以将纳税人、扣缴义务人当年的账簿、记账凭证、报表和其他有关资料调回检查，但是税务机关必须在30日内退还。

根据国家税务总局《税务稽查案件办理程序规定》（国家税务总局令2021年第52号）第十八条的规定，调取账簿、记账凭证、报表和其他有关资料时，应当向被查对象出具调取账簿资料通知书，并填写调取账簿资料清单交其核对后签章确认。调取纳税人、扣缴义务人以前会计年度的账簿、记账凭证、报表和其他有关资料的，应当经县以上税务局局长批准，并在3个月内完整退还；调取纳税人、扣缴义务人当年的账簿、记账凭证、报表和其他有关资料的，应当经设区的市、自治州以上税务局局长批准，并在30日内退还。退还账簿资料时，应当由被查对象核对调取账簿资料清单，并签章确认。

二、文书式样

_____税务局（稽查局）

调取账簿资料通知书

_____税调〔　〕号

_____：

根据《中华人民共和国税收征收管理法实施细则》第八十六条规定，经税务局（分局）局长批准，决定调取你（单位）____年__月__日至____年__月__日的账簿、记账凭证、报表和其他有关资料到税务机关进行检查，请于____年__月__日前送到_____税务局（稽查局）。

联系人员：
联系电话：
税务机关地址：

税务机关（签章）
年　月　日

三、文书的使用说明

（一）设置依据

本通知书根据《税收征收管理法实施细则》第八十六条设置。

（二）适用范围

检查人员在调取纳税人、扣缴义务人的账簿凭证等资料时使用。

税务机关使用本通知书调取纳税人、扣缴义务人以前会计年度的账簿、记账凭证、报表和其他有关资料时，应由县以上税务局（分局）局长批准；调取纳税人、扣缴义务人当年的账簿、记账凭证、报表和其他有关资料时，应由设区的市、自治州以上税务局局长批准。本通知书经内部审批后使用。

调取账簿、记账凭证、报表和其他资料，可以通知纳税人、扣缴义务人送到税务机关，也可以在下达本通知书后由税务人员带回税务机关。

本通知书与《税务文书送达回证》一并使用。

（三）填写说明

（1）本通知书中的抬头填写纳税人、扣缴义务人的名称。

（2）"经＿＿＿税务局（分局）局长批准"横线处填写依照规定的审批程序和权限符合《税收征收管理法》规定具有审批权限的税务局（分局）局长所在税务机关的具体名称。

（3）文书字轨设为"调"，稽查局使用设为"稽调"。

（四）格式与份数

本通知书为A4竖式，一式二份，一份送被查对象，一份装入卷宗。

四、文书范本与案例

（一）广州税务机关调取账簿资料通知书

国家税务总局广州市税务局第二稽查局
调取账簿资料通知书
穗税二稽调〔2023〕83号

广州××文化传媒有限公司（纳税人识别号：××××）：

根据《中华人民共和国税收征收管理法实施细则》第八十六条规定，经国家税务总局广州市税务局局长批准，决定调取你（单位）2022年1月1日至2023年7月31日的账簿、记账凭证、报表和其他有关资料到税务机关进行检查，请于2023年11月13日前送到国家税务总局广州市税务局第二稽查局。

联系人员：庄培琪，黎明
联系电话：020-80500716
税务机关地址：广州市越秀区东风西路154号

国家税务总局广州市税务局第二稽查局
二〇二三年十一月十日

（二）河北税务机关调取账簿资料通知书

卢龙县国家税务局稽查局
调取账簿资料通知书

卢国税稽调〔2014〕1号

秦皇岛市××商贸有限公司：

根据《中华人民共和国税收征收管理法实施细则》第八十六条规定，经卢龙县国家税务局（分局）局长批准，决定调取你（单位）2011年1月1日至2011年12月31日的账簿、记账凭证、报表和其他有关资料到税务机关进行检查，请于2014年2月20日前送到卢龙县国家税务局（稽查局）。

联系人员：董×× 王××
联系电话：0335-××××
税务机关地址：卢龙县卢龙镇永平大街东段102国道北

卢龙县国家税务局稽查局
2014年2月19日

（三）调取账簿案例

北京市石景山区人民法院
行政裁定书

（2015）石行初字第24号

原告：北京××机械加工厂，住所地：北京市石景山区金顶街糕点八厂4号楼1层106。

法定代表人：周×，厂长。

被告：北京市石景山区国家税务局稽查局，住所地：北京市石景山区老山南街临26号。

负责人：吴××，局长。

委托代理人：王××，北京××律师事务所律师。

委托代理人：王××，男，北京市石景山区国家税务局干部。

原告北京××机械加工厂不服被告北京市石景山区国家税务局稽查局（以下简称稽查局）做出的《调取账簿资料通知书》（石国税稽调〔2014〕2号），向本院提起行政诉讼。本院于2015年4月8日受理后，依法组成合议庭，审查了本案。

原告北京××机械加工厂诉称：原告于2014年7月14日16时后收到稽查局

发出的《税务检查通知书》(石国税稽检通一〔2014〕18号),其中明确载明被告自2014年7月15日起对原告进行涉税情况检查。但2014年7月14日17时后,原告又收到被告发出的《调取账簿资料通知书》(石国税稽调〔2014〕2号),其中明确要求原告于2014年7月15日前将账簿等资料送至被告处。根据《税务检查通知书》,被告自2014年7月15日行使检查职权后,才能行使调取账簿的职权。现被告在尚未行使检查职权时,就做出《调取账簿资料通知书》并行使了调取账簿的职权,严重违反法律规定,程序违法,滥用职权,故诉至法院。诉讼请求:1.撤销被告于2014年7月14日作出的《调取账簿资料通知书》(石国税稽调〔2014〕2号);2.判令被告重新作出《调取账簿资料通知书》;3.本案诉讼费用由被告承担。

本院认为,根据《中华人民共和国行政诉讼法》第四十九条的规定,提起行政诉讼应当符合相应的法定条件。被告于2014年7月14日向原告发出的《调取账簿资料通知书》,系被告向原告进行税务稽查时采取的调查行为,由于被告于2014年7月28日作出的《责令限期改正通知书》(石国税稽限改〔2014〕9号),已经涵盖了该调查行为。因此,该调查行为并非独立的行政行为。原告提起的本案诉讼,不符合《中华人民共和国行政诉讼法》规定的起诉条件,对于原告的起诉,本院不予支持。

综上所述,依据最高人民法院《关于适用〈中华人民共和国行政诉讼法〉若干问题的解释》第三条第一款第(一)项之规定,裁定如下:

驳回原告北京××机械加工厂的起诉。

如不服本裁定,可在裁定书送达之日起十日内向本院递交上诉状,并按对方当事人的人数提供副本,上诉于北京市第一中级人民法院。

审 判 长 刘 ×
人民陪审员 王 × ×
人民陪审员 钟 ×
二〇一五年五月二十日
书 记 员 陈 × ×

(四)妨害公务,隐匿和故意销毁会计凭证、会计账簿、财务会计报告一审刑事判决书

重庆市九龙坡区人民法院

刑事判决书

(2016)渝0107刑初1270号

公诉机关:重庆市九龙坡区人民检察院。

被告人:张×,男,汉族,1984年10月8日出生于重庆市沙坪坝区,大学文化,

重庆××电子商务股份有限公司科技中心负责人，户籍所在地：北京市丰台区，住重庆市沙坪坝区。因涉嫌犯隐匿、故意销毁会计凭证、会计账簿、财务会计报告罪于2016年3月1日被羁押，同日被刑事拘留，3月9日被取保候审。

　　辩护人：方××，重庆××律师事务所律师。

　　辩护人：杨×，重庆××律师事务所律师。

　　重庆市九龙坡区人民检察院以渝九检刑诉〔2016〕1187号起诉书指控被告人张×犯隐匿、故意销毁会计凭证、会计账簿、财务会计报告罪和妨害公务罪，于2016年10月12日向本院提起公诉。本院于同日立案，依法组成合议庭，公开开庭审理了本案。重庆市九龙坡区人民检察院指派检察员张×出庭支持公诉，上列被告人及辩护人到庭参加诉讼。现已审理终结。

　　重庆市九龙坡区人民检察院指控，2015年3月17日10时许，重庆市国税局第三稽查局（以下简称第三稽查局）执行科科长李×1带领该局工作人员郑×、田×、李×2等人到重庆××电子商务股份有限公司（以下简称××公司，法定代表人为吴×，实际办公地为重庆市九龙坡区二郎留学生创业园B2栋）依法进行税务稽查。第三稽查局工作人员郑×、田×向××公司财务负责人蒋×（在逃）出示税务检查证和第三稽查局〔2015〕27号税务检查通知书，蒋×在该文书上签字并配合稽查人员对B2栋2楼、4楼有关××公司的会计凭证、账簿等进行检查。在检查过程中，第三稽查局工作人员发现4楼办公区域隔间内的××公司2011年度至2014年度会计凭证、账簿等需提取至税务机关进行检查，遂出具第三稽查局调取账簿资料通知书调取上述会计资料，但吴×（已判决）为逃避税务检查，以上述资料含有其他关联公司会计资料为由，拒绝在该调取账簿资料通知书上签字并阻碍稽查人员将会计资料带走。同日16时许，吴×将李×1、郑×等稽查人员带至4楼办公区域外待客区协商，双方协商未果。吴×遂强行将办公区域与待客区之间的玻璃门关闭，指使其妻子韩×（在逃）、××公司科技中心负责人被告人张×、渠道事业部负责人邓×（已判决）等人将稽查人员已经整理装箱的20余箱××公司会计凭证等会计资料及其他未装箱资料由公司货梯搬下楼，分别由被告人张×、服务中心执行官助理陈×1等人驾驶车辆将其中10余箱会计资料转移至公司位于重庆市沙坪坝区满山红村7号的库房，由××公司库房管理员陈×2、物流部总监助理何×1等人保管。在此过程中，税务稽查人员被限制在办公区域外。过后，××公司一清洁工出门时，李×1、郑×等稽查人员得以进入办公区域，稽查人员见该公司员工正在转移公司财务资料，正准备阻止时再次被吴×带领的10余名公司员工强行推出办公区域。稽查人员遂联系物管人员通过监控及询问货梯工发现了××公司员工转移会计资料的情况，并在物管人员指引下到B2栋货梯出口处，发现该公司员工往车上搬运装箱的会计资料以及多台电脑主机。第三稽查局局长秦×带领多名稽查人员将吴×试图转移的10余箱会计资料、多台电脑控制在货梯外一楼平台处。秦×再次向被告人吴×出具调取账簿通知书和调取账簿资料清单，吴×仍拒绝签收，并指使被告人张×等人抓扯、推搡稽查人员，阻止稽查人员依法提取该会计凭证，致使一稽查人员手部受伤。同日16时至17时许，吴×见无法成功转移公司会计凭证，为逃避税务检查，遂指使邓×购买汽油，试图烧毁上述会计凭证及电脑。17时许，邓×将买来的香蕉水装在矿泉水瓶内交给吴×，吴×、邓×趁稽查人员不备之机，迅速将香蕉水泼洒在装箱的会计凭证资料、电脑主机等物品上，被告人张×等人将已点燃的资料踢至平台下引燃其他会计资料。其间，有税务稽查人员试图抢救被点燃的会计资料被××公司员工控制住。后上述10余箱会计资料、多台电脑均被烧毁。同日19时许，何×1接到公司通知安排其与物流部驾驶员叶×一起将库房内暂存的十几箱会计资料再次转移至何×1位于江北区的家中。3月18日12时许，蒋×带领一员工到何×1家对该十几箱会计资料进行整理。同日15时许，蒋×指使物流部总监蓝×将公司其余5箱会计资料转移至何×1家楼下。后蒋×通知公司礼赠事业部执行官乔×驾驶公司商务车将何×1家中整理好的十几箱会计资料和蓝×运来的5箱会计资料一并拉走。在途中乔×接到吴×电话称自己在高九路等，乔×驾车行驶至本市高九路高庙村停车场外支路时遇到吴×，吴×遂和乔×将该十几箱会计资料堆放在马路边，后上述资料去向不明。3月20日，第三稽查局工作人员到××公司依法提取该公司其余会计凭证、会计账簿、银行对账单等资料。3月25日，公安机关依法从何×1住家提取××公司6箱会计凭证。同年4月27日，经重庆××会计师事务所司法审计，××公司的明细账上共有34 200 721.04元未发现相关的财务记录。

2016年3月1日，被告人张×主动到公安机关投案，后如实供述了上述事实。

针对上述指控，公诉机关向本院提交了被告人供述、证人证言、书证、辨认笔录等证据材料。公诉机关认为，被告人张×以逃避行政机关税务检查为目的，隐匿、故意销毁依法应当保存的会计凭证、会计账簿、财务会计报告，情节严重，其行为已触犯《中华人民共和国刑法》第一百六十二条之一第一款之规定，犯罪事实清楚，证据确实、充分，应当以隐匿、故意销毁会计凭证、会计账簿、财务会计报告罪追究其刑事责任。被告人张×以暴力等方法阻碍国家机关工作人员依法执行职务，其行为已触犯《中华人民共和国刑法》第二百七十七条第一款之规定，犯罪事实清楚，证据确实、充分，应当以妨害公务罪追究其刑事责任。被告人张×在与吴×妨害公务的共同犯罪中起次要作用，是从犯，根据《中华人民共和国刑法》第二十七条之规定，应当从轻处罚。被告人张×一人犯数罪，根据《中华人民共和国刑法》第六十九条之规定，应当数罪并罚。被告人张×犯罪以后自动投案，如实供述自己的罪行，是自首，根据《中华人民共和国刑法》第六十七条第一款之规定，可以从轻处罚。

被告人张×对指控的罪名及事实均无异议。辩护人认为张×在本案中系从犯，且犯罪后投案自首，认罪态度较好，没有前科，建议法庭对张×从轻处罚并适用缓刑。辩护人向法庭提交了常住人口登记卡和失业登记证。

经审理查明，2015年3月17日10时许，重庆市国税局第三稽查局（以下简称第三稽查局）执行科科长李×1带领该局工作人员郑×、田×、李×2等人到重庆××电子商务股份有限公司（以下简称××公司，法定代表人为吴×，实际办公地为重庆市九龙坡区二郎留学生创业园B2栋）依法进行税务稽查。第三稽查局工作人员郑×、田×向××公司财务负责人蒋×（另案处理）出示税务检查证和税务检查通知书，蒋×在该文书上签字并配合稽查人员对B2栋2楼、4楼有关××公司的会计凭证、账簿等进行检查。在检查过程中，第三稽查局工作人员发现4楼办公区域隔间内的××公司2011年度至2014年度会计凭证、账簿等需提取至税务机关进行检查，遂出具第三稽查局调取账簿资料通知书调取上述会计资料，但被告人吴×（已判决）以上述资料含有其他关联公司会计资料为由，拒绝在该调取账簿资料通知书上签字并阻碍稽查人员将会计资料带走。同日16时许，吴×将李×1、郑×等稽查人员带至4楼办公区域外待客区协商，双方协商未果。吴×遂强行将办公区域与待客区之间的玻璃门关闭，指使其妻子韩×（另案处理）、××公司科技中心负责人被告人张×、渠道事业部负责人邓×（已判决）等人将稽查人员已经整理装箱的20余箱××公司会计凭证等会计资料及其他未装箱资料由公司货梯搬下楼，分别由被告人张×、服务中心执行官助理陈×1等人驾驶车辆将其中10余箱会计资料转移至公司位于重庆市沙坪坝区满山红村7号的库房，由××公司库房管理员陈×2、物流部总监助理何×1等人保管。在此过程中，税务稽查人员被限制在办公区域外。过后，××公司一清洁工出门时，李×1、郑×等稽查人员得以进入办公区域，见该公司员工正在转移公司财务资料，正准备阻止时再次被吴×带领的10余名公司员工强行推出办公区域。稽查人员遂联系物管人员通过监控及询问货梯工发现了××公司员工转移会计资料的情况，并在物管人员指引下到B2栋货梯出口处，发现该公司员工往车上搬运装箱的会计资料以及多台电脑主机。第三稽查局局长秦×带领多名稽查人员将吴×试图转移的10余箱会计资料、多台电脑控制在货梯外一楼平台处。秦×再次向吴×出具调取账簿通知书和调取账簿资料清单，吴×仍拒绝签收，并指使被告人张×等人抓扯、推搡稽查人员，阻止稽查人员依法提取该会计凭证，致使一稽查人员手部受伤。同日16时至17时许，吴×见无法成功转移公司会计凭证，为逃避税务检查，遂指使邓×购买汽油，试图烧毁上述会计凭证及电脑。17时许，邓×将买来的香蕉水装在矿泉水瓶内交给吴×，吴×、邓×趁稽查人员不备之机，迅速将香蕉水泼洒在装箱的会计凭证资料、电脑主机等物品上，并和被告人张×将已点燃的资料踢至平台下引燃其他会计资料，有税务稽查人员试图抢救被点燃的会计资料，因被××公司员工阻止未果。后上述10余箱会计资料、多台电脑均被烧毁。同日19时许，何×1接到公司通知安排其与物流部驾驶员叶×一起将库房内暂存的十几箱会计资料转移至何×1位于江北区的家中。3月18日12时许，蒋×带领一员工到何×1家对该十几箱会计资料进行整理。同日15时许，蒋

×指使物流部总监蓝×将××公司其余5箱会计资料转移至何×1家楼下。后蒋×通知公司礼赠事业部执行官乔×驾驶公司商务车将何×1家中整理好的十几箱会计资料和蓝×运来的5箱会计资料一并拉走。途中吴×电话通知乔×在高九路汇合，乔×驾车行驶至本市高九路高庙村转盘外支路时遇到吴×，吴×和乔×将该十几箱会计资料堆放在马路边。3月20日，第三稽查局工作人员到××公司依法提取该公司其余会计凭证、会计账簿、银行对账单等资料。3月25日，公安机关依法从何×1住家搜查出××公司的会计凭证6箱。同年4月27日，经重庆立信会计师事务所司法审计，××公司的明细账上共有34 200 721.04元未发现相关的财务记录。

2016年3月1日，被告人张×主动到公安机关投案，并如实供述了上述事实。

上述事实，被告人张×在开庭审理过程中亦无异议，并有受案登记表，立案决定书，户口材料及强制措施材料，到案经过，重庆市国家税务局第三稽查局案源处理笺，税务稽查立案审批表，关于检查重庆××电子商务股份有限公司的任务通知，关于交办重庆××电子商务股份有限公司检举事项的函，税务违法行为检举登记表，重庆市国家税务局关于设立重庆市国家税务局第三稽查局的通知，重庆市国家税务局第三稽查局说明，税务文书送达回证，税务检查通知书，调取账簿资料通知书，工商登记资料，重庆××电子商务股份有限公司涉嫌虚开发票、偷逃税款、抗拒检查的报案材料，关于严惩重庆××电子商务股份有限公司三名员工阻碍税收执法的报告，情况说明，搜查笔录，扣押决定书，扣押清单，接受证据材料清单，视频光盘，辨认笔录，司法鉴定意见书，刑事判决书，证人黄×1、黄×2、龚×、罗×、李×3、李×1、李×2、唐×1、唐×2、刘×、何×2、何×1、田×、郑×、郭×、瞿×、陈×2、陈×1、朱×、叶×、蓝×、乔×、吴×、邓×的证言，被告人张×的供述等证据证实，足以认定。

辩护人向法庭提交的常住人口登记卡和失业登记证与本案无关联性，本院不予确认。

本院认为，被告人张×隐匿、故意销毁依法应当保存的会计凭证、会计账簿、财务会计报告，情节严重，其行为已构成隐匿、故意销毁会计凭证、会计账簿、财务会计报告罪，依法应予处罚；以暴力等方法阻碍国家机关工作人员依法执行职务，其行为已构成妨害公务罪，依法应予处罚。被告人张×在判决宣告以前一人犯数罪，依法应数罪并罚。被告人张×犯罪后主动投案并如实供述自己的罪行，是自首，依法可对其从轻处罚。被告人张×在与吴×妨害公务的共同犯罪中起次要作用，是从犯，依法应对其从轻处罚。公诉机关的指控成立。关于辩护人提出张×在与吴×隐匿、故意销毁会计凭证、会计账簿、财务会计报告的共同犯罪中起次要作用，是从犯的意见，经查，张×积极参与犯罪，并非起次要作用，不是从犯，故对辩护人的上述意见，本院不予采纳，鉴于被告人张×在与吴×隐匿、故意销毁会计凭证、会计账簿、财务会计报告的共同犯罪中作用相对较小，应根据其犯罪作用处以相应刑罚。根据被告人张×的犯罪情节、认罪态度等情况，可对其适用缓刑。辩护人提出对张×适用缓刑等其他辩护意见成立,本院予以采纳。依照《中华人民共和国刑法》一百六十二条之一第一款、第二百七十七条第一款、第六十七条第一款、第六十九条第一款、第三款、第二十五条第一款、第二十七条、第七十二条第一款、第三款、第七十三条第二款、第三款、第五十二条、第五十三条第一款之规定,判决如下:

被告人张×犯隐匿、故意销毁会计凭证、会计账簿、财务会计报告罪,判处有期徒刑六个月,缓刑一年,并处罚金人民币二万元;犯妨害公务罪,判处罚金一万元。决定执行有期徒刑六个月,缓刑一年,并处罚金人民币三万元。

(缓刑考验期限,从判决确定之日起计算。罚金于本判决生效之日起10日内缴清。)

如不服本判决,可在接到判决书的第二日起十日内,通过本院或者直接向重庆市第五中级人民法院提出上诉。书面上诉的,应当提交上诉状正本一份,副本二份。

审　判　长　王××
人民陪审员　聂　×
人民陪审员　张××
二〇一六年十一月二日
书　记　员　夏××

第五节　调取账簿资料清单

一、相关法律制度

根据《税收征收管理法实施细则》第八十六条的规定,税务机关检查纳税人的账簿、记账凭证、报表和有关资料,检查扣缴义务人代扣代缴、代收代缴税款账簿、记账凭证和有关资料时,可以在纳税人、扣缴义务人的业务场所进行;必要时,经县以上税务局(分局)局长批准,可以将纳税人、扣缴义务人以前会计年度的账簿、记账凭证、报表和其他有关资料调回税务机关检查,但是税务机关必须向纳税人、扣缴义务人开付清单,并在3个月内完整退还;有特殊情况的,经设区的市、自治州以上税务局局长批准,税务机关可以将纳税人、扣缴义务人当年的账簿、记账凭证、报表和其他有关资料调回检查,但是税务机关必须在30日内退还。

根据国家税务总局《税务稽查案件办理程序规定》(国家税务总局令2021年第52号)第十八条的规定,调取账簿、记账凭证、报表和其他有关资料时,应当向被查对象出具调取账簿资料通知书,并填写调取账簿资料清单交其核对后签章确认。调取纳税人、扣缴义务人以前会计年度的账簿、记账凭证、报表和其他有关资料的,应当经县以上税务局局长批准，并在 3 个月内完整退还；调取纳税人、扣缴义务人当年的账簿、记账凭证、报表和其他有关资料的，应当经设区的市、自治州以上税务局局长批准，并在 30 日内退还。退还账簿资料时，应当由被查对象核对调取账簿资料清单，并签章确认。

二、文书式样

调取账簿资料清单

被查对象名称： 共　页第　页

序号	账簿资料名称	资料所属时期	单位	数量	页（号）数	备注

税务检查人员签字： 　企业经办人签字： 　　　　税务机关（签章） 调取时间：　年　月　日	税务检查人员签字： 　企业经办人签字： 　　　　纳税人（签章） 退还时间：　年　月　日

三、文书的使用说明

（一）设置依据

本清单依据《税收征收管理法实施细则》第八十六条设置。

（二）适用范围

检查人员在调取和退还账簿资料时使用。

退还账簿资料时，由被查对象清点无误后，双方在清单上签字，并注明退还时间，加盖被查对象印章。

（三）填写说明

（1）"备注"栏填写调取账簿资料的出处、部分资料提前退还等内容。

（2）"税务机关（签章）"处加盖检查实施部门所在税务机关的签章。

（四）格式与份数

本清单为A4竖式，一式二份，一份送被查对象，一份装入卷宗。

第六节　询问通知书

一、相关法律制度

根据《税收征收管理法》第五十四条的规定，税务机关有权进行下列税务检查：询问纳税人、扣缴义务人与纳税或者代扣代缴、代收代缴税款有关的问题和情况。

根据国家税务总局《税务稽查案件办理程序规定》（国家税务总局令2021年第52号）第二十条的规定，询问应当由两名以上检查人员实施。除在被查对象生产、经营、办公场所询问外，应当向被询问人送达询问通知书。询问时应当告知被询问人有关权利义务。询问笔录应当交被询问人核对或者向其宣读；询问笔录有修改的，应当由被询问人在改动处捺指印；核对无误后，由被询问人在尾页结束处写明"以上笔录我看过（或者向我宣读过），与我说的相符"，并逐页签章、捺指印。被询问人拒绝在询问笔录上签章、捺指印的，检查人员应当在笔录上注明。

二、文书式样

_____税务局（稽查局）

询问通知书

_____税询〔　〕号

_____：

根据《中华人民共和国税收征收管理法》第五十四条第（四）项规定，请_____于____年___月__日__时到_____就涉税事宜接受询问。

联系人员：
联系电话：
税务机关地址：

税务机关（签章）
年　月　日

三、文书的使用说明

（一）设置依据

本通知书依据《税收征收管理法》第五十四条设置。

（二）适用范围

检查人员就涉税事宜向有关人员进行询问时使用。

本通知书与《税务文书送达回证》一并使用。

（三）填写说明

（1）抬头处填写被查对象名称；"请____"横线处填写接受询问人员姓名；询问的时间可填写到"日"也可填写到"时"；"到____"横线处填写税务机关名称。

（2）文书字轨设为"询"，稽查局使用设为"稽询"。

（四）格式与份数

本通知书为A4竖式；一式二份，一份送被询问人，一份装入卷宗。

四、文书范本

(一) 天津税务机关询问通知书

天津市静海区国家税务局
询问通知书

天津××商贸有限公司：

根据《中华人民共和国税收征收管理法》第五十四条第（四）项规定，请东××于2016年6月9日10时到静海区国家税务局稽查局检查一科就涉税事宜接受询问。

  联系人员：刘××，李××

  联系电话：××××

  税务机关地址：静海区静海镇泰山道与桃园路交口

天津市静海区国家税务局
二〇一六年六月七日

(二) 中山税务机关询问通知书

中山市地方税务局古镇税务分局
关于送达《询问通知书》的公告
中山地税古告〔2017〕205号

中山市××房地产开发有限公司（社会信用代码：××××）：

  根据《中华人民共和国税收征收管理法》第五十四条第（四）项规定，请公司法人代表曹××、公司财务负责人周××于收到本通知之日起第3日10时到中山市地方税务局古镇分局302室就涉税事宜接受询问。

  因与你（单位）无法取得联系，无法直接送达及通过其他方式送达，现依据《中华人民共和国税收征收管理法实施细则》第一百零六条规定，向你单位公告送达《询问通知书》（中山地税古询〔2017〕207号），自本公告发布之日起满30日，即视为送达。

  附件：《询问通知书》（中山地税古询〔2017〕207号）

中山市地方税务局古镇税务分局
2017年8月23日

中山市地方税务局古镇税务分局
询问通知书
中山地税古询〔2017〕207号

中山市××房地产开发有限公司（社会信用代码：××××）：

根据《中华人民共和国税收征收管理法》第五十四条第（四）项规定，请公司法人代表曹××、公司财务负责人周××于收到本通知之日起第3日10时到中山市地方税务局古镇分局302室就涉税事宜接受询问。

联系人员：牛×

联系电话：0760-××××

税务机关地址：中山市古镇镇东兴东路古镇行政服务中心地税办公楼

中山市地方税务局古镇税务分局
2017年8月8日

（三）广州税务机关询问通知书

国家税务总局广州市税务局第二稽查局
询问通知书
穗税二稽询〔2023〕283号

广州××文化传媒有限公司：

根据《中华人民共和国税收征收管理法》第五十四条第（四）项规定，请张×于2023年12月18日14时到东风西路154号就涉税事宜接受询问。

联系人员：黎明 庄培琪

联系电话：80500716

税务机关地址：东风西路154号

国家税务总局广州市税务局第二稽查局
二〇二三年十一月十日

第七节　询问（调查）笔录

一、相关法律制度

根据《税收征收管理法》第五十四条的规定，税务机关有权进行下列税务检查：询问纳税人、扣缴义务人与纳税或者代扣代缴、代收代缴税款有关的问题和情况。

根据《税收征收管理法》第五十八条的规定，税务机关调查税务违法案件时，对与案件有关的情况和资料，可以记录、录音、录像、照相和复制。

根据《中华人民共和国行政处罚法》（以下简称《行政处罚法》）第五十五条、第五十六条的规定，执法人员在调查或者进行检查时，应当主动向当事人或者有关人员出示执法证件。当事人或者有关人员有权要求执法人员出示执法证件。执法人员不出示执法证件的，当事人或者有关人员有权拒绝接受调查或者检查。当事人或者有关人员应当如实回答询问，并协助调查或者检查，不得拒绝或者阻挠。询问或者检查应当制作笔录。行政机关在收集证据时，可以采取抽样取证的方法；在证据可能灭失或者以后难以取得的情况下，经行政机关负责人批准，可以先行登记保存，并应当在七日内及时作出处理决定，在此期间，当事人或者有关人员不得销毁或者转移证据。

二、文书式样

　　　　　　　　　　_____税务局（稽查局）
　　　　　　　　　　　　询问（调查）笔录

　　　　　　　　　　　　　　　　　　　　　（第　次）
　　　　　　　　　　　　　　　　　　　　共　页第　页

时　　间：_____　地　　点：_____

询问（调查）人：_____　记录人：_____

被询问（调查）人姓名：_____　性　别：_____　年　龄：_____

证件种类：_____　证件号码：_____

工作单位：_____　职　务：_____　联系电话：_____

住　　址：_____

问：_____

答：_____

_____

_____

_____

_____

询问（调查）人签字：　　　　　　　记录人签字：

被询问（调查）人签字并押印：　　　　　　　　年　月　日

三、文书的使用说明

（一）设置依据

本笔录依据《税收征收管理法》第五十四条、第五十八条和《行政处罚法》第五十五条设置。

（二）适用范围

检查人员在询问当事人及有关人员涉税情况时使用。

（三）填写要求

（1）本笔录应当用钢笔（碳素笔）、毛笔书写或计算机制作，不得使用圆珠笔、铅笔。

（2）本笔录主页上方已设定的内容应逐项填写。

（3）本笔录的正文部分采用问答形式。在笔录的起始部分，税务检查人员应表明身份，并明确告诉被询问（调查）当事人法定义务与法定权利。如《税收征收管理法》第五十四条第（四）项、第五十七条规定当事人有接受税务机关询问（调查）的法定义务和《税收征收管理法》第十二条规定当事人有要求询问（调查）人员回避的法定权利。

（4）记录询问（调查）的内容要真实、准确、详细、具体，不能随意取舍。重要情节要尽量记下原话，以保持其原意不变。对于被询问（调查）人所提供的每一事实或情节，应当记明来源。对证人提供的物证、书证，要在记录中反映出来并记明证据的来源。询问人出示证据提问，也必须写明出示何物。

（5）询问（调查）结束，应将笔录交由被询问（调查）人核对，对没有阅读能力的，应向其宣读。如被询问（调查）人认为笔录有遗漏或差错，应允许其补充或改正。修改过的笔录，应当由被询问（调查）人在改动处押印。被询问（调查）人认为笔录无误后,除在笔录结束处签名并押印外,还应当齐缝押印;被询问(调查)人拒绝的,应当注明。最后,询问(调查)人、记录人要签署日期并签名,询问(调查)人与记录人签名不得相互代签。

(四)格式与份数

本笔录为 A4 竖式,一式一份,装入卷宗。

四、文书范本与案例

(一)江苏东海县税务机关发布的税务稽查询问笔录制作规范

江苏东海县税务局
税务稽查询问笔录制作规范

税务稽查询问笔录是税务人员在调查、处理税收违法案件中,对当事人、证人或有关人员等进行调查询问情况的文字记载,是对税收违法案件依法进行处理的重要根据。由于在实际工作中,税务稽查询问笔录常常出现手续不清、内容不全、表达不明等不规范现象,在一定程度上影响了税务稽查案件的质量。根据现行法律的有关规定,询问笔录可作为税务案件定性处理以及进行行政复议、行政诉讼的重要证据之一。因此,询问笔录的制作质量就显得尤为重要,掌握和了解笔录的制作方法和要求应该成为税务人员必备的基本素质。

一、税务稽查询问笔录的基本格式

询问笔录由标题、正文、签名和日期三部分组成,常用"×××国家(地方)税务局稽查局询问(调查)笔录"为标题;正文包括开头、询问内容、结尾三个层次;签名和日期包括核对意见的日期与签名。具体如下。

(一)开头部分

包括询问时间、询问次数、询问地点、询问人和记录人姓名、被询问人姓名等基本情况。这一部分以固定格式填制。

1. 询问时间:包括询问开始与结束的时间。时间应完整注明年、月、日、时、分。

2. 询问次数:凡进行两次以上询问的,第二次以后的询问笔录应当注明"第×次询问"。

3. 询问地点:填写实施询问的详细地址。

4. 询问人和记录人姓名:在询问结束时,询问人、记录人应在询问笔录上签名。

5. 被询问人姓名:被询问人为自然人的,记明其姓名、性别、年龄、住址、单位、职业等情况;被询问人为代表单位的,记明其姓名、性别、年龄、职务,以及所代表的单位全称等情况。

第四章 税务检查类文书

（二）正文部分

为询问笔录的主体内容，由询问人的提问和被询问人的陈述构成。

1. 记录告知事项在笔录的起始部分，税务检查人员应表明身份，并明确告诉被询问（调查）当事人法定义务与权利。如向被询问人告知询问的目的、回答询问的要求、不如实回答问题应承担的法律责任，并告知被询问人有申请回避的权利。

2. 询问人员必须按照税收法律、法规的规定，对纳税人、扣缴义务人就其某一纳税事实及情况采取一事一问的方式进行询问。询问记录人员对其陈述和认可的事实及情况进行记载，记录要客观、准确、详略得当。

3. 记录被询问人违法事实的陈述，要真实、准确、详细、具体，不能随意取舍。重要情节要尽量记下原话，以保持其原意不变。对于被询问（调查）人所提供的每一事实或情节，应当记明来源。对证人提供的物证、书证，要在记录中反映出来并记明证据的来源。询问人出示证据提问，也必须写明出示何物。一般应包括时间、地点、手段、情节、后果等违法行为的构成要件。事实复杂的，应对每一事实、每一环节及相关的证据来源逐一询问，并作连续、详细的记录。

4. 询问结束前，对被询问人的陈述、申辩意见在询问笔录中应如实记载。

（三）结尾部分

包括被询问人对笔录的意见和签名或盖章。

1. 询问完毕后，应当场将询问笔录交与被询问人核对或向其宣读。

2. 被询问人对笔录没有异议的，应逐页签字或盖章，并在最后一面签注"以上笔录我已看过,和我所说一致"或者"以上宣读笔录我已听过,和我所说一致"的字样，并签名或盖章。被询问（调查）人认为笔录无误后，除在笔录结束处签名并押印外，还应当齐缝押印。

3. 若记录中有差错、遗漏之处，询问人应根据被询问人的陈述意见进行修改和补充，并由被询问人在修改处签章或捺指印，或者注明"修改×处已看过"的字样，并在笔录末尾处签名或者盖章。

4. 若被询问人无正当理由拒绝签字或盖章的，询问人员应在笔录中注明情况，并由负责询问的两名以上的检查人员在笔录最后签名或盖章。询问（调查）人、记录人要签署日期并签名，询问（调查）人与记录人签名不得相互代签。

5. 被询问人签字或盖章应紧贴笔录最后一行。在每页下端签字的，应在笔录空白部分注明"以下空白"字样或填写空白符号。

二、税务稽查询问笔录制作的基本要求

询问笔录制作的好与坏，不仅直接影响到税务稽查的质量，关系到案件的正确处理，同时也是税务人员业务素质高低的综合反映，是衡量税务人员工作水平的重要尺度。做好税务稽查询问笔录既是锻炼税务人员综合分析、语言表达和逻辑思维等能力的有效途径，也是与涉税违法人员斗智斗法的一种表现形式。对询问笔录有如下基本要求。

（一）主旨明确。调查询问笔录的内容要服从于中心内容，即：要证明什么就问什么，无关的内容没必要去问。这就需要制作笔录人员在调查询问前先确定自己询问的目的，然后围绕这一目的设计好要问的内容和顺序，以使询问能有的放矢，有序进行，增强针对性、逻辑性和连贯性。

（二）程序合法。询问应当由两名以上检查人员实施。除在被查对象生产、经营场所询问外，应当向被询问人送达《询问通知书》。

（三）内容完整。在调查询问时务必把整个事件的前因后果、时间地点、参与人物等细节询问清楚。内容完整，可以使税务人员更好地判断事件的性质，并通过不同当事人之间陈述内容的对比，分析事件的真实性及从中找出关键性的检查线索。另外，询问的内容越细，就越容易对被询问人员作假证产生警示作用，因为人在仓促间不可能把所有细节都考虑圆满，仔细问下去，要么是被询问人员不再坚持作假证，要么是露出破绽。

询问时采用问答形式，记录询问的内容要真实、准确、具体、详细，不得随意取舍。涉及重要事实、情节、数字、日期等问题时，应要求被询问人准确回答，避免含糊。重要情节要尽量记下原话，保证其原意不变。对于影响案件的关键性问题要刨根问底，紧追不舍，一究到底。对所问的问题要有头有尾，有来有去，让人看得明白，不能突然冒出一句让人莫名其妙、摸不着头脑的话。

询问过程中，对于被询问人所提供的物证、书证等要在记录中反映出来并记明证据来源。询问人员有必要出示相关的证据（书证、物证等）的，出示时在笔录上应记录出示了何种证据及被询问对象对所出示证据的反应，明确所出示证据的证明力。询问过程中，被询问人对税务人员所提的问题避而不答的，应当在笔录中注明被询问人的动作形态、思考或者停顿、默不作声的时间，如："（思考、摇头……）11：20～11：35……"被询问人核对税务人员出示的证据、资料的时间也应在笔录中详细载明。时间记录上要精确到上午、下午或采用24时制格式。询问中涉及数字的，在笔录中要大小写并用记录。

（四）语言简练。一般情况下，询问时应尽量避免使用长句，应使被询问人能迅速、全面理解问话人的目的；询问人的问话和被询问人的回答应一句一义，不能出现歧义，对被询问人回答的话有歧义的，应由被询问人进一步解释。要善于归纳被询问人的意思。被询问人的文化水平有高有低，当被询问人意思表达不清楚时，要学会集中、准确地记录下来，而后再征询被询问人所记录的是否是其真实意思的表达。

针对不同文化层次、不同阅历的询问对象，要采用不同的询问方式，所提的问题要用客观性词语，措辞应做到意思表达清晰、明确，不要使用暗示或隐喻性的言辞，如"何时、何人、何事、是否、为何……"不能用判断性和指向性语句，防止被询问对象反告引供、逼供、指供和诱供。

（五）字迹清楚。税务人员一定要本着认真负责的态度和高度的责任心做好询问笔录，询问笔录必须用钢笔、签字笔书写、制作，并要求字迹清晰，整洁干净，用语规范，真实完整。

（六）制作及时。在税务稽查实践中，许多案件由于未及时做询问笔录，给当事人可乘之机，进行串供并供，结果造成税务稽查工作的被动，甚至导致整个税务稽查案件的最终失败。从事税务稽查工作的税务人员都深有体会，案件成功与否很大程度上取决于是否能够抓住机遇，查获关键证据，取得有效突破。所以，发现线索或一些初步证据后，立即做询问笔录就显得非常重要。

三、税务稽查询问笔录的记录技巧

询问和记录是询问笔录的两个方面，因此询问笔录的记录技巧有助于制作出高质量的笔录。

（一）选择记录。根据案件的需要，对有些问题可以记得仔细，对有些可从简，对于废话、题外话，则不应予以记录。紧紧围绕调查的问题，写清楚时间、地点、人物、原因、目的、动机、过程（情节、手段）、后果等基本要素。

（二）概括记录。记录人员要根据询问人的提问，对被询问人语言进行概括。对某些问题，不一定按一问一答、逐字逐句记录，可以根据其表达清楚的陈述内容综合归纳后再予以记录。同时，制作笔录时应将被询问人所讲的非书面语言、地方语言准确地转换成书面语言。

（三）全面记录。在记录过程中，记录人不仅要记录被询问人的陈述，还要记明被询问人在询问过程中的一些重要情感或行为表现。尤其是对证人或者询问人出示的物证、书证，在证言中要反映出来，并说明来源。记录不能过于简单，不能随意取舍，与案件毫无关系的内容，可不必记录。

四、税务稽查询问笔录制作的注意事项

1. 税务稽查询问与公安机关讯问是不同的，税务机关没有强制性的手段保证询问的顺利进行，因此双方要讲究和谐的气氛，言行上应该礼貌、温和，尽量解除被询问人的戒备心理，以便提高所提供资料的可靠性和真实性。

2. 本着有利于询问的原则，选择适当的地点、时间进行询问。为保证询问工作的严肃性，可将询问地点选在询问人工作单位，应选择安静、无干扰的办公室进行。

3. 谈话记录应顶格填写，记录了问话，必须记录答话，如不回答，要注明"不回答"，不要空格。

4. 询问笔录要充分体现被询问人的真实意思。

5. 避免将询问笔录写成讯问笔录，讯问笔录是司法机关侦查人员依法对犯罪嫌疑人进行讯问的书面记录，两者有本质上的不同。

（二）仅凭询问笔录处罚败诉的案例

刘某开了一家粮食加工厂，没有办理税务登记，也未向税务机关申报缴纳过税款。2013年5月，经举报，某国税稽查局对其实施了检查。在企业没有账和业主刘某拒不交出其生产销售记录情况下,稽查人员根据举报线索,依照程序对他进行了询问并做了笔录。刘某承认从2012年3月至2013年4月期间采取销售不开发票等手段销售大米及面粉计36万元,未向税务机关申报缴纳税款,并在询问笔录上签了字。稽查局在无法查到其他证据的情况下,根据纳税人口供,以某国税局的名义对刘某作出了补税20 377元、罚款20 377元的处理。

刘某以对其补税罚款证据不足为由,依程序将国税局告上了法庭,要求法庭撤销国税局的行政决定。在诉讼过程中,他提出自己接受税务部门询问时说错了,没有销售那么多。而税务方面,除询问笔录外,没能提供其他证据对自己的主张进行证明。最后,经审理,法庭以事实认定不清、证据不足为由判国税局败诉。

分析上述案件,某国税局之所以败诉,就在于没有其他证据来证明自己的主张,仅凭口供定案,证据不足。当然,口供也有必要,但仅凭口供还远不能证明纳税人的违反税收法规事实,还必须要有与之相互印证的直接证据或间接证据等其他证明材料。因为:第一,口供极易翻供。第二,仅凭口供证明不了违反税收法规事实的情节和性质,使税务处理不易做到"处理适当"。第三,仅凭口供定案违背"以事实为依据"的我国法律的基本原则。《中华人民共和国行政处罚法》规定,"实施行政处罚必须以事实为依据"。

《中华人民共和国行政诉讼法》规定:"被告对作出的具体行政行为负有举证责任,应当提供作出具体行政行为的证据和所依据的规范性文件。"所谓证据,就是用以证明案件真实情况的事实材料。《中华人民共和国行政诉讼法》第三十三条将行政诉讼证据分为八类,即书证、物证、视听资料、电子数据、证人证言、当事人的陈述、鉴定意见、勘验笔录和现场笔录。税务机关在调查涉税案件中,应注意证据的收集方法,注意审查和判断证据的证明力,以便收集到全面、真实、客观、合法的证据。

首先,尽可能收集直接证据和原始证据。直接证据是指以证据本身具体的性质、特征和内容就可以直接证明待证事实真实的证据。在税务案件中,直接证据主要包括记载纳税人违反税收法规行为的各种凭证,比如记载纳税人实际销售情况的"流水账"、开给购货方的提货单等;原始证据是直接来源于案件事实或者在案件事实直接作用下形成的证据。在税务案件中,原始证据主要有纳税人违反税收法规的各种账簿凭证、发票、纳税申报资料的原件等。直接证据最具证明力,而原始证据最具客观真实性和合法性。因此,在税案调查中,税务人员应善于查找、捕捉、识辨纳税人违反税收法规的证据,尽可能地收集直接证据和原始证据。

其次,间接证据和派生证据也不放过。间接证据是指需要借助其他证据支持方能对所证事实产生证明作用的证据,如税案中有关财务人员、法定代表人等的证明材料、询问笔录、经济合同、银行收支凭证等;派生证据是从原始证据中衍生出来或在信息传播中间环节形成的证据。在直接证据不足以证明事实真相的情况下,应积极寻找纳税人违反税收法规的间接证据和派生证据。以补充直接证据不足。上述案件，稽查人员在无法取得直接证据的情况下，应从外围摸查，比如用电量的证明、房租的证明等证据。对确实无法核实其销售的，也可以通过用电量、机械功率采用一定方法核定应纳税款。

第八节 陈述申辩笔录

一、相关法律制度

根据《税收征收管理法》第八条的规定，纳税人、扣缴义务人对税务机关所作出的决定，享有陈述权、申辩权；依法享有申请行政复议、提起行政诉讼、请求国家赔偿等权利。

根据《行政处罚法》第三十二条的规定，当事人有权进行陈述和申辩。行政机关必须充分听取当事人的意见，对当事人提出的事实、理由和证据，应当进行复核；当事人提出的事实、理由或者证据成立的，行政机关应当采纳。行政机关不得因当事人申辩而加重处罚

根据《行政处罚法》第七条的规定，公民、法人或者其他组织对行政机关所给予的行政处罚，享有陈述权、申辩权；对行政处罚不服的，有权依法申请行政复议或者提起行政诉讼。

根据《行政处罚法》第四十四条、第四十五条的规定，行政机关在作出行政处罚决定之前，应当告知当事人拟作出的行政处罚内容及事实、理由、依据，并告知当事人依法享有的陈述、申辩、要求听证等权利。当事人有权进行陈述和申辩。行政机关必须充分听取当事人的意见，对当事人提出的事实、理由和证据，应当进行复核；当事人提出的事实、理由或者证据成立的，行政机关应当采纳。行政机关不得因当事人陈述、申辩而给予更重的处罚。

二、文书式样

陈述申辩笔录

时　　间：_____
地　　点：_____
事　　由：_____
当事人：_____
调查人：_____
记录人：_____

陈述申辩内容：_____
_____
_____
_____
_____
_____

共 页 第 页

当事人签名： 年 月 日

三、文书的使用说明

（一）设置依据

本笔录依据《税收征收管理法》第八条和《行政处罚法》第四十四条、第四十五条设置。

（二）适用范围

检查人员在对纳税人、扣缴义务人等作出税务处理决定、税务行政处罚决定前听取其陈述申辩意见时使用。

（三）填写说明

（1）本笔录所设定的内容应逐项填写，不得缺漏。

（2）税务人员制作该笔录时，要客观、准确、详细地记录纳税人、扣缴义务人等的陈述申辩意见，并经当事人核对无误后，签署"上述笔录经核对无误"字样，当场签名或押印并注明时间。

（四）格式与份数

本笔录为A4竖式，一式一份，装入卷宗。

第九节 现 场 笔 录

一、相关法律制度

根据《中华人民共和国行政强制法》(以下简称《行政强制法》)第十八条的规定，行政机关实施行政强制措施应当遵守下列规定：

（1）实施前须向行政机关负责人报告并经批准。

（2）由两名以上行政执法人员实施。

（3）出示执法身份证件。

（4）通知当事人到场。

（5）当场告知当事人采取行政强制措施的理由、依据以及当事人依法享有的权利、救济途径。

（6）听取当事人的陈述和申辩。

（7）制作现场笔录。

（8）现场笔录由当事人和行政执法人员签名或者盖章，当事人拒绝的，在笔录中予以注明。

（9）当事人不到场的，邀请见证人到场，由见证人和行政执法人员在现场笔录上签名或者盖章。

（10）法律、法规规定的其他程序。

根据《行政强制法》第三十条的规定，行政机关依照法律规定决定实施冻结存款、汇款的，应当履行《行政强制法》第十八条第一项、第二项、第三项、第七项规定的程序，并向金融机构交付冻结通知书。金融机构接到行政机关依法作出的冻结通知书后，应当立即予以冻结，不得拖延，不得在冻结前向当事人泄露信息。法律规定以外的行政机关或者组织要求冻结当事人存款、汇款的，金融机构应当拒绝。

根据《税务稽查案件办理程序规定》第二十四条的规定，检查人员实地调查取证时，可以制作现场笔录、勘验笔录，对实地调查取证情况予以记录。制作现场笔录、勘验笔录，应当载明时间、地点和事件等内容，并由检查人员签名和当事人签章。当事人经通知不到场或者拒绝在现场笔录、勘验笔录上签章的，检查人员应当在笔录上注明原因；如有其他人员在场，可以由其签章证明。

二、文书式样

_____税务局（稽查局）

现 场 笔 录

共　页第 1 页

时间：____年__月__日__时__分至____年__月__日__时__分

地点：_____

当事人：_____

执法人员：　　　　　　　　　　　　记录人：

见证人：　　　　　　　　　　　　　联系电话：
现场情况记录：

_____
_____
_____
_____
_____

执法人员签名：　　　　　　　　　　　年　月　日
记录人签名：　　　　　　　　　　　　年　月　日
当事人签章：　　　　　　　　　　　　年　月　日
见证人签名：　　　　　　　　　　　　年　月　日

现场笔录续页

共　页第　页

_____
_____
_____
_____
_____
_____
_____
_____
_____
_____
_____
_____

执法人员签名：　　　　　　　　　　　年　月　日
记录人签名：　　　　　　　　　　　　年　月　日
当事人签章：　　　　　　　　　　　　年　月　日
见证人签名：　　　　　　　　　　　　年　月　日

三、文书的使用说明

（一）设置依据

《现场笔录》依据《行政强制法》第十八条、第三十条，以及《税务稽查案件办理程序规定》第二十四条设置。

（二）适用范围

税务稽查人员或者其他税收执法人员依法进行实地调查、实施查封（扣押）或者实施冻结存款，就与案件事实确认等相关的现场执法情况、违法事实等事项进行当场客观记载时使用。

（三）填写说明

（1）本笔录应当在现场检查时当场制作，不能事后补充制作。

（2）本笔录应当使用能够长期保持字迹的书写工具书写，也可使用计算机记录并打印，并保证字迹清晰。

（3）本笔录主页上方设定的内容应当逐项填写。若当事人为单位的，写明单位名称及法定代表人（负责人）姓名。"时间"项应当完整填写起止时间，并具体到"分"。

（4）本笔录主体部分内容应当按照纪实、叙述的写作要求，客观、真实、全面地反映现场的实际所见、所闻情况，并避免对有关情况、内容进行评判、推断。

（5）"现场情况记录"一般包括现场执法的经过、现场执法主要情况，并可根据需要附绘制的图样、照片、录像等其他证明材料。填写应当注意如下内容：

A.应该记录执法人员（二人以上）进入现场时出示税务检查证、《税务检查通知书》情况；

B.查封、扣押财产，或者冻结存款等税收执法文书的送达情况。

C.应当当场告知当事人采取税务行政执法行为的理由、依据，以及当事人依法应当履行的义务、享有的权利等事项。

D.应当记录执法现场相关人员姓名、身份、职务以及相关证件等情况。

E.应当记录现场执法的过程。过程记录应当详略得当，对与具体执法关联性不大的内容，可以简要描述；对与执法直接相关的内容和过程，应当尽可能详细记载。记录可以采取先总体后具体、先概括后详细的方式进行，并对现场人员的活动状况进行记录。如：可以首先简要描述现场的总体环境状况、方位地点，然后再具体到需要重点检查的方位、地点；可以首先从现场总体分布、相关物品摆放，然后具体到物品数量，包装标签及现场痕迹；等等。

F.应当记录现场执法所采取的措施，书证、物证等证据材料的来源、出处、名称、数量以及采集、抽样过程等情况；采取拍照、绘图的，还应当记录现场拍照的内容、数量、绘制现场图的种类、数量、绘制时间、方位以及测绘人姓名、身份等内容。

G.实地执法结束时，应当将笔录交当事人核对或者向其宣读；笔录有修改的，应当由当事人在改动处捺指印；核对无误后，由当事人在尾页结束处写明"以上笔录我看过（或者向我宣读过），与现场情形相符"，并逐页签章。当事人经通知不到场或者拒绝在现场笔录上签章的，执法人员应当注明原因，并由执法人员签名。有第三方人员在现场的，可由其签名见证。

（四）使用与格式

本笔录为A4竖式，一式一份，装入卷宗。

第十节 勘 验 笔 录

一、相关法律制度

根据《税务稽查案件办理程序规定》第二十四条的规定，检查人员实地调查取证时，可以制作现场笔录、勘验笔录，对实地调查取证情况予以记录。制作现场笔录、勘验笔录，应当载明时间、地点和事件等内容，并由检查人员签名和当事人签章。当事人经通知不到场或者拒绝在现场笔录、勘验笔录上签章的，检查人员应当在笔录上注明原因；如有其他人员在场，可以由其签章证明。

二、文书式样

_____税务局（稽查局）

勘 验 笔 录

共 页第 1 页

时间：____年__月__日__时__分至____年__月__日__时__分
地点：_____
当事人：_____
法定代表人（负责人）：_____ 现场指挥人：_____
勘验人：_____ 记录人：_____
见证人：_____ 联系电话：_____
勘验情况记录：
_____
_____

勘验人签名：	年 月	日
记录人签名：	年 月	日
当事人签章：	年 月	日
见证人签名：	年 月	日

勘验笔录续页

共　页第　页

_____
_____
_____
_____
_____
_____
_____
_____
_____
_____
_____

勘验人签名：	年 月	日
记录人签名：	年 月	日
当事人签章：	年 月	日
见证人签名：	年 月	日

三、文书的使用说明

（一）设置依据

《勘验笔录》依据《税务稽查案件办理程序规定》第二十四条设置。

（二）适用范围

税务稽查人员或者其他税收执法人员就与案件事实确认相关的物品、现场进行勘查、测定、检验，并对勘验过程、结果予以客观记录时使用。

（三）填写说明

（1）本笔录应当使用能够长期保持字迹的书写工具书写，也可使用计算机记录并打印，保证字迹清楚。

（2）本笔录主页上方设定的内容应当逐项填写。若当事人为单位的，写明单位名称及法定代表人（负责人）姓名。"时间"项应当完整填写起止时间，并具体到"分"；"现场指挥人"项填写由稽查局局长或者案件负责人指定的勘验现场负责人。

（3）本笔录主体部分内容应当按照纪实、叙述的写作要求，客观、真实、全面地反映现场的勘验情况，并避免对有关情况、内容进行评判、推断。

（4）"勘验情况记录"一般包括勘验的过程、勘验主要情况，并可根据需要附绘制的图样、照片、复制的模型材料和录像等其他证明材料。填写中注意如下内容．

A.应该记录执法人员（二人以上）和勘验人员进入现场时出示税务检查证和《税务检查通知书》，说明检查内容，告知当事人依法应当履行的义务、享有的权利等事项。

B.应当记录勘验现场相关人员姓名、身份、职务以及相关证件等情况。

C.应当记录勘验的过程、结果。

D.应当记录勘验过程中所采取的措施，书证、物证等证据材料的来源、出处、名称、数量，以及采集、固定过程等情况；采取拍照、绘图的，还应当记录现场拍照的内容、数量、绘制现场图的种类、数量、绘制时间、方位以及测绘人姓名、身份等内容。

E.勘验结束时，笔录应当由勘验人员、在场相关人员签名，并告知当事人勘验的事实情况，听取他们的意见。当事人要求重新勘验，理由充分的，应当重新勘验。

（四）使用与格式

本笔录为A4竖式，一式一份，装入卷宗。

第十一节　提取证据专用收据

一、相关法律制度

根据《行政处罚法》第五十六条的规定，行政机关在收集证据时，可以采取抽样取证的方法；在证据可能灭失或者以后难以取得的情况下，经行政机关负责人批准，可以先行登记保存，并应当在七日内及时作出处理决定，在此期间，当事人或者有关人员不得销毁或者转移证据。

根据《税务稽查案件办理程序规定》第十九条的规定，需要提取证据材料原件的，应当向当事人出具提取证据专用收据，由当事人核对后签章确认。对需要退还的证据材料原件，检查结束后应当及时退还，并履行相关签收手续。需要将已开具的纸质发票调出查验时，应当向被查验的单位或者个人开具发票换票证；需要将空白纸质发票调出查验时，应当向被查验的单位或者个人开具调验空白发票收据。经查无问题的，应当及时退还，并履行相关签收手续。提取证据材料复制件的，应当由当事人或者原件保存单位（个人）在复制件上注明"与原件核对无误"及原件存放地点，并签章。

二、文书式样

_____税务局（稽查局）

提取证据专用收据

填发日期：　年　月　日

编号：_____

证据名称	数量	证据出处	证据所属时间	内容摘要

证据提供单位或者个人（签章）：　　　　　　提取人（签名）：

税务机关（印章）

三、文书的使用说明

（一）设置依据

《提取证据专用收据》依据《行政处罚法》第五十六条和《税务稽查案件办理程序规定》第十九条设置。

（二）适用范围

（1）税务稽查人员或者其他税收执法人员在提取证据材料原件时使用。

（2）证据原件的提取范围应当包括但不限于以下类型：

A. 伪造、变造、虚开的发票及其他税款抵扣、出口退税等凭证；

B. 伪造、变造的金融票据及其他收付款凭证；

C. 伪造、变造的账簿、凭证及有关资料；

D. 不提取原件可能导致灭失或者被转移、藏匿的其他证据材料。

（三）填写说明

（1）"证据名称"填写需要提取的证据材料原件名称。如：伪造、变造、虚开的发票；伪造、变造的金融票据；伪造、变造的其他税款抵扣凭证；伪造、变造的账簿；伪造、变造的凭证；印制假发票的工具、设备；等等。

（2）"证据出处"填写获取具体证据的来源和原存放处。

（3）现场难以判定是否为伪造、变造、虚开的证据材料的，区分不同情况分别处理：

A. 现场难以判定是否为伪造、变造、虚开的发票的，可以先行依照相关规定分别使用《发票换票证》或者《调验空白发票收据》进行调取。经鉴定或者查验确认为伪造、变造、虚开的发票后，使用《提取证据专用收据》调取证据原件，同时换回原先交付给证据提供单位或者个人的《发票换票证》或者《调验空白发票收据》。

B. 现场难以判定是否为伪造、变造的账簿、凭证及有关资料的，可以先行依照法律、行政法规的规定使用《调取账簿资料通知书》并附《调取账簿资料清单》进行调取。经鉴定或者查验确认为伪造、变造的账簿、凭证及有关资料后，使用《提取证据专用收据》调取证据原件，同时在原先出具的《调取账簿资料清单》（一式二份）上注明。

（4）"证据提供单位或者个人（签章）"栏区分以下情况填写：

A. 证据提供单位为法人或者其他组织的，由相关人员签名，加盖单位印章并注明日期；

B. 证据提供单位为个人的，由个人签名并注明日期。

（四）使用与格式

本收据为 A4 横式，一式二份，一份交给提供证据的单位或者个人，一份装入卷宗。

第十二节　税务稽查结论

一、相关法律制度

根据《税收征收管理法》第五十四条的规定，税务机关有权进行税务检查。

根据国家税务总局《税务稽查案件办理程序规定》（国家税务总局令 2021 年第

52号）第四十二条的规定，审理部门区分下列情形分别作出处理：认为没有税收违法行为的，制作《税务稽查结论》。

根据《税务稽查案件办理程序规定》第四十六条的规定，《税务稽查结论》应当包括以下主要内容：被查对象姓名或者名称、有效身份证件号码或者统一社会信用代码、地址。没有统一社会信用代码的，以税务机关赋予的纳税人识别号代替；检查范围和内容；检查时间和检查所属期间；检查结论；结论的文号、制作日期、税务机关名称及印章。

二、文书式样

<u>　　　　</u>税务局（稽查局）

税务稽查结论

<u>　　　</u>税结〔　〕号

<u>　　　　　　</u>：（纳税人识别号：<u>　　　　　</u>）

经我局于<u>　　</u>年<u>　</u>月<u>　</u>日至<u>　　</u>年<u>　</u>月<u>　</u>日对你（单位）<u>　　</u>年<u>　</u>月<u>　</u>日至<u>　　</u>年<u>　</u>月<u>　</u>日期间<u>　　　　　　　　</u>情况的检查，未发现税收违法问题。

税务机关（签章）

年　月　日

三、文书的使用说明

（一）设置依据

本结论依据《税收征收管理法》及其实施细则、国家税务总局《税务稽查案件办理程序规定》（国家税务总局令2021年第52号）第四十二条、第四十六条设置。

（二）适用范围

税务机关对纳税人、扣缴义务人进行查处，未发现税收违法问题时使用。

（三）填写说明

（1）本文书受送达人处填写纳税人、扣缴义务人等税务行政相对人名称或者姓名，统一社会信用代码或者有效身份证件号码，没有统一社会信用代码的，填写纳税人识别号。地址填写注册登记地址或者有效身份证件上的地址。

（2）未经立案查处又未发现问题的，本结论由稽查实施环节人员填写；经立案查处又未发现问题的，本结论由审理环节人员填写。

（3）本结论应由税务局（稽查局）局长审批。

（4）本结论与《税务文书送达回证》一并使用。

（5）文书字号设为"结"，稽查局使用设为"稽结"。

（四）格式与份数

本结论为A4竖式，一式三份，一份送纳税人或者扣缴义务人，一份送征收管理部门，一份装入卷宗。

四、文书范本与案例

（一）北京税务机关税务稽查结论

北京市密云区国家税务局稽查局

税务稽查结论

密国税稽结〔2015〕1号

北京××贸易有限公司：

我局于2013年3月4日至2015年12月14日，对你公司2012年1月1日至2012年12月31日的纳税情况进行了检查，暂未发现税务违法行为。如有新的证据再另案查处。

北京市密云区国家税务局稽查局

二〇一五年十二月二十二日

（二）武汉税务机关税务稽查结论

武汉市国家税务局第五稽查局

税务稽查结论

武国税五稽结〔2016〕50011号

武汉××运输贸易有限公司（洪山区袁家墩特×号×幢×号房）：

因无法查找到纳税人，无法核实业务的真实性，目前已寻求公安机关协助调查，待有新线索再行检查。

武汉市国家税务局第五稽查局

二〇一六年十月二十六日

（三）广州税务机关税务稽查结论送达公告

关于《税务稽查结论》送达公告

广州××实业有限公司（纳税人识别号：××××）：

  我局对你司的税务案件已审理终结，因你司已于2016年5月6日被认定为非正常企业，已不在注册地址办公，无法联系，无法采用直接送达、邮寄送达等方式送达文书，根据《中华人民共和国税收征收管理法实施细则》第一百零六条的规定，现向你司公告送达《广州市国家税务局南区稽查局税务稽查结论》（穗国税南稽结〔2017〕23号），决定内容如下：

  你司自成立之日起至被认定为非正常业户期间，共向广州市天河区国家税务局购入增值税专用发票100份，其中已开具75份，发票代码均为4400153130，发票号码分别为24298512至24298536、24841551至24841575、24105509至24105533，均为作废发票，余25份发票为失控发票，发票代码均为4400153130，发票号码分别为24794169至24794193。

  鉴于你司已被认定为非正常户，故无法进一步进行检查。

  你司若同我局在税务处理决定上有争议，可自收到本决定书之日起60日内依法向广州市国家税务局申请行政复议。

  请你司及时到我局领取《税务稽查结论》正本，否则，自公告之日起满30日，上述决定及告知内容将作为《税务处理决定书》正本被视为送达。

  特此公告。

广州市国家税务局南区稽查局
二〇一七年十月二十日

（四）贵阳税务机关税务稽查结论送达公告

贵阳市国家税务局稽查局
关于送达《税务稽查结论》的公告

筑国税稽公告〔2017〕13号

  我局对下列公司的纳税情况进行了税务稽查，暂未发现税收违法问题。因通过其他方式无法对下列公司送达《税务稽查结论》，根据《中华人民共和国税收征收管理法实施细则》第一百零六条之规定，现将《税务稽查结论》公告送达，自公告之日起满30日，即视为送达，正式文书请前往贵阳市国家税务局稽查局（地址：贵阳市中华北路67号国税大厦1112室）领取。

  附件：公告送达企业名单及告知事项。

贵阳市国家税务局稽查局
2017年11月24日

公告送达企业名单

序号	1	2
纳税人名称	贵州××大宗商品贸易有限公司	贵州××投资商品经营有限公司
税务登记证号	××××	××××
法定代表人姓名	朱××	刘××
稽查结论	暂未发现税收违法问题	暂未发现税收违法问题
送达文书编号	筑国税稽结〔2017〕9号	筑国税稽结〔2017〕10号

税务机关联系人：姚×

联系电话：0851-××××

税务机关地址：贵阳市云岩区中华北路67号国税大厦

（五）枣庄税务机关税务稽查结论

国家税务总局枣庄市税务局第一稽查局

税务稽查结论

枣庄税稽一结〔2024〕1号

山东××机电有限公司（纳税人识别号：××××）：

经我局对你单位（地址：枣庄市薛城区常庄镇，薛城经济开发区）2011年1月1日至2021年12月31日期间的纳税情况进行了检查，由于你单位2019年12月6日起纳税人状态已被认定为非正常且暂时无法获取你单位的账簿资料，拟暂作稽查结论，如日后发现新的证据能够证明你单位存在税收违法行为，再重新立案检查。

国家税务总局枣庄市税务局第一稽查局

二〇二四年一月十二日

（六）哈尔滨税务机关税务稽查结论

国家税务总局哈尔滨市税务局第二稽查局

税务稽查结论

枣庄税稽一结〔2024〕1号

黑龙江××建筑工程有限公司：（纳税人识别号：××××）

经我局于2023年8月15日至2023年10月7日对你（单位）（地址：哈尔滨

市松北区江都街1083号绿水小区Q栋8号商服）2021年1月1日至2022年12月31日期间有关推送案源所述情况的检查，未发现税收违法问题。

国家税务总局哈尔滨市税务局第二稽查局
二〇二三年十月二十七日

（七）税务稽查结论与申辩意见案例

企业业务描述

甲公司与物流公司乙签订货物运输合同，乙公司除自身运输外，还有一部分外包给铁路承运；甲公司支付全部运费给物流乙公司，并从其取得《货物运输增值税专用发票》（营改增之后）及《公路、内河货物运输业统一发票》（营改增之前），涉及进项税金额总计1 055 200.93元。

税务稽查结论

经查，发现企业在2013年度销售产品中，通过铁路运输方式运输，取得非铁路运输部门开具的"公路、内河货物运输业统一发票"（2013年7月31日前）和"货物运输业增值税专用发票"（2013年8月1日以后），共计申报抵扣进项税金1 055 200.93元。应作进项转出处理，应转出进项税1 055 200.93元，应补缴增值税1 055 200.93元。

依据：

第一，《中华人民共和国增值税暂行条例》（中华人民共和国国务院令第538号）第九条："纳税人购进货物或者应税劳务，取得的增值税扣税凭证不符合法律、行政法规或者国务院税务主管部门有关规定的，其进项税额不得从销项税额中抵扣。"

第二，《中华人民共和国增值税暂行条例实施细则》（国家税务总局令第50号）第十九条："条例第九条所称增值税扣税凭证，是指增值税专用发票、海关进口增值税专用缴款书、农产品收购发票和农产品销售发票以及运输费用结算单据。"

第三，《国家税务总局关于加强增值税征收管理若干问题的通知》（国税发〔1995〕192号）第一条第（一）、第（三）项："关于增值税一般纳税人进项税额的抵扣问题（一）运输费用进项税额的抵扣。1.准予计算进项税额扣除的货运发票种类。根据规定，增值税一般纳税人外购和销售货物所支付的运输费用，准予抵扣的运费结算单据（普通发票），是指国有铁路、民用航空、公路和水上运输单位开具的货票，以及从事货物运输的非国有运输单位开具的套印全国统一发票监制章的货票。准予计算进项税额扣除的货运发票种类，不包括增值税一般纳税人取得的货运定额发票。2.准予计算进项税额扣除的货运发票，其发货人、收货人、起运地、到达地、运输方式、货物名称、货物数量、运输单价、运费金额等项目的填写必须齐全，与购货发票上所列的有关项目必须相符，否则不予抵扣。3.纳税人购进、销售货物所支付的运输费用明显偏高、经过审查不合理的，不予抵扣运输费用。……（三）购进货物或应税劳务支付货款、劳务费用的对象。纳税人购进货物或应税劳务，支付运输费用，所支付款项的单位，必须与开具抵扣凭证的销货单位、提供劳务的单位一致，才能够申报抵扣进项税额，否则不予抵扣。"

第四，《国家税务总局关于加强货物运输业税收征收管理的通知》（国税发〔2003〕121号）附件二《运输发票增值税抵扣管理试行办法》第三条："运输单位提供运输劳务自行开具的运输发票，运输单位主管地方税务局及省级地方税务局委托的代开发票中介机构为运输单位和个人代开的运输发票准予抵扣。其他单位代运输单位和个人开具的运输发票一律不得抵扣。"

第五，《财政部 国家税务总局关于增值税若干政策的通知》（财税〔2005〕165号）第七条："运输发票抵扣问题（一）一般纳税人购进或销售货物通过铁路运输，并取得铁路部门开具的运输发票，如果铁路部门开具的铁路运输发票托运人或收货人名称与其不一致，但铁路运输发票托运人栏或备注栏注有该纳税人名称的（手写无效），该运输发票可以作为进项税额抵扣凭证，允许计算抵扣进项税额。（二）一般纳税人在生产经营过程中所支付的运输费用，允许计算抵扣进项税额。（三）一般纳税人取得的国际货物运输代理业发票和国际货物运输发票，不得计算抵扣进项税额。（四）一般纳税人取得的汇总开具的运输发票，凡附有运输企业开具并加盖财务专用章或发票专用章的运输清单，允许计算抵扣进项税额。（五）一般纳税人取得的项目填写不齐全的运输发票（附有运输清单的汇总开具的运输发票除外）不得计算抵扣进项税额。"

第六，《国家税务总局关于修订〈增值税专用发票使用规定〉的通知》（国税发〔2006〕156号）第十一条："专用发票应按下列要求开具：（一）项目齐全，与实际交易相符……"

陈述申辩意见

尊敬的×××××国家税务局：

首先感谢贵局对我司税务检查中的政策辅导，使我司对相关税收政策问题有了进一步明晰的认识。

由于涉及进项税额转出数额巨大，且我司所签运输合同的特殊性，现结合相关税收政策陈情如下，祈请贵局予以考量。

一、公路内河货物运输业发票是否需要作进项税额转出

我国流转税主要有增值税、营业税、消费税及关税四种，而其中营业税与增值税的主要区别系在于营业税一般按全额征税从而导致重复征税。

1994年税制改革时出台的《中华人民共和国营业税暂行条例》第五条规定："纳

税人的营业额为纳税人提供应税劳务、转让无形资产或者销售不动产向对方收取的全部价款和价外费用；但是，下列情形除外：（一）运输企业自中华人民共和国境内运输旅客或者货物出境，在境外改由其他运输企业承运乘客或者货物的，以全程运费减去付给该承运企业的运费后的余额为营业额……"

也即除此之外的运输企业应当就其收取的全部价款和价外费用申报缴纳营业税，这显然造成运输企业如果实行分包导致的重复征税，因此《财政部、国家税务总局关于营业税若干政策问题的通知》（财税〔2003〕16号）规定："经地方税务机关批准使用运输企业发票，按'交通运输业'税目征收营业税的单位将承担的运输业务分给其他运输企业并由其统一收取价款的，以其取得的全部收入减去支付给其他运输企业的运费后的余额为营业额。"随后由于现代物流是中国建设制造强国与促进经济结构转型的必由之路，2005年出台的《国家税务总局关于试点物流企业有关税收政策问题的通知》（国税发〔2005〕208号）中规定："试点企业将承揽的运输业务分给其他单位并由其统一收取价款的，应以该企业取得的全部收入减去付给其他运输企业的运费后的余额为营业额计算征收营业税。"

也即在物流企业实施营业税差额征税政策，当然物流企业的差额征税政策也扩展到了仓储业务。

随后在2008年11月发布而在2009年1月1日执行的新《中华人民共和国营业税暂行条例》则继承了上述交通运输业差额征税的政策，并在法律层级领域将税收规范性文件上升到行政法规。新条例第五条规定："纳税人的营业额为纳税人提供应税劳务、转让无形资产或者销售不动产收取的全部价款和价外费用。但是，下列情形除外：（一）纳税人将承揽的运输业务分给其他单位或者个人的，以其取得的全部价款和价外费用扣除其支付给其他单位或者个人的运输费用后的余额为营业额……"

值得注意的是新条例将分包给个人也扩大为差额征收营业税，其宗旨显而易见，即将交通运输业分包差额征税法定化。

综上，我司认为我司与物流公司签订合同，物流公司将上述业务分包给其他运输企业，其他运输企业包括铁路部门所开具票据应由物流公司核算入账，而物流公司向我司开具公路内河货物运输业发票，理应依据《国家税务总局关于试点物流企业有关税收政策问题的通知》（国税发〔2005〕208号）规定执行，即增值税一般纳税人外购货物（未实行增值税扩大抵扣范围企业外购固定资产除外）和销售应税货物所取得的由试点企业开具的货物运输业发票准予抵扣进项税额。

《财政部 国家税务总局关于增值税若干政策的通知》（财税〔2005〕165号）第七条所规定之运输发票抵扣问题："一般纳税人购进或销售货物通过铁路运输，并取得铁路部门开具的运输发票，如果铁路部门开具的铁路运输发票托运人或收货人名称与其不一致，但铁路运输发票托运人栏或备注栏注有该纳税人名称的（手写无效），该运输发票可以作为进项税额抵扣凭证，允许计算抵扣进项税额。"

该条表述显系我司如果与铁路部门签订托运承运合同，理应取得铁路部门开具的运输发票,但我司并非与铁路部门签订合同,而是与物流公司签订合同,因此认为我司应取得铁路发票的看法我司以为是混淆了纳税人概念。

二、货物运输业增值税专用发票是否需要进项转出问题

《财政部、国家税务总局关于在全国开展交通运输业和部分现代服务业营业税改征增值税试点税收政策的通知》(财税〔2013〕37号)规定自2013年8月1日起,在全国范围内开展交通运输业和部分现代服务业营改增试点。

也即交通运输业由征收营业税转为征收增值税,作为一般纳税人的交通运输企业执行抵扣进项税额的制度,那么在我司与物流公司签订托运承运合同后,物流公司与铁路企业签订分包合同,增值税作为流转税,显然铁路企业应开具发票予物流公司以完成应税服务的流转,而物流公司再开具发票予我司以继续完成应税服务的流转,则我司依据财税〔2013〕37号附件1第二十二条规定:"下列进项税额准予从销项税额中抵扣:(一)从销售方或者提供方取得的增值税专用发票(含货物运输业增值税专用发票、税控机动车销售统一发票,下同)上注明的增值税额……"

因提供方系物流公司,则我司取得该司开具之货物运输业增值税专用发票并无不妥,不应适用"接受铁路运输服务,按照铁路运输费用结算单据上注明的运输费用金额和7%的扣除率计算的进项税额"此项规定,本质即是我司并未与铁路运输企业形成应税交通运输服务的流转关系,如果由铁路运输企业开具铁路运输费用结算单据显然属于让他人为自己开具与实际经营业务情况不符的发票,此种乃系虚开行为。

恳切陈请贵局考虑我司上述意见,妥为处理该项涉税事由为盼!

此致!

(八)以税务稽查结论追究专管员刑事责任案例

以税务稽查结论追究专管员刑事责任

2011年3月30日,曲周县××煤炭经销有限公司是曲周县国家税务局增值税一般纳税人,关某担任该家公司的税收管理员。

2011年4月份开始经营,当月该公司抵扣购进油品进项税金328 002.65元。

2011年8月至11月份邯郸市国家税务局稽查局对该公司的纳税情况进行了专项检查,查出该公司所购进的油品没有用于生产经营,不应抵扣,偷税额328 002.65元,并形成了税务稽查报告,对该公司下达了行政处罚决定书和税务处理决定书等行政执法文书。

各方观点

检察院指控:关某在2011年度担任该公司的税收管理员期间,不认真履行管理职责,未掌握该公司的实际经营状况,对没有用于生产经营的进项货物予以抵扣税金的偷税行为,未能及时予以发现,给国家造成328 002.65元重大损失。并提供曲周县国家税务局出具的证明,税务稽查报告、行政处罚决定书、税务处理决定书,

证人郑某证言,被告人关某供述等证据。认为被告人关某的行为构成玩忽职守罪,请依法判处。

关某观点:对起诉书指控的事实无异议。

法院观点

第一,关某构成玩忽职守罪。被告人关某身为国家机关工作人员,在工作中不正确履行职责,对所负责的纳税企业疏于监管,致使该企业逃避缴纳税款 328 002.65 元,至今无法追回,给国家造成了重大经济损失,其行为已构成玩忽职守罪。

第二,关某案发后主动到侦查机关投案并如实供述自己的罪行,系自首。依法判处玩忽职守罪,免于刑事处罚。

第十三节 税务处理决定书

一、相关法律制度

根据《税务稽查案件办理程序规定》第四十二条的规定,经审理,区分下列情形分别作出处理:认为有税收违法行为,应当进行税务处理的,制作《税务处理决定书》。

根据《税务稽查案件办理程序规定》第四十三条的规定,《税务处理决定书》应当包括以下主要内容:被查对象姓名或者名称、有效身份证件号码或者统一社会信用代码、地址,没有统一社会信用代码的,以税务机关赋予的纳税人识别号代替;检查范围和内容;税收违法事实及所属期间;处理决定及依据;税款金额、缴纳期限及地点;税款滞纳时间、滞纳金计算方法、缴纳期限及地点;告知被查对象不按期履行处理决定应当承担的责任;申请行政复议或者提起行政诉讼的途径和期限;处理决定书的文号、制作日期、税务机关名称及印章。

根据《行政复议法》第二十条的规定,公民、法人或者其他组织认为行政行为侵犯其合法权益的,可以自知道或者应当知道该行政行为之日起六十日内提出行政复议申请;但是法律规定的申请期限超过六十日的除外。因不可抗力或者其他正当理由耽误法定申请期限的,申请期限自障碍消除之日起继续计算。行政机关作出行政行为时,未告知公民、法人或者其他组织申请行政复议的权利、行政复议机关和申请期限的,申请期限自公民、法人或者其他组织知道或者应当知道申请行政复议的权利、行政复议机关和申请期限之日起计算,但是自知道或者应当知道行政行为内容之日起最长不得超过一年。

二、文书式样

_____税务局（稽查局）

税务处理决定书

____税处〔 〕号

_____：（纳税人识别号： ）

我局（所）于___年_月_日至___年_月_日对你（单位）（地址：____）___年_月_日至___年_月_日_____情况进行了检查，违法事实及处理决定如下：

一、违法事实

（一）

1.

2.

（二）

……

二、处理决定及依据

（一）

1.

2.

（二）

……

限你（单位）自收到本决定书之日起____日内到_____将上述税款及滞纳金缴纳入库，并按照规定进行相关账务调整。逾期未缴清的，将依照《中华人民共和国税收征收管理法》第四十条规定强制执行。

你（单位）若同我局（所）在纳税上有争议，必须先依照本决定的期限缴纳税款及滞纳金或者提供相应的担保，然后可自上述款项缴清或者提供相应担保被税务机关确认之日起六十日内依法向_____申请行政复议。

税务机关（印章）

年 月 日

三、文书的使用说明

（一）设置依据

本决定书依据《税收征收管理法》《税收征收管理法实施细则》《行政复议法》第二十条、《税务稽查案件办理程序规定》第四十三条设置。

（二）适用范围

税务机关对各类税收违法行为依据有关税收法律、行政法规、规章作出处理决定时使用。

（三）填写说明

（1）本决定书应当包括如下内容：被处理对象名称、查证的违法事实及违法所属期间、处理依据、处理决定、作出处理决定的税务机关名称及印章、作出处理决定日期、处理决定文号、告知申请行政复议的时限、途径。

（2）本文书受送达人处填写纳税人、扣缴义务人等税务行政相对人名称或者姓名，统一社会信用代码或者有效身份证件号码，没有统一社会信用代码的，填写纳税人识别号。地址填写注册登记地址或者有效身份证件上的地址。

（3）本决定书的主体部分，必须抓住税收违法行为的主要事实，简明扼要地加以叙述，然后列举处理的依据，写明处理结论。若违法事实复杂，应当分类分项叙述。

（4）本决定书所援引的处理依据，必须是税收及其他相关法律、行政法规或者规章，并应当注明文件名称、文号和有关条款。

（5）"限你（单位）自本决定书送达之日起__日内到____将上述税款及滞纳金缴纳入库，并按照规定进行相关账务调整。逾期未缴清的，将依照《中华人民共和国税收征收管理法》第四十条规定强制执行。"其中强制执行措施仅限于对从事生产、经营的纳税人、扣缴义务人适用，对非从事生产、经营的纳税人、扣缴义务人可以申请人民法院强制执行。

（6）本决定书与《税务文书送达回证》一并使用。

（7）文书字号设为"税处"，稽查局使用设为"税稽处"。

（四）格式与份数

本决定书为A4竖式，一式三份，一份送达纳税人、扣缴义务人，一份交给纳税人、扣缴义务人的征管部门，一份装入卷宗。

四、文书范本

（一）北京税务机关税务处理决定书

北京市地方税务局第一稽查局
税务处理决定书
一稽税稽处〔2015〕112号

北京××房地产开发有限责任公司：

我局于2013年3月28日至2014年7月29日对你（单位）2009年1月1日至2011年12月31日缴纳地方税情况进行了检查。违法事实及处理决定如下：

一、违法事实

（一）经查你单位2010年1月1日至2011年12月31日收取售房款收入共计265 445 515.60元，未按规定足额申缴纳营业税金及附加。

（二）经查你单位2010年1月至2011年12月收取代办费用金额为2 541 859.51元，计入"其他应付款——代收费用"科目中，未按规定申报缴纳营业税金及附加。

（三）经查你单位2009年4月30日实际取得在建工程项目转让收入160 000 000元，经查此笔款项是由北京××房地产开发有限公司直接支付给北京××置业有限公司冲抵你单位与北京××置业有限公司的欠款160 000 000元，你单位在账簿上不列收入160 000 000元，未按规定申报缴纳营业税金及附加、企业所得税。

（四）经查你单位2009年5月31日实际取得在建工程项目转让收入26 413 855元，经查此笔款项是由北京××房地产开发有限公司直接支付给中国建筑第×工程局有限公司直接抵扣应由你单位支付的工程款26 413 855元，你单位在账簿上不列收入26 413 855元，未按规定申报缴纳营业税金及附加、企业所得税。

（五）经查你单位于2009年2月23日将开发的"××国际广场"项目转让给了北京××房地产开发有限公司，双方已经按转让协议办理全部手续，已于2011年12月31日将总转让价款1 599 980 000元全部结清，未进行土地增值税清算，未按规定申报缴纳土地增值税。

（六）经查你单位2010年在管理费中支付股东个人车辆保险费用等共计67 414.14元；2010年收取代办费用2 407 542.29元，记入"其他应付款——代收费用"科目中，均未调整2010年度企业所得税应纳税所得额。

（七）经查你单位2011年1月至12月在管理费用科目中，将股东个人名下的汽车三辆计提了折旧费，合计734 331.72元；2011年收取代办费用共计134 317.22元，记入"其他应付款——代收费用"科目中。

你单位检查纳税期间取得不符合规定发票共计183张在开发成本中列支，金额合计317 173 200元，经北京市地方税务局票证管理中心鉴定，伪造发票35张，金额

130 000 000元，无开具数据发票8张，金额56 000 000元；经北京市国家税务局鉴定伪造发票及领购单位与发票上加盖印章单位名称不符的发票共140张，金额131 173 200元。经检查组外调核实，上述发票票面印章单位与你单位没有业务发生和相关经济往来，没有为你单位开具过发票，业务不真实。

你单位于2009年2月23日将开发的"××国际广场"项目转让给了北京××房地产开发有限公司，双方已经按转让协议办理全部手续，已于2011年12月31日将总转让价款1 599 980 000元全部结清，未进行企业所得税项目清算。

以上均未调整2011年度企业所得税应纳税所得额，应补缴企业所得税。

二、处理决定

（一）根据《中华人民共和国营业税暂行条例》第一条"在中华人民共和国境内提供本条例规定的劳务、转让无形资产或者销售不动产的单位和个人，为营业税的纳税人，应当依照本条例缴纳营业税"，第二条第一款、第二款"营业税的税目、税率，依照本条例所附的《营业税税目税率表》执行。税目、税率的调整，由国务院决定"，第四条第一款"纳税人提供应税劳务、转让无形资产或者销售不动产，按照营业额和规定的税率计算应纳税额。应纳税额计算公式：应纳税额＝营业额×税率"，第五条"纳税人的营业额为纳税人提供应税劳务、转让无形资产或者销售不动产收取的全部价款和价外费用"，第十二条第一款"营业税纳税义务发生时间为纳税人提供应税劳务、转让无形资产或者销售不动产并收讫营业收入款项或者取得索取营业收入款项凭据的当天。国务院财政、税务主管部门另有规定的，从其规定"以及《中华人民共和国营业税暂行条例实施细则》第十三条"条例第五条所称价外费用，包括收取的手续费、补贴、基金、集资费、返还利润、奖励费、违约金、滞纳金、延期付款利息、赔偿金、代收款项、代垫款项、罚息及其他各种性质的价外收费……"的规定，你单位应补缴营业税计9 551 033.46元。

（二）根据《中华人民共和国城市维护建设税暂行条例》第二条"凡缴纳消费税、增值税、营业税的单位和个人，都是城市维护建设税的纳税义务人（以下简称纳税人），都应当依照本条例的规定缴纳城市维护建设税"，第三条"城市维护建设税，以纳税人实际缴纳的消费税、增值税、营业税税额为计税依据，分别与消费税、增值税、营业税同时缴纳"，第四条第二项"城市维护建设税税率如下：纳税人所在地在县城、镇的，税率为百分之五"，第五条"城市维护建设税的征收、管理、纳税环节、奖罚等事项，比照消费税、增值税、营业税的有关规定办理"的规定，你单位应补缴城市维护建设税计477 551.67元。

（三）根据京政发〔1994〕18号《北京市人民政府转发国务院关于教育费附加征收问题的紧急通知》第一条"本市自1994年1月1日起，以纳税人实际交纳的增值税、营业税、消费税的税额为依据，征收教育费附加，附加率为3%，分别与增值税、营业税、消费税同时缴纳"的规定，你单位应补缴教育费附加计286 530.99元。

（四）根据《中华人民共和国土地增值税暂行条例》第二条"转让国有土地使用权、地上的建筑物及其附着物（以下简称转让房地产）并取得收入的单位和个人,为土地增值税的纳税义务人(以下简称纳税人),应当依照本条例缴纳土地增值税",第三条"土地增值税按照纳税人转让房地产所取得的增值额和本条例第七条规定的税率计算征收",第四条"纳税人转让房地产所取得的收入减除本条例第六条规定扣除项目金额后的余额,为增值额",第五条"纳税人转让房地产所取得的收入,包括货币收入、实物收入和其他收入",第六条"计算增值额的扣除项目:(一)取得土地使用权所支付的金额;(二)开发土地的成本、费用;(三)新建房及配套设施的成本、费用,或者旧房及建筑物的评估价格;(四)与转让房地产有关的税金;(五)财政部规定的其他扣除项目",第七条第二项"土地增值税实行四级超率累进税率:增值额超过扣除项目金额50%、未超过扣除项目金额100%的部分,税率为40%"的规定,你单位应补缴土地增值税计222 616 290.11元。

(五)根据《中华人民共和国企业所得税法》第一条第一款"在中华人民共和国境内,企业和其他取得收入的组织(以下统称企业)为企业所得税的纳税人,依照本法的规定缴纳企业所得税",第二条第一款、第二款"企业分为居民企业和非居民企业。本法所称居民企业,是指依法在中国境内成立,或者依照外国(地区)法律成立但实际管理机构在中国境内的企业",第三条第一款"居民企业应当就其来源于中国境内、境外的所得缴纳企业所得税",第四条第一款"企业所得税的税率为25%",第五条"企业每一纳税年度的收入总额,减除不征税收入、免税收入、各项扣除以及允许弥补的以前年度亏损后的余额,为应纳税所得额",第六条第二项、第三项"企业以货币形式和非货币形式从各种来源取得的收入,为收入总额。包括:……(二)提供劳务收入;(三)转让财产收入",第八条"企业实际发生的与取得收入有关的、合理的支出,包括成本、费用、税金、损失和其他支出,准予在计算应纳税所得额时扣除",《中华人民共和国税收征收管理法》第十九条"纳税人、扣缴义务人按照有关法律、行政法规和国务院财政、税务主管部门的规定设置账簿,根据合法、有效凭证记账,进行核算",财政部令〔1993〕6号《中华人民共和国发票管理办法》第二十一条"所有单位和从事生产、经营活动的个人在购买商品、接受服务以及从事其他经营活动支付款项,应当向收款方取得发票。取得发票时,不得要求变更品名和金额",第二十二条"不符合规定的发票,不得作为财务报销凭证,任何单位和个人有权拒收"的规定,你单位应补缴2011年度企业所得税计133 283 286.83元。

(六)根据《中华人民共和国税收征收管理法》第三十二条"纳税人未按照规定期限缴纳税款的,扣缴义务人未按照规定期限解缴税款的,税务机关除责令限期缴纳外,从滞纳税款之日起,按日加收滞纳税款万分之五的滞纳金"的规定,对你单位未按规定申报缴纳的税款按日加收万分之五的滞纳金共计27 043 670.70元(其中:营业税滞纳金6 716 313.77元、城市维护建设税滞纳金334 863.91元、企业所得税滞纳金19 992 493.02元)。

限你（单位）自收到本决定书之日起十五日内到银行将上述税款及滞纳金缴纳入库，并按照规定进行相关账务调整。逾期未缴清的，将依照《中华人民共和国税收征收管理法》第四十条规定强制执行。

你（单位）若同我局在纳税上有争议，必须先依照本决定的期限缴纳税款及滞纳金或者提供相应的担保，然后可以自上述款项缴清或者提供相应担保被税务机关确认之日起六十日内依法向北京市地方税务局申请行政复议。

北京市地方税务局第一稽查局
2015 年 08 月 25 日

（二）武汉税务机关税务处理决定书

武汉市国家税务局第四稽查局
税务处理决定书
武国税四稽处〔2017〕284 号

武汉××商贸有限公司（纳税人识别号：××××）：

我局对你（单位）2015 年 9 月 24 日至 2016 年 12 月 31 日纳税情况进行了检查，违法事实及处理决定如下：

一、违法事实

（一）企业基本情况的检查及证据

1. 企业已经走逃。根据企业的主管税务机关武汉市青山区国家税务局税源管理五科提供的证明，企业 2015 年 11 月起未办理纳税申报，2016 年 1 月 28 日被其主管税务机关武汉市青山区国家税务局税源管理五科认定为非正常企业。（见证据一）

2. 企业虚假注册。2017 年 10 月 17 日，根据青山区国家税务局实地调查人员调查情况，发现企业经营注册地址武汉市青山区三十街坊（冶金大道 6 号）无此经营户，未找到企业，经查询核实，企业也未办理地址变更登记。（见证据一）

3. 企业相关人员已失联。根据企业注册登记时留下的法人冯×的联系方式×××××，2017 年 10 月，青山区国家税务局调查人员通过电话进行联系，冯×的联系方式×××××显示为停机。（见证据一）

（二）增值税专用发票相关检查情况及证据

1. 开具发票情况。企业当期开具 125 份增值税专用发票金额 12 300 406.51 元，销项税额 2 091 069.09 元，货物品名射频消融电极（针）、微创扩张引流套件、一次性使用微创扩张引流套件等。（见证据一）

企业申报销售收入 7 400 627.03 元，销项税额 1 258 106.59 元。2015 年 11 月少申报销售收入 4 899 779.48 元，少申报销项税额 832 962.51 元。

2. 取得专用发票、抵扣进项税额情况。企业2015年10月申报时，在增值税申报表附表2中"农产品收购发票或者销售发票"一栏中进行填报进项税额1 232 204.40元。

（三）资金流相关检查情况及证据

经查询金三系统，企业未填报《企业存款账户报告表》，根据底账系统企业开具的专用发票上信息企业的开户银行和账号是，农行八大家支行××××，经中国农业银行查询并出具证明，无此账户开户信息。（见证据二）

二、交易真实性的判定

1. 企业购进、销售货物名称严重背离。企业申报时，在增值税申报表附表二中的"农产品收购发票或者销售发票"一栏中进行填报进项税额1 232 204.40元；而销项税额的货物品名射频消融电极（针）、微创扩张引流套件、一次性使用微创扩张引流套件等。

2. 直接走逃失踪不纳税申报。企业自2015年11月起直接走逃失踪不纳税申报。

3. 企业交易资金信息不真实。税务机关掌握的企业资料中显示的银行账户为虚假账户。

根据以上检查取证情况，检查组认定武汉××商贸有限公司在没有真实的货物交易情况下，对下游企业开具增值税专用发票125份，其中：

2015年10月10日领用增值税专用发票25份，发票代码4200151130，发票号码02947459～02947483；

2015年10月27日领用增值税专用发票25份，发票代码4200152130，发票号码02220288～02220312；

2015年10月26日领用增值税专用发票25份，发票代码4200151130，发票号码02994491～02994515；

2015年11月13日领用增值税专用发票25份，发票代码4200151130，发票号码04077185～04077209；

2015年11月23日领用增值税专用发票25份，发票代码4200152130，发票号码02256670～02256694。

合计开具增值税专用发票125份，金额12 300 406.51元，销项税额2 091 069.09元。根据国务院第587号《中华人民共和国发票管理办法》第二十二条第二款第（一）项"开具发票应当按照规定的时限、顺序、栏目，全部联次一次性如实开具，并加盖发票专用章。任何单位和个人不得有下列虚开发票行为：（一）为他人、为自己开具与实际经营业务情况不符的发票……"的规定，定性为虚开增值税专用发票；根据《中华人民共和国税收征收管理法》第六十三条第一款的规定，对该公司开具发票未申报定性为偷税。

三、处理决定

（一）《中华人民共和国发票管理办法》第三十七条第一款："违反本办法第二十二

条第二款的规定虚开发票的,由税务机关没收违法所得;虚开金额在 1 万元以下的,可以并处 5 万元以下的罚款;虚开金额超过 1 万元的,并处 5 万元以上 50 万元以下的罚款;构成犯罪的,依法追究刑事责任。"

(二)《关于加强行政执法与刑事司法衔接工作的意见》(中办发 2011 年第 8 号)第一条第三款:"行政执法机关向公安机关移送涉嫌犯罪案件,应当移交案件的全部材料,同时将案件移送书及有关材料目录抄送人民检察院。行政执法机关在移送案件时已经作出行政处罚决定的,应当将行政处罚决定书一并抄送公安机关、人民检察院;未作出处罚决定的,原则上应当在公安机关决定不予立案或者撤销案件、人民检察院作出不起诉决定、人民法院作出无罪判决或者免予刑事处罚后,再决定是否给予行政处罚。"

(三)《国家税务总局转发〈最高人民法院关于适用"全国人民代表大会常务委员会关于惩治、伪造和非法出售增值税专用发票犯罪的决定"的若干问题的解释〉的通知》(国税发〔1996〕210 号):"一、根据《决定》第一条规定,虚开增值税专用发票的,构成虚开增值税专用发票罪。具有下列行为之一的,属于'虚开增值税专用发票':(1)没有货物购销或者没有提供或接受应税劳务而为他人、为自己、让他人为自己、介绍他人开具增值税专用发票……虚开税款数额 10 000 元以上的或者虚开增值税专用发票致使国家税款被骗取 5 000 元以上的,应当依法定罪处罚。"

(四)《行政执法机关移送涉嫌犯罪案件规定》(中华人民共和国国务院令第 310 号)第三条:"行政执法机关在依法查处违法行为过程中涉嫌构成犯罪,依法需要追究刑事责任的,必须依照本规定向公安机关移送。"

(五)《中华人民共和国税收征收管理法》第六十三条第一款:"纳税人伪造、变造、隐匿、擅自销毁账簿、记账凭证,或者在账簿上多列支出或者不列、少列收入,或者经税务机关通知申报而拒不申报或者进行虚假的纳税申报,不缴或者少缴应纳税款的,是偷税。对纳税人偷税的,由税务机关追缴其不缴或者少缴的税款、滞纳金,并处不缴或者少缴的税款百分之五十以上五倍以下的罚款;构成犯罪的,依法追究刑事责任。"

(六)国家税务总局公告 2012 年第 33 号《国家税务总局关于纳税人虚开增值税专用发票征补税款问题的公告》:"纳税人虚开增值税专用发票,未就其虚开金额申报并缴纳增值税的,应按照其虚开金额补缴增值税;已就其虚开金额申报并缴纳增值税的,不再按照其虚开金额补缴增值税。"

(七)《中华人民共和国税收征收管理法》第三十二条:"纳税人未按照规定期限缴纳税款的,扣缴义务人未按照规定期限解缴税款的,税务机关除责令限期缴纳外,从滞纳税款之日起,按日加收滞纳税款万分之五的滞纳金。"

(八)《中华人民共和国税收征收管理法实施细则》第七十五条:"税收征管法第三十二条规定的加收滞纳金的起止时间,为法律、行政法规规定或者税务机关依照法律、行政法规的规定确定的税款缴纳期限届满次日起至纳税人、扣缴义务人实际缴纳或者解缴税款之日止。"

对该公司偷税行为，追缴2015年11月少缴税款832 962.51元，并按规定加收滞纳金。

该公司虚开增值税专用发票的行为涉嫌犯罪，建议移送公安机关。

限你（单位）自收到本决定书之日起15日内到武汉市青山区国家税务局将上述税款及滞纳金缴纳入库，并按照规定进行相关账务调整。逾期未缴清的，将依照《中华人民共和国税收征收管理法》第四十条规定强制执行。

你（单位）若同我局（所）在纳税上有争议，必须先依照本决定的期限缴纳税款及滞纳金或者提供相应的担保，然后可自上述款项缴清或者提供相应担保被税务机关确认之日起六十日内依法向湖北省国家税务局申请行政复议。

武汉市国家税务局第四稽查局
二〇一七年十一月二十五日

（三）广州税务机关税务文书送达公告

税务文书送达公告
（广州市从化××机械有限公司税务处理决定书）
国家税务总局广州市税务局第一稽查局2024年第90018号送达公告

广州市从化××机械有限公司（纳税人识别号：××××）：

因采用直接送达、留置送达、委托送达、邮寄送达等方式无法向你单位送达税务文书。根据《中华人民共和国税收征收管理法实施细则》第一百零六条的规定，向你单位公告送达《税务处理决定书》（穗税一稽处〔2024〕5号），文书内容如下：

我局于2022年10月17日至2023年11月8日对你单位（地址：广州市从化区太平镇太平东路）2016年1月1日至2016年12月31日税费申报缴纳情况进行了检查，违法事实及处理决定如下：

一、违法事实

经检查，你单位在没有实际经营的情况下取得广州市××市场开发有限公司开具的增值税专用发票11份，发票代码为4400132140，发票号码为17122281至17122291，开票日期为2016年5月30日，金额合计968 487.20元，税额合计164 642.80元，价税合计1 133 130.00元，上述11份发票经国家税务总局广州市税务局第一稽查局证实为虚开的增值税专用发票。

上述11份发票涉及的业务未实际发生，你单位利用上述虚开的专用发票申报抵扣增值税税款，上述发票涉及的进项税额164 642.80元，你单位已于税款所属期2016年5月申报抵扣，至检查日止没有作进项税额转出处理，造成少缴增值税及附加税费。

上述违法事实由以下主要证据证明：(1)广州市从化××机械有限公司注册地现场图片资料；(2)广州市从化××机械有限公司取得上述增值税专用发票抵扣的电子底账查询记录；(3)你单位增值税纳税申报表；(4)从化公安的发函；(5)国家税务总局广州市税务局第一稽查局出具的《已证实虚开通知书》及清单。

二、处理决定及依据

根据《中华人民共和国税收征收管理法》第六十三条第一款、《国家税务总局关于纳税人取得虚开的增值税专用发票处理问题的通知》(国税发〔1997〕134号)关于"受票方利用他人虚开的专用发票，向税务机关申报抵扣税款进行偷税的，应当依照《中华人民共和国税收征收管理法》及有关规定追缴税款，处以偷税数额五倍以下的罚款"的规定，你单位让他人为自己虚开增值税专用发票并用于申报抵扣税款，少缴应纳税款的行为已构成偷税。

根据《中华人民共和国增值税暂行条例》第一条、第九条、《中华人民共和国增值税暂行条例实施细则》第十九条、《国家税务总局关于纳税人虚开增值税专用发票征补税款问题的公告》(国家税务总局公告2012年第33号)"纳税人取得虚开的增值税专用发票，不得作为增值税合法有效的扣税凭证抵扣其进项税额"的规定，你单位取得虚开的增值税专用发票，其进项税额不予抵扣，对你单位追征增值税164 642.80元。

根据《中华人民共和国城市维护建设税暂行条例》(2011年1月8日修订)第二条、第三条、第四条的规定，对你单位追征城市维护建设税11 525.00元。

根据《征收教育费附加的暂行规定》(2011年1月8日修订)第二条、第三条的规定，对你单位追缴教育费附加4 939.28元。

根据《关于贯彻落实广东省地方教育附加征收使用管理暂行办法的意见》(粤财综〔2011〕58号)和《广东省地方教育附加征收使用管理暂行办法》第六条、第十条的规定，对你单位追缴地方教育附加3 292.86元。

根据《中华人民共和国税收征收管理法》第三十二条及《中华人民共和国税收征收管理法实施细则》第七十五条的规定，对你单位少缴增值税164 642.80元、城市维护建设税11 525.00元从税款滞纳之日起至实际缴纳之日止按日加收滞纳税款万分之五的滞纳金。

综上所述，你单位应补缴税费合计184 399.94元(增值税164 642.80元，城市维护建设税11 525.00元，教育费附加4 939.28元，地方教育附加3 292.86元)。

限你单位自收到本决定书之日起15日内到国家税务总局广州市从化区税务局将上述税款及滞纳金缴纳入库，并按照规定进行相关账务调整。逾期未缴清的，将依照《中华人民共和国税收征收管理法》第四十条规定强制执行。

你单位若同我局在纳税上有争议，必须先依照本决定的期限缴纳税款及滞纳金或者提供相应的担保，然后可自上述款项缴清或者提供相应担保被税务机关确认之日起六十日内依法向国家税务总局广州市税务局申请行政复议。

请你单位及时到我局（地址：广州市白云区机场路131号）领取《税务处理决定书》（穗税一稽处〔2024〕5号）正本，否则，自公告之日起满30日，上述《税务处理决定书》（穗税一稽处〔2024〕5号）正本即视为送达。

特此公告。

国家税务总局广州市税务局第一稽查局
2024年1月24日

（四）兰州税务机关税务处理决定书

国家税务总局兰州市税务局第一稽查局
税务处理决定书
兰市税稽一处〔2023〕107号

甘肃××网络智能技术服务有限公司：（纳税人识别号：××××）

我局（所）于2023年8月29日至2023年10月12日对你（单位）（地址：甘肃省兰州市城关区滩尖子村××号×号商铺）2017年1月1日至2019年12月31日期间于2018年12月8日从嘉峪关嘉华娱乐餐饮有限公司取得的1份增值税普通发票（发票代码062001800104，发票号码019252511，金额5 222.60元，税额157.00元，价税合计5 379.00元）涉税情况进行了检查，违法事实及处理决定如下：

一、违法事实

你单位于2018年12月8日取得嘉峪关××娱乐餐饮有限公司开具的1份增值税普通发票，发票代码062001800104，发票号码019252511，金额5 222.60元，税额157.00元，价税合计5379.00元，依据《国家税务总局甘肃省税务局稽查局关于开展"1.29"专案假发票线索核查处理工作的通知》，上述发票为虚开发票。你单位于2019年12月26日被主管税务机关国家税务总局兰州市城关区税务局雁南路税务分局认定为非正常状态，我局于2023年8月29日按照你单位注册地址：兰州市城关区滩尖子村××号×号商铺，经实地勘验，该注册地址无你单位。拨打你单位法定代表人杨永剑在税务机关留存的电话号码18993137938，号码为空号。我局于2023年8月30日采取公告送达方式对你单位送达《税务检查通知书》（兰市税一稽公告〔2023〕011号）。经查你单位开户银行招商银行兰州分行新港城支行（账号××××），未发现你单位与嘉峪关××娱乐餐饮有限有资金往来信息。

二、处理决定及依据

根据《中华人民共和国企业所得税法》第八条"企业实际发生的与取得收入有

关的、合理的支出，包括成本、费用、税金、损失和其他支出，准予在计算应纳税所得额时扣除。"、《企业所得税税前扣除凭证管理办法》（国家税务总局公告2018年第28号）第十二条"企业取得私自印制、伪造、变造、作废、开票方非法取得、虚开、填写不规范等不符合规定的发票（以下简称"不合规发票"），以及取得不符合国家法律、法规等相关规定的其他外部凭证（以下简称"不合规其他外部凭证"），不得作为税前扣除凭证。"之规定，嘉峪关××娱乐餐饮有限公司于2018年12月8日给你单位开具的1份增值税普通发票，发票代码062001800104，发票号码019252511，金额5 222.60元，税额157.00元，价税合计5 379.00元，不予税前列支。

限你（单位）自收到本决定书之日起15日内按照规定进行相关账务调整。

你（单位）若同我局（所）在纳税上有争议，必须先依照本决定的期限缴纳税款及滞纳金或者提供相应的担保，然后可自上述款项缴清或者提供相应担保被税务机关确认之日起六十日内依法向国家税务总局兰州市税务局申请行政复议。

国家税务总局兰州市税务局第一稽查局
二〇二三年十月十八日

（五）上海税务机关税务处理决定书送达公告

上海市松江区国家税务局稽查局送达公告

沪国税松稽公〔2017〕1号

上海××服饰有限公司：

根据《中华人民共和国税收征收管理法实施细则》第一百零六条规定，现向你单位公告送达本局《税务处理决定书》（沪国税松稽处〔2016〕10065号）。

我局（所）于2016年9月22日至2016年10月8日对你（单位）2013年1月1日至2014年12月31日纳税情况进行了检查，违法事实及处理决定如下：

一、违法事实

经查，你公司取得第三方开具的11份增值税专用发票，抵扣进项税款185 038.49元。

二、处理决定

1. 根据《〈国家税务总局关于纳税人取得虚开的增值税专用发票处理问题的通知〉的补充通知》（国税发〔2000〕182号文）、《国家税务总局关于纳税人取得虚开的增值税专用发票处理问题的通知》（国税发〔1997〕134号文）第二条以及《中华人民共和国增值税暂行条例》第九条的规定，应补缴增值税185 038.49元，由于该公司于2016年4月（所属期）已自行转出进项税166 028.49元，本次检查应补增值税19 010.00元。

2. 根据《中华人民共和国城市维护建设税暂行条例》（国发〔1985〕19号文）第二条、第三条、第四条的规定，应补缴城建税950.50元。

3. 根据《国务院关于修改〈征收教育费附加的暂行规定〉的决定》(国务院令448号)规定,应补缴教育费附加570.30元。

4. 根据《上海市人民政府办公厅关于本市河道工程修建维护管理费征收事项的通知》(沪府办发〔2006〕9号文)规定,应补缴河道管理费190.10元。

5. 根据《上海市人民政府关于本市开征地方教育附加的通知》(沪府发〔2011〕2号文)规定,应补缴地方教育附加380.20元。

6. 根据《中华人民共和国发票管理办法》第二十一条、《国家税务总局关于加强企业所得税管理的意见》(国税发〔2008〕88号)规定,应调增2013年应纳税所得额794 059.80元,补缴2013年企业所得税199 997.20元;调增2014年应纳税所得额292 310.61元,应补缴2014年企业所得税74 302.45元。应补缴企业所得税合计274 299.65元。

7. 根据《中华人民共和国税收征收管理法》(中华人民共和国主席令第49号)第三十二条规定,对上述查补税款加收滞纳金:增值税滞纳金79 236.52元、城建税滞纳金3 961.83元、企业所得税滞纳金86 696.33元。合计加收滞纳金:169 894.68元。

限你(单位)自收到本决定书之日起15日内到上海市松江区国家税务局将上述税款及滞纳金缴纳入库,并按照规定进行相关账务调整。逾期未缴清的,将依照《中华人民共和国税收征收管理法》第四十条规定强制执行。

你(单位)若同我局(所)在纳税上有争议,必须先依照本决定的期限缴纳税款及滞纳金或者提供相应的担保,然后可自上述款项缴清或者提供相应担保被税务机关确认之日起六十日内依法向上海市松江区国家税务局申请行政复议。

自发出本公告之日起满三十日,即视为已送达。

特此公告。

上海市松江区国家税务局稽查局
二〇一七年五月十二日

(六) 宁德税务机关税务处理决定书

宁德市国家税务局稽查局
税务处理决定书
宁国税稽处〔2018〕20号

宁德市××贸易有限公司(纳税人识别号:××××):

我局(所)于2017年7月17日至2017年11月27日对你(单位)2017年4月1日至2017年6月30日纳税情况进行了检查,违法事实及处理决定如下:

一、违法事实

经查,2017年5月至2017年6月期间,你公司在没有货物购销情况下,为他人虚开增值税专用发票 50 份，金额合计 4 919 010.34 元，税额合计 836 231.8 元，价税合计 5 755 242.14 元。同时，你公司虚构增值税进项税额 497 597.62 元已申报抵扣。

二、处理决定

1. 依照《中华人民共和国发票管理办法》(国务院令第 587 号)第二十二条第二款第（一）项规定，你公司没有货物购销，为他人开具增值税专用发票 50 份，金额合计 4 919 010.34 元，税额合计 836 231.8 元，价税合计 5 755 242.14 元，属虚开增值税专用发票。

2. 依照《中华人民共和国行政处罚法》第三十八条第一款第（四）项、《行政执法机关移送涉嫌犯罪案件的规定》(国务院令 310 号)、《中共中央办公厅、国务院办公厅转发国务院法制办等部门〈关于加强行政执法与刑事司法衔接工作的意见〉的通知》(中办发〔2011〕8 号)及《关于完善我省行政执法与刑事司法衔接工作的意见》(闽委办〔2011〕59 号)第二条第一款规定，对你公司虚开增值税专用发票行为暂不做行政处罚处理。

限你（单位）自收到本决定书之日起 15 日内按照规定进行相关账务调整。

你（单位）若同我局（所）在纳税上有争议，必须先依照本决定的期限缴纳税款及滞纳金或者提供相应的担保，然后可自上述款项缴清或者提供相应担保被税务机关确认之日起六十日内依法向福建省国家税务局申请行政复议。

宁德市国家税务局稽查局
二〇一八年四月二十六日

（七）莆田税务机关税务处理决定书

莆田市荔城区地方税务局西天尾分局
税务处理决定书
莆荔西地税处〔2017〕1 号

莆田市 ×× 鞋服有限公司：

我局于 2017 年 4 月 7 日对你单位 2012 年 4 月 1 日至 2017 年 3 月 31 日房产税、土地使用税申报情况进行了检查，违法事实及处理决定如下：

一、公司房产土地概况

莆田市 ×× 鞋服有限公司于 2006 年 1 月 6 日登记成立。法定代表人（负责人）：陈 ××。公司生产经营地址：莆田市荔城区西天尾镇荔园工业园区内。经营范围：鞋类产品、服装、衣着附件的生产加工销售。公司于 2008 年 3 月取得工业用地 16 569.45 平方米（莆国用〔2008〕第 N2008071 号）；2008 年 5 月自建厂房

10 437.22平方米（莆房权证荔城字第L201503 143号）；2010年11月自建综合楼4 589.28平方米（莆房权证荔城字第L2014 13830号）。

二、违法事实

（一）城镇土地使用税

你公司2012年4月份起至2017年3月份期间应缴土地使用税：16 569.45平方米×6元×5年＝497 083.50（元）。

已缴土地使用税合计：173 979.26元。

应补土地使用税：497 083.50－173 979.26=323 104.24（元）。

（二）房产税

按2014年1月份申报的房产税计税余值换算得出公司账面原值为＝9 071 836.50÷0.75=12 095 782（元），则2012年4月至2017年3月期间应缴房产税＝12 095 782×75%×1.2%×5=544 310.19（元）。

已缴房产税合计：176 900.81元。

应补房产税：544 310.19－176 900.81=367 409.38（元）。

三、拟作出的处理意见及法律依据

（一）城镇土地使用税

根据《中华人民共和国城镇土地使用税暂行条例》第二、第三、第四条的规定，你单位2012年4月份起至2017年3月份期间应补缴城镇土地使用税323 104.24元。

（二）房产税

根据《中华人民共和国房产税暂行条例》第一、第二、第三、第四条规定：2012年4月份起至2017年3月份期间应补缴房产税367 409.38元。

以上二项合计应补房产税、土地使用税：690 513.62元。

（三）滞纳金

根据《中华人民共和国税收征收管理法》第三十二条的规定，企业其他查补税款除追缴少缴税款外，按日加收滞纳税款万分之五的滞纳金。

限你单位自收到本决定之日起15日内到莆田市荔城区地方税务局西天尾分局将上述税（费）及滞纳金缴纳入库，并按照规定进行相关账务调整。逾期未缴清税款的，将依照《中华人民共和国税收征收管理法》第三十三条、第四十条规定进行处理。

若同我局在纳税上有争议，必须先依照本决定的期限缴纳税款及滞纳金或者提供相应的担保，然后可自上述款项缴清或者提供相应担保被税务机关确认之日起六十日内依法向莆田市荔城区地方税务局或莆田市荔城区人民政府申请行政复议。

莆田市荔城区地方税务局西天尾分局
2017年5月15日

（八）宣城税务机关税务处理决定书送达公告

税务处理决定书送达公告

宣区地税稽公告〔2017〕1号

孙××（身份证号：××××）：

　　因我局通过其他方式无法对你送达文书，根据《中华人民共和国税收征收管理法实施细则》第一百零六条之规定，现向你公告送达《税务处理决定书》（宣区地税稽处〔2017〕4号），《税务处理决定书》主要内容如下：

　　一、我局于2017年4月11日起至2017年6月30日对你2013年转让持有的宣城市××建材有限公司20%股权涉税情况进行了检查。我局根据《中华人民共和国税收征收管理法》第六十三条第一款规定，决定追缴你少缴的个人所得税600 000.00元。

　　二、本决定书自公告之日起满30日即视为送达，正式文书请你到我局领取。

　　三、限你自本决定书送达之日起15日内到宣州区地方税务局征管分局（宣城市政务服务中心二楼）将上述税款缴纳入库。逾期未缴清的，将依照《中华人民共和国税收征收管理法》第四十条规定强制执行。

　　四、你若同我局在纳税上有争议，必须先依照本决定的期限缴纳税款及滞纳金或者提供相应的担保，然后可自上述款项缴清或者提供相应担保被税务机关确认之日起六十日内依法向宣州区地方税务局申请行政复议。

　　本局地址：安徽省宣城市宣州区昭亭南路（宣城市政务服务中心对面）

　　联系电话：0563-××××

宣州区地方税务局稽查局
二〇一七年十月二十五日

（九）佛山税务机关税务处理决定书

国家税务总局佛山市税务局稽查局
税务处理决定书
佛税稽处〔2023〕121号

佛山市××餐饮管理有限公司（纳税人识别号：××××）：

　　我局于2023年7月25日至2023年11月17日对你单位（地址：佛山市南海区桂城街道桂澜北路××号南海万达广场南×栋××室之三）2018年1月1日至2022年12月31日期间涉嫌对外虚开增值税普通发票情况进行了检查，发现你单位存在违法事实及处理决定如下：

一、违法事实

经检查，你单位在无实际货物交易的情况下，为他人虚开增值税普通发票。根据《中华人民共和国发票管理办法》第二十一条的有关规定，认定你单位于2018年9月至2021年10月期间为他人虚开增值税普通发票435份，发票金额合计684 237.13元、税额合计12 925.97元、价税合计697 163.10元（其中发票状态为正常的421份，金额合计701 352.90元，税额合计13 166.31元，价税合计714 519.21元；发票状态为红冲（负数）的14份，金额合计-17 115.77元、税额合计-240.34元、价税合计-17 356.11元）。

上述违法事实有以下证据证明：

（一）广东省佛山市禅城区人民法院刑事判决书（2023）粤0604刑初161号。

（二）佛山市公安局禅城分局同济派出所提供的霍凤明等涉案人员的讯问笔录。

（三）检查人员实地核查的注册登记地址，制作的现场笔录和现场勘察照片。

（四）直接送达、邮寄送达、公告送达税务文书相关资料。

（五）广东省社保费征收管理信息系统查询结果。

二、处理决定及依据

根据《中华人民共和国发票管理办法》第二十一条"……任何单位和个人不得有下列虚开发票行为：（一）为他人、为自己开具与实际经营业务情况不符的发票；……"规定，你单位在没有实际业务交易的情况下，为他人虚开增值税普通发票，属于虚开增值税普通发票行为，认定你单位于2018年9月至2021年10月期间为他人虚开增值税普通发票435份，发票金额合计684 237.13元、税额合计12 925.97元、价税合计697 163.10元（其中发票状态为正常的421份，金额合计701 352.90元，税额合计13 166.31元，价税合计714 519.21元；发票状态为红冲（负数）的14份，金额合计-17 115.77元、税额合计-240.34元、价税合计-17 356.11元）。

你单位若同我局在纳税上有争议，可在收到本决定书之日起60日内，依法向国家税务总局佛山市税务局申请行政复议。

国家税务总局佛山市税务局稽查局
二〇二三年十一月二十一日

附：相关法律法规规章和规范性文件内容（以下附录内容如有文字错漏，以正式文件为准）

相关法律法规规章和规范性文件内容

《中华人民共和国发票管理办法》

第二十一条 开具发票应当按照规定的时限、顺序、栏目，全部联次一次性如实开具，开具纸质发票加盖发票专用章。

任何单位和个人不得有下列虚开发票行为：
（一）为他人、为自己开具与实际经营业务情况不符的发票；
（二）让他人为自己开具与实际经营业务情况不符的发票；
（三）介绍他人开具与实际经营业务情况不符的发票。

（十）淮安税务机关税务处理决定书

淮安市淮安区国家税务局稽查局
税务处理决定书
淮安国税稽处〔2017〕19号

淮安市××纺织有限公司（纳税人识别号：××××）：
　　我局（所）于2017年2月16日至2017年7月5日对你（单位）2014年5月1日至2015年6月30日涉税情况进行了检查，违法事实及处理决定如下：
　　一、违法事实
　　你单位2014年05月至2015年06月利用增值税专用发票抵扣税款进而对外虚开增值税专用发票652份，金额合计63 614 781.93元，增值税额合计10 814 512.3元。
　　二、处理决定
　　你单位2014年05月至2015年06月利用增值税专用发票抵扣税款进而对外虚开增值税专用发票652份，金额合计63 614 781.93元，增值税额合计10 814 512.3元，违反了《中华人民共和国发票管理办法》（中华人民共和国国务院令〔2010〕第587号）第二十二条第二款"任何单位和个人不得有下列虚开发票行为"第一项"（一）为他人、为自己开具与实际经营业务情况不符的发票"的规定，根据《全国人民代表大会常务委员会关于惩治虚开、伪造和非法出售增值税专用发票的决定》（中华人民共和国主席令第57号）第一条第四款"虚开增值税专用发票是指为他人虚开、为自己虚开、让他人为自己虚开、介绍他人虚开增值税专用发票行为之一的"，涉嫌"为他人虚开增值税专用发票"。根据《中华人民共和国刑法》第二百零五条，你单位虚开增值税专用发票行为涉嫌犯罪，依据《行政执法机关移送涉嫌犯罪案件的规定》（中华人民共和国国务院令第310号）第三条、《江苏省公安厅　江苏省国家税务局　江苏省地方税务局关于印发〈涉税案件移送管理办法〉的通知》（苏公发〔2002〕第015号）第三条第五款之规定，移送公安部门查处。
　　限你（单位）自收到本决定书之日起15日内按照规定进行相关账务调整。
　　你（单位）若同我局（所）在纳税上有争议，必须先依照本决定的期限缴纳税款及滞纳金或者提供相应的担保，然后可自上述款项缴清或者提供相应担保被税务机关确认之日起六十日内依法向淮安市淮安区国家税务局申请行政复议。

淮安市淮安区国家税务局
二〇一七年八月二十八日

（十一）南京税务机关税务处理决定更正公告

南京市江宁区国家税务局
《税务处理决定书》更正公告
江国税公告〔2016〕48号

××数控机床（南京）有限公司（纳税识别号：××××）：

我局于2016年9月23日在南京市国家税务局官网（www.jsnj-n-ax.gov.cn/pub/njgs/）发布《南京市江宁区国家税务局税务处理决定书送达公告》（江国税公告〔2016〕35号），向你单位公告送达《南京市江宁区国家税务局税务处理决定书》（江国税处〔2016〕22号）。

因《南京市江宁区国家税务局税务处理决定书》（江国税处〔2016〕22号）中行政复议机关有误，现将处理决定书中的内容："你单位若同我局在纳税上有争议，必须先依照本决定的期限缴纳税款及滞纳金或者提供相应的担保，然后可自上述款项缴清或者提供相应担保被税务机关确认之日起六十日内依法向南京市国家税务局申请行政复议。"更正为"你单位若同我局在纳税上有争议，必须先依照本决定的期限缴纳税款及滞纳金或者提供相应的担保，然后可自上述款项缴清或者提供相应担保被税务机关确认之日起六十日内依法向江苏省国家税务局申请行政复议。"

附件

《南京市江宁区国家税务局税务处理决定书》（江国税处〔2016〕22号）（略）。

南京市江宁区国家税务局
二〇一六年十二月八日

第十四节　责令限期改正通知书

一、相关法律制度

根据《税收征收管理法》第六十条的规定，纳税人有下列行为之一的，由税务机关责令限期改正，可以处二千元以下的罚款；情节严重的，处二千元以上一万元以下的罚款：未按照规定的期限申报办理税务登记、变更或者注销登记的；未按照规定设置、保管账簿或者保管记账凭证和有关资料的；未按照规定将财务、会计制度或者财务、会计处理办法和会计核算软件报送税务机关备查的；未按照规定将其全部银行账号向税务机关报告的；未按照规定安装、使用税控装置，或者损毁或者擅自改动税控装置的。纳税人不办理税务登记的，由税务机关责令限期改正；逾期不改正的，经税务机关提请，由工商行政管理机关吊销其营业执照。

根据《税收征收管理法》第六十一条的规定，扣缴义务人未按照规定设置、保管代扣代缴、代收代缴税款账簿或者保管代扣代缴、代收代缴税款记账凭证及有关资料的，由税务机关责令限期改正，可以处二千元以下的罚款；情节严重的，处二千元以上五千元以下的罚款。

根据《中华人民共和国发票管理办法》（以下简称《发票管理办法》）第三十五条的规定，违反《发票管理办法》的规定，有下列情形之一的，由税务机关责令改正，可以处1万元以下的罚款；有违法所得的予以没收：应当开具而未开具发票，或者未按照规定的时限、顺序、栏目，全部联次一次性开具发票，或者未加盖发票专用章的；使用税控装置开具发票，未按期向主管税务机关报送开具发票的数据的；使用非税控电子器具开具发票，未将非税控电子器具使用的软件程序说明资料报主管税务机关备案，或者未按照规定保存、报送开具发票的数据的；拆本使用发票的；扩大发票使用范围的；以其他凭证代替发票使用的；跨规定区域开具发票的；未按照规定缴销发票的；未按照规定存放和保管发票的。

二、文书式样

＿＿＿＿＿＿＿税务局（稽查局）

责令限期改正通知书

＿＿＿＿＿税限改〔　〕号

＿＿＿＿＿＿＿＿＿：（纳税人识别号：　　　　　）
　　你（单位）＿＿＿＿＿＿＿＿＿＿＿＿＿＿＿＿＿＿＿＿＿＿＿＿＿＿＿。
根据＿＿＿＿＿＿＿＿＿＿＿＿＿＿＿＿＿＿＿＿＿＿＿＿＿＿＿＿＿＿＿＿，
限你（单位）于＿＿＿＿＿＿＿＿＿＿＿＿＿＿＿＿＿＿＿＿＿＿＿＿＿＿＿＿
＿＿＿＿＿＿＿＿＿＿＿＿＿＿＿＿＿＿＿＿＿＿＿。

税务机关（签章）

年　月　日

三、文书的使用说明

（一）设置依据

本文书依据《税收征收管理法》及其实施细则、《发票管理办法》设置。

（二）适用范围

纳税人、扣缴义务人违反税收法律、法规的规定，税务机关责令其限期改正时使用。

（三）填写说明

（1）抬头：填写纳税人、扣缴义务人等税务行政相对人名称或者姓名，统一社会信用代码或者有效身份证件号码，没有统一社会信用代码的，以纳税人识别号代替。

（2）"你（单位）_____"：具体违法行为。

（3）"根据_____"：有关法律、行政法规的具体内容。

（4）"限你（单位）于_____"横线处填写"___年__月__日前____"或者"收到本文书之日起__日内_____"。

（四）格式与份数

本文书为A4型竖式，一式二份，税务机关一份，税务行政相对人一份。

四、文书范本

（一）中山税务机关责令限期改正通知书

国家税务总局中山市税务局阜沙税务分局

责令限期改正通知书

中山阜沙税限改〔2024〕2号

中山市××工业园开发有限公司：（纳税人识别号/统一社会信用代码：××××）

你（单位）开发的××工业园项目符合土地增值税清算条件，税务机关已于2017年3月23日向你（单位）送达《土地增值税清算通知书》，要求你（单位）限期办理土地增值税清算申报手续，但截至2024年1月17日，你（单位）仍未按照有关规定办理土地增值税清算申报手续。

根据《中华人民共和国税收征收管理法》第二十五条、《国家税务总局广东省税务局土地增值税清算管理规程》（国家税务总局广东省税务局2019年第5号公告）

第四章 税务检查类文书

第二十条等规定，限你（单位）于本通知书送达之日起 15 日内办理土地增值税清算申报手续。

国家税务总局中山市税务局阜沙税务分局
2024 年 1 月 23 日

（二）青冈税务机关责令限期改正通知书

国家税务总局青冈县税务局
责令限期改正通知书
青税限改〔2023〕2740 号

青冈县××建筑有限公司：（纳税人识别号：××××）

你（单位）2023-11-01 至 2023-11-30 个人所得税（工资薪金所得）未按期进行申报。根据《中华人民共和国税收征收管理法》第六十二条规定，限你（单位）于 2023 年 12 月 23 日前携带相关资料至我局申报办理有关事项。

国家税务总局青冈县税务局
二〇二三年十二月二十日

（三）哈尔滨税务机关责令限期改正通知书

国家税务总局哈尔滨市税务局第一稽查局
责令限期改正通知书
哈税稽一限改〔2023〕4201 号

哈尔滨市××房地产开发有限公司：（纳税人识别号：××××）

你（单位）未按照《中华人民共和国税收征收管理法》第五十六条规定提供 2016 年 5 月 1 日至 2018 年 6 月 30 日期间的会计凭证、账簿、财务资料、纳税申报表、项目规划图、销售合同、销售明细及销售发票等相关涉税资料接受税务机关检查，根据《中华人民共和国税收征收管理法》第七十条规定，限你（单位）于 2023 年 4 月 17 日前提供上述涉税资料，并配合税务检查。如果你（单位）逾期仍不提供上述相关涉税资料，将视同拒绝税务机关检查。

国家税务总局哈尔滨市税务局第一稽查局
2023 年 4 月 10 日

第十五节　税务文书送达回证

一、相关法律制度

根据《税收征收管理法实施细则》第一百零一条的规定，税务机关送达税务文书，应当直接送交受送达人。受送达人是公民的，应当由本人直接签收；本人不在的，交其同住成年家属签收。受送达人是法人或者其他组织的，应当由法人的法定代表人、其他组织的主要负责人或者该法人、组织的财务负责人、负责收件的人签收。受送达人有代理人的，可以送交其代理人签收。

根据《税收征收管理法实施细则》第一百零二条的规定，送达税务文书应当有送达回证，并由受送达人或者本细则规定的其他签收人在送达回证上记明收到日期，签名或者盖章，即为送达。

根据《税收征收管理法实施细则》第一百零三条的规定，受送达人或者本细则规定的其他签收人拒绝签收税务文书的，送达人应当在送达回证上记明拒收理由和日期，并由送达人和见证人签名或者盖章，将税务文书留在受送达人处，即视为送达。

根据《税收征收管理法实施细则》第一百零五条的规定，直接或者委托送达税务文书的，以签收人或者见证人在送达回证上的签收或者注明的收件日期为送达日期；邮寄送达的，以挂号函件回执上注明的收件日期为送达日期，并视为已送达。

二、文书式样

税务文书送达回证

送达文书名称	
受送达人	
送达地点	
受送达人签名或盖章	年　月　日　时　分
代收人代收理由、签名或盖章	年　月　日　时　分
受送达人拒收理由	年　月　日　时　分
见证人签名或盖章	年　月　日　时　分
送达人签名或盖章	年　月　日　时　分
填发税务机关	（签章）　　年　月　日　时　分

三、文书的使用说明

（一）设置依据

本送达回证依据《税收征收管理法实施细则》第一百零一条至第一百零六条设置。

（二）适用范围

向当事人送达税务文书时使用。

（三）填写说明

（1）"送达文书名称"栏，填写送达文书名称及文号。

（2）"受送达人"栏，受送达人为单位的，填写单位名称、统一社会信用代码，没有统一社会信用代码的，以纳税人识别号代替；受送达人为个人的，填写姓名、有效身份证件号码。

（3）"送达地点"栏，填写送达税务文书的具体地点。

（4）"受送达人签名或盖章"栏，受送达人是法人或其他组织的，应当由法人的法定代表人、其他组织的主要负责人或者该法人、组织的财务负责人、负责收件的人签收；受送达人是公民的，应当由本人直接签收。

（5）"代收人代收理由及签名或盖章"栏，受送达人为个人的，本人不在由其同住成年家属在此栏签名，并注明与受送达人关系；受送达人为单位的，法定代表人不在的，由其代理人或其他负责人或负责收件的人员在此栏签字。

（6）"受送达人拒收理由"栏，受送达人或其他法定签收人拒收时，由送达人填写此栏。

（7）"见证人签名或盖章"栏，受送达人拒收时，邀请有关基层组织或其所在单位的代表作为见证人到场，由见证人在此栏签名或盖章，不应由税务人员签名或盖章。

（四）格式与份数

本送达回证为 A4 竖式，随同送达的税务文书装入卷宗。

第五章 阻止出境类文书

第一节 阻止欠税人出境布控申请表

一、相关法律制度

根据《税收征收管理法》第四十四条的规定，欠缴税款的纳税人或者他的法定代表人需要出境的，应当在出境前向税务机关结清应纳税款、滞纳金或者提供担保。未结清税款、滞纳金，又不提供担保的，税务机关可以通知出境管理机关阻止其出境。

根据《税收征收管理法实施细则》第七十四条的规定，欠缴税款的纳税人或者其法定代表人在出境前未按照规定结清应纳税款、滞纳金或者提供纳税担保的，税务机关可以通知出入境管理机关阻止其出境。阻止出境的具体办法，由国家税务总局会同公安部制定。

根据《阻止欠税人出境实施办法》的规定，欠缴税款的纳税人指欠缴税款的公民、法人和其他经济组织，统称为欠税人。经税务机关调查核实，欠税人未按规定结清应纳税款又未提供纳税担保且准备出境的，税务机关可依法向欠税人申明不准出境。对已取得出境证件执意出境的，税务机关可按规定的程序函请公安机关办理边控手续，阻止其出境。欠税人为自然人的，阻止出境的对象为当事人本人。欠税人为法人的，阻止出境对象为其法定代表人。欠税人为其他经济组织的，阻止出境对象为其负责人。上述法定代表人或负责人变更时，以变更后的法定代表人或负责人为阻止出境对象；法定代表人不在中国境内的，以其在华的主要负责人为阻止出境对象。

根据《国家税务总局关于认真贯彻执行阻止欠税人出境实施办法的通知》（国税发〔1996〕216号）的规定，阻止欠税人出境的审批按以下程序办理：欠税人所在地县以上（含县级，下同）税务机关提出申请，填写《阻止欠税人出境布控申请表》（一式二份，一份留存，一份报审批税务机关），连同有关书面材料报省、自治区、直辖市税务机关（以下简称省级税务机关）审批。计划单列市县级以上税务机关的申请，应报计划单列市税务机关备案后，由市税务机关统一报省级税务机关审批。省级税务机关接到申请后应在 24 小时内审批完毕，并将审批意见通知申请税务机关。审批同意的，由审批机关填写《边控对象通知书》送同级公安厅、局办理边控手续。

二、文书式样

阻止欠税人出境布控申请表

姓		名		照片
化名：姓		名		
籍贯或国籍		性别		
证件种类、号码		出生日期	年 月 日	
职业或社会身份				
体貌特征				
住址	境内			
	境外			
出境口岸		出境后到达地点		
阻止出境理由（欠税额）				
申请机关领导签字：	联系人： 电话：		申请机关（签章） 年 月 日	

三、文书的使用说明

（一）设置依据

本申请表依据《税收征收管理法》第四十四条和国家税务总局、公安部《阻止欠税人出境实施办法》（国税发〔1996〕215号）有关规定设置。

（二）适用范围

欠税人所在地县级以上（含县级）税务机关申请阻止欠税人出境，连同有关书面材料报省、自治区、直辖市税务机关审批叶使用。

（三）填写说明

（1）申请单位必须按照要求认真填写申请表中所列项目，其中姓名、国籍、性别、出生日期、证件种类、号码等基本项目必须填写清楚、完整。

（2）边控对象的"姓"和"名"分开填写（含化名），并且只能用中、英、法、德等其中一种文字填写（日本人必须同时用汉字、罗马拼音两种文字填写）。外文用大写印刷体字母填写。

（3）"出境口岸"栏填写需部署边控的口岸名称。控制期限一般不超过一个月。

（4）"阻止出境理由（欠税额）"栏填写阻止欠税人出境的理由、事实依据及具体欠税额。

（5）"联系人"及"电话"栏需填写二十四小时可联系到的人员及电话。

（四）格式与份数

本申请表为 A4 竖式，一式二份，一份送有审批权限的省、自治区、直辖市税务机关，一份装入卷宗。

第二节　边控对象通知书

一、相关法律制度

根据《阻止欠税人出境实施办法》的规定，阻止欠税人出境由县级以上（含县级下同）税务机关申请，报省、自治区、直辖市税务机关审核批准，由审批机关填写《边控对象通知书》，函请同级公安厅、局办理边控手续。已移送法院审理的欠税人由法院依照法律规定处理。

各省、自治区、直辖市公安厅、局接到税务机关《边控对象通知书》后，应立即通知本省、自治区、直辖市有关边防口岸，依法阻止有关人员出境。欠税人跨省、自治区、直辖市出境的，由本省、自治区、直辖市公安厅、局通知对方有关省、自治区、直辖市公安厅、局实施边控。有关边防检查站在接到边控通知后应依法阻止欠税人出境。必要时，边防检查站可以依法扣留或者收缴欠缴税款的中国大陆居民的出境证件。

在对欠税人进行控制期间，税务机关应采取措施，尽快使欠税人完税。边防检查站阻止欠税人出境的期限一般为一个月。对控制期限逾期的，边防检查站可自动撤控。需要延长控制期限的，税务机关按照相关规定办理续控手续。

根据《国家税务总局关于认真贯彻执行阻止欠税人出境实施办法的通知》（国税发〔1996〕216号）的规定，公安边防部门阻止欠税人出境时，申请阻止出境的税务机关应派员到场，并告知当事人其被阻止出境的事由、依据、欠税金额，及未结清税款或未提供纳税担保前不得离境等内容。

二、文书式样

边控对象通知书

姓　　　　　名				
化名：姓　　　名				照片
籍贯或国籍		性别		
证件种类、号码		出生日期	年　月　日	
职业或社会身份				
体貌特征				
住址	境内			
	境外			
出境口岸		出境后到达地点		
交控日期	年　月　日	控制期限至		年　月　日
主要问题				
边控要求及发现后处理办法				
法律依据及说辞				
审批机关领导批示		审批机关（签章） 年　月　日		

交控单位：　　　　联系人：　　　　电话：

三、文书的使用说明

（一）设置依据

本通知书依据《税收征收管理法》第四十四条、《税收征收管理法实施细则》第七十四条、《中华人民共和国公民出境入境管理法》《中华人民共和国外国人入境出境管理法》及国家税务总局、公安部《阻止欠税人出境实施办法》（国税发〔1996〕215号）设置。

（二）适用范围

欠税人所在地县级以上（含县级）税务机关申请阻止欠税人出境，报省、自治区、直辖市税务机关审核批准，审批机关填写本通知书，函请同级公安机关办理边控手续，阻止其出境时使用。

（三）填写说明

（1）交控单位必须按照要求认真填写本通知书中所列项目，其中姓名、国籍、性别、出生日期、证件种类、号码等基本项目必须填写清楚、完整。

（2）边控对象的"姓"和"名"分开填写（含化名），并且只能用中、英、法、德等其中一种文字填写（日本人必须同时用汉字、罗马拼音两种文字填写）。外文用大写印刷体字母填写。

（3）"出境口岸"栏填写需部署边控的口岸名称。控制期限一般不超过一个月。

（4）"主要问题"栏填写阻止欠税人出境的理由及事实依据。

（5）"边控要求及发现后处理办法"栏可选择下列之一填写：阻止欠税人出境；阻止欠税人出境，同时扣押欠税人所持出入境有效证件（仅限中国大陆居民）。

（6）"法律依据及说辞"栏填写"鉴于你（单位）欠缴税款，接税务机关通知，根据《中华人民共和国税收征收管理法》第四十四条、《中华人民共和国税收征收管理法实施细则》第七十四条的规定，阻止你出境。"

（7）"联系人"及"电话"栏需填写二十四小时可联系到的人员及电话。

（四）使用与格式

（1）本通知书与《税务文书送达回证》一并使用。

（2）本通知书为A4竖式，一式二份，一份送与省、自治区、直辖市税务机关同级公安机关，一份装入卷宗。

第三节　阻止出境决定书

一、相关法律制度

根据《国家税务总局关于认真贯彻执行阻止欠税人出境实施办法的通知》（国税发〔1996〕216号）的规定，各地税务机关对欠税人实施出境限制应严格掌握，原则上个人欠税3万元以上，企业欠税20万元以上，方可函请公安边防部门实施边控。但对拒不办理纳税申报的，可不受上述金额限制。对纳税人的欠税事项，凡能在境内控管的，尽可能不要留待欠税人出境时解决。各地税务机关在提出阻止欠税人出境申请前，应认真调查核实，掌握翔实情况，做到事实清楚，证据充分。

根据《税务行政复议规则》（国家税务总局令2018年第44号）第十四条的规定，行政复议机关受理申请人对税务机关下列具体行政行为不服提出的行政复议申请：

（1）征税行为，包括确认纳税主体、征税对象、征税范围、减税、免税、退税、抵扣税款、适用税率、计税依据、纳税环节、纳税期限、纳税地点和税款征收方式等具体行政行为，征收税款、加收滞纳金，扣缴义务人、受税务机关委托的单位和个人作出的代扣代缴、代收代缴、代征行为等。

（2）行政许可、行政审批行为。

（3）发票管理行为，包括发售、收缴、代开发票等。

（4）税收保全措施、强制执行措施。

（5）行政处罚行为，包括罚款、没收财物和违法所得、停止出口退税权。

（6）不依法履行下列职责的行为，包括颁发税务登记，开具、出具完税凭证、外出经营活动税收管理证明，行政赔偿，行政奖励，其他不依法履行职责的行为。

（7）资格认定行为。

（8）不依法确认纳税担保行为。

（9）政府信息公开工作中的具体行政行为。

（10）纳税信用等级评定行为。

（11）通知出入境管理机关阻止出境行为。

（12）其他具体行政行为。

二、文书式样

_____税务局

阻止出境决定书

____税阻〔　〕　号

_____：

鉴于你（单位）未按规定结清应纳税款、滞纳金，又不提供纳税担保，根据《中华人民共和国税收征收管理法》第四十四条规定，决定并通知出入境管理机关于__年__月__日起阻止你（单位）_____出境。

如对本决定不服，可自收到本决定之日起六十日内依法向_____申请行政复议，或者自收到本决定之日起三个月内依法向人民法院起诉。

税务机关（签章）
年　月　日

三、文书的使用说明

（一）设置依据

本决定书依据《税收征收管理法》第四十四条设置。

（二）适用范围

税务机关在决定对准备离境的纳税人或者其法定代表人采取阻止出境措施时使用。

（三）填写说明

（1）本决定书抬头填写欠缴税款的纳税人的具体名称。

（2）"阻止你（单位）____出境"横线处区分不同情况填写：若本决定书送达自然人纳税人，不必填写；若本决定书送达单位纳税人，填写被阻止出境的法定代表人的具体姓名。

（3）"向_____"横线处填写有权受理行政复议申请的上级税务机关的具体名称。

（四）使用与格式

（1）本决定与《税务文书送达回证》一并使用。

（2）本决定书为A4竖式，一式三份，一份送出入境管理机关，一份送当事人，一份装入卷宗。

四、文书范本与案例

（一）北京税务机关阻止出境决定书

北京市密云区国家税务局稽查局
阻止出境决定书
密国税稽阻〔2016〕1号

北京××房地产开发有限公司：

　　鉴于你（单位）未按规定结清应纳税款、滞纳金，又不提供纳税担保，根据《中华人民共和国税收征收管理法》第四十四条规定，决定并通知出入境管理机关于2016年3月17日起阻止你（单位）孙××出境。

　　如对本决定不服，可自收到本决定之日起六十日内依法向国家税务总局申请行政复议，或者自收到本决定之日起六个月内依法向人民法院起诉。

北京市密云区国家税务局稽查局
2016年3月4日

（二）内江税务机关阻止出境决定书

国家税务总局内江市市中区税务局
阻止出境决定书
内中税阻〔2023〕41号

内江市××房地产开发有限公司（社会信用代码：××××）：

　　鉴于你（单位）未按规定结清应纳税款、滞纳金，又不提供纳税担保，根据《中华人民共和国税收征收管理法》第四十四条规定，决定并通知出入境管理机关阻止你（单位）法定代表人李××出境。

　　如对本决定不服，可自收到本决定之日起六十日内依法向国家税务总局内江市税务局申请行政复议，或者自收到本决定之日起六个月内依法向人民法院起诉。

国家税务总局内江市市中区税务局
2023年12月26日

（三）儋州税务机关阻止出境决定书

国家税务总局儋州市税务局那大税务分局
阻止出境决定书
儋那税阻〔2023〕8号

海南儋州××实业有限公司（纳税人识别号：××××）：

因你（单位）未按规定结清应纳税款、滞纳金，又不能提供纳税担保，依据《中华人民共和国出境入境管理法》第十二条第（六）项和《中华人民共和国税收征收管理法》第四十四条规定，决定并通知出入境管理机关于2023年6月14日起阻止你（单位）朱××出境。

如对本决定不服，可自收到本决定之日起60日内依法向国家税务总局儋州市税务局申请行政复议，也可自收到本决定之日起6个月内依法向人民法院提起行政诉讼。

国家税务总局儋州市税务局那大税务分局
2023年6月14日

（四）荣县税务机关阻止出境决定书

国家税务总局荣县税务局
阻止出境决定书
荣税阻〔2023〕31号

四川荣州××食品有限公司（社会信用代码：××××）：

鉴于你（单位）未按规定结清应纳税款、滞纳金，又不提供纳税担保，根据《中华人民共和国税收征收管理法》第四十四条规定，决定并通知出入境管理机关于2023年12月18日起阻止你（单位）荣×出境。

如对本决定不服，可自收到本决定之日起六十日内依法向国家税务总局自贡市税务局申请行政复议，或者自收到本决定之日起六个月内依法向人民法院起诉。

国家税务总局荣县税务局
2023年11月17日

（五）德阳税务机关阻止出境决定书

国家税务总局德阳经济技术开发区税务局
阻止出境决定书

德开税阻〔2023〕104 号

四川××泵阀有限公司（社会信用代码：××××）：

　　鉴于你（单位）未按规定结清应纳税款、滞纳金，又不提供纳税担保，根据《中华人民共和国税收征收管理法》第四十四条规定，决定并通知出入境管理机关于 2023 年 10 月 20 日起阻止你（单位）尹×× 出境。

　　如对本决定不服，可自收到本决定之日起六十日内依法向国家税务总局德阳市税务局申请行政复议，或者自收到本决定之日起六个月内依法向人民法院起诉。

国家税务总局德阳经济技术开发区税务局
2023 年 10 月 12 日

（六）阻止欠税人出境第一案

北京市第一中级人民法院
行政判决书

（2017）京 01 行终 387 号

　　上诉人（一审原告）：刘××，女，1971 年 3 月 25 日出生，汉族，户籍所在地：北京市西城区。

　　被上诉人（一审被告）：北京市密云区国家税务局稽查局，住所地：北京市密云区××大街××号。

　　被上诉人（一审被告）：国家税务总局，住所地：北京市海淀区××路××号。

　　被上诉人（一审第三人）：北京××商贸有限公司，住所地：北京市密云区××路××工业区。

　　上诉人刘××因要求撤销阻止出境决定及复议决定一案，不服北京市海淀区人民法院（2016）京 0108 行初 66 号行政判决，向本院提起上诉。本院依法组成合议庭，于 2017 年 5 月 19 日公开开庭审理了本案。上诉人刘××及其委托代理人马玉强，被上诉人北京市密云区国家税务局稽查局（以下简称密云国税局稽查局）的法定代表人王金宇及委托代理人焦铁烨、郑青来，国家税务总局的委托代理人王家本、张学瑞到庭参加了诉讼。本案现已审理终结。

　　一审法院查明如下事实：北京××商贸有限公司（以下简称××公司）于 1999 年 3 月 22 日设立登记，法定代表人刘××。

2012年6月1日，北京市密云区国家税务局（以下简称密云国税局）向××公司作出密国处〔2012〕5号《税务处理决定书》，认定××公司存在虚开增值税发票的违法行为，要求××公司补缴增值税8 450 322.31元。

2012年9月13日，密云国税局向××公司作出密国罚〔2012〕8号《税务行政处罚决定书》，对××公司的偷税和虚开发票的违法行为处以8 958 658.19元的罚款。2012年9月17日，密云国税局向××公司公告送达了上述行政处理决定和行政处罚决定。

2012年10月22日，××公司被吊销营业执照。2015年6月9日，密云国税局稽查局向密云国税局提出请示，要求对包括××公司在内的11家企业的法定代表人采取阻止出境措施。2015年7月10日，密云国税局向北京市国家税务局（以下简称市国税局）提出申请，申请出境管理机关对刘××采取阻止出境措施。

2015年7月13日，市国税局向北京出入境边防检查总站提交了《北京市国家税务局关于阻止欠税人陈海燕等8人出境的函》和《边控对象通知书》，要求阻止刘××等8人出境。2015年7月23日，密云国税局稽查局向刘××作出密国税稽阻〔2015〕2号《阻止出境决定书》（以下简称《决定书》），内容如下："北京××商贸有限公司：鉴于你（单位）未按规定结清应纳税款、滞纳金，又不提供纳税担保，根据《中华人民共和国税收征收管理法》（2015年修正）（以下简称《税收征收管理法》）第四十四条规定，决定并通知出入境管理机关于2015年7月23日起阻止你（单位）刘××出境。"

2015年9月29日，密云国税局稽查局将《决定书》向刘××进行了送达。刘××收到《决定书》后向国家税务总局提起行政复议。2015年10月12日，国家税务总局收到刘××提交的复议申请及相关材料并予以受理。2015年12月2日，国家税务总局对上述行政复议申请进行了延期审理。2016年1月7日，国家税务总局作出税复决字〔2015〕13号《行政复议决定书》（以下简称被诉复议决定），维持了密云国税局稽查局作出的《决定书》。刘××于2016年1月向一审法院提起行政诉讼。

2016年11月4日，一审法院作出判决。该判决认为，《税收征收管理法》第四十四条规定："欠缴税款的纳税人或者他的法定代表人需要出境的，应当在出境前向税务机关结清应纳税款、滞纳金或者提供担保。未结清税款、滞纳金，又不提供担保的，税务机关可以通知出境管理机关阻止其出境。"该法第十四条规定："本法所称税务机关是指各级税务局、税务分局、税务所和按照国务院规定设立的并向社会公告的税务机构。"《中华人民共和国税收征收管理法实施细则》（以下简称实施细则）第九条第一款规定："《税收征收管理法》第十四条所称按照国务院规定设立的并向社会公告的税务机构，是指省以下税务局的稽查局。稽查局专司偷税、逃避追缴欠税、骗税、抗税案件的查处。"因此，密云国税局稽查局作为偷税、逃避追缴欠税、骗税、抗税案件的查处机关，具有对未结清税款、滞纳金，又不提供担保的有关人员，通知出境管理机关阻止其出境的法定职责。

实施细则第七十四条规定:"欠缴税款的纳税人或者其法定代表人在出境前未按照规定结清应纳税款、滞纳金或者提供纳税担保的,税务机关可以通知出入境管理机关阻止其出境。阻止出境的具体办法,由国家税务总局会同公安部制定。"国家税务总局和公安部联合制定的《阻止欠税人出境实施办法》第三条第一款规定:"经税务机关调查核实,欠税人未按规定结清应纳税款又未提供纳税担保且准备出境的,税务机关可依法向欠税人申明不准出境。对已取得出境证件执意出境的,税务机关可按本办法第四条规定的程序函请公安机关办理边控手续,阻止其出境。"该办法第三条第三款亦规定:"欠税人为法人的,阻止出境对象为其法定代表人。"该办法第四条第一款规定:"阻止欠税人出境由县级以上(含县级,下同)税务机关申请,报省、自治区、直辖市税务机关审核批准,由审批机关填写《边控对象通知书》,函请同级公安厅、局办理边控手续。"

本案中,密云国税局向××公司作出密国处〔2012〕5号《税务处理决定书》,认定××公司存在虚开增值税发票的违法行为,要求××公司补缴增值税8 450 322.31元。××公司未按规定结清应纳税款又未提供纳税担保。因此,密云国税局稽查局有权通知出入境管理机关阻止该公司的法定代表人刘××出境。密云国税局申请对刘××采取阻止出境措施的申请经市国税局批准后,市国税局向北京出入境边防检查总站提交了《边控对象通知书》及相关材料,要求阻止刘××等8人出境。密云国税局稽查局的行政行为认定事实清楚,程序合法,符合上述规范性文件的规定,并无不当。《中华人民共和国行政复议法》第三十一条规定,行政复议机关应当自受理申请之日起六十日内作出行政复议决定;但是法律规定的行政复议期限少于六十日的除外。情况复杂,不能在规定期限内作出行政复议决定的,经行政复议机关的负责人批准,可以适当延长,并告知申请人和被申请人;但是延长期限最多不超过三十日。本案中,国家税务总局于2015年10月12日受理了刘××提出的行政复议申请,于同年12月2日对案件进行了延期;2016年1月7日,国家税务总局作出了行政复议决定。国家税务总局作出的被诉复议决定,履行了相关法定程序,符合法律法规规定,亦无不当。故,刘××起诉要求撤销《决定书》和被诉复议决定的诉讼请求,没有相关事实和法律依据,不予支持。

综上所述,一审法院依据《中华人民共和国行政诉讼法》第六十九条的规定,判决驳回了刘××的全部诉讼请求。

刘××不服,上诉至本院,其主要上诉理由如下:上诉人自2009年1月之后,未实际经营及控制××公司,未参与虚开增值税专用发票,上诉人作为××公司的法定代表人没有受到刑罚处罚,××公司亦没有受到刑罚处罚。××公司欠税款是被犯罪分子利用所导致,一审判决对××公司欠税的原因没有查清楚。密云国税局稽查局在明知欠税由犯罪分子利用××公司所致,上诉人对此情况不知情,仍作出限制上诉人出境的决定,不适当。上诉人作为××公司的股东,对公司的债务应当以出资额为限承担责任,上诉人即使愿意以个人资产缴纳税款,也根本无力缴清所欠税款及罚款,密云国税局稽查局作出限制上诉人出境的行政处罚,措施过于简单、表面,对收缴所欠税款及罚款没有任何实际效果,严重违反了行政执法的比例原则及行责相适应原则，阻止出境决定明显失当。一审判决对密云国税局稽查局作出的《决定书》是否适当没有查清。密云国税局稽查局在作出阻止上诉人出境决定前，没有向上诉人申明不准出境，而是迳行作出《决定书》，并于作出决定后两个月后才送达上诉人。密云国税局稽查局作出《决定书》的程序及送达的程序严重违反法律规定，依法也应当撤销。一审判决对密云国税局稽查局作出的《决定书》的程序及送达程序的合法性未予查清。一审判决对被诉复议决定认定的事实是否清楚没有查清。综上所述，一审判决认定事实不清，适用法律不当，故请求撤销一审判决，撤销《决定书》，撤销被诉复议决定。

密云国税局稽查局及国家税务总局均表示同意一审判决，请求二审法院驳回上诉人的上诉请求，维持一审判决。

××公司未到庭，亦未提交书面二审意见。（相关证据从略）上述证据均经庭审质证，一审法院认为，刘××提交的证据1、证据7可以证明本案的相关事实，与本案具有关联性，予以采信；刘××提交的其他证据与本案无直接关联性，对上述证据不予采纳。密云国税局稽查局和国家税务总局提交全部证据，形式上符合《最高人民法院关于行政诉讼证据若干问题的规定》中规定的证据形式的要求，证据内容真实、来源合法，与本案被诉的行政行为具有关联性，予以采信。上述证据全部随案移送本院。本院查阅了一审卷宗，询问了各方当事人，并经审查核实，本院同意一审法院对各方当事人提交的证据的认证意见。对一审法院认定的事实，本院予以确认。

另查，××公司的法定代表人现仍为刘××。

本院认为：纳税人、扣缴义务人必须依照法律、行政法规的规定缴纳税款、代扣代缴、代收代缴税款。《税收征收管理法》第四十四条明确规定："欠缴税款的纳税人或者他的法定代表人需要出境的，应当在出境前向税务机关结清应纳税款、滞纳金或者提供担保。未结清税款、滞纳金，又不提供担保的，税务机关可以通知出境管理机关阻止其出境。"实施细则第七十四条亦规定："欠缴税款的纳税人或者其法定代表人在出境前未按照规定结清应纳税款、滞纳金或者提供纳税担保的，税务机关可以通知出入境管理机关阻止其出境。阻止出境的具体办法，由国家税务总局会同公安部制定。"对此，国家税务总局和公安部联合制定了《阻止欠税人出境实施办法》，其中第三条第一款规定："经税务机关调查核实，欠税人未按规定结清应纳税款又未提供纳税担保且准备出境的，税务机关可依法向欠税人申明不准出境。对已取得出境证件执意出境的，税务机关可按本办法第四条规定的程序函请公安机关办理边控手续，阻止其出境。"该办法第三条第三款亦规定："欠税人为法人的，阻止出境对象为其法定代表人。"根据实施细则规定，密云国税局稽查局作为偷税、逃避追缴欠税、骗税、抗税案件的查处机关，具有对未结清税款、滞纳金，又不提供担保的有关人员，通知出境管理机关阻止其出境的法定职责。

本案中，密云国税局向××公司作出密国处〔2012〕5号《税务处理决定书》能够证明××公司存在虚开增值税发票的违法行为，并应补缴增值税8 450 322.31元。

因××公司未按规定结清应纳税款又未提供纳税担保，故密云国税局稽查局通知出入境管理机关阻止该公司的法定代表人刘××出境符合上述法律、法规的规定。《阻止欠税人出境实施办法》第四条第一款规定："阻止欠税人出境由县级以上（含县级，下同）税务机关申请，报省、自治区、直辖市税务机关审核批准，由审批机关填写《边控对象通知书》，函请同级公安厅、局办理边控手续。"通过对在案程序证据的审查，密云国税局稽查局通知出入境管理机关阻止刘××出境的程序符合上述规范性文件的规定，亦无不当。

阻止出境措施相对于偷税、逃避追缴欠税、骗税、抗税行为，是一种法律责任的承担方式。针对企业存在的上述违法行为阻止企业法定代表人出境的目的在于督促企业承担纳税的法律责任。因此，刘××作为××公司的法定代表人，提出其未参与××公司的经营活动，对该公司虚开增值税专用发票一事不知情，其并非造成××公司欠税的责任人，不应阻止其出境等主张缺乏法律依据，本院不予支持。

关于国家税务总局对刘××作出《行政复议决定书》的行政程序之合法性问题，本院经审查，同意一审法院在判决中的相关论述，在此不再赘述。

综上所述，刘××的上诉理由均不能成立，其上诉请求本院不予支持。据此，依照《中华人民共和国行政诉讼法》第八十九条第一款第（一）项之规定，判决如下：

驳回上诉，维持一审判决。

二审案件受理费50元，由上诉人刘××负担（已交纳）。

本判决为终审判决。

审　判　长　梁××
代理审判员　张××
代理审判员　徐××
二〇一七年六月二十六日
法官助理　王××
书　记　员　牛××

第四节　阻止欠税人出境撤控申请表

一、相关法律制度

根据《阻止欠税人出境实施办法》的规定，被阻止出境的欠税人有下列情形之一者，有关省、自治区、直辖市税务机关应立即依照布控程序通知同级公安厅、局撤控：已结清阻止出境时欠缴的全部税款（包括滞纳金和罚款，下同）；已向税务机关提供相当全部欠缴税款的担保；欠税企业已依法宣告破产，并依《中华人民共和国企业破产法》程序清偿终结者。

根据《国家税务总局关于认真贯彻执行阻止欠税人出境实施办法的通知》（国税发〔1996〕216号）的规定，被阻止出境的欠税人结清所欠税款或提供纳税担保后，税务机关应立即依照布控程序撤控。即由申请布控的税务机关填写《阻止欠税人出境撤控申请表》，报省级税务机关审批，审批税务机关同意后，填写《阻止欠税人出境撤控通知书》，送同级公安厅、局办理撤控手续。

二、文书式样

阻止欠税人出境撤控申请表

姓		名		性别	
籍贯或国籍		出生日期		年 月 日	
证件种类、号码		出境口岸			
交控日期	年 月 日	撤控日期		年 月 日	
撤控理由					
联系人： 电　话：	申请机关领导签字： 申请机关（签章） 年　月　日					

三、文书的使用说明

（一）设置依据

本申请表依据《税收征收管理法》第四十四条，国家税务总局、公安部《阻止欠税人出境实施办法》（国税发〔1996〕215号），《国家税务总局关于认真贯彻执行阻止欠税人出境实施办法的通知》（国税发〔1996〕216号）设置。

（二）适用范围

被阻止出境的欠税人结清所欠税款或提供纳税担保后，欠税人所在地县级以上（含县级）税务机关申请撤销阻止欠税人出境，报省、自治区、直辖市税务机关审批时使用。

（三）填写说明

（1）申请单位必须按照要求认真填写申请表中所列项目，其中姓名、国籍、性别、出生日期、证件种类、号码等基本项目必须填写清楚、完整。

（2）边控对象的"姓"和"名"分开填写，并且只能用中、英、法、德等其中一种文字填写（日本人必须同时用汉字、罗马拼音两种文字填写）。外文用大写印刷体字母填写。

（3）"出境口岸"栏填写已部署边控的口岸名称。

（4）"撤控理由"栏填写撤销阻止欠税人出境的理由、事实依据。撤控理由主要包括以下三种：被阻止出境的欠税人已结清所欠缴的全部税款（包括滞纳金）；被阻止出境的欠税人已向税务机关提供相当于全部欠缴税款的纳税担保；欠税企业已依法宣告破产，并依《中华人民共和国企业破产法（试行）》程序清偿终结。

（5）"联系人"及"电话"栏需填写二十四小时可联系到的人员及电话。

（四）格式与份数

本申请表为A4竖式，一式二份，一份送省、自治区、直辖市审批税务机关，一份装入卷宗。

第五节　阻止欠税人出境撤控通知书

一、相关法律制度

根据《国家税务总局关于认真贯彻执行阻止欠税人出境实施办法的通知》（国税发〔1996〕216号）的规定，被阻止出境的欠税人结清所欠税款或提供纳税担保后，税务机关应立即依照布控程序撤控。即由申请布控的税务机关填写《阻止欠税人出境撤控申请表》，报省级税务机关审批，审批税务机关同意后，填写《阻止欠税人出境撤控通知书》，送同级公安厅、局办理撤控手续。审批机关在阻止欠税人出境结案后，应将有关情况书面报告国家税务总局。

二、文书式样

阻止欠税人出境撤控通知书

姓	名		性别	
籍贯或国籍		出生日期	年 月 日	
证件种类、号码		出境口岸		
交控日期	年 月 日	撤控日期	年 月 日	
备注				
联系人： 电 话：	审批机关领导签字： 审批机关（签章） 年 月 日			

三、文书的使用说明

（一）设置依据

本通知书依据《税收征收管理法》第四十四条、《税收征收管理法实施细则》第七十四条及国家税务总局、公安部《阻止欠税人出境实施办法》（国税发〔1996〕215号）第八条设置。

（二）适用范围

纳税人或者其法定代表人、主要负责人符合撤控理由的，由县级以上（含县级）税务机关申请，报省、自治区、直辖市税务机关审核批准，审批机关填写本通知书，函请同级公安机关办理撤控手续，解除阻止出境时使用。

以上所称撤控理由主要包括以下三种：被阻止出境的欠税人已结清欠缴的全部税款（包括滞纳金）；被阻止出境的欠税人已向税务机关提供相当于全部欠缴税款的纳税担保；欠税企业已依法宣告破产，并依《中华人民共和国企业破产法》程序清偿终结。

（三）填写说明

（1）撤控单位必须按照要求认真填写本通知书中所列项目，其中姓名、国籍、性别、出生日期、证件种类、号码等基本项目必须填写清楚、完整。

（2）边控对象的"姓"和"名"分开填写，并且只能用中、英、法、德等其中一种文字填写（日本人必须同时用汉字、罗马拼音两种文字填写）。外文用大写印刷体字母填写。

（3）"出境口岸"栏填写已部署边控的口岸名称。

（4）"联系人"及"电话"栏需填写二十四小时可联系到的人员及电话。

（四）使用与格式

（1）本通知书与《税务文书送达回证》一并使用。

（2）本通知书为 A4 竖式，一式二份，一份送与省、自治区、直辖市税务机关同级公安机关，一份装入卷宗。

第六节 解除阻止出境决定书

一、相关法律制度

根据《阻止欠税人出境实施办法》的规定，被阻止出境的欠税人有下列情形之一者，有关省、自治区、直辖市税务机关应立即依照布控程序通知同级公安厅、局撤控：已结清阻止出境时欠缴的全部税款（包括滞纳金和罚款，下同）；已向税务机关提供相当全部欠缴税款的担保；欠税企业已依法宣告破产，并依《中华人民共和国企业破产法》程序清偿终结者。

二、文书式样

_____税务局

解除阻止出境决定书

____税解阻〔 〕号

_____：

　　鉴于你（单位）已结清应纳税款、滞纳金（或者提供纳税担保），决定并通知出入境管理机关解除___年__月_日《阻止出境决定书》(_____税阻〔 〕号）对你（单位）_____阻止出境的措施。

税务机关（签章）
年　月　日

· 185 ·

三、文书的使用说明

（一）设置依据

本决定书依据《税收征收管理法》第四十四条、《税收征收管理法实施细则》第七十四条及国家税务总局、公安部《阻止欠税人出境实施办法》（国税发〔1996〕215号）设置。

（二）适用范围

在欠缴税款的纳税人已结清税款、滞纳金或提供相应纳税担保时使用。

（三）填写说明

（1）本决定书抬头填写被阻止出境的欠缴税款纳税人的具体名称。

（2）"对你（单位）＿＿＿＿"横线处根据不同情况分别填写：若本决定书送达自然人纳税人，不必填写；若本决定书送达单位纳税人，填写被解除阻止出境法人的法定代表人的具体姓名。

（四）使用与格式

（1）本决定书与《税务文书送达回证》一并使用。

（2）本决定书为A4竖式，一式三份，一份送出入境管理机关，一份送当事人，一份装入卷宗。

第六章　税收保全类文书

第一节　税收保全措施决定书
（冻结存款适用）

一、相关法律制度

根据《税收征收管理法》第三十八条的规定，税务机关有根据认为从事生产、经营的纳税人有逃避纳税义务行为的，可以在规定的纳税期之前，责令限期缴纳应纳税款；在限期内发现纳税人有明显的转移、隐匿其应纳税的商品、货物以及其他财产或者应纳税的收入的迹象的，税务机关可以责成纳税人提供纳税担保。如果纳税人不能提供纳税担保，经县以上税务局（分局）局长批准，税务机关可以采取下列税收保全措施：书面通知纳税人开户银行或者其他金融机构冻结纳税人的金额相当于应纳税款的存款。纳税人在规定的限期内缴纳税款的，税务机关必须立即解除税收保全措施；限期期满仍未缴纳税款的，经县以上税务局（分局）局长批准，税务机关可以书面通知纳税人开户银行或者其他金融机构从其冻结的存款中扣缴税款，或者依法拍卖或者变卖所扣押、查封的商品、货物或者其他财产，以拍卖或者变卖所得抵缴税款。个人及其所扶养家属维持生活必需的住房和用品，不在税收保全措施的范围之内。

根据《税收征收管理法》第五十五条的规定，税务机关对从事生产、经营的纳税人以前纳税期的纳税情况依法进行税务检查时，发现纳税人有逃避纳税义务行为，并有明显的转移、隐匿其应纳税的商品、货物以及其他财产或者应纳税的收入的迹象的，可以按照本法规定的批准权限采取税收保全措施或者强制执行措施。

·187·

根据《行政强制法》第三十一条的规定，依照法律规定冻结存款、汇款的，作出决定的行政机关应当在三日内向当事人交付冻结决定书。冻结决定书应当载明下列事项：①当事人的姓名或者名称、地址；②冻结的理由、依据和期限；③冻结的账号和数额；④申请行政复议或者提起行政诉讼的途径和期限；⑤行政机关的名称、印章和日期。

根据《行政强制法》第三十二条的规定，自冻结存款、汇款之日起三十日内，行政机关应当作出处理决定或者作出解除冻结决定；情况复杂的，经行政机关负责人批准，可以延长，但是延长期限不得超过三十日。法律另有规定的除外。延长冻结的决定应当及时书面告知当事人，并说明理由。

二、文书式样

_____税务局（稽查局）

税收保全措施决定书

（冻结存款适用）

_____税保冻〔　　〕号

_____：（纳税人识别号：　　　　）

　　鉴于你（单位）（地址：_____）_____，根据《中华人民共和国税收征收管理法》_____规定，经_____税务局（分局）局长批准，决定从___年__月__日至___年__月__日冻结你（单位）在_____的存款（大写）_____（¥　　）元。请于___年__月__日前缴纳应纳税款；逾期未缴的，将依照《中华人民共和国税收征收管理法》_____规定采取强制执行措施。

　　如对本决定不服，可自收到本决定之日起六十日内依法向_____申请行政复议，或者自收到本决定之日起六个月内依法向人民法院起诉。

　　冻结账户的账号：_____

税务机关（签章）

年　月　日

三、文书的使用说明

（一）设置依据

本决定书依据《税收征收管理法》第三十八条、第五十五条和《行政强制法》第三十一条、第三十二条设置。

（二）适用范围

税务机关冻结纳税人在银行或者其他金融机构的存款账户时针对纳税人使用。

（三）填写说明

（1）本文书受送达人处填写纳税人名称或者姓名，统一社会信用代码或者有效身份证件号码，没有统一社会信用代码的，填写纳税人识别号。

（2）"鉴于你（单位）（地址：＿＿）＿＿＿"地址填写注册登记地址或者有效身份证件上的地址。第二横线处填写冻结理由（根据《中华人民共和国税收征收管理法》第三十八条或第五十五条，结合具体违法情形填写）。

（3）"根据《中华人民共和国税收征收管理法》＿＿＿规定"横线处根据具体情况填写第三十八条第一款或者第五十五条。

（4）"经＿＿＿税务局（分局）局长批准"横线处填写符合《税收征收管理法》规定具有审批权限的税务局（分局）局长所在税务机关的具体名称。

（5）"从＿＿年＿月＿日至＿＿年＿月＿日"填写冻结起止日期间隔不得超过30日。情况复杂的，经县以上税务局局长批准，可以延长，但是延长期限不得超过30日。法律另有规定的除外。延长冻结的决定应当及时书面告知当事人，并说明理由。

（6）"将依照《中华人民共和国税收征收管理法》＿＿＿规定采取强制执行措施。"横线处根据具体情况填写第三十八条、第四十条、第五十五条、第八十八条等条款。

（7）"向＿＿＿"横线处填写有权受理行政复议申请的上级税务机关的具体名称。

（四）使用与格式

（1）本决定书应与《冻结存款通知书》一并依照规定的审批程序和权限，由县以上税务局（分局）局长批准后使用。

（2）本决定书与《冻结存款通知书》《税务文书送达回证》一并使用，在送达金融机构后送达纳税人一份。

（3）文书字号设为"保冻"，稽查局使用设为"稽保冻"。

（4）本决定书为A4竖式，一式三份，一份随同《冻结存款通知书》送金融机构，一份送纳税人，一份装入卷宗。

四、文书范本与案例

（一）福州税务机关税收保全措施决定书

国家税务总局福州市税务局第一稽查局

税收保全措施决定书

（冻结存款适用）

榕税一稽保冻〔2022〕141号

福建××服饰有限公司：（纳税人识别号：××××）

鉴于你公司（地址：福州市鼓楼区铜盘路323号五凤工业区×号楼第×层）经责令限期缴纳应纳税款后逾期仍未缴纳相应税款或提供纳税担保，根据《中华人民共和国税收征收管理法》第三十八条第一款、第五十五条规定，经国家税务总局福州市税务局局长批准，决定从2023年4月3日至2023年5月2日冻结你公司在招商银行股份有限公司福州五四支行的存款（大写）壹佰叁拾万伍仟伍佰零捌元柒角叁分（¥1 305 508.73）。请于本文书送达之日起十五日内缴纳应纳税款；逾期未缴的，将依照《中华人民共和国税收征收管理法》第三十八条、第四十条、第五十五条、第八十八条规定采取强制执行措施。

如对本决定不服，可自收到本决定之日起六十日内依法向国家税务总局福建省税务局申请行政复议，或者自收到本决定之日起六个月内依法向人民法院起诉。

冻结账户的账号：××××

国家税务总局福州市税务局第一稽查局
2023年4月3日

（二）洛阳税务机关税收保全措施决定书

洛阳市税务局第二稽查局
税收保全措施决定书
（冻结存款适用）

洛税稽二局保冻〔2023〕2319号

洛阳××电子科技有限公司：（纳税人识别号：××××）

鉴于你（单位）经我机关催告，逾期仍未缴纳税款及滞纳金，根据《中华人民共和国税收征收管理法》第五十五条规定，经国家税务总局洛阳市税务局（分局）局长批准，决定从2023年2月14日至2023年3月15日冻结你（单位）在中原银行股份有限公司洛阳自贸区科技支行的存款（大写）捌佰捌拾叁万伍仟玖佰肆拾玖元伍角伍分（¥8 835 949.55）元。请于2023年1月15日前缴纳应纳税款；逾期未缴的，将依照《中华人民共和国税收征收管理法》第五十五条规定采取强制执行措施。

如对本决定不服，可自收到本决定之日起六十日内依法向国家税务总局洛阳市税务局申请行政复议，或者自收到本决定之日起六个月内依法向人民法院起诉。

冻结账户的账号：××××

国家税务总局洛阳市税务局第二稽查局
2023年1月9日

（三）合肥税务机关税收保全措施决定书

国家税务总局合肥市税务局稽查局
税收保全措施决定书
（冻结存款适用）

合税稽保冻〔2021〕5101号

合肥市××房地产开发有限公司：（纳税人识别号：××××）

  鉴于你（单位）（地址：合肥市芜湖路1号御景湾××楼××室）欠缴税款及滞纳金并经催告后仍未能在规定的期限内履行纳税义务，根据《中华人民共和国税收征收管理法》第五十五条以及《中华人民共和国行政强制法》第三十一条、第三十二条规定，经合肥市税务局局长批准，决定从2021年9月17日至2021年10月16日冻结你（单位）在兴业银行合肥长江中路支行××××的存款（大写）壹仟万（¥10 000 000）元。请于2021年10月8日前缴纳应纳税款；逾期未缴的，将依照《中华人民共和国税收征收管理法》第四十条、第五十五条的规定采取强制执行措施。

  如对本决定不服，可自收到本决定之日起六十日内依法向合肥市税务局申请行政复议，或者自收到本决定之日起六个月内依法向人民法院起诉。

  冻结账户的账号：兴业银行合肥长江中路支行××××

国家税务总局合肥市税务局稽查局
2021年9月17日

（四）邵阳税收保全措施行政判决书

湖南省邵阳市北塔区人民法院
行政判决书

（2017）湘0511行初49号

  原告：邵阳市××房地产开发有限公司，住所地：邵阳市江北开发区。

  被告：邵阳市北塔区地方税务局，住所地：邵阳市北塔区。

  原告邵阳市××房地产开发有限公司（以下简称××公司）不服被告邵阳市北塔区地方税务局税务保全措施一案，本院于2017年7月10日立案受理后，依法由审判员姚××、审判员申××、人民陪审员王××组成合议庭进行审理。本院于2017年7月13日向被告邵阳市北塔区地方税务局送达了起诉状副本、应诉通知书、开庭传票。2017年8月23日,本院依法公开开庭审理了本案。原告法定代表人吴××,被告邵阳市北塔区地方税务局委托代理人张××、夏×、申×到庭参加诉讼。本案现已审理终结。

被诉行政行为:2017年5月5日,邵阳市北塔区地方税务局作出邵北地税保冻字〔2017〕1号税收保全措施决定书,根据《中华人民共和国税收征收管理法》第三十八条规定,经邵阳市北塔区地方税务局局长批准,决定从2017年5月5日17时起,对××公司在中信银行股份有限公司邵阳分行的存款账户实施冻结,停止支付2 272 112.43元。

原告××公司诉称,被告邵阳市北塔区地方税务局依据违法的《税务处理决定书》(邵北塔地税处〔2014〕1号)和违法的《税务行政处罚决定书》(邵北塔地税罚〔2014〕1号)冻结原告的存款账户违法错误,请求依法撤销被告作出的邵北地税保冻字〔2017〕1号税收保全措施决定书。

被告邵阳市北塔区地方税务局辩称,一、邵阳市北塔区地方税务局的行政行为具有合法性。邵阳市北塔区地方税务局具有采取税收保全措施和实施行政处罚的主体资格;邵阳市北塔区地方税务局的税收保全行为具有合法性。二、邵阳市北塔区地方税务局执行税收保全措施程序合法。综上所述,邵阳市北塔区地方税务局采取的税收保全措施符合税收相关法律法规的规定,适用依据正确,程序合法,执法正确。

经开庭审理,结合当事人的陈述、质证及辩论意见,本院确认法律事实如下:

2014年1月20日邵阳市北塔区地方税务局作出邵北地税处〔2014〕1号《税务处理决定书》,内容为××公司应缴纳房产税、营业税、城建税、印花税、教育费附加、地方教育附加共计765 570元及截止到2014年1月17日已产生的滞纳金455 245.61元。2014年1月26日邵阳市北塔区地方税务局作出邵北塔地税罚〔2014〕1号《税务行政处罚决定书》,因××公司未申报缴纳税款755 028.75元,且经该局送达《责令限期改正通知书》逾期仍未改正,决定对××公司罚款77万元。××对上述两份文书在规定的期限内既未提起诉讼,也未申请复议。2016年11月11日,邵阳市北塔区地方税务局作出邵北塔地税通〔2016〕103号《税务事项通知书》,通知××公司在接到该通知3日内缴纳税款和罚款合计1 535 570.06元。××公司未在规定的期限内履行义务。2017年5月4日,邵阳市北塔区地方税务局局长同意办理采取税收保全措施。2017年5月5日,邵阳市北塔区地方税务局作出邵北地税保冻字〔2017〕1号《税收保全措施决定书》,其内容为根据《中华人民共和国税收征收管理法》第三十八条规定,经北塔区地税局局长批准,决定从2017年5月5日17时起对××公司在中信银行股份有限公司邵阳分行的存款账户实施冻结,停止支付2 272 112.43元。

以上法律事实,有《税务处理决定书》《税务行政处罚决定书》《税务事项通知书》和两份《税收保全措施决定书》《税务行政执行审批表》、税务送达回证、说明及当事人开庭时的陈述、辩论意见予以证实。

本院认为,本案系法人不服税务部门税务保全措施决定一案。本案的争议焦点为,被诉行政行为是否合法。《中华人民共和国税收征收管理法》第四十条第一款规定:"从事生产、经营的纳税人、扣缴义务人未按照规定的期限缴纳或者解缴税款,纳税担保人未按照规定的期限缴纳所担保的税款,由税务机关责令限期缴纳,逾期仍未缴纳的,经县以上税务局(分局)局长批准,税务机关可以采取下列强制执行措施:(一)书面通知其开户银行或者其他金融机构从其存款中扣缴税款;(二)扣押、查封、依法拍卖或者变卖其价值相当于应纳税款的商品、货物或者其他财产,以拍卖或者变卖所得抵缴税款。"第八十八条第三款规定:"当事人对税务机关的处罚决定逾期不申请行政复议也不向人民法院起诉、又不履行的,作出处罚决定的税务机关可以采取本法第四十条规定的强制执行措施,或者申请人民法院强制执行。"本案中,被告邵阳市北塔区地方税务局于2014年1月20日和21日分别对原告××公司作出税务处理决定书和税务处罚决定书,但××公司未按照上述文书履行义务,后经邵阳市北塔区地方税务局责令限期缴纳后,××公司在规定的期限内仍未缴纳。因此,根据上述法律规定,邵阳市北塔区地方税务局可以对其直接采取强制执行措施。但是,本案中,邵阳市北塔区地方税务局却对××公司作出税收保全措施决定书,行政程序不妥。因邵阳市北塔区地方税务局对××公司作出的行政处理、处罚决定书已经发生法律效力。××公司未缴纳税款和罚款的事实客观存在,因此,邵阳市北塔区地方税务局作出邵北地税保冻〔2017〕1号税收保全措施,对原告××公司不产生实际影响。综上,虽然邵阳市北塔区地方税务局作出的税收保全措施程序违法,但对原告××公司的权利不产生实际影响。根据《中华人民共和国行政诉讼法》第七十四条第一款第(二)项之规定,判决如下:

被告邵阳市北塔区地方税务局作出的邵北地税保冻〔2017〕1号税收保全措施决定书违法。

本案案件受理费50元,由被告邵阳市北塔区地方税务局负担。

如不服本判决,可在判决书送达之日起15日内向湖南省邵阳市中级人民法院提起上诉,并按对方当事人的人数提交上诉状副本。

审　判　长　　姚××
审　判　员　　申××
人民陪审员　　王××
二〇一七年十月二十日
代理书记员　　李××

（五）厦门税收保全措施行政判决书

福建省厦门市思明区人民法院
行政判决书

（2014）思行初字第118号

原告：厦门××出口贸易有限公司，住所地：厦门市思明区湖滨西路9号9A单元之二。

法定代表人：覃××，经理。

委托代理人：洪××，福建××律师事务所律师。

委托代理人：詹××，福建××律师事务所律师。

被告：厦门市国家税务局，住所地：厦门市思明区湖滨北路70号。

法定代表人：朱××，局长。

委托代理人：廖××，福建××律师事务所律师。

委托代理人：陈××，福建××律师事务所律师。

原告厦门××出口贸易有限公司不服被告厦门市国家税务局税务行政强制措施，向本院提起行政诉讼。本院于2014年9月26日受理后，依法由审判员王××担任审判长，与代理审判员简××、人民陪审员陈××共同组成合议庭，2014年10月28日公开开庭进行了审理。原告厦门××出口贸易有限公司的委托代理人詹××，被告厦门市国家税务局的委托代理人廖××、陈×到庭参加了诉讼。本案现已审理终结。

2014年6月5日，被告厦门市国家税务局作出厦国税保冻〔2014〕00401号税收保全措施决定书，主要内容如下：原告厦门××出口贸易有限公司，根据《中华人民共和国税收征收管理法》第五十五条规定，经厦门市国家税务局稽查局局长批准，决定从2014年6月5日起冻结原告单位在厦门工行思明支行、厦门工行湖滨北支行、厦门工行七星路支行、厦门建行开元支行、厦门城建建行、厦门农行湖滨支行、交通银行厦门思北支行的存款5 055 263.64元。请原告于2014年6月5日前缴纳应纳税款；逾期未缴的，将依照《中华人民共和国税收征收管理法》第五十五条、第五十八条规定采取强制执行措施。据此，被告向有关银行分别发出冻结存款通知书，要求冻结原告在厦门工行思明支行的存款50万元，在厦门工行湖滨北支行的存款50万元，在厦门工行七星路支行的存款50万元，在厦门建行开元支行的存款20万元，在厦门农行湖滨支行的存款20万元，在交通银行厦门思北支行的存款150万元。

原告厦门××出口贸易有限公司诉称：

一、被告行政行为程序不妥当。1.被告调取原告的会计年度的账簿、记账凭证、报表和其他有关资料时，未填写《调取账簿资料清单》交给原告，至今也未补办。2.根据《中华人民共和国税收征收管理法》（以下简称《税收征收管理法》）第三十八条的规定，被告在作出税收保全措施的行政行为前应当先责令原告缴纳应纳税款，如果原告有明显转移、隐匿等行为的，可以责成原告提供担保，如果不能提供担保的，经局长批准后才可以采取税收保全措施，显然被告的行政行为程序上违法。3.原告被冻结的存款合计5 055 263.63元必须相当于应纳税款额，然而原告一直对自己应补缴的税款额及理由不知情，被告亦未及时告知原告。

二、被告行政行为适用法律不正确。《税收征收管理法》第五十五条规定："税务机关对从事生产、经营的纳税人以前纳税期的纳税情况依法进行税务检查时，发现纳税人有逃避纳税义务行为，并有明显的转移、隐匿其应纳税的商品、货物以及其他财产或者应纳税的收入的迹象的，可以按照本法规定的批准权限采取税收保全措施或者强制执行措施。"《税务稽查工作规程》第三十四条规定："检查从事生产、经营的纳税人以前纳税期的纳税情况时，发现纳税人有逃避 纳税义务行为，并有明显的转移、隐匿其应纳税的商品、货物以及其他财产或者应纳税收入迹象的，经所属税务局局长批准，可以依法采取税收保全措施。"由此可见，采取税收保全措施的必要前提是原告有逃避纳税义务，且有明显的转移、隐匿行为时，才可以采取税收保全措施。然而，原告并没有逃避纳税义务的行为，亦无转移、隐匿的行为：1.原告的生产经营地址是思明区湖滨西路9号9A单元之二，该址与注册登记地吻合，复议时被告所称的C单元才是厦门市散装水泥办公室，是被告将两个地址弄混了。2.原告法定代表人变更及股权转让是企业实施自营自主权的合法行为，而非被告主观推断的为逃避纳税义务，也不存在明显转移、隐匿财产的迹象。

三、原告并不存在骗取出口退税的行为和故意，被告却对其采取税收保全措施，冻结原告的经营账户，致使原告无法正常经营，亦无法实现按时缴纳税款的义务。

综上，被告采取的税收保全措施程序违法、适用法律不当，诉请判令撤销被告作出的厦国税保冻〔2014〕00401号税收保全措施决定，并解除对原告银行存款合计5 055 263.64元的冻结。

原告向本院提供以下证据，以佐证其诉讼请求：

1.厦国税保冻〔2014〕00401号税收保全措施决定书。证明：被告于2014年6月5日作出税收保全措施决定书，并冻结了原告在银行的存款合计5 055 263.64元。

2.厦国税稽调〔2014〕76001号调取账簿资料通知书。证明：2014年6月5日被告向原告发出了《调取账簿资料通知书》，通知原告2014年6月6日提供账簿凭证，被告收到账簿后未填写《调取账簿资料清单》给原告。

3.厦国税复决字〔2014〕3号行政复议决定书。证明：2014年7月14日原告申请行政复议，被告维持了税收保全措施决定书。

被告厦门市国家税务局辩称：

原告系2014年公安部、国家税务总局、海关总署等三部局统一部署查处的"4·24"案件的涉案企业，涉嫌在2011年5月至2012年3月期间，伪造货物买卖合同、非法取得报关单据和结汇单据、虚开增值税专用发票骗取出口退税款 3 016 286.44 元。被告直属机构厦门市国家税务局稽查局（以下简称稽查局）于 2014 年 5 月 14 日立案，对原告实施税收检查，检查中发现其存在逃避纳税义务，并有明显的转移、隐匿财产的迹象，经上报局长批准，于 2014 年 6 月 5 日作出厦国税保冻〔2014〕00401 号税收保全措施决定书，决定冻结原告的银行账户，金额为相当于税款的存款 5 055 263.64 元，同时被告向相关银行发出《冻结存款通知书》。

一、被告认定原告有明显的转移、隐匿财产的迹象，依据充分。2014 年 5 月 21 日，稽查局前往原告的注册地址即厦门市思明区湖滨西路 9 号 9A 单元之一实施检查，发现原告公司无人办公，无法送达厦国稽检通〔2014〕37 号税务检查通知书。经向物业管理公司了解，物业管理公司证明原告尚未缴交 2014 年 2 月至 6 月的水电费、管理费、公维金，欠费期间未见有人办公。后来，检查人员多次打电话联系原告当时的法定代表人魏××，要求其到稽查局接受询问和调查，但魏××未予配合。2014 年 6 月 5 日，稽查局向原告送达了《调取账簿资料通知书》，要求原告提供 2011 年至 2013 年度的账簿资料，但原告仅提供 2011 年、2012 年度的账簿资料，至今仍未提供 2013 年度的账簿资料，也未派员核对并签收相关的调账清单。2014 年 7 月，在税务检查期间，原告办理了法定代表人变更，并进行了股权转让。2014 年 8 月，原告申请行政复议期间，稽查局打电话联系原告现任法定代表人覃××，要求其到稽查局接受询问和调查，但覃××也未予配合，稽查局只能通过公告送达的形式向其送达《询问通知书》，但覃××至今未到稽查局接受询问和调查。由于一直无法取得原告的工作配合，被告遂通过公告形式向原告送达《询问通知书》，并查询了税收征管信息系统，调取了原告的增值税申报表，发现从 2013 年 11 月至 2014 年 4 月，均为收入零申报，且 2013 年存在欠税金额 2 038 977.20 元，其资产负债合计 7 000 多万元。据此，被告认定原告存在逃避纳税义务，并有明显的转移、隐匿财产的迹象，依据充分。

二、涉诉税收保全措施决定适用法律正确、程序合法。《税收征收管理法》第五十五条规定："税务机关对从事生产、经营的纳税人以前纳税期的纳税情况依法进行税务检查时，发现纳税人有逃避纳税义务行为，并有明显的转移、隐匿其应纳税的商品、货物以及其他财产或者应纳税的收入迹象的，可以按照本法规定的批准权限采取税收保全措施或者强制执行措施。"该法第三十八条规定，经县级以上税务局局长批准，税务机关可以采取税收保全措施，书面通知纳税人开户银行冻结纳税人的金额相当于应纳税额的存款。稽查局依照该规定，在报被告局长批准后，向原告采取税收保全措施，适用法律正确、程序合法。另外，决定冻结的存款 5 055 263.64 元，相当于原告的应纳税款，包括原告 2013 年欠缴的增值税税款 2 038 977.20 元和原告违反规定办理出口退税应收回的出口退税 3 016 286.44 元，该行为合理适当。

三、原告的诉讼理由与事实不符。1.关于调取账簿资料未开付清单的问题。2014年6月5日,稽查局依法对原告送达《调取账簿资料通知书》后,原告于2014年6月9日才将账簿凭证送至稽查局,经检查后,稽查局工作人员电话告知原告,要求补充提供2013年度的账簿凭证,同时将在清点核对后再一并向原告出具调账清单,然而原告却一直不配合工作,因此至今无法向原告开具调账清单;2.本案系因对纳税人以前纳税期的纳税情况进行税务检查时,发现纳税人有逃避纳税义务行为,并有明显的转移、隐匿其应纳税的商品、货物以及其他财产或者应纳税的收入迹象而采取的税收保全措施,系《税收征收管理法》第五十五条的规定情形,并非《税收征收管理法》第三十八条的规定情形,无需先责令原告限期缴纳税款、提供担保。

综上,被告对原告作出的税收保全措施,事实清楚,依据充分,程序合法,适用法律法规正确,行为适当,依法应予维持,并驳回原告的诉讼请求。

被告向本院提供以下证据,以佐证其行政行为的合法性:

1.厦门××进出口贸易有限公司骗税案专案组整理的原告涉案报关单和增值税专用发票明细表。

2.厦门市国家税务局直属税务分局出具的"关于厦门××出口贸易有限公司的退税说明"。

证据1~2证明:稽查局从专案组及厦门市国家税务局直属税务分局取得的材料,初步证明原告涉嫌违反规定办理出口退税,涉及的已退税款总计3 016 286.44元。

3.税务稽查任务通知书、立案审批表。

证据3证明:2014年5月14日,稽查局以原告涉嫌厦门××进出口贸易有限公司案中案为由,决定依法对其实施税务检查。

4.检查人员至原告注册地址厦门市思明区湖滨西路9号9A单元之二实地检查时拍摄的照片。

5.厦门××物业管理有限公司出具的证明。

证据4~5证明:2014年5月21日,检查人员到原告注册地址实地检查时,发现悬挂有原告公司招牌的办公地点大门紧闭,无人办公,导致当天无法送达《税务检查通知书》,经向该址的物业管理处了解后,管理处证明原告欠缴2014年2月至6月的水电费、管理费、公维金,欠费期间未见有人员办公。

6.税务检查通知书及送达回证。

证据6证明:2014年5月22日,原告会计人员高×到稽查局签收税务检查通知书。

7.检查人员办公电话228×××7以及移动电话136×××8948的通话记录。

证据7证明:2014年5月21日、23日,检查人员两次打电话联系原告当时的法定代表人魏××,要求其到稽查局接受询问和调查,但魏××不予配合。

8.原告2013年10月至2014年4月增值税纳税申报表。

证据8证明:2013年5月22日,检查人员从内部征管信息系统查询分析原告的相关纳税情况,发现2013年10月,原告申报增值税应税货物销售额3 540 351.32元、免税货物销售额16 971 239.32元,但从2013年11月至2014年4月,均为收入零申报。

9. 原告2013年12月31日、2014年3月31日资产负债表。

证据9证明:原告是总资产规模上亿的公司,2013年年末货币资金仅25.52万元,固定资产账面价值仅3.58万元;2014年一季度末货币资金仅26.05万元,固定资产账面价值仅26.70万元,流动资产中应收账款近7 000万元,负债合计7 000多万元。

10. 原告2013年5月的欠税记录。

证据10证明:原告2013年5月存在欠税行为,共欠缴增值税税款2 038 977.20元。

11. 税务事项通知书及送达回证。

证据11证明:2013年5月23日,检查人员向原告主管税务机关即思明区国税局了解情况,证实原告2013年5月欠缴增值税税款2 038 977.20元,经过思明区国税局催缴后仍拒不缴纳。

12. 询问通知书及送达回证。

证据12证明:2014年5月29日,稽查局依法向原告当时的法定代表人魏××发出询问通知书,原告会计人员高×到稽查局签收了该询问通知书,但魏××未到稽查局接受询问。

13. 调取账簿资料通知书及送达回证。

证据13证明:2013年6月5日,检查人员依法向原告发出调账通知,要求原告于6月6日前提交2011年至2013年度的账簿资料等,原告会计人员高×到稽查局签收了该通知书。

14. 涉案的出口货物报关单、涉外收入申报表、出口收汇核销专用联、出口专用发票、记账凭证、增值税专用发票。

证据14证明:2013年6月5日,原告会计人员高×向稽查局提交了办理出口退税款总计3 016 286.44元的相关备查材料以及入账材料,印证了企业确实已经办理了相关的出口退税,且相关发票已经记账。

15. 检查人员对原告提交的账簿资料所拍摄的照片。

证据15证明:原告没有按照规定时间提交账簿资料,直至2014年6月9日才将2011年和2012年的账簿凭证送至稽查局,当天因检查人员公务外出无法办理接收,原告会计人员高×将账簿凭证放置后离去;检查人员发现后打电话要求高×第二天补充提供2013年账簿,届时一并开具调账清单,但时至今日,原告相关人员均未前来办理相关手续,稽查局无法向原告开具调账清单。

16. 厦国税保冻〔2014〕00401号税收保全措施决定书及送达回证,厦国税冻通〔2014〕00401号、00402号、00403号、00404号、00406号、00407号冻结存款通知书及送达回证,税务行政执法审批表、授权委托书、厦国税发〔2014〕27号《厦门市国家税务局关于局领导工作分工的通知》。

证据16证明:鉴于原告的相关人员拒不到税务机关配合检查接受询问说明情况、

不完整提供相关账簿资料以供稽查局核实，且名下资产已经所剩无几，稽查局认为原告存在逃避纳税义务，并有明显的转移、隐匿财产的迹象，在报请被告局长批准后，2014年6月5日，决定对原告作出冻结银行存款5 055 263.64元的税收保全措施决定，并向相关的6个银行发出冻结存款通知，截至冻结存款的当日，原告在6个银行的存款账户的余额合计为537.21元。被告的具体行政行为程序合法，行为适当。

17. 税务登记表、原告2014年7月1日变更税务登记表、新法定代表人和股东的身份证、营业执照、组织机构代码证、股东会决议、股权转让协议、公司章程。

证据17证明：2014年7月，在稽查局进行税务检查的期间，原告向其主管税务机关即厦门市思明区国家税务局办理了法定代表人的变更（法定代表人由魏××变更为覃××），并进行了股权转让，变更后魏××仍为原告的财务负责人。

18. 厦国税稽询〔2014〕37号询问通知书及厦门日报公告送达材料。

证据18证明：2014年7月31日，检查人员打电话联系原告现任法定代表人覃××，要求其到稽查局接受询问和调查，但覃××未予配合，稽查局只能通过公告送达的形式向其送达询问通知书。

19. 在"税收征管信息（CTAIS）"系统查询打印纳税人相关资料的步骤说明。

证据19证明：前述证据10为从被告税收征管信息系统打印材料。

经庭审质证，原告对被告提供的证据10即原告2013年5月的欠税记录，证据16中的授权委托书的真实性有异议，对被告提供的其他证据的真实性没有异议。被告对原告提供的三份证据的真实性均无异议。

本院分析认为，证据10即原告2013年5月的欠税记录，系被告从"税收征管信息"系统查询打印的有关原告的相关欠税信息，原告对该证据的真实性持有异议，但未能提供相反证据予以反驳，故其异议本院不予采纳。证据16中的授权委托书，系被告法定代表人授权该局负责稽查工作的副局长代为履行有关税务行政事项的批准权限的委托书，系被告的内部行政事务，原告对该授权委托书的真实性有异议，没有事实依据，本院亦不予采纳。

经审理查明：

因原告公司涉嫌违反规定办理出口退税，涉及的退税款总计3 016 286.44元，稽查局遂于2014年5月14日对原告公司进行立案检查。

2014年5月21日，稽查局检查人员前往原告注册地进行检查。发现该公司大门紧锁，无人办公。

2014年5月19日，稽查局向原告作出厦国税稽检通〔2014〕37号税务检查通知书。2014年5月22日，原告财务人员高×到稽查局签收了该税务检查通知书。

2014年5月22日，稽查局通过税收征管信息系统查询原告的相关纳税情况，发现：1.2013年10月，原告申报增值税应税货物销售额3 540 351.32元、免税货物销售额16 971 239.32元，但从2013年11月至2014年4月，均为收入零申报。2.原告总资产规模上亿元，2013年年末货币资金仅25.52万元，固定资产账面价值仅3.58万元；2014年一季度末货币资金仅26.05万元，固定资产账面价值仅26.70万元，流动资产中应收账款近7 000万元，负债合计76 201 378.15元。3.原告2013年5月欠缴增值税2 038 977.20元。

2014年5月29日，稽查局向原告发出询问通知书，通知原告时任法定代表人魏××于2014年5月30日到稽查局就涉税事宜接受询问。魏××没有前往接受询问。

2014年6月5日，稽查局向原告发出调取账簿资料通知书，通知原告于2014年6月6日前将2011年1月1日至2013年12月31日的账簿、记账凭证、报表和其他有关资料送到稽查局接受检查。原告接到通知后，同日向稽查局提交了办理出口退税款总计3 016 286.44元的相关备查材料及入账材料。2014年6月9日，原告将2011年及2012年的账簿凭证送到稽查局。

2014年6月5日，经被告分管稽查工作的副局长批准，被告作出厦国税保冻〔2014〕00401号税收保全措施决定书，该税收保全措施决定书版头发文机关为"厦门市国家税务局（稽查局）"，落款签章机关处盖有"厦门市国家税务局"印章。决定书尾部告知诉权内容为："如对本决定不服，可自收到本决定之日起六十日内依法向厦门市国家税务局申请行政复议，或者自收到本决定之日起三个月内依法向人民法院起诉。"

同日，原告财务人员高×前往稽查局签收该税收保全措施决定书。2014年6月5日至6月10日，被告分别向厦门工行思明支行、厦门工行湖滨北支行、厦门工行七星路支行、厦门建行开元支行、厦门农行湖滨支行、交通银行厦门思北支行发出冻结存款通知书，要求冻结原告在厦门工行思明支行、厦门工行湖滨北支行、厦门工行七星路支行等三个银行的存款各50万元，冻结原告在厦门建行开元支行、厦门农行湖滨支行等两个银行的存款各20万元，冻结原告在交通银行厦门思北支行的存款150万元。截至冻结当日，原告在厦门工行思明支行、厦门工行湖滨北支行的账户没有余额，在厦门工行七星路支行的账户余额96.91元，在厦门建行开元支行的账户余额6.60元，在厦门农行湖滨支行的账户余额108.16元，在交通银行厦门思北支行的余额325.54元。

原告不服该税收保全措施决定，于2014年7月14日向被告申请行政复议。2014年9月2日，被告作出厦国税复决字〔2014〕3号行政复议决定，维持厦国税保冻〔2014〕00401号税收保全措施决定。

另查明：

2014年6月11日，原告公司注册地的物业公司即厦门××物业管理有限公司向稽查局出具一份证明，证明原告注册地已更换成别的公司承租。2014年7月18日，该物业公司又出具一份证明，证明原告欠缴2014年2月到2014年6月的水电费、管理费、公维金，欠费期间原告公司无人办公。

2014年6月20日，经原告公司股东会决议，原告原法定代表人魏××变更为覃××，公司股东魏××、苏××变更为覃××、翁××。2014年7月1日，原告办理了变更税务登记手续。

2014年7月31日，稽查局向原告发出询问通知书，通知原告法定代表人覃××于2014年8月1日到稽查局就涉税事宜接受询问。因无法联系上覃××，稽查局于2014年8月8日将该询问通知书在《厦门日报》上进行公告送达。

本院认为，《最高人民法院关于执行〈中华人民共和国行政诉讼法〉若干问题的解释》第十九条规定："当事人不服经上级行政机关批准的具体行政行为，向人民法院提起诉讼的，应当以在对外发生法律效力的文书上署名的机关为被告。"涉诉税收保全措施系稽查局在税务稽查过程中，经被告批准而作出，决定书落款签章处盖有被告的印章，因此，该税收保全措施决定依法应认定为系被告作出的。原告就该税收保全措施决定向被告提起行政诉讼，符合法律规定。

《税收征收管理法》第五十五条规定："税务机关对从事生产、经营的纳税人以前纳税期的纳税情况依法进行税务检查时，发现纳税人有逃避纳税义务行为，并有明显的转移、隐匿其应纳税的商品、货物以及其他财产或者应纳税的收入迹象的，可以按照本法规定的批准权限采取税收保全措施或者强制执行措施。"该法第二十八条第一款第（二）项规定，经县以上税务局（分局）局长批准，税务机关可以采取保全措施，书面通知纳税人开户银行或者其他金融机构冻结纳税人的金额相当于应纳税的存款。《税务稽查工作规程》第四条规定："稽查局在所属税务局领导下开展税务稽查工作。"该规程第三十四条规定："检查从事生产、经营的纳税人以前纳税期的纳税情况时，发现纳税人有逃避纳税义务行为，并有明显的转移、隐匿其应纳税的商品、货物以及其他财产或者应纳税收入迹象的，经所属税务局局长批准，可以依法采取税收保全措施。"据此，被告作为厦门市国家税务机关，对辖区内从事生产、经营的纳税人依法采取税收保全措施，系其法定职责。

关于法律适用的问题。《税收征收管理法》第三十八条和第五十五条均规定了税收保全措施，但两者适用的税款所属期不同。第三十八条规定的税收保全措施，税款所属期系当期发生的税款；第五十五条规定的税收保全措施，税款所属期系以前纳税期的税款。本案被告系对原告以前纳税期的税款采取的税收保全措施，依法应适用第五十五条的规定，因此，被告依据该法条采取税收保全措施，适用法律正确。原告认为应适用第三十八条规定的主张，系对适用情形的理解有误。

关于税收保全措施适用的条件及事实认定问题。责令限期缴纳应纳税款、提供纳税担保等系《税收征收管理法》第三十八条规定的适用条件；《税收征收管理法》第五十五条规定的税收保全措施的适用条件是"发现纳税人有逃避纳税义务行为，并有明显的转移、隐匿其应纳税的商品、货物以及其他财产或者应纳税的收入迹象的"，就本案而言，纳税义务人有第五十五条规定的行为迹象的，即可采取税收保全措施。在案证据表明，原告存在以下行为：1. 2013年10月，原告申报增值税应税货物销售额 3 540 351.32 元、免税货物销售额 16 971 239.32 元，但从 2013 年 11 月至 2014 年 4 月，均为收入零申报。2. 原告总资产规模上亿元，2013 年年末货币资金仅 25.52 万元，固定资产账面价值仅 3.58 万元；2014 年一季度末货币资金仅 26.05 万元，固定资产账面价值仅 26.70 万元，流动资产中应收账款近 7 000 万元，负债合计 76 201 378.15 元。3. 原告 2013 年 5 月欠缴增值税 2 038 977.20 元。4. 至今未按稽查局的要求提供 2013 年的账簿凭证。5. 原告法定代表人未按稽查局通知要求接受涉税事宜的询问调查。6. 稽查局对原告进行税务检查期间，原告办公场所无人办公。被告据此认定原告"有逃避纳税义务行为，并有明显的转移、隐匿其应纳税的商品、货物以及其他财产或者应纳税的收入迹象"，证据充分。

关于税收保全措施的程序合法性问题。根据《税收征收管理法》及《税务稽查工作规程》的相关规定，对纳税人以前纳税期的税款采取税收保全措施的，应经所属税务局局长批准。采取税收保全措施时，应当向纳税人送达《税收保全措施决定书》，告知其采取税收保全措施的内容、理由及依据，并依法告知其申请行政复议和提起行政诉讼的权利。采取冻结纳税人在开户银行的存款措施时，应当向纳税人开户银行送达《冻结存款通知书》，冻结其相当于应纳税款的存款。

被告作出的涉诉税收保全措施，按照被告内部局领导的职责分工，并经局长授权，由分管稽查工作的副局长批准，并不违反法律规定的批准程序。被告作出涉诉税收保全措施决定书后，于当天即向原告财务人员送达了该税收保全措施决定书，原告在收到税收保全措施后及时申请了行政复议，因此，被告的送达为有效送达。税收保全措施决定书中载明了采取税收保全措施的内容、理由及依据，并依法告知了申请行政复议和提起行政诉讼的权利。冻结原告在开户银行的存款措施时，依法向开户银行送达了《冻结存款通知书》。被告决定冻结的存款 5 055 263.64 元，包括原告 2013 年欠缴的增值税税款 2 038 977.20 元和原告违反规定办理出口退税应收回的出口退税 3 016 286.44 元，相当于原告的应纳税款。综上，被告采取涉诉税收保全措施时，履行了法律规定的程序规定。

另外，本院也注意到，涉诉税收保全措施决定书的版头发文机关与落款签章机关不一致，文书格式不规范。再者，《税务行政复议规则》第十六条规定："对各级国家税务局的具体行政行为不服的，向其上一级国家税务局申请行政复议。"该复议规则第十九条第（二）款规定："对税务所（分局）、各级税务局的稽查局的具体行政行为不服的，向其所属税务局申请行政复议。"如前所述，涉诉税收保全措施决定系被告签章作出的，不服该决定，依法应向福建省国家税务局申请行政复议。被告在决定书中告知原告向厦门市国家税务局申请行政复议，申请行政复议的告知内容错误。《税收征收管理法》第八十八条规定，对税收保全措施不服的，可以依法申请行政复议，也可以依法向人民法院起诉。据此，税收保全措施的行政复议不是必经程序。因此，尽管被告对申请行政复议的告知内容有误，但鉴于行政复议不是必经程序，原告提起行政诉讼的诉权并未因此受到影响，因此，涉诉税收保全措施的前述瑕疵并不导致该行政行为违法。

综上，被告采取涉诉税收保全措施系其法定职责，涉诉税收保全措施决定认定事实清楚，证据充分，适用法律正确，程序要素齐备，但存在瑕疵。鉴于该瑕疵并未对原告的权利产生实质影响，且鉴于原告现状，被告采取税收保全措施既是法定职责，也是为保障国家税款及时、足额入库所采取的必要措施。因此，原告要求撤销被告作出的厦国税保冻〔2014〕00401号税收保全措施决定，并解除对原告银行存款冻结的诉讼请求，本院不予支持。据此，依照《最高人民法院关于执行〈中华人民共和国行政诉讼法〉若干问题的解释》第五十六条第（四）款的规定，判决如下：

驳回原告厦门××出口贸易有限公司的诉讼请求。

本案案件受理费50元，由原告厦门××出口贸易有限公司负担。

如不服本判决，可于判决送达之日起十五日内，向本院递交上诉状，并按对方当事人的人数提出副本，上诉于福建省厦门市中级人民法院。

审判长　　王××
代理审判员　简××
人民陪审员　陈××
二〇一四年十一月二十四日
书　记　员　　张　×

附件：本案所适用的司法解释

《最高人民法院关于执行〈中华人民共和国行政诉讼法〉若干问题的解释》

第五十六条　有下列情形之一的，人民法院应当判决驳回原告的诉讼请求：

……

（四）其他应当判决驳回诉讼请求的情形。

第二节　冻结存款通知书

一、相关法律制度

根据《税收征收管理法实施细则》第五十九条的规定，《税收征收管理法》第三十八条所称其他财产，包括纳税人的房地产、现金、有价证券等不动产和动产。机动车辆、金银饰品、古玩字画、豪华住宅或者一处以外的住房不属于《税收征收管理法》第三十八条所称个人及其所扶养家属维持生活必需的住房和用品。税务机关对单价5 000元以下的其他生活用品，不采取税收保全措施和强制执行措施。

根据《税收征收管理法实施细则》第六十条的规定，《税收征收管理法》第三十八条所称个人所扶养家属，是指与纳税人共同居住生活的配偶、直系亲属以及无生活来源并由纳税人扶养的其他亲属。

根据《行政强制法》第三十条的规定，行政机关依照法律规定决定实施冻结存款、汇款的，应当履行本法第十八条第一项、第二项、第三项、第七项规定的程序，并向金融机构交付冻结通知书。金融机构接到行政机关依法作出的冻结通知书后，应当立即予以冻结，不得拖延，不得在冻结前向当事人泄露信息。法律规定以外的行政机关或者组织要求冻结当事人存款、汇款的，金融机构应当拒绝。

根据《行政强制法》第十八条的规定，行政机关实施行政强制措施应当遵守下列规定：①实施前须向行政机关负责人报告并经批准；②由两名以上行政执法人员实施；③出示执法身份证件；④通知当事人到场；⑤当场告知当事人采取行政强制措施的理由、依据以及当事人依法享有的权利、救济途径；⑥听取当事人的陈述和申辩；⑦制作现场笔录；⑧现场笔录由当事人和行政执法人员签名或者盖章，当事人拒绝的，在笔录中予以注明；⑨当事人不到场的，邀请见证人到场，由见证人和行政执法人员在现场笔录上签名或者盖章；⑩法律、法规规定的其他程序。

二、文书式样

_____税务局（稽查局）

冻结存款通知书

_____税冻通〔　〕号

_____：

　　根据《中华人民共和国税收征收管理法》_____规定，经_____税务局（分局）局长批准，请从___年_月_日_时起冻结_____在你处的存款账户号的存款（大写）_____（￥____）元。

税务机关（签章）

年　月　日

以下由银行（或其他金融机构）填写
存款账户余额：
签收人：
签收时间：　年　月　日　时　分

签收单位（签章）

年　月　日

三、文书的使用说明

（一）设置依据

本通知书依据《税收征收管理法》第三十八条、第五十五条和《行政强制法》第三十条设置。

（二）适用范围

税务机关冻结纳税人在银行或者其他金融机构的存款账户，通知银行或其他金融机构时使用。

（三）填写说明

（1）本通知书抬头填写银行或者其他金融机构的具体名称。

（2）"根据《中华人民共和国税收征收管理法》＿＿＿规定"横线处填写第三十八条第一款或者第五十五条。

（3）"经＿＿＿税务局（分局）局长批准"横线处填写符合《税收征收管理法》规定具有审批权限的税务局（分局）局长所在税务机关的具体名称。

（四）使用与格式

（1）本通知书应与《税收保全措施决定书（冻结存款适用）》一并依照规定的审批程序和权限，由县以上税务局（分局）局长批准后使用。

（2）存款账户余额指税务人员冻结存款前查询时的存款余额。

（3）本通知书与《税收保全措施决定书（冻结存款适用）》《税务文书送达回证》一并使用。在送达本通知书时，要求签收时间不但要写明"年""月""日""时"，而且要具体写明"分"。

（4）文书字号设为"冻通"，稽查局使用设为"稽冻通"。

（5）本通知书为A4竖式，一式二份，一份随同《税收保全措施决定书（冻结存款适用）》送金融机构，一份装入卷宗。

第三节　解除税收保全措施决定书（冻结存款适用）

一、相关法律制度

根据《税收征收管理法》第三十九条的规定，纳税人在限期内已缴纳税款，税务机关未立即解除税收保全措施，使纳税人的合法利益遭受损失的，税务机关应当承担赔偿责任。

根据《税收征收管理法实施细则》第六十八条的规定，纳税人在税务机关采取税收保全措施后，按照税务机关规定的期限缴纳税款的，税务机关应当自收到税款或者银行转回的完税凭证之日起1日内解除税收保全。

根据《行政强制法》第三十三条的规定，有下列情形之一的，行政机关应当及时作出解除冻结决定：①当事人没有违法行为；②冻结的存款、汇款与违法行为无关；③行政机关对违法行为已经作出处理决定，不再需要冻结；④冻结期限已经届满；⑤其他不再需要采取冻结措施的情形。行政机关作出解除冻结决定的，应当及时通知金融机构和当事人。金融机构接到通知后，应当立即解除冻结。行政机关逾期未作出处理决定或者解除冻结决定的，金融机构应当自冻结期满之日起解除冻结。

二、文书式样

_____税务局（稽查局）
解除税收保全措施决定书
（冻结存款适用）
____税解保冻〔   〕   号

_____：（纳税人识别号：_____）

鉴于你（单位）_____，根据_____规定，我局决定解除____年_月_日《税收保全措施决定书（冻结存款适用）》（____税保冻〔 〕 号）对你（单位）存款账户_____号存款的冻结。

税务机关（签章）
年 月 日

三、文书的使用说明

（一）设置依据

本决定书依据《税收征收管理法》第三十八条、《税收征收管理法实施细则》第六十八条、《行政强制法》第三十三条设置。

（二）适用范围

（1）税务机关已对纳税人采取税收保全措施，纳税人缴纳了应纳税款或者税务机关已依法采取强制执行措施追缴税款入库，或者查明纳税人没有违法行为或者被冻结款项与违法行为无关，违法行为已作处理不再需要冻结，冻结期限届满后使用。

（2）纳税人按照税务机关规定的期限缴纳税款的，税务机关应当自收到税款或者银行转回的完税凭证之日起1日内解除冻结存款；纳税人未按照税务机关规定的期限缴纳税款，税务机关依法采取了强制执行措施追缴税款入库的，也应发出本决定书解除冻结存款。

（三）填写说明

（1）本文书受送达人处填写纳税人名称或者姓名，统一社会信用代码或者有效身份证件号码，没有统一社会信用代码的，填写纳税人识别号。

（2）"鉴于你（单位）的税款＿＿＿"横线处应分清解除税收保全措施的不同原因分别填写：没有违法行为；被冻结的存款与违法行为无关；违法行为已被作出处理决定，不再需要冻结；冻结期限已经届满；如税款已在期限内缴纳，则分别填写：一是纳税人在限期内自行缴纳应纳税款的，填写"已在限期内缴纳"；二是由税务机关采取强制执行措施追缴税款入库的，填写"已经依法强制执行"。其他不再需要采取冻结措施的情形，根据实际情况填写。

（3）"根据＿＿＿规定"横线处根据具体情况填写《中华人民共和国税收征收管理法》第三十八条、《中华人民共和国行政强制法》第三十三条。

（四）使用与格式

（1）本决定书应与《解除冻结存款通知书》一并依照规定的审批程序和权限，由县以上税务局（分局）局长批准后使用。

（2）本决定书与《解除冻结存款通知书》《税务文书送达回证》一并使用，本决定书送达纳税人一份的同时送达金融机构。

（3）文书字号设为"解保冻"，稽查局使用设为"稽解保冻"。

（4）本决定书为A4竖式，一式三份，一份随同《解除冻结存款通知书》送金融机构，一份送纳税人，一份装入卷宗。

四、文书范本

（一）淮安税务机关解除税收保全措施决定书

国家税务总局淮安市税务局第二稽查局

解除税收保全措施决定书

（冻结存款适用）

淮税二稽解保冻〔2023〕1号

淮安市××物流有限公司：

　　鉴于你（单位）的税款冻结存款期限已满30日，根据《中华人民共和国税收征收管理法》第三十八条规定,我局决定解除2023年9月28日《税收保全措施决定书(冻结存款适用)》(淮税二稽保冻〔2023〕1号)对你(单位)存款账户(账号:3208010561010000001315)存款的冻结。

国家税务总局淮安市税务局第二稽查局
2023年10月27日

(二)广西税务机关解除税收保全措施决定书

国家税务总局广西壮族自治区税务局第二稽查局
解除税收保全措施决定书
(冻结存款适用)
桂税二稽解保冻〔2023〕1号

广西××废旧物资回收有限公司(纳税人识别号:××××):

  鉴于你单位银行账户存款的冻结期限已经届满,根据《中华人民共和国行政强制法》第三十三条规定:有下列情形之一的,行政机关应当及时作出解除冻结决定:(一)当事人没有违法行为;(二)冻结的存款、汇款与违法行为无关;(三)行政机关对违法行为已经作出处理决定,不再需要冻结;(四)冻结期限已经届满;(五)其他不再需要采取冻结措施的情形。……(略)。我局决定从2023年3月24日起解除《国家税务总局广西壮族自治区税务局第二稽查局税收保全措施决定书(冻结存款适用)》(桂税二稽保冻〔2023〕1号)对你单位存款账户(账号:××××)存款的冻结。

国家税务总局广西壮族自治区税务局第二稽查局
2023年3月24日

第四节 解除冻结存款通知书

一、相关法律制度

  根据《税收征收管理法实施细则》第七十条的规定,《税收征收管理法》第三十九条所称损失,是指因税务机关的责任,使纳税人、扣缴义务人或者纳税担保人的合法利益遭受的直接损失。

  根据《行政强制法》第三十三条的规定,有下列情形之一的,行政机关应当及时作出解除冻结决定：①当事人没有违法行为；②冻结的存款、汇款与违法行为无关；③行政机关对违法行为已经作出处理决定，不再需要冻结；④冻结期限已经届满；⑤其他不再需要采取冻结措施的情形。行政机关作出解除冻结决定的，应当及时通知金融机构和当事人。金融机构接到通知后，应当立即解除冻结。行政机关逾期未作出处理决定或者解除冻结决定的，金融机构应当自冻结期满之日起解除冻结。

二、文书式样

＿＿＿＿税务局（稽查局）

解除冻结存款通知书

＿＿税解冻通〔　　〕号

＿＿＿＿＿＿＿＿＿＿：

　　鉴于＿＿＿＿＿＿＿＿＿＿＿＿，决定从＿＿年＿月＿日起解除＿＿年＿月＿日发出的《冻结存款通知书》（＿＿＿税冻通〔　　〕　号）对其存款账户＿＿＿＿＿＿＿号存款的冻结。

税务机关（签章）

年　月　日

三、文书的使用说明

（一）设置依据

本通知书依据《税收征收管理法》第三十八条、《税收征收管理法实施细则》第六十八条、《行政强制法》第三十三条设置。

（二）适用范围

税务机关对纳税人采取税收保全措施后，纳税人自行缴纳了应纳税款，或者税务机关依法强制执行了纳税人的应纳税款，或者查明纳税人没有违法行为或者被冻结款项与违法行为无关，违法行为已作处理不再需要冻结，冻结期限届满后，税务机关通知银行或者其他金融机构时使用。

（三）填写说明

（1）本通知书抬头填写银行或者其他金融机构的具体名称。

（2）"鉴于＿＿＿＿＿＿"填写被冻结存款的纳税人、扣缴义务人、纳税担保人等的具体名称并应分清解除冻结存款的不同原因分别填写：

①没有违法行为；

②被冻结的存款与违法行为无关；

③违法行为已被作出处理决定，不再需要冻结；

④冻结期限已经届满；

⑤如税款已在期限内缴纳，则分别填写：一是纳税人在限期内自行缴纳应纳税款的，填写"已在限期内缴纳"；二是由税务机关采取强制执行措施追缴税款入库的，填写"已经依法强制执行"。其他法定应当解除冻结存款的情形，根据实际情况填写。

（四）使用与格式

（1）纳税人按照税务机关规定的期限缴纳税款的，税务机关应当自收到税款或者银行转回的完税凭证之日起1日内解除冻结存款；纳税人未按照税务机关规定的期限缴纳税款，税务机关采取了强制执行措施追缴税款入库的，也应向金融机构发出本通知书解除冻结存款。

（2）本通知书应与《解除税收保全措施决定书（冻结存款适用）》一并依照《税收征收管理法》规定的审批程序和权限，由县以上税务局（分局）局长批准后使用。

（3）本通知书与《税务文书送达回证》一并使用。

（4）文书字轨设为"解冻通"，稽查局使用设为"稽解冻通"。

（5）本通知书为A4竖式，一式二份，一份随同《解除税收保全措施决定书（冻结存款适用）》送银行或者其他金融机构，一份装入卷宗。

第五节　税收保全措施决定书（扣押／查封适用）

一、相关法律制度

根据《税收征收管理法》第三十七条的规定，对未按照规定办理税务登记的从事生产、经营的纳税人以及临时从事经营的纳税人，由税务机关核定其应纳税额，责令缴纳；不缴纳的，税务机关可以扣押其价值相当于应纳税款的商品、货物。扣押后缴纳应纳税款的，税务机关必须立即解除扣押，并归还所扣押的商品、货物；扣押后仍不缴纳应纳税款的，经县以上税务局（分局）局长批准，依法拍卖或者变卖所扣押的商品、货物，以拍卖或者变卖所得抵缴税款。

根据《税收征收管理法》第三十八条的规定，税务机关有根据认为从事生产、经营的纳税人有逃避纳税义务行为的，可以在规定的纳税期之前，责令限期缴纳应纳税款；在限期内发现纳税人有明显的转移、隐匿其应纳税的商品、货物以及其他财产或者应纳税的收入的迹象的，税务机关可以责成纳税人提供纳税担保。如果纳税人不能提供纳税担保，经县以上税务局（分局）局长批准，税务机关可以采取下列税收保全措施：扣押、查封纳税人的价值相当于应纳税款的商品、货物或者其他财产。纳税人在规定的限期内缴纳税款的，税务机关必须立即解除税收保全措施；限期期满仍未缴纳税款的，经县以上税务局（分局）局长批准，税务机关可以书面通知纳税人开户银行或者其他金融机构从其冻结的存款中扣缴税款，或者依法拍卖或者变卖所扣押、查封的商品、货物或者其他财产，以拍卖或者变卖所得抵缴税款。个人及其所扶养家属维持生活必需的住房和用品，不在税收保全措施的范围之内。

根据《行政强制法》第二十四条的规定，行政机关决定实施查封、扣押的，应当履行《行政强制法》第十八条规定的程序，制作并当场交付查封、扣押决定书和清单。查封、扣押决定书应当载明下列事项：①当事人的姓名或者名称、地址；②查封、扣押的理由、依据和期限；③查封、扣押场所、设施或者财物的名称、数量等；④申请行政复议或者提起行政诉讼的途径和期限；⑤行政机关的名称、印章和日期。查封、扣押清单一式二份，由当事人和行政机关分别保存。

根据《行政强制法》第二十五条的规定，查封、扣押的期限不得超过三十日；情况复杂的，经行政机关负责人批准，可以延长，但是延长期限不得超过三十日。法律、行政法规另有规定的除外。延长查封、扣押的决定应当及时书面告知当事人，并说明理由。对物品需要进行检测、检验、检疫或者技术鉴定的，查封、扣押的期间不包括检测、检验、检疫或者技术鉴定的期间。检测、检验、检疫或者技术鉴定的期间应当明确，并书面告知当事人。检测、检验、检疫或者技术鉴定的费用由行政机关承担。

二、文书式样

_____税务局（稽查局）

税收保全措施决定书

（扣押/查封适用）

____税保封〔　〕　号

_____：（纳税人识别号：　　　）

鉴于你（单位）(地址：_____)_____，根据《中华人民共和国税收征收管理法》_____规定，经_____税务局（分局）局长批准，决定从___年__月__日至___年__月__日对你（单位）的_____（商品、货物或者其他财产）予以_____。如纳税限期期满仍未缴纳税款，将依法拍卖或者变卖所扣押、查封的商品、货物或者其他财产抵缴税款。

如对本决定不服，可自收到本决定之日起六十日内依法向_____申请行政复议，或者自收到本决定之日起三个月内依法向人民法院起诉。

税务机关（签章）

年　月　日

三、文书的使用说明

（一）设置依据

本决定书依据《税收征收管理法》第三十七条、第三十八条、第四十条、第五十五条和《税收征收管理法实施细则》以及《行政强制法》第二十四条、第二十五条设置。

（二）适用范围

税务机关采取税收保全措施，依法查封、扣押纳税人、扣缴义务人、纳税担保人的价值相当于应纳税款的商品、货物或者其他财产时使用。

（三）填写说明

（1）本文书受送达人处填写纳税人、扣缴义务人、纳税担保人名称或者姓名，统一社会信用代码或者有效身份证件号码，没有统一社会信用代码的，填写纳税人识别号。

（2）"鉴于你（单位）（地址：____）____"地址填写注册登记地址或者有效身份证件上的地址。第二横线处填写查封、扣押理由（根据《中华人民共和国税收征收管理法》第三十七条、第三十八条或第五十五条，结合具体违法情形填写）。

（3）"根据《中华人民共和国税收征收管理法》____规定"横线处分别填写第三十七条、第三十八条、第四十条或第五十五条。

（4）"经____税务局（分局）局长批准"横线处填写符合《税收征收管理法》规定具有审批权限的税务局（分局）局长所在税务机关的具体名称。"从____年__月__日至____年__月__日"填写查封、扣押起止日期。依照税收征管法第五十五条规定，税务机关采取查封、扣押措施的，期限一般不得超过6个月；重大案件需要延长期限的，应当报国家税务总局批准。除上述情形外采取查封、扣押措施的，期限不得超过30日；情况复杂的，经县以上税务局局长批准，可以延长，但是延长期限不得超过30日。

（5）"对你（单位）的____"横线处填写税务机关查封（扣押）的商品、货物或者其他财产的具体名称。

（6）"向____"横线处填写有权受理行政复议申请的上级税务机关的具体名称。

（四）审批程序

本决定书审批程序和权限依照有关规定办理：

（1）对未按照规定办理税务登记的从事生产、经营的纳税人以及临时从事经营的纳税人实施扣押的，由税务机关（包括税务所、稽查局）负责人审批，文书正文中可不注明"经____税务局（分局）局长批准"。

（2）对从事生产、经营的纳税人、扣缴义务人实施查封、扣押的，由县以上税务局（分局）局长审批。

（五）使用和格式

（1）个人及其所扶养家属维持生活必需的住房和用品，不在税收保全措施的范围之内。单价 5 000 元以下的其他生活用品，不采取税收保全措施。

（2）税务机关在扣押商品、货物或者其他财产的价值，参照同类商品的市场价、出厂价或评估价估算。

（3）税务机关按上述方法确定应查封、扣押的商品、货物或其他财产的价值时，还应当包括滞纳金和扣押、查封、保管、拍卖、变卖过程中所发生的费用。

（4）本决定书在必要时与《协助执行通知书》《税务文书送达回证》一并使用，可要求协助执行部门停止办理产权过户手续。

（5）文书字号设为"保封"，稽查局使用设为"稽保封"。

（6）本决定书为 A4 竖式，一式三份，一份送纳税人或扣缴义务人，一份送协助执行部门，一份装入卷宗。

四、文书范本

（一）焦作税务机关税收保全措施决定书

焦作市国家税务局稽查局

税收保全措施决定书

（扣押/查封适用）

焦国税稽保封〔2015〕202 号

焦作市××房地产开发有限公司：

根据《中华人民共和国税收征收管理法》第四十条的规定，经焦作市国家税务局局长批准，决定从 2015 年 10 月 30 日起对你单位在焦作市山阳区建设东路 628 号沿街改造 1 号楼 1 号、2 号、3 号、48 号、49 号、50 号、51 号房产予以查封。如纳税限期期满仍未缴纳税款，将依法拍卖或者变卖所扣押、查封的商品、货物或者其他财产抵缴税款。

如对本决定不服，可自收到本决定之日起 60 日内依法向焦作市国家税务局申请行政复议，或者自收到本决定之日起 6 个月内依法向人民法院起诉。

焦作市国家税务局稽查局

2015 年 11 月 11 日

（二）厦门税务机关税收保全措施决定书

国家税务总局厦门市同安区税务局

税收保全措施决定书

（查封/扣押适用）

厦同税稽保封〔2020〕02号

厦门××房地产开发有限公司：

根据《中华人民共和国税收征收管理法》第四十条规定，经国家税务总局厦门市同安区税务局局长批准，决定对你（单位）下列的房产：

1. 厦门市同安区西安路44号之一房产[闽(2018)厦门市不动产权第0016871号]；
2. 厦门市同安区松柏林北街37号房产（厦地房证字第同00002687号）；
3. 厦门市同安区西安商业城二期71号房产（厦地房证第00433638号）；
4. 厦门市同安区西安商业城二期72号房产（厦地房证字第00433637号）；
5. 厦门市同安区西安商业城二期73号房产（《土地房屋登记卡》厦地房证字第00433636号）；
6. 厦门市同安区西安商业城二期76号房产（厦地房证字第00433634号）；
7. 厦门市同安区西安商业城二期74号房产（厦地房证字第00433661号）；
8. 厦门市同安区西安商业城二期67号房产（厦地房证字第00433639号）等房产予以查封。

如纳税限期期满仍未缴纳税款，将依法拍卖或者变卖所扣押、查封的商品、货物或者其他财产抵缴税款。

如对本决定不服，可自收到本决定之日起六十日内依法向国家税务总局厦门市税务局申请行政复议，或者自收到本决定之日起六个月内依法向人民法院起诉。

国家税务总局厦门市同安区税务局

2020年9月9日

第六节　查封商品、货物或者其他财产清单

一、相关法律制度

根据《税收征收管理法》第四十七条的规定，税务机关扣押商品、货物或者其他财产时，必须开付收据；查封商品、货物或者其他财产时，必须开付清单。

二、文书式样

查封商品、货物或者其他财产清单

_____：

根据《税收保全措施决定书（查封/扣押适用）》(_____税保封〔　〕号)查封你（单位）下列商品、货物或者其他财产：

序 号	商品、货物或者其他财产名称	单位	数量	单价	金额	备注
	合　计					
	合计金额（大写）					

以上内容请被执行人认真核对无误后签字盖章。

税务机关（签章）：　　　　执行人：　　　　执行日期：　年　月　日

被执行人：

三、文书的使用说明

（一）设置依据

本清单依据《税收征收管理法》第四十七条设置。

（二）适用范围

税务机关在查封商品、货物或者其他财产时使用。

（三）使用与格式

（1）本清单为《税收保全措施决定书（查封/扣押适用）》附件。

（2）税务机关查封商品、货物或者其他财产的价值，参照同类商品的市场价、出厂价或者评估价估算。

（3）税务机关按上述方法确定应查封的商品、货物或其他财产的价值时，还应当包括滞纳金和查封、保管、拍卖、变卖过程中所发生的费用。

（4）本清单为A4竖式，一式二份，一份送被执行人，一份装入卷宗。

第七节　扣押商品、货物或者其他财产专用收据

一、相关法律制度

根据《税收征收管理法》第四十七条的规定，税务机关扣押商品、货物或者其他财产时，必须开付收据；查封商品、货物或者其他财产时，必须开付清单。

二、文书式样

扣押商品、货物或者其他财产专用收据

_____：

根据《税收保全措施决定书（查封/扣押适用）》(____税保封〔　〕号)，扣押你（单位）如下商品、货物或者其他财产：

序号	商品、货物或者其他财产名称	单位	数量	单价	金额	备注
合　计						
合计金额（大写）						

以上内容请被执行人认真核对无误后签字盖章。

税务机关（签章）：　　　　执行人：　　　　　　执行日期：　年　月　日

被执行人：

三、文书的使用说明

（一）设置依据

本收据依据《税收征收管理法》第四十七条设置。

（二）适用范围

税务机关在扣押商品、货物或者其他财产时使用。

（三）使用与格式

（1）本收据为《税收保全措施决定书（查封／扣押适用）》附件。

（2）税务机关扣押商品、货物或者其他财产的价值，参照同类商品的市场价、出厂价或者评估价估算。

（3）税务机关按上述方法确定应扣押的商品、货物或其他财产的价值时，还应当包括滞纳金和扣押、保管、拍卖、变卖过程中所发生的费用。

（4）备注栏应当说明扣押商品、货物或者其他财产单价、金额的来源。

（5）本收据为 A4 竖式，一式二份，一份交被执行人，一份装入卷宗。

第八节　解除税收保全措施决定书（扣押／查封适用）

一、相关法律制度

根据《税收征收管理法》第三十七条的规定，对未按照规定办理税务登记的从事生产、经营的纳税人以及临时从事经营的纳税人，由税务机关核定其应纳税额，责令缴纳；不缴纳的，税务机关可以扣押其价值相当于应纳税款的商品、货物。扣押后缴纳应纳税款的，税务机关必须立即解除扣押，并归还所扣押的商品、货物；扣押后仍不缴纳应纳税款的，经县以上税务局（分局）局长批准，依法拍卖或者变卖所扣押的商品、货物，以拍卖或者变卖所得抵缴税款。

根据《税收征收管理法实施细则》第六十八条的规定，纳税人在税务机关采取税收保全措施后，按照税务机关规定的期限缴纳税款的，税务机关应当自收到税款或者银行转回的完税凭证之日起 1 日内解除税收保全。

根据《行政强制法》第二十八条的规定，有下列情形之一的，行政机关应当及时作出解除查封、扣押决定：①当事人没有违法行为；②查封、扣押的场所、设施或者财物与违法行为无关；③行政机关对违法行为已经作出处理决定，不再需要查封、扣押；④查封、扣押期限已经届满；⑤其他不再需要采取查封、扣押措施的情形。解除查封、扣押应当立即退还财物；已将鲜活物品或者其他不易保管的财物拍卖或者变卖的，退还拍卖或者变卖所得款项。变卖价格明显低于市场价格，给当事人造成损失的，应当给予补偿。

二、文书式样

_____税务局（稽查局）

解除税收保全措施决定书

（扣押/查封适用）

___税解保封〔 〕号

_____：（纳税人识别号：_____）

  鉴于你（单位）_____，根据_____规定，决定解除___年__月__日《税收保全措施决定书（查封/扣押适用）》（___税保封〔 〕号）查封（扣押）你（单位）的商品、货物或者其他财产。请于___年__月__日前持《查封商品、货物或者其他财产清单》（或《扣押商品、货物或者其他财产专用收据》），前来办理解除查封（扣押）手续。

税务机关（签章）

年 月 日

三、文书的使用说明

（一）设置依据

本决定书依据《税收征收管理法》第三十七条、第三十八条和《税收征收管理法实施细则》第六十八条以及《行政强制法》第二十八条设置。

（二）适用范围

税务机关对纳税人采取税收保全措施后，纳税人、扣缴义务人、纳税担保人自行缴纳了应纳税款，或者税务机关依法强制执行了应纳税款，或者查明没有违法行为或者被扣押、查封财产与违法行为无关，违法行为已作处理不再需要扣押、查封，扣押、查封期限届满后使用。

（三）审批程序

本决定书审批程序和权限依照有关规定办理：

（1）对未按照规定办理税务登记的从事生产、经营的纳税人以及临时从事经营的纳税人实施扣押的，由税务机关（包括税务所、稽查局）负责人审批；

（2）对从事生产、经营的纳税人、扣缴义务人实施查封、扣押的，由县以上税务局（分局）局长审批。

（四）填写说明

（1）本文书受送达人处填写纳税人、扣缴义务人、纳税担保人名称或者姓名，统一社会信用代码或者有效身份证件号码，没有统一社会信用代码的，填写纳税人识别号。

（2）"鉴于你（单位）＿＿＿＿"横线处应分清解除税收保全措施的不同原因分别填写：①没有违法行为；②被扣押、查封的商品、货物或其他财产与违法行为无关；③违法行为已被作出处理决定，不再需要扣押、查封；④扣押、查封期限已经届满；⑤如税款已在期限内缴纳，则分别填写：一是纳税人主动在限期内全部缴纳应缴款项的，填写"已在限期内缴纳了应缴税款、滞纳金"；二是由税务机关采取强制执行措施追缴款项入库的，填写"应缴税款、滞纳金已由税务机关依法强制执行"。其他不再需要采取扣押、查封措施的情形，根据实际情况填写。

（3）"根据＿＿＿＿规定"横线处根据具体情况填写"《中华人民共和国税收征收管理法》第三十七条、第三十八条、《行政强制法》第二十八条"。

（五）使用与格式

（1）纳税人按照税务机关规定的期限缴纳税款的，税务机关应当自收到税款或者银行转回的完税凭证之日起1日内解除查封（扣押）；纳税人未按照税务机关规定的期限缴纳税款，税务机关采取了强制执行措施追缴税款入库的，也应向当事人发出本决定书解除查封、扣押。

（2）解除查封（扣押）后，税务机关应将纳税人保存的《查封商品、货物或者其他财产清单》或者《扣押商品、货物或者其他财产收据》收回存档。

（3）本决定书在必要时与《协助执行通知书》《税务文书送达回证》一并使用，可要求协助执行部门解除停止办理产权过户手续。

（4）文书字号设为"解保封"，稽查局使用设为"稽解保封"。

（5）本决定书为A4竖式，一式三份，一份送查封（扣押）商品、货物或者其他财产纳税人，一份随同《协助执行通知书》送协助执行部门，一份装入卷宗。

四、文书范本

(一)海南税务机关解除税收保全措施决定书

海南省地方税务局第一稽查局
解除税收保全措施决定书
琼地税一稽解保封〔2016〕2号

海南××实业有限公司(纳税人识别号:××××):

　　本局于2016年3月9日作出《海南省地方税务局第一稽查局税收保全措施决定书》(琼地税一稽保封〔2016〕1号),依法查封了你公司原有的一套房产。鉴于海口市龙华区人民法院民事判决书(2016)琼0106民初323号的判决结论,对该产权的进一步明确,本局决定解除对你公司位于海口市义龙横路12号义龙丽景都市公寓的一套房产(产权证号:××××;房号:C幢1803号)的查封。

海南省地方税务局第一稽查局
2016年5月19日

(二)敖汉旗税务机关解除税收保全措施决定书

国家税务总局敖汉旗税务局
解除税收保全措施决定书
(扣押/查封适用)
敖税长解保封〔2023〕01号

敖汉旗××矿业有限公司:

　　鉴于你(单位)被强制执行的财产经过三次拍卖、三次变卖均无法实现变价抵税,根据国家税务总局第12号《抵税财物拍卖、变卖试行办法》第三十一条规定,决定解除2020年6月19日《税收保全措施决定书(查封/扣押适用)》(敖税长保〔1〕号)查封(扣押)你(单位)的商品、货物或者其他财产。请于2023年6月2日前持《查封商品、货物或者其他财产清单》(或《扣押商品、货物或者其他财产专用收据》),前来办理解除查封(扣押)手续。

国家税务总局敖汉旗税务局长胜镇税务所
2023年6月2日

第七章 税收强制执行类文书

第一节 催告书（行政强制执行适用）

一、相关法律制度

根据《行政强制法》第三十五条的规定，行政机关作出强制执行决定前，应当事先催告当事人履行义务。催告应当以书面形式作出，并载明下列事项：

（1）履行义务的期限。
（2）履行义务的方式。
（3）涉及金钱给付的，应当有明确的金额和给付方式。
（4）当事人依法享有的陈述权和申辩权。

二、文书式样

　　　　　　税务局（稽查局）

　　　催　告　书
　　（行政强制执行适用）

　　　　税强催〔　〕号

_____：（纳税人识别号：　　　）

　　本机关于____年__月__日向你（单位）送达_____，你（单位）在法定期限内不履行本机关作出的行政决定。根据《中华人民共和国行政强制法》第三十四条、第三十五条（第四十五条、第四十六条）规定，现依法向你（单位）催告，请你（单位）自收到本催告书之日起____日内履行下列义务：
1.＿＿＿＿＿＿＿＿＿＿＿＿＿＿＿＿＿＿＿＿＿＿
2.＿＿＿＿＿＿＿＿＿＿＿＿＿＿＿＿＿＿＿＿＿＿

逾期仍未履行义务的，本机关将依法强制执行。

你（单位）在收到催告书后有权进行陈述和申辩。请你（单位）在收到本催告书之日起三日内提出陈述和申辩，逾期不陈述、申辩的视为放弃陈述和申辩的权利。

联系人：

联系电话：

地址：

执法人员（检查证号）：

税务机关（印章）
年　月　日

三、文书的使用说明

（一）设置依据

本文书依据《中华人民共和国行政强制法》第三十五条规定制作，是税务机关对当事人在法定期限内不履行行政决定，在依法强制执行前，事先催告当事人履行义务而制作的执法文书。

（二）抬头填写

本催告书抬头填写纳税人、扣缴义务人、纳税担保人名称或者姓名，统一社会信用代码或者有效身份证件号码，没有统一社会信用代码的，以纳税人识别号代替。

（三）填写说明

（1）"本机关于____年__月__日"：填写送达当事人文书的日期，年份不能简写。

（2）"送达____"：填写文书名称及字号。

（3）"1.____ 2.____"：下划线填写当事人应当履行的义务，即税务机关在有关决定性文书中作出的行政决定，涉及金钱给付的，应当有明确的金额和给付方式；如当事人应当履行的义务只有一项，第2项空白处应划去；如有多项的可增加项目。依法申请人民法院强制执行的行政决定不得填写在此栏目。

（4）当事人陈述申辩：当事人在本催告书规定的期限内提出陈述申辩的，税务机关应当进行复核；当事人自愿放弃陈述申辩权利的，税务机关应当作出相应记录。

（5）"联系人：____联系电话：____联系地址：____"：填写税务机关受理当事人陈述申辩的联系人、电话及地址。

（6）执法人员（检查证号）：由执法人员签名（盖章）并注明税务检查证件号码。执法人员应为两名以上。

（7）本文书应当交当事人确认后由当事人签名（盖章）。当事人拒绝接收或者无法直接送达的，应当按照《中华人民共和国民事诉讼法》的有关规定送达。

（8）文书字号设为"强催"，稽查局使用设为"稽强催"。

（四）使用与格式

本催告书为 A4 竖式，一式两份，一份送被催告当事人，一份装入卷宗。

第二节　催告书（申请人民法院强制执行适用）

一、相关法律制度

根据《行政强制法》第五十四条的规定，行政机关申请人民法院强制执行前，应当催告当事人履行义务。催告书送达十日后当事人仍未履行义务的，行政机关可以向所在地有管辖权的人民法院申请强制执行；执行对象是不动产的，向不动产所在地有管辖权的人民法院申请强制执行。

二、文书式样

＿＿＿税务局（稽查局）
催　告　书
（申请人民法院强制执行适用）
＿＿＿税强催〔　〕号

＿＿＿＿＿＿＿＿：（纳税人识别号：　　　）

本机关于＿＿＿年＿＿月＿＿日向你（单位）送达＿＿＿＿＿＿＿＿＿＿＿＿＿＿＿＿，你（单位）＿＿＿＿＿＿＿＿＿＿＿＿＿＿＿＿＿＿＿＿＿＿＿＿＿＿＿＿＿＿＿＿。根据《中华人民共和国行政强制法》第五十四条规定，现依法向你（单位）催告，请你（单位）自收到本催告书之日起十日内履行下列义务：

1. ＿＿＿＿＿＿＿＿＿＿＿＿＿＿＿＿＿＿＿
2. ＿＿＿＿＿＿＿＿＿＿＿＿＿＿＿＿＿＿＿

逾期仍未履行义务的，本机关将依法申请人民法院强制执行。

你（单位）在收到催告书后有权进行陈述和申辩。请你（单位）在收到本催告书之日起三日内提出陈述和申辩，逾期不陈述、申辩的视为放弃陈述和申辩的权利。

联系人：

联系电话：

地址：

执法人员（检查证号）：

税务机关（印章）
年　月　日

二、文书的使用说明

（一）设置依据

本文书依据《中华人民共和国行政强制法》第五十四条规定制作，是税务机关在申请人民法院依法强制执行前，事先催告当事人履行义务而制作的执法文书。

（二）填写说明

（1）本催告书抬头填写纳税人、扣缴义务人、纳税担保人名称或者姓名，统一社会信用代码或者有效身份证件号码，没有统一社会信用代码的，以纳税人识别号代替。

（2）"本机关于____年__月__日"：填写送达当事人文书的日期，年份不能简写。

（3）"送达_____"：填写文书名称及字号。

（4）"你（单位）____"横线处根据税收征管法第八十八条、行政复议法第七十八条、行政诉讼法第九十五条等规定，结合具体情形填写。

（5）"1.____ 2.____"：下划线填写当事人应当履行的义务，即税务机关在有关决定性文书中作出的行政决定，涉及金钱给付的，应当有明确的金额和给付方式；如当事人应当履行的义务只有一项的，第2项空白处应划去；如有多项的可增加项目。

（6）当事人陈述申辩：当事人在本催告书规定的期限内提出陈述申辩的，税务机关应当进行复核；当事人自愿放弃陈述申辩权利的，税务机关应当作出相应记录。

（7）"联系人：____联系电话：____联系地址：____"：填写税务机关受理当事人陈述申辩的联系人、电话及地址。

（8）执法人员（检查证号）：由执法人员签名（盖章）并注明税务检查证件号码。执法人员应为两名以上。

（三）使用与格式

本文书应当交当事人确认后由当事人签名（盖章）。当事人拒绝接收或者无法直接送达的，应当按照《中华人民共和国民事诉讼法》的有关规定送达（处罚法、强制法、复议法中有专门规定）。

本文书一式两份，一份送达被催告当事人，一份税务机关留存。

第三节　税收强制执行决定书
（扣缴税收款项适用）

一、相关法律制度

根据《税收征收管理法》第四十条的规定，从事生产、经营的纳税人、扣缴义务人未按照规定的期限缴纳或者解缴税款，纳税担保人未按照规定的期限缴纳所担保的税款，由税务机关责令限期缴纳，逾期仍未缴纳的，经县以上税务局（分局）局长批准，税务机关可以采取下列强制执行措施：书面通知其开户银行或者其他金融机构从其存款中扣缴税款；扣押、查封、依法拍卖或者变卖其价值相当于应纳税款的商品、货物或者其他财产，以拍卖或者变卖所得抵缴税款。税务机关采取强制执行措施时，对前款所列纳税人、扣缴义务人、纳税担保人未缴纳的滞纳金同时强制执行。个人及其所扶养家属维持生活必需的住房和用品，不在强制执行措施的范围之内。

根据《行政强制法》第三十七条的规定，经催告，当事人逾期仍不履行行政决定，且无正当理由的，行政机关可以作出强制执行决定。强制执行决定应当以书面形式作出，并载明下列事项：①当事人的姓名或者名称、地址；②强制执行的理由和依据；③强制执行的方式和时间；④申请行政复议或者提起行政诉讼的途径和期限；⑤行政机关的名称、印章和日期。在催告期间，对有证据证明有转移或者隐匿财物迹象的，行政机关可以作出立即强制执行决定。

二、文书式样

　　　　　　税务局（稽查局）
税收强制执行决定书
（扣缴税收款项适用）
　　　　　税强扣〔　〕号

　　　　　　　　　：（纳税人识别号：　　　　）
　　鉴于你（单位）（地址：　　　　）　　　，根据《中华人民共和国税收征收管理法》规定，经　　　　　税务局（分局）局长批准，决定从　　年　月　日起从你（单位）　　　　的存款账户（账号：　　　　　　　）中扣缴以下款项，缴入国库：

税　　　款（大写）：_____（¥　　　）
滞　纳　金（大写）：_____（¥　　　）
罚　　　款（大写）：_____（¥　　　）
没收违法所得（大写）：_____（¥　　　）
合　　　计（大写）：_____（¥　　　）

如对本决定不服，可自收到本决定之日起六十日内依法向_____申请行政复议，或者自收到本决定之日起六个月内依法向人民法院起诉。

税务机关（签章）

年　月　日

三、文书的使用说明

（一）设置依据

本决定书依据《税收征收管理法》第三十八条、第四十条、第五十五条、第八十八条，《税收征收管理法实施细则》，《行政强制法》第三十七条设置。

（二）适用范围

（1）税务机关对从事生产、经营的纳税人已采取税收保全措施，但纳税人逾期未缴纳税款时使用。

（2）从事生产、经营的纳税人、扣缴义务人未按规定的期限缴纳或者解缴税款，纳税担保人未按规定的期限缴纳所担保的税款，由税务机关责令限期缴纳，逾期仍未缴纳时使用。

（3）税务机关对从事生产、经营的纳税人以前纳税期的纳税情况依法进行税务检查时，发现纳税人有逃避纳税义务行为，并有明显的转移、隐匿其应纳税的商品、货物以及其他财产或者应纳税的收入的迹象时使用。

（4）当事人对税务机关当场作出的处罚决定逾期不申请行政复议又不履行时，或者对税务机关作出的其他处罚决定逾期不申请行政复议也不向人民法院起诉、又不履行时使用。

（三）填写说明

（1）本文书受送达人处填写纳税人、扣缴义务人、纳税担保人名称或者姓名，统一社会信用代码或者有效身份证件号码，没有统一社会信用代码的，填写纳税人识别号。

（2）"鉴于你（单位）（地址：____）____"地址填写注册登记地址或者有效身份证件上的地址。第二横线处填写强制执行理由。（根据《中华人民共和国税收征收管理法》第四十条、第五十五条、第八十八条，《中华人民共和国行政强制法》第三十七条，结合具体情况填写）。

（3）"经＿＿＿税务局（分局）局长批准"横线处填写符合《税收征收管理法》规定具有审批权限的税务局（分局）局长所在税务机关的具体名称。

（4）"在＿＿＿的存款账户（账号：＿＿＿）中扣缴以下款项"横线处填写纳税人、扣缴义务人或者纳税担保人开户银行或者其他金融机构的具体名称。

（四）使用与格式

（1）本决定书应与《扣缴税收款项通知书》一并依照规定的审批程序和权限，由县以上税务局（分局）局长批准后使用。

（2）"向＿＿＿"横线处填写有权受理行政复议申请的上级税务机关的具体名称。

（3）本决定书与《税务文书送达回证》一并使用，在送达金融机构后送达纳税人一份。

（4）文书字号设为"强扣"，稽查局使用设为"稽强扣"。

（5）本决定书为 A4 竖式。一式三份，一份送金融机构，一份送纳税人或扣缴义务人、纳税担保人，一份装入卷宗。

四、文书范本

（一）太仓税务机关税收强制执行决定书

国家税务总局太仓市税务局

税收强制执行决定书

（扣缴税收款项适用）

太税强扣〔2023〕18 号

太仓市××五金制品有限公司：（纳税人识别号：××××）

鉴于你（单位）（地址：太仓市双凤镇中市南路××号）欠缴所属期 2015 年 4 月 1 日至 2022 年 1 月 13 日的应缴纳税款（大写）玖万陆仟陆佰叁拾叁元零柒分（¥：96 633.07）元，经限期缴纳（文书号：太税娄东税通〔2023〕3379 号，限 2023 年 8 月 8 日前缴纳），逾期仍未缴纳，2023 年 9 月 25 日我局发出《催告书》（文书号：太税娄东强催〔2023〕18 号，限 10 日内缴纳欠缴的 2015 年 4 月 1 日至 2022 年 1 月 13 日的应缴纳税款（大写）玖万陆仟陆佰叁拾叁元零柒分（¥：96 633.07）元，逾期仍未履行义务，根据《中华人民共和国税收征收管理法》规定，经国家税务总局太仓市税务局局长批准，决定从 2023 年 11 月 3 日起从你（单位）中国农业银行股份有限公司太仓分行的存款账户（账号：××××）中扣缴以下款项，缴入国库：

税款（大写）：玖万柒仟柒佰捌拾捌元玖角捌分（¥97 788.98）

滞纳金（大写）：玖万柒仟柒佰捌拾肆元伍角柒分（¥97 784.57）

罚款（大写）：零元整（¥0.00）

没收违法所得（大写）：零元整（¥0.00）

合计（大写）：壹拾玖万伍仟伍佰柒拾叁元伍角伍分（¥195 573.55）

如对本决定不服，可自收到本决定之日起六十日内依法向国家税务总局苏州市税务局申请行政复议，或者自收到本决定之日起六个月内依法向人民法院起诉。

国家税务总局太仓市税务局
2023 年 11 月 2 日

（二）南通税务机关税收强制执行决定书

国家税务总局南通市通州区税务局
税收强制执行决定书
（扣缴税收款项适用）
通州税强扣〔2022〕26 号

南通××材料有限公司：（纳税人识别号：××××）

鉴于你（单位）（地址：南通市通州经济开发区世纪大道788号）未在规定期限内缴纳税款，我局对你单位进行了催缴催告，截至本决定书发出之日，你单位仍未缴纳税款及滞纳金，根据《中华人民共和国税收征收管理法》第四十条、《中华人民共和国行政强制法》第三十七条规定，经国家税务总局南通市通州区税务局局长批准，决定从 2022 年 11 月 28 日起从你单位在中国农业银行股份有限公司南通通州支行的存款帐户（账号：107130******7503）、江苏南通农村商业银行股份有限公司营业部的存款帐户（账号：320624******4784）、苏州银行股份有限公司南通分行的存款帐户（账号：51525******0058）中扣缴以下款项，缴入国库：

税款（大写）：叁拾伍万柒仟玖佰贰拾伍元柒角三分（¥357 925.73）

滞纳金（大写）：壹拾万肆仟捌佰肆拾贰元三角柒分（¥104 842.37，滞纳金截止到 2022 年 11 月 28 日）

合计（大写）：肆拾陆万贰仟柒佰陆拾捌元壹角整（¥462 768.10）

如对本决定不服，可自收到本决定之日起六十日内依法向国家税务总局南通市税务局申请行政复议，或者自收到本决定之日起六个月内依法向南通市经济开发区人民法院起诉。

国家税务总局南通市通州区税务局
2022 年 12 月 2 日

（三）佛山税务机关税收强制执行决定书

国家税务总局佛山市税务局第一稽查局
税收强制执行决定书
佛税一稽强扣〔2023〕20号

佛山市××贸易有限公司：（纳税人识别号：××××）

　　鉴于你（单位）（地址：佛山市南海区狮山镇官窑新和黄边村黄信发自编×号）未按照规定期限履行《税务处理决定书》（佛税一稽处〔2021〕1324号），经催告后仍未履行，根据《中华人民共和国税收征收管理法》第四十条和《中华人民共和国行政强制法》第三十七条规定，经国家税务总局佛山市税务局局长批准，决定从2023年5月9日起从你（单位）在中国银行佛山三水乐平支行的存款账户（账号：××××）中扣缴以下款项，缴入国库：

　　税款（大写）：肆佰玖拾陆元肆角肆分（¥496.44）

　　滞纳金（大写）：　　　　（¥　　）

　　罚款（大写）：　　　　（¥　　）

　　没收违法所得（大写）：　　　　（¥　　）

　　合计（大写）：肆佰玖拾陆元肆角肆分（¥496.44）

　　如对本决定不服，可自收到本决定之日起六十日内依法向国家税务总局佛山市税务局申请行政复议，或者自收到本决定之日起六个月内依法向人民法院起诉。

国家税务总局佛山市税务局第一稽查局
二〇二三年五月九日

第四节　扣缴税收款项通知书

一、相关法律制度

　　根据《税收征收管理法》第八十八条的规定，纳税人、扣缴义务人、纳税担保人同税务机关在纳税上发生争议时，必须先依照税务机关的纳税决定缴纳或者解缴税款及滞纳金或者提供相应的担保，然后可以依法申请行政复议；对行政复议决定不服的，可以依法向人民法院起诉。当事人对税务机关的处罚决定、强制执行措施或者税收保全措施不服的，可以依法申请行政复议，也可以依法向人民法院起诉。当事人对税务机关的处罚决定逾期不申请行政复议也不向人民法院起诉、又不履行的，作出处罚决定的税务机关可以采取《税收征收管理法》第四十条规定的强制执行措施，或者申请人民法院强制执行。

二、文书式样

_____税务局（稽查局）

扣缴税收款项通知书

_____税扣通〔 〕号

_____：

_____未按规定缴纳税款（滞纳金、罚款），根据《中华人民共和国税收征收管理法》_____规定，经_____税务局（分局）局长批准，请于本通知书送达之时起至__年_月_日止按所附缴款凭证共____份开具的金额（大写）_____（￥____）元从其在你处的存款账户（账号：_____）扣缴入库（账号：_____）。

税务机关（签章）

年　月　日

以下由银行（或其他金融机构）填写

存款账户余额：

签收人：

签收时间：年月日时分

签收单位（签章）

年　月　日

三、文书的使用说明

（一）设置依据

本通知书依据《税收征收管理法》第三十八条、第四十条、第五十五条、第八十八条设置。

（二）适用范围

（1）税务机关对从事生产、经营的纳税人已采取税收保全措施，但纳税人逾期未缴纳税款时使用。

（2）从事生产、经营的纳税人、扣缴义务人未按规定的期限缴纳或者解缴税款，纳税担保人未按规定的期限缴纳所担保的税款，由税务机关责令限期缴纳，逾期仍未缴纳时使用。

（3）税务机关对从事生产、经营的纳税人以前纳税期的纳税情况依法进行税务检查时，发现纳税人有逃避纳税义务行为，并有明显的转移、隐匿其应纳税的商品、货物以及其他财产或者应纳税的收入的迹象时使用。

（4）当事人对税务机关当场作出的处罚决定逾期不申请行政复议又不履行时，或者对税务机关作出的其他处罚决定逾期不申请行政复议也不向人民法院起诉、又不履行时使用。

（三）填写说明

（1）本通知书抬头填写纳税人、扣缴义务人或者纳税担保人开户银行或者其他金融机构的具体名称。

（2）"＿＿＿未按规定缴纳税款（滞纳金、罚款）"横线处填写纳税人、扣缴义务人或者纳税担保人具体名称。

（3）"经＿＿＿税务局（分局）局长批准"横线处填写符合《税收征收管理法》规定具有审批权限的税务局（分局）局长所在税务机关的具体名称。

（四）使用与格式

（1）本通知书应与《税收强制执行决定书（扣缴税收款项适用）》一并依照规定的审批程序和权限，由县以上税务局（分局）局长批准后使用。

（2）本通知书与《税务文书送达回证》一并使用，在送达时签收时间不但要写明"年""月""日""时"，而且要具体写明"分"。

（3）文书字号设为"扣通"，稽查局使用设为"稽扣通"。

（4）本通知书为 A4 竖式，一式二份，一份随同《税收强制执行决定书（扣缴税收款项适用）》送金融机构，一份装入卷宗。

第五节　税收强制执行决定书
（拍卖／变卖适用）

一、相关法律制度

根据《抵税财物拍卖、变卖试行办法》第一章的规定，拍卖是指税务机关将抵税财物依法委托拍卖机构，以公开竞价的形式，将特定财物转让给最高应价者的买卖方式。变卖是指税务机关将抵税财物委托商业企业代为销售、责令纳税人限期处理或由税务机关变价处理的买卖方式。抵税财物是指被税务机关依法实施税收强制执行而扣押、查封或者按照规定应强制执行的已设置纳税担保物权的商品、货物、其他财产或者财产权利。被执行人是指从事生产经营的纳税人、扣缴义务人或者纳税担保人等税务行政相对人。

拍卖或者变卖抵税财物应依法进行，并遵循公开、公正、公平、效率的原则。有下列情形之一的，税务机关依法进行拍卖、变卖：采取税收保全措施后，限期期满仍未缴纳税款的；设置纳税担保后，限期期满仍未缴纳所担保的税款的；逾期不按规定履行税务处理决定的；逾期不按规定履行复议决定的；逾期不按规定履行税务行政处罚决定的；其他经责令限期缴纳，逾期仍未缴纳税款的。对上述三至六项情形进行强制执行时，在拍卖、变卖之前（或同时）进行扣押、查封，办理扣押、查封手续。

税务机关按照拍卖优先的原则确定抵税财物拍卖、变卖的顺序：委托依法成立的拍卖机构拍卖；无法委托拍卖或者不适于拍卖的，可以委托当地商业企业代为销售，或者责令被执行人限期处理；无法委托商业企业销售，被执行人也无法处理的，由税务机关变价处理。国家禁止自由买卖的商品、货物、其他财产，应当交由有关单位按照国家规定的价格收购。

税务机关拍卖变卖抵税财物时按下列程序进行：制作拍卖（变卖）抵税财物决定书，经县以上税务局（分局）局长批准后，对被执行人下达拍卖（变卖）抵税财物决定书。依照法律法规规定需要经过审批才能转让的物品或财产权利，在拍卖、变卖前，应当依法办理审批手续。查实需要拍卖或者变卖的商品、货物或者其他财产。在拍卖或者变卖前，应当审查所扣押商品、货物、财产专用收据和所查封商品、货物、财产清单，查实被执行人与抵税财物的权利关系，核对盘点需要拍卖或者变卖的商品、货物或者其他财产是否与收据或清单一致。按照《抵税财物拍卖、变卖试行办法》规定的顺序和程序，委托拍卖、变卖，填写拍卖（变卖）财产清单，与拍卖机构签订委托拍卖合同，与受委托的商业企业签订委托变卖合同，对被执行人下达税务事项通知书，并按规定结算价款。以拍卖、变卖所得支付应由被执行人依法承担的扣押、查封、保管以及拍卖、变卖过程中的费用。拍卖、变卖所得支付有关费用后抵缴未缴的税款、滞纳金，并按规定抵缴罚款。拍卖、变卖所得支付扣押、查封、保管、拍卖、变卖等费用并抵缴税款、滞纳金后，剩余部分应当在3个工作日内退还被执行人。税务机关应当通知被执行人将拍卖、变卖全部收入计入当期销售收入额并在当期申报缴纳各种应纳税款。拍卖、变卖所得不足抵缴税款、滞纳金的，税务机关应当继续追缴。

拍卖、变卖抵税财物，由县以上税务局（分局）组织进行。变卖鲜活、易腐烂变质或者易失效的商品、货物时，经县以上税务局（分局）局长批准，可由县以下税务机关进行。拍卖、变卖抵税财物进行时，应当通知被执行人到场；被执行人未到场的，不影响执行。税务机关及其工作人员不得参与被拍卖或者变卖商品、货物或者其他财产的竞买或收购，也不得委托他人为其竞买或收购。

根据《行政强制法》第三十七条的规定，经催告，当事人逾期仍不履行行政决定，且无正当理由的，行政机关可以作出强制执行决定。强制执行决定应当以书面形式作出，并载明下列事项：①当事人的姓名或者名称、地址；②强制执行的理由和依据；

③强制执行的方式和时间；④申请行政复议或者提起行政诉讼的途径和期限；⑤行政机关的名称、印章和日期。在催告期间，对有证据证明有转移或者隐匿财物迹象的，行政机关可以作出立即强制执行决定。

二、文书式样

_____税务局（稽查局）
税收强制执行决定书
（拍卖／变卖适用）
___税强拍〔　〕号

_____：（纳税人识别号：　　）

　　鉴于你（单位）（地址：_____）_____，根据《中华人民共和国税收征收管理法》_____规定，经_____税务局（分局）局长批准，决定：_____依法予以拍卖或者变卖，以拍卖或者变卖所得抵缴_____。

　　如对本决定不服，可自收到本决定之日起六十日内依法向_____申请行政复议，或者自收到本决定之日起六个月内依法向人民法院起诉。

税务机关（签章）
年　月　日

三、文书的使用说明

（一）设置依据

本决定书依据《税收征收管理法》第三十七条、第三十八条、第四十条、第五十五条、第八十八条和《税收征收管理法实施细则》以及《行政强制法》第三十七条设置。

（二）适用范围

税务机关依法采取税收强制执行措施，依法拍卖或者变卖纳税人、扣缴义务人、纳税担保人的价值相当于应纳税款的商品、货物或者其他财产，以拍卖或者变卖所得抵缴税收款项时使用。

（三）填写说明

（1）本文书受送达人处填写纳税人、扣缴义务人、纳税担保人名称或者姓名，统一社会信用代码或者有效身份证件号码，没有统一社会信用代码的，填写纳税人识别号。

（2）"鉴于你（单位）（地址：_____）_____"，地址填写注册登记地址或者有效身份证件上的地址。第二横线处填写强制执行理由（根据《中华人民共和国税收征收管理法》第四十条、第五十五条、第八十八条，《中华人民共和国行政强制法》第三十七条，结合具体情况填写）。

（3）"经____税务局（分局）"横线处填写符合《税收征收管理法》规定具有审批权限的税务局（分局）局长所在税务机关的具体名称。

（4）在"决定____："后面的横线处，根据做出税收强制执行决定前的实际情况，从以下三款内容中选择填写。

  A.对《税收保全措施决定书（查封/扣押适用）》（____税保封〔 〕号）所查封（扣押）的你（单位）的商品、货物或者其他财产。

  B.自___年_月_日起对你单位相当于应纳税款、滞纳金（大写）_____元的商品、货物或者其他财产，予以查封（扣押）。

  C.对你单位提供用于纳税担保（纳税担保书__号）的商品、货物或者其他财产。

（5）"向____"横线处填写有权受理行政复议申请的上级税务机关的具体名称。

（四）使用与格式

（1）税务机关在实施拍卖或者变卖时，拍卖或者变卖的商品、货物或者其他财产的价值，参照同类商品的市场价、出厂价或者评估价估算。

（2）税务机关按上述方法确定应拍卖或者变卖的商品、货物或其他财产的价值时，还应当包括滞纳金和拍卖、变卖所发生的费用。

（3）税务机关对有产权证书的动产或不动产拍卖后，向有关机关发出《协助执行通知书》，请有关机关协助办理该动产或不动产的过户手续。

（4）本决定书与《税务文书送达回证》一并使用。

（5）文书字号设为"强拍"，稽查局使用设为"稽强拍"。

（6）本决定书为A4竖式，一式三份，一份送纳税人，一份送协助执行部门，一份装入卷宗。

四、文书范本与案例

（一）徐州税务机关税收强制执行决定书

国家税务总局徐州市税务局第二稽查局
税收强制执行决定书
（拍卖/变卖适用）
徐税稽二强拍〔2023〕1号

徐州市××橡塑有限公司：（纳税人识别号：××××）

  鉴于你（单位）（地址：徐州中山北路××号）未按照规定的期限缴纳税款，

第七章 税收强制执行类文书

根据《中华人民共和国税收征收管理法》第四十条规定，经国家税务总局徐州市税务局（分局）局长批准，决定：自2023年2月13日起对你单位相当于应纳税款、滞纳金（大写）贰佰贰拾肆仟玖佰玖拾元四角（¥2 204 990.40元）的商品、货物或者其他财产，予以查封（扣押），依法予以拍卖或者变卖，以拍卖或者变卖所得抵缴税款、滞纳金和拍卖、变卖所发生的费用。

如对本决定不服，可自收到本决定之日起六十日内依法向国家税务总局江苏省税务局申请行政复议，或者自收到本决定之日起六个月内依法向人民法院起诉。

国家税务总局徐州市税务局第二稽查局
2023 年 2 月 13 日

（二）南昌税务机关税收强制执行决定书

国家税务总局南昌市税务局稽查局
税收强制执行决定书
（拍卖/变卖适用）
洪税稽强拍〔2023〕9 号

南昌市××服装制衣有限公司：（纳税人识别号：××××）

鉴于你单位（地址：南昌市青山湖区罗家镇坝桥村）经我局催告仍未履行纳税义务，根据《中华人民共和国税收征收管理法》第四十条规定，经国家税务总局南昌市税务局局长批准，决定自2023年11月24日起对你单位相当于应纳税款、滞纳金（大写）人民币壹佰伍拾玖万贰仟伍佰伍拾陆元捌角捌分（¥1 592 556.88元）的商品、货物或者其他财产予以查封，依法予以拍卖或者变卖，以拍卖或者变卖所得抵缴应纳税款、滞纳金。

如对本决定不服，可自收到本决定之日起六十日内依法向国家税务总局南昌市税务局申请行政复议，或者自收到本决定之日起六个月内依法向人民法院起诉。

国家税务总局南昌市税务局稽查局
2023 年 11 月 24 日

（三）辽宁税务机关税收强制执行案例

辽宁省昌图县人民法院
行政判决书
（2017）辽 1224 行初 6 号

原告陈××，男，1987年2月10日出生，汉族。

被告铁岭市国家税务局稽查局。

法定代表人陆××，该局局长。

行政机关负责人王××，该局副局长。

委托代理人邓××，该局执行科副科长。

被告辽宁省铁岭市国家税务局。

法定代表人孙××，该局局长。

委托代理人王××，该局政策法规科科长。

委托代理人王××，该局法规科工作人员。

原告陈××不服被告铁岭市国家税务局稽查局于2016年7月11日作出的铁国税强拍〔2016〕001号税收强制执行决定，不服被告辽宁省铁岭市国家税务局于2016年12月8日作出的铁国税复决〔2016〕10007号税务行政复议决定，于2017年12月27日向本院提起行政诉讼。本院于2017年1月4日受理后，于2017年1月6日向二被告送达了起诉状副本及应诉通知书。本院依法组成合议庭，于2017年5月22日公开开庭审理了本案。原告陈××、被告铁岭市国家税务局稽查局行政机关负责人王××，委托代理人邓××，被告辽宁省铁岭市国家税务局委托代理人王××、王××到庭参加诉讼。原告于2017年5月22日申请笔迹鉴定，本案中止审理，于2017年9月4日恢复审理。本案现已审理终结。

被告铁岭市国家税务局稽查局（以下简称稽查局）于2016年7月11日作出了铁国税强拍〔2016〕001号税收强制执行决定，该决定认定：对陈××提供用于纳税担保的三辆汽车，依法予以拍卖或者变卖，以拍卖或者变卖所得抵缴税款、滞纳金。

被告辽宁省铁岭市国家税务局（以下简称税务局）于2016年12月8日作出了铁国税复决〔2016〕10007号税务行政复议决定，该决定认定：稽查局作出的具体行政行为认定事实清楚，证据确凿，适用法律依据正确，程序合法，内容恰当，决定维持稽查局作出的铁国税强拍〔2016〕001号税收强制执行决定书。

原告陈××诉称，铁岭市×建材有限公司（以下简称×公司）于2016年1月2日不服被告稽查局作出的税务处理决定、税务行政处罚决定和被告税务局作出的税务行政复议决定，起诉到昌图县人民法院。2016年7月20日，被告稽查局在《铁岭日报》上向原告公告送达铁国税强拍〔2016〕001号税收强制执行决定书，决定对原告提供纳税担保的三辆汽车，依法予以拍卖或者变卖，以拍卖或变卖所得抵缴税款、滞纳金。原告认为稽查局对×公司作出702万元的税务处罚存在极大的争议，×公司到辽宁省高级人民法院提起了再审申请，鉴于本案的特殊性、复杂性，提前强制执行会给原告带来不可恢复的损失。原告在铁岭居住，稽查局不直接送达或是邮寄送达，一直采用公告送达的方式，不符合公告送达的条件，违反了《中华人民共和国税收征收管理法实施细则》第八章中有关公告送达前提条件的规定，是严重的程序违法。因本案不具备强制执行的前提条件，原告要求稽查局对此强制执行措施裁定中止执行，保护原告的合法利益不受损失。综上所述，被告稽查局作出的税收强制执行决定、被告税务局作出的税务行政复议决定违反法律规定，请求人民法院撤销被告稽查局于 2016 年 7 月 11 日作出的铁国税强拍〔2016〕001 号税收强制执行决定书；撤销被告税务局于 2016 年 12 月 8 日作出的铁国税复决〔2016〕10007 号税务行政复议决定书；确认被告稽查局作出的税收强制执行决定程序违法。

原告陈××为此向本院提交如下证据：

1. 税收强制执行决定书、税务强制执行决定书公告、河南省信阳市中级人民法院作出的〔2016〕豫 15 行终 120 号行政判决书。证明被告稽查局未采取直接送达和邮寄送达的方式下，直接采取公告送达方式程序违法。稽查局先作出税收强制执行决定，后作出催告书，剥夺了原告的陈述和申辩权，程序违法。税收强制执行决定告知原告 3 个月的起诉期限，适用法律错误。

2. 税务处理处罚表、企业所得税明细表。证明稽查局对×公司作出 719 万元的天价税处罚属于错案，现正在再审审理中，尚未得出结论。

3. 纳税担保书、纳税担保财产清单、送达回证 2 份。证明稽查局做假证，纳税担保财产清单中的评估价格严重低于市场价格。纳税担保书是伪造的，请求笔迹鉴定。

被告铁岭市国家税务局稽查局辩称：

一、关于原告诉称会造成不可弥补损失问题。

首先，纳税担保人具有为被担保人缴纳税款及滞纳金的义务。根据《中华人民共和国税收征收管理法》第八十八条规定，纳税人申请行政复议，必须先依照税务机关的纳税决定缴纳或者解缴税款及滞纳金或者提供相应的担保。×公司于 2015 年 8 月 19 日提出纳税担保申请。我局于 2015 年 8 月 31 日下达了《责成提供的纳税担保通知书》，并于当日为该公司办理了纳税担保。原告陈××以三辆小汽车，评估价值合计约 25 万元人民币，郑××以一套商品房，评估价值约 50.8 万元人民币，共同为某公司应缴纳的税款及滞纳金提供了纳税担保。原告在为×公司提供纳税担保后，即对该公司应缴纳的税款及滞纳金承担连带的法律责任。在担保期限内，纳税人未缴纳税款及滞纳金。《纳税担保试行办法》第三十条第一款规定："纳税担保人以其动产或财产权利为纳税人提供纳税质押担保的，按照纳税人提供质押担保的规定执行。"第三款规定："纳税人在规定的期限内未缴清税款、滞纳金的，税务机关应当在期限届满之日起 15 日内书面通知纳税担保人自收到纳税通知书之日起 15 日内缴纳担保的税款、滞纳金。"据此，纳税人×公司在规定的期限内未缴清税款及滞纳金，则原告具有代偿义务。

其次，稽查局具有强制执行权利。《中华人民共和国税收征收管理法》第四十条规定："从事生产、经营的纳税人、扣缴义务人未按照规定的期限缴纳或者解缴税款，纳税担保人未按照规定的期限缴纳所担保的税款，由税务机关责令限期缴纳，逾期仍未缴纳的，经县以上税务局（分局）局长批准，税务机关可以采取下列强制执行措施：（一）书面通知其开户银行或者其他金融机构从其存款中扣缴税款；(二)扣押、查封、依法拍卖或者变卖其价值相当于应纳税款的商品、货物或者其他财产，以拍卖或者变卖所得抵缴税款。税务机关采取强制执行措施时，对前款所列纳税人、扣缴义务人、纳税担保人未缴纳的滞纳金同时强制执行。"《纳税担保试行办法》第三十条规定："纳税担保人未按照前款规定的期限缴纳所担保的税款、滞纳金，由税务机关责令限期在 15 日内缴纳；缴清税款、滞纳金的，税务机关自纳税担保人缴清税款及滞纳金之日起 3 个工作日内返还质物、解除质押关系；逾期仍未缴纳的，经县以上税务局(分局)局长批准，税务机关依法拍卖、变卖质物，抵缴税款、滞纳金。"《中华人民共和国行政强制法》第三十四条规定："行政机关依法作出行政决定后，当事人在行政机关决定的期限内不履行义务的，具有行政强制执行权的行政机关依照本章规定强制执行。"依据以上法律法规规定，纳税人在规定期限内未缴清税款及滞纳金，我局有权对纳税担保人(即原告)提供的担保财物采取强制执行措施。

最后，原告为纳税人提供纳税担保后，我局为执行纳税人未缴清的税款及滞纳金依法履行的行政程序。×公司由于和我局在纳税上有争议，于 2015 年 8 月 31 日提供了纳税担保，在规定的期限内未缴清税款及滞纳金。依据《纳税担保试行办法》第二十四条、第三十条相关规定，我局于 2016 年 3 月 16 日对原告下达了税务事项通知书，在采取其他送达方式无法送达的情况下，我局在 2016 年 3 月 25 日的《铁岭日报》上公告送达了该文书，通知原告在文书视为送达之日起 15 日缴清所担保的税款及滞纳金。该公告视为送达之日为 2016 年 4 月 25 日，缴纳期限为 2016 年 5 月 10 日。因原告未在规定的期限缴纳所担保的税款、滞纳金，我局于 2016 年 5 月 12 日对其再次下达了税务事项通知书，在采取其他送达方式无法送达的情况下，我局在 2016 年 5 月 17 日的《铁岭日报》公告送达了该文书，通知原告在文书视为送达之日起 15 日内缴清所担保的税款及滞纳金。该公告视为送达日为 2016 年 6 月 15 日，缴纳期限为 2016 年 6 月 30 日。原告逾期仍未缴纳所担保的税款及滞纳金，根据《中华人民共和国税收征收管理法》第四十条、《纳税担保试行办法》第二十四条和第三十条、《中华人民共和国行政强制法》第三十四条相关规定，我局经铁岭市国家税务局局长批准，于 2016 年 7 月 11 日对原告下达了税收强制执行决定书，在采取其他送达方式无法送达的情况下，我局在 2016 年 7 月 20 日的《铁岭日报》公告送达了该文书，决定依法拍卖、变卖抵押物、质押物，抵缴税款、滞纳金。

综上，原告要求撤销税收强制执行决定无法律依据，我局对原告下达的该文书符合法律程序，行政执法行为合法有效。

二、关于下达税收法律文书过程中所涉执法程序问题。

首先，原告提出提前强制执行会带来不可恢复损失，应中止执行。某公司对该案不服申请行政复议，税务局维持了原行政行为，后经昌图法院、铁岭中院判决驳回某公司的诉讼请求。《中华人民共和国行政复议法》第二十一条规定："行政复议期间具体行政行为不停止执行；但是，有下列情形之一的，可以停止执行：（一）被申请人认为需要停止执行的；（二）行政复议机关认为需要停止执行的；（三）申请人申请停止执行，行政复议机关认为其要求合理，决定停止执行的；（四）法律规定停止执行的。"《中华人民共和国行政诉讼法》第五十六条规定："诉讼期间，不停止行政行为的执行，但有下列情形之一的，裁定停止执行：（一）被告认为需要停止执行的；（二）原告或者利害关系人申请停止执行，人民法院认为该行政行为的执行会造成难以弥补的损失，并且停止执行不损害国家利益、社会公共利益的；（三）人民法院认为该行政行为的执行会给国家利益、社会公共利益造成重大损害的；（四）法律、法规规定停止执行的。当事人对停止执行或者不停止执行的裁定不服的，可以申请复议一次。"综上，原告提出中止执行没有法律依据，我局对原告作出的强制执行决定符合法律程序，不存在行政程序违法问题。

其次，原告提出稽查局不直接送达或是邮寄送达，一直采用公告送达的方式，违反《中华人民共和国税收征收管理法实施细则》有关公告送达前提条件的规定。稽查局认为×公司法定代表人陈××带陈××、郑××来到稽查局，二人为×公司提供了纳税担保，在办理纳税担保过程中，二人未按照我局要求留下联系方式和详细地址（地址为某公司的所在地银州区木材市场），原告称其与陈××为兄妹关系，后续相关事项均可直接联系陈××。陈××也声称担保人与其具有直接血缘关系，有事可与她本人进行联系，可以全权负责。鉴于此情况，我局办案人员尊重当事人的意见，并特意在纳税担保书及纳税担保财产清单两份文书中纳税担保人名称附注中注明了担保人与陈××之间的社会关系，并交由担保人进行了签字确认。在规定的缴纳期限内，纳税人未能缴清税款及滞纳金，因此我局对原告下达了相关文书进行催缴税款。由于原告没有留下真实的联系方式与地址，无法找到原告，因此对原告下达的文书不能采取直接送达和邮寄送达方式。我局给被担保人某公司的法定代表人陈××打电话询问原告的联系方式及地址，其称不知道并无权代原告签收文书。因此，在无法采取直接送达、邮寄送达等送达方式的情况下，根据《中华人民共和国税收征收管理法实施细则》第一百零四条"直接送达税务文书有困难的，可以委托其他有关机关或者其他单位代为送达，或者邮寄送达"、第一百零六条"有下列情形之一的，税务机关可以公告送达税务文书，自公告之日起满30日，即为送达：（一）同一送达事项的受送达人众多；（二）采用本章规定的其他送达方式无法送达"，我局依法对原告下达的文书采取了公告送达的方式，此方式是符合法定程序的。此外，后续事实证明，原告对前述公告文书内容完全知晓，这说明税务机关采取的送达方式有效，且该送达方式并未对原告的权益造成任何侵害。

最后，关于原告在事实部分补充提出的纳税主体、税款追征期等问题，与本案原告无关。在某公司提起的两次行政诉讼中，我局已经进行过答辩。

综上所述，被告稽查局于2016年7月20日对原告下达的铁国税强拍〔2016〕

001号税收强制执行决定书符合法律程序,是合法有效的。原告各项诉讼请求并无法律和事实依据,请人民法院查清事实,驳回原告全部诉讼请求。

被告铁岭市国家税务局稽查局为此向本院提交如下证据:

第一组证据:1.铁国税稽处〔2015〕35号税务处理决定书;2.税务处理决定书送达回证;3.铁国税稽罚〔2015〕17号税务行政处罚决定书;4.税务行政处罚决定书送达回证;5.税务行政处罚自由裁量说明书。证明某公司应履行的纳税义务。

第二组证据:6.复议申请书;7.申请纳税担保书;8.铁国税稽通〔2015〕001号税务事项通知书;9.税务事项通知书送达回证,10.铁国税担〔2015〕001号责成提供纳税担保通知书;11.责成提供纳税担保通知书及送达回证;12.〔2015〕001号纳税担保书;13.纳税担保书送达回证;14.纳税担保财产清单;15.纳税担保财产清单送达回证。证明原告对×公司应纳税款及滞纳金承担连带责任。

第三组证据:16.铁国税稽通〔2016〕3号税务事项通知书;17.铁国税稽公告〔2016〕5号税务事项通知书送达公告;18.铁国税稽通〔2016〕6号税务事项通知书;19.铁国税稽公告〔2016〕9号税务事项通知书送达公告;20.税务行政执法审批表;21.铁国税强拍〔2016〕001号税收强制执行决定书;22.铁国税稽公告〔2016〕12号税收强制执行决定书送达公告。证明纳税人没有在期限内缴纳税款,被告稽查局对原告的强制执行行为合法有效。

第四组证据:23.铁国税强催〔2016〕001号催告书及公告;24.原告税务催告陈述书;25.稽查局对催告书申辩的回复。证明当事人陈述和申辩的权利得到了尊重及认可。

被告辽宁省铁岭市国家税务局辩称,被告于2016年10月10日受理了原告不服稽查局作出税收强制执行决定的复议申请。受理后,被告按照《中华人民共和国行政复议法》《税务行政复议规则》《辽宁省国家税务局行政复议案件审理工作规程》的有关规定依法对复议案件进行了审理。经审理认定稽查局作出的具体行政行为认定事实清楚,证据确凿,适用依据正确,程序合法,内容适当,决定维持。被告作出的铁国税复决〔2016〕10007号税务行政复议决定书认定事实清楚,证据充分,适用法律正确,程序合法,请求贵院依法驳回原告的诉讼请求。

被告辽宁省铁岭市国家税务局为此向本院提交如下证据:

1.行政复议申请书;2.受理复议通知书及送达回证;3.行政复议答复通知书及送达回证;4.行政复议答辩书;5.税务行政执法审批表;6.税务行政复议决定书及送达回证。证明被告作出税务行政复议决定的法定程序。

经庭审质证,原告对被告稽查局提交的证据均有异议。对于第一组证据,原告认为被告是针对×公司作出的,与本案无关。对于第二组证据,原告认为证据6~11,与本案无关,与原告无关;原告没有收到证据12~15,评估价低于市场价,系稽查局做假证。此案正在高院审理,没有结论,不应强制执行。对于第三组证据,原告认为稽查局未联系原告,未直接送达给原告,而是直接采用公告的方式,不符合公告送达的条件,公告程序违法。被告告知原告起诉期限为3个月,违反《中华人民共和国行政诉讼法》第四十六条规定,适用法律错误。对于第四组证据,原告认为被告先作出强制执行公告,后作出催告公告,侵犯原告合法权益,程序违法,原告在看到公告送达的催告书后才进行申辩的。

原告对被告税务局出示的证据有异议,认为稽查局行政行为程序错误,税务局没有查清事实就下结论也是错的,原告对被告税务局作出复议决定的程序没有异议。

二被告对原告出示的证据均有异议,二被告认为×公司的案件经过法院一审、二审,被告依法履行法院判决是合法有效的。×公司在二审中对当事人签字真假提出了异议,这次陈××一样,被告认为是规避事实的行为,事实表明原告为达到不缴少缴税款依据存在,所提供的证据不足以支持。

本院对上述证据认证如下:对于原告提交的证据1,税收强制执行决定书及公告与被告稽查局提交的证据一致,能够证明被告稽查局作出税收强制执行决定,并以公告方式送达该决定的事实,本院予以采信;对于原告提交的行政判决书本院予以确认,但与本案无关联,不能证明原告的证明目的。对于原告提交的证据2,系原告自己制作的材料而非证据,本院不予采信。对于原告提交的证据3,原告在对纳税担保材料申请笔迹鉴定后未交费,并未提交相反证据证明纳税担保系伪造,不能证明原告欲证明目的。该证据与被告稽查局提交的证据一致,系真实有效的纳税担保,本院予以采信。

对于被告稽查局提交的第一组证据,能够证明×公司偷税,被告稽查局作出处理、处罚决定的事实;对于第二组证据,能够证明×公司申请纳税担保,原告陈××以财产担保形式对×公司担保,纳税担保合法有效的事实,本院对被告稽查局提交以上证据予以采信。对于第三、第四组证据,能够证明原告陈××作为纳税担保人未在期限内缴纳所担保的税款,被告稽查局在作出税收强制执行决定前未催告陈××履行义务,原告陈××未行使陈述和申辩的权利,程序违法。对于被告税务局提交的证据,能够证明复议程序合法,本院予以采信。

经审理查明,铁岭市×建材有限公司采取不列、少列收取等手段,少缴增值税、企业所得税,被告稽查局对×公司作出税务处理、处罚决定,决定×公司应补缴增值税401 517.83元、补缴企业所得税33 736.58元,对应补缴税款依法课征滞纳金至税款入库之日止。并处以所偷税款一倍的罚款即435 254.41元,到期不缴纳每日按罚款数额的百分之三加处罚款。现该税务处理、处罚决定已生效,×公司未在规定期限内缴纳税款及滞纳金,被告稽查局于2015年8月17日对×公司作出税务事项通知书,限于2015年8月31日内缴纳税款,×公司未缴纳并于2015年8月19日申请纳税担保。原告陈××于2015年8月31日以中华轿车、奥迪轿车、丰田凯美瑞轿车各一台为×公司纳税担保,担保财产总价值25万元。原告陈××作为×公司纳税担保人未缴纳税款及滞纳金,被告稽查局于2016年3月25日、5月17日二次公告作出税务事项通知书,通知原告陈××缴清担保税款及滞纳金,原告未缴纳,

· 241 ·

被告于2016年7月11日作出税收强制执行决定书,决定对原告提供用于纳税担保的三辆汽车,依法予以拍卖或者变卖,以拍卖或者变卖所得抵缴税款、滞纳金。被告稽查局又于2016年9月5日作出催告书,告知原告享有陈述和申辩的权利,逾期未履行义务,依法强制执行。原告于2016年10月9日提出税务催告陈述,提出陈述和申辩,稽查局对此作出回复。原告不服稽查局作出的税收强制执行决定,向被告税务局申请行政复议,被告税务局维持稽查局的强制执行决定的行政行为。原告不服于2017年12月27日向本院提起本案诉讼。

本院认为,结合当事人的诉辩主张,本案的争议焦点在于:一、被告稽查局作出的税收强制执行决定认定事实是否清楚、证据是否充分;二、被告稽查局作出的税收强制执行决定程序是否合法;三、被告税务局作出的复议决定是否合法。

关于焦点一,×公司未缴纳税款及滞纳金,并申请纳税担保,被告稽查局提交的纳税担保书和纳税担保财产清单有纳税人×公司签字盖章、纳税担保人陈××签字,并经被告稽查局确认,该纳税担保真实合法。《中华人民共和国税收征收管理法》第四十条第一款规定:"从事生产、经营的纳税人、扣缴义务人未按照规定的期限缴纳或者解缴税款,纳税担保人未按照规定的期限缴纳所担保的税款,由税务机关责令限期缴纳,逾期仍未缴纳的,经县以上税务局(分局)局长批准,税务机关可以采取下列强制执行措施:(一)书面通知其开户银行或者其他金融机构从其存款中扣缴税款;(二)扣押、查封、依法拍卖或者变卖其价值相当于应纳税款的商品、货物或者其他财产,以拍卖或者变卖所得抵缴税款"。经查,×公司偷税行为已依法予以确认,其未按照规定期限缴纳税款,被告稽查局通知了纳税担保人陈××限期缴纳担保的税款、滞纳金,纳税担保人陈××未按期缴纳,稽查局再次通知了陈××缴纳所担保的税款、滞纳金,陈××逾期仍未缴纳。原告陈××作为纳税担保人,对×公司未缴税款、滞纳金行为承担连带责任,在被告稽查局两次责令陈××限期缴清税款、滞纳金后,陈××仍未缴纳,稽查局有权对陈××提供用于纳税担保的三辆汽车予以拍卖或者变卖,以拍卖或者变卖所得抵缴税款、滞纳金,稽查局作出的税收强制执行决定认定事实清楚、证据确实充分,符合以上法律规定。

关于焦点二,《中华人民共和国行政强制法》第三十五条规定:"行政机关作出强制执行决定前,应当事先催告当事人履行义务。催告应当以书面形式作出,并载明下列事项:(一)履行义务的期限;(二)履行义务的方式;(三)涉及金钱给付的,应当有明确的金额和给付方式;(四)当事人依法享有的陈述权和申辩权。"该法第三十七条规定:"经催告,当事人逾期仍不履行行政决定,且无正当理由的,行政机关可以作出强制执行决定。"经查,本案被告稽查局于2016年7月11日作出税收强制执行决定,后于2016年9月5日作出催告书。被告稽查局在作出税收强制执行决定前未履行催告程序,原告陈××没有在法定期限内提出陈述和申辩,被告稽查局程序违法。对于被告两次作出的税务事项通知书,未载明当事人依法享有的陈述权和申辩权，被告在作出强制执行决定后进行催告，虽原告后提交了陈述材料，但不符合《中华人民共和国行政强制法》第三十五条规定的事先催告程序。

关于焦点三，因稽查局作出的税收强制执行决定程序违法，应予撤销，复议机关税务局作出维持原行政行为的复议决定，应一并予以撤销。对于原告提出稽查局对×公司作出的税务处理、处罚存在争议，不具备强制执行条件的意见，因稽查局对×公司作出的税务处理、处罚决定是否合法不是本案的审查客体，且已经一审、二审法院审理，判决驳回了某公司的诉讼请求，确认该税务处理、处罚决定合法、有效，原告的意见无事实和法律依据。依照《中华人民共和国行政诉讼法》第七十条第（三）项、第七十九条之规定，判决如下：

一、撤销被告铁岭市国家税务局稽查局作出的铁国税强拍〔2016〕001号税收强制执行决定书；

二、撤销被告辽宁省铁岭市国家税务局作出的铁国税复决〔2016〕10007号税务行政复议决定书。

案件诉讼费50元，由被告铁岭市国家税务局稽查局、铁岭市国家税务局稽查局共同负担。

如不服本判决，可在判决书送达之日起十五日内，向本院递交上诉状，并按对方当事人的人数递交上诉状副本，上诉于铁岭市中级人民法院。

审 判 长 李 ×
代理审判员 赵 × ×
人民陪审员 王 ×
二〇一七年九月二十二日
书 记 员 佟 ×

第六节 拍卖／变卖抵税财物决定书

一、相关法律制度

根据《抵税财物拍卖、变卖试行办法》第二章的规定，拍卖由财产所在地的省、自治区、直辖市的人民政府和设区的市的人民政府指定的拍卖机构进行拍卖。

抵税财物除有市场价或其价格依照通常方法可以确定外，应当委托依法设立并具有相应资质的评估鉴定机构进行质量鉴定和价格评估，并将鉴定、评估结果通知被执行人。拍卖抵税财物应当确定保留价，由税务机关与被执行人协商确定，协商不成的，由税务机关参照市场价、出厂价或者评估价确定。委托拍卖的文物，在

· 243 ·

拍卖前，应当经文物行政管理部门依法鉴定、许可。

被执行人应当向税务机关说明商品、货物或其他财产的瑕疵，税务机关应当向拍卖机构说明拍卖标的的来源和了解到的瑕疵。拍卖机构接受委托后，未经委托拍卖的税务机关同意，不得委托其他拍卖机构拍卖。

税务机关应当在作出拍卖决定后10日内委托拍卖。税务机关应当向拍卖机构提供下列材料：税务机关单位证明及委托拍卖的授权委托书；拍卖（变卖）抵税财物决定书；拍卖（变卖）财产清单；抵税财物质量鉴定与价格评估结果；与拍卖活动有关的其他资料。

税务机关应当与拍卖机构签订书面委托拍卖合同。委托拍卖合同应载明以下内容：税务机关及拍卖机构的名称、住所、法定代表人姓名；拍卖标的的名称、规格、数量、质量、存放地或者坐落地、新旧程度或者使用年限等；拍卖的时间、地点，拍卖标的交付或转移的时间、方式，拍卖公告的方式及其费用的承担；拍卖价款结算方式及价款给付期限；佣金标准及其支付的方式、期限；违约责任；双方约定的其他事项。

拍卖一次流拍后，税务机关经与被执行人协商同意，可以将抵税财物进行变卖；被执行人不同意变卖的，应当进行第二次拍卖。不动产和文物应当进行第二次拍卖。第二次拍卖仍然流拍的，税务机关应当将抵税财物进行变卖，以抵缴税款、滞纳金或罚款。经过流拍再次拍卖的，保留价应当不低于前次拍卖保留价的2/3。税务机关可以自行办理委托拍卖手续，也可以由其上级税务机关代为办理拍卖手续。

二、文书式样

_____税务局（稽查局）

拍卖/变卖抵税财物决定书

_____税拍（变）〔　〕号

_____：

根据《中华人民共和国税收征收管理法》_____规定，经_____税务局（分局）局长批准，决定将《税收强制执行决定书》(_____税强〔　〕号）所采取税收强制执行的财产依法予以拍卖（变卖），以拍卖（变卖）所得抵缴_____。

如对本决定不服，可自本决定送达之日起六十日内依法向申请行政复议或者自本决定送达之日起三个月内依法向人民法院起诉。

税务机关（章）

年　月　日

三、文书的使用说明

（一）设置依据

本决定书依据《抵税财物拍卖、变卖试行办法》设置。

（二）适用范围

税务机关依法采取税收强制执行措施，依法拍卖或者变卖纳税人的价值相当于应纳税款的商品、货物或者其他财产，以拍卖或者变卖所得抵缴税收款项时使用。

四、文书范本

（一）重庆税务机关拍卖/变卖抵税财物决定书送达公告

重庆市长寿区地方税务局

《税务事项通知书》《拍卖/变卖抵税财物决定书》送达公告

重庆××环保技术有限公司：

根据《中华人民共和国税收征收管理法实施细则》第一百零六条之规定，现向你公司公告送达《税务事项通知书》（长地税通〔2017〕5号）和《拍卖/变卖抵税财物决定书》〔长地税拍（变）〔2017〕01号〕。本公告刊登之日起期满30日，上述《税务事项通知书》和《拍卖/变卖抵税财物决定书》即依法视为送达。

一、《税务事项通知书》主要内容

事由：向你单位通知位于长寿区化工园区内D-136号地块及地上建筑物3幢价格认定结论。

通知内容：重庆市长寿区价格认证中心《价格认证结论书》（长价认〔2017〕147号），认定结论如下：你单位位于长寿区化工园区内D-136号地块及地上建筑物3幢价格认定结论，总价格11 497 300元（大写：人民币壹仟壹佰肆拾玖万柒仟叁佰元整）。

二、《拍卖/变卖抵税财物决定书》主要内容

根据《中华人民共和国税收征收管理法》第四十条规定，经重庆市长寿区地方税务局局长批准，决定将《税收强制执行决定书》（长地税强拍〔2017〕1号）所采取税收强制执行的财产依法予以拍卖（变卖），以拍卖（变卖）所得抵缴你公司2007年1月至2016年12月期间欠缴的城镇土地使用税3 404 534.00元和滞纳金（缴税之日以系统计算为准）。

如对本决定不服，可自本决定送达之日起六十日内依法向重庆市地方税务局或重庆市长寿区人民政府申请行政复议或者自本决定送达之日起六个月内依法向人民

法院起诉。

特此公告。

重庆市长寿区地方税务局
二〇一七年十月十六日

（二）云浮税务机关拍卖／变卖抵税财物决定书

国家税务总局云浮市税务局稽查局
拍卖／变卖抵税财物决定书
云税稽拍（变）〔2022〕10号

罗定市××房地产有限公司：（纳税人识别号：××××）

根据《中华人民共和国税收征收管理法》第四十条规定，经国家税务总局云浮市税务局局长批准，决定将《税收强制执行决定书》（云税稽强拍〔2022〕1号）所采取税收强制执行的财产依法予以拍卖或者变卖，以拍卖或者变卖所得抵缴《税务处理决定书》（罗国税稽处〔2017〕3号）所应缴纳的税款、滞纳金。

如对本决定不服，可自收到本决定之日起六十日内依法向国家税务总局云浮市税务局申请行政复议，或者自收到本决定之日起六个月内依法向人民法院起诉。

国家税务总局云浮市税务局稽查局
2022年9月22日

第七节　拍卖／变卖结果通知书

一、相关法律制度

根据《中华人民共和国拍卖法》（以下简称《拍卖法》）第九条的规定，国家行政机关依法没收的物品，充抵税款、罚款的物品和其他物品，按照国务院规定应当委托拍卖的，由财产所在地的省、自治区、直辖市的人民政府和设区的市的人民政府指定的拍卖人进行拍卖。

根据《税收征收管理法实施细则》第六十四条的规定，税务机关执行《税收征收管理法》第三十七条、第三十八条、第四十条的规定，扣押、查封价值相当于应纳税款的商品、货物或者其他财产时，参照同类商品的市场价、出厂价或者评估价估算。税务机关按照上述方法确定应扣押、查封的商品、货物或者其他财产的价值时，还应当包括滞纳金和拍卖、变卖所发生的费用。

根据《抵税财物拍卖、变卖试行办法》第三章的规定，下列抵税财物为无法委托拍卖或者不适于拍卖，可以交由当地商业企业代为销售或责令被执行人限期处理，进行变卖：鲜活、易腐烂变质或者易失效的商品、货物；经拍卖程序一次或二次流拍的抵税财物；拍卖机构不接受拍卖的抵税财物。

变卖抵税财物的价格，应当参照同类商品的市场价、出厂价遵循公平、合理、合法的原则确定。税务机关应当与被执行人协商是否需要请评估机构进行价格评估，被执行人认为需要的，税务机关应当委托评估机构进行评估，按照评估价确定变卖价格。对有政府定价的商品、货物或者其他财产，由政府价格主管部门，按照定价权限和范围确定价格。对实行政府指导价的商品、货物或者其他财产，按照定价权限和范围规定的基准价及其浮动幅度确定。经拍卖流拍的抵税财物，其变卖价格应当不低于最后一次拍卖保留价的 2/3。

委托商业企业变卖的，受委托的商业企业要经县以上税务机关确认，并与商业企业签订委托变卖合同，按《抵税财物拍卖、变卖试行办法》规定的核价方式约定变卖价格。委托变卖合同应载明下列内容：税务机关及商业企业的名称、地址、法定代表人姓名；变卖商品、货物或其他财产的名称、规格、数量、质量、存放地或坐落地、新旧程度或使用年限等；变卖商品、货物或其他财产的时间、地点及其费用的承担；变卖价款结算方式及价款给付期限；违约责任；双方约定的其他事项。

抵税财物委托商业企业代为销售 15 日后，无法实现销售的，税务机关应当第二次核定价格，由商业企业继续销售，第二次核定的价格应当不低于首次核定价格的 2/3。

无法委托商业企业销售，被执行人也无法处理的，税务机关应当进行变价处理。有下列情形之一的，属于无法委托商业企业代为销售：税务机关与两家（含两家）以上商业企业联系协商，不能达成委托销售的；经税务机关在新闻媒体上征求代售单位，自征求公告发出之日起 10 日内无应征单位或个人，或应征之后未达成代售协议的。已达成代售协议的商业企业在经第二次核定价格 15 日内仍无法售出税务机关委托代售的商品、货物或其他财产的。被执行人无法处理，包括拒绝处理、逾期不处理等情形。

税务机关变价处理时，按照《抵税财物拍卖、变卖试行办法》规定的原则以不低于前两种变卖方式定价的 2/3 确定价格。税务机关实施变卖前，应当在办税服务厅、税务机关网站或当地新闻媒体上公告，说明变卖财物的名称、规格、数量、质量、新旧程度或使用年限、变卖价格、变卖时间等事项；登出公告 10 日后实施变卖。税务机关实施变卖 10 日后仍没有实现变卖的，税务机关可以重新核定价格，再次发布变卖公告，组织变卖。再次核定的价格不得低于首次定价的 2/3。经过二次定价变卖仍未实现变卖的，以市场可接受的价格进行变卖。

二、文书式样

_____税务局（稽查局）

拍卖/变卖结果通知书

____税拍通〔 〕 号

_____：

　　根据《中华人民共和国税收征收管理法》_____规定，我局按《税收强制执行决定书（拍卖/变卖适用）》(_____税强拍〔 〕号)已将《查封/扣押商品、货物或者其他财产清单/专用收据》所列的查封（扣押）商品、货物或者其他财产予以拍卖（变卖），拍卖（变卖）款项处理情况如下：

　　相关费用：　　　　　　　　　元

　　抵缴税款：　　　　　　　　　元

　　抵缴滞纳金：　　　　　　　　元

　　抵缴罚款：　　　　　　　　　元

　　抵缴没收违法所得：　　　　　元

　　以上合计：　　　　　　　　　元

　　经上述处理，你（单位）仍欠税款、滞纳金、罚款、没收违法所得（应退拍卖款）共计_____元。请你（单位）携带本通知书前来我局领取已完税凭证。

　　限你（单位）于__年_月_日前补缴欠缴的税款、滞纳金、罚款；逾期不缴，将依照《中华人民共和国税收征收管理法》第四十条规定强制执行。

　　请你（单位）前来办理应退拍卖款事宜。

　　附件：1．拍卖（变卖）、收购合同；

　　　　　2．拍卖（变卖）商品、货物或者其他财产清单；

　　　　　3．相关费用凭证复印件。

税务机关（章）

年　月　日

三、文书的使用说明

（一）设置依据

本通知书依据《税收征收管理法》第三十七条、第三十八条、第四十条、第五十五条、第八十八条和《拍卖法》第九条设置。

（二）适用范围

税务机关已拍卖（变卖）查封、扣押的纳税人的商品、货物或者其他财产，将结果通知纳税人时使用。

（三）填写说明

（1）本通知书中"相关费用"是指《税收征收管理法实施细则》第六十四条规定所称的扣押、查封、保管、拍卖、变卖等费用。

（2）本通知书附件中《拍卖（变卖）商品、货物或者其他财产清单》是指拍卖（变卖）单位出具的拍卖（变卖）商品、货物或者其他财产清单或者复印件。

（四）使用与格式

（1）本通知书与《税务文书送达回证》一并使用。

（2）文书字轨设为"拍通"，稽查局使用设为"稽拍通"。

（3）本通知书为A4竖式，一式二份，一份送纳税人，一份装入卷宗。

第八节　拍卖/变卖商品、货物或者其他财产清单

一、相关法律制度

根据《抵税财物拍卖、变卖试行办法》第四章的规定，以拍卖、变卖收入抵缴未缴的税款、滞纳金和支付相关费用时按照下列顺序进行：

第一，拍卖、变卖费用。由被执行人承担拍卖变卖所发生的费用，包括扣押、查封活动中和拍卖或者变卖活动中发生的依法应由被执行人承担的费用，具体为：保管费、仓储费、运杂费、评估费、鉴定费、拍卖公告费、支付给变卖企业的手续费以及其他依法应由被执行人承担的费用。拍卖物品的买受人未按照约定领受拍卖物品的，由买受人支付自应领受拍卖财物之日起的保管费用。

第二，未缴的税款、滞纳金。

第三，罚款。下列情况可以用拍卖、变卖收入抵缴罚款：被执行人主动用拍卖、变卖收入抵缴罚款的；对价值超过应纳税额且不可分割的商品、货物或者其他财产进行整体扣押、查封、拍卖，以拍卖收入抵缴未缴的税款、滞纳金时，连同罚款一并抵缴；从事生产经营的被执行人对税务机关的处罚决定逾期不申请行政复议也不向人民法院起诉、又不履行的，作出处罚决定的税务机关可以强制执行，抵缴罚款。

拍卖或者变卖实现后，税务机关在结算并收取价款后 3 个工作日内，办理税款、滞纳金或者罚款的入库手续。拍卖或者变卖收入抵缴税款、滞纳金、罚款后有余额的，税务机关应当自办理入库手续之日起 3 个工作日内退还被执行人，并通知被执行人将拍卖、变卖全部收入计入当期销售收入额并在当期申报缴纳各种税款。

拍卖变卖结束后，税务机关制作拍卖、变卖结果通知书和拍卖、变卖扣押、查封的商品、货物、财产清单一式两份，一份税务机关留存，一份交被执行人。

被执行人在拍卖、变卖成交前缴清了税款、滞纳金的，税务机关应当终止拍卖或者变卖活动，税务机关将商品、货物或其他财产退还被执行人，扣押、查封、保管以及拍卖或者变卖已经产生的费用由被执行人承担。被执行人拒不承担上述相关费用的，继续进行拍卖或者变卖，以拍卖、变卖收入扣除被执行人应承担的扣押、查封、保管、拍卖或者变卖费用后，剩余部分税务机关在 3 个工作日内返还被执行人。

对抵税财物经鉴定、评估为不能或不适于进行拍卖、变卖的，税务机关应当终止拍卖、变卖，并将抵税财物返还被执行人。对抵税财物经拍卖、变卖程序而无法完成拍卖、变卖实现变价抵税的，税务机关应当将抵税财物返还被执行人。抵税财物无法或不能返还被执行人的，税务机关应当经专门鉴定机构或公证部门鉴定或公证，报废抵税财物。被执行人应缴纳的税款、滞纳金和应支付的费用，由税务机关采取其他措施继续追缴。

二、文书式样

拍卖/变卖商品、货物或者其他财产清单

商品、货物或者其他财产品名称	单位	数量	单价	金额	备注
合计					
人民币（大写）					

税务机关（章）：　　　　　　　　拍卖（变卖）、收购单位：（章）

拍卖（变卖）、收购单位经手人：

三、文书的使用说明

（一）设置依据

本清单依据《税收征收管理法》设置。

（二）适用范围

税务机关拍卖（变卖）商品、货物或者其他财产时使用。

（三）适用与格式

（1）本清单作为《拍卖（变卖）商品、货物或者其他财产结果通知书》的附件。

（2）拍卖（变卖）人、收购单位、买受人、收购人不止一个时，应根据不同的对象分别填写清单。

（3）本清单为 A4 竖式，一式三份，一份送被执行人，一份送拍卖（变卖）、收购单位，一份装入卷宗。

第九节　返还商品、货物或者其他财产通知书

一、相关法律制度

根据《抵税财物拍卖、变卖试行办法》第五章的规定，拍卖、变卖过程中，严禁向被执行人摊派、索取任何不合法费用。税务人员在拍卖、变卖过程中，向被执行人摊派、索取不合法费用的，依法给予行政处分；税务机关及其工作人员参与被拍卖或者变卖商品、货物或者其他财产的竞买或收购，或者委托他人竞买或收购，依法给予行政处分。

税务人员有不依法对抵税财物进行拍卖或者变卖，或者擅自将应该拍卖的改为变卖的，在变卖过程中擅自将应该委托商业企业变卖、责令被执行人自行处理的由税务机关直接变价处理的行为，依法给予行政处分；给被执行人造成损失的，由批准拍卖或者变卖的税务机关赔偿其直接损失。税务机关可向直接责任人追偿部分或全部直接损失。对有故意或重大过失的责任人员依法给予行政处分。

因税务机关违法对扣押、查封的商品、货物或者其他财产造成损失的，由造成损失的税务机关负责赔偿直接损失，并可向直接责任人追偿部分或全部直接损失。

受税务机关委托的拍卖机构或商业企业违反拍卖合同或变卖合同的约定进行拍卖或变卖的，依照合同的约定承担违约责任；合同无约定的，依照法律的规定承担违约责任；其行为构成违法的，依法承担法律责任。

抵税财物在被查封、扣押前,已经设置担保物权而被执行人隐瞒的,或者有瑕疵、质量问题而被执行人隐瞒的,由被执行人承担扣押、查封、拍卖、变卖活动产生的费用,并依法承担法律责任。

二、文书式样

_____税务局(稽查局)
返还商品、货物或者其他财产通知书
_____税返字〔 〕 号

_____:

鉴于_____现决定返还你单位被扣押、查封的商品、货物、其他财产,请于__年_月_日前,携下列有关材料,到_____税务局(稽查局)办理返还手续。

附应携带的材料:

税务机关
年 月 日

返还商品、货物或者其他财产清单

商品、货物或者其他财产品名称	单位	数量	单价	金额	备注
合　　计					
人民币(大写)					

税务机关(章):　　　　　　　　　拍卖(变卖)、收购单位:(章)

拍卖(变卖)、收购单位经手人:

三、文书的使用说明

(一)设置依据

本通知书依据《税收征收管理法》及《税收征收管理法实施细则》设置。

（二）适用范围

用于向纳税人、纳税担保人返还被税务机关扣押、查封的商品、货物、其他财产时使用。

（三）填写说明

"鉴于_____"栏按照以下情况分别填写：

（1）在税收保全措施期间，已经依法缴纳了税款、滞纳金；

（2）在拍卖、变卖被扣押、查封的商品、货物、其他财产前，已经依法缴纳了税款、滞纳金；

（3）用于提供纳税担保的财产所担保的税款、滞纳金已经依法缴纳；

（4）在拍卖变卖结束后，有剩余的财产或无法进行拍卖变卖的财产，依法返还。

第十节　强制执行申请书

一、相关法律制度

根据《税收征管法》第八十八条第三款的规定，当事人对税务机关的处罚决定逾期不申请行政复议也不向人民法院起诉、又不履行的，作出处罚决定的税务机关可以采取《税收征管法》第四十条规定的强制执行措施，或者申请人民法院强制执行。

根据《中华人民共和国行政诉讼法》（以下简称《行政诉讼法》）第九十五条的规定，公民、法人或者其他组织拒绝履行判决、裁定、调解书的，行政机关或者第三人可以向第一审人民法院申请强制执行，或者由行政机关依法强制执行。

根据《行政诉讼法》第九十七条的规定，公民、法人或者其他组织对行政行为在法定期限内不提起诉讼又不履行的，行政机关可以申请人民法院强制执行，或者依法强制执行。

根据《中华人民共和国行政复议法》（以下简称《行政复议法》）第七十八条的规定，申请人、第三人逾期不起诉又不履行行政复议决定书、调解书的，或者不履行最终裁决的行政复议决定的，按照下列规定分别处理：①维持行政行为的行政复议决定书，由作出行政行为的行政机关依法强制执行，或者申请人民法院强制执行；②变更行政行为的行政复议决定书，由行政复议机关依法强制执行，或者申请人民法院强制执行；③行政复议调解书，由行政复议机关依法强制执行，或者申请人民法院强制执行。

根据《行政强制法》第五十五条的规定，行政机关向人民法院申请强制执行，应当提供下列材料：①强制执行申请书；②行政决定书及作出决定的事实、理由和依据；③当事人的意见及行政机关催告情况；④申请强制执行标的情况；⑤法律、行政法规规定的其他材料。强制执行申请书应当由行政机关负责人签名，加盖行政机关的印章，并注明日期。

二、文书式样

_____税务局（稽查局）

强制执行申请书

_____税强申〔　〕号

_____：

申请执行人：_____　　地址：_____
行政机关负责人：_____　　职务：_____
联系电话：_____　　邮政编码：_____

被申请执行人：_____　　地址：_____
法定代表人：_____　　职务：_____
联系电话：_____　　邮政编码：_____

_____
_____
_____

根据_____规定，特申请贵院强制执行。

附件：_____

申请执行机关（签章）
　年　月　日

三、文书的使用说明

（一）设置依据

本申请书依据《税收征收管理法》第八十八条，《行政复议法》第七十八条，《行政诉讼法》第九十五条、第九十七条，以及《行政强制法》第五十五条设置。

（二）适用范围

税务机关申请人民法院强制执行税款、滞纳金、罚款、没收违法所得时使用。

（三）填写说明

（1）本申请书抬头填写税务机关申请强制执行的人民法院的具体名称。

（2）正文第一段填写申请理由，申请理由一般包含如下内容：

A.对当场作出的税务行政处罚决定未按规定申请行政复议又不履行；对作出的其他税务行政处罚决定未按规定申请行政复议或者向人民法院提起行政诉讼，又不履行；

B.已对＿＿＿（《税务处理决定书》名称、字号和《税务行政处罚决定书》名称、字号）申请行政复议，但对＿＿＿＿＿＿＿＿＿（复议机关）＿＿年＿月＿日作出的《税务行政复议决定书》（＿＿税复〔　〕　号）逾期不起诉又不履行；

③已对＿＿＿（《税务处理决定书》名称、字号，《税务行政处罚决定书》名称、字号，《税务行政复议决定书》名称、字号）提起行政诉讼，但不履行＿＿＿＿＿＿＿人民法院＿＿＿＿＿（判决书或裁定书名称、字号）的判决（裁定）。

（3）"根据＿＿＿＿＿规定"横线处依照不同情况填写以下内容：

①《行政诉讼法》第九十五条、第九十七条；

②《税收征收管理法》第八十八条；

③《行政复议法》第七十八条。

（4）"附件"根据具体情况填写《税务处理决定书》《税务行政处罚决定书》《税务行政复议决定书》或者人民法院判决书、裁定书的文书名称、字号。

（5）文书字号设为"强申"，稽查局使用设为"稽强申"。

（四）格式与份数

本申请书为 A4 竖式，一式二份，一份送人民法院，一份装入卷宗。

第十一节　协助执行通知书（一）

一、相关法律制度

根据《税收征收管理法》第五条的规定，国务院税务主管部门主管全国税收征收管理工作。各地税务局应当按照国务院规定的税收征收管理范围分别进行征收管理。地方各级人民政府应当依法加强对本行政区域内税收征收管理工作的领导或者协调，支持税务机关依法执行职务，依照法定税率计算税额，依法征收税款。各有关部门和单位应当支持、协助税务机关依法执行职务。税务机关依法执行职务，任何单位和个人不得阻挠。

二、文书式样

_____税务局（稽查局）

协助执行通知书

_____税协一〔 〕号

_____：

　　我局已依法对_____的_____实施查封、扣押。根据《中华人民共和国税收征收管理法实施细则》第六十六条规定，在查封、扣押期间请不再办理该动产或不动产的过户手续。

　　附件：《税收保全措施决定书（查封/扣押适用）》（__税保封〔 〕号）

税务机关（签章）

年　月　日

三、文书的使用说明

（一）设置依据

本通知书依据《税收征收管理法》第五条、《税收征收管理法实施细则》第六十六条设置。

（二）适用范围

税务机关在通知有关机关协助执行税收保全措施时使用。

（三）填写说明

（1）抬头：填写应通知的有关机关的具体名称，如：房地产管理、车辆管理等机关。

（2）"我局已依法对____的____实施查封、扣押"中第一横线处填写被查封、扣押商品、货物或者其他财产的纳税人的具体名称；第二横线处填写被查封、扣押商品、货物或者其他财产的具体名称。

（四）使用与格式

（1）本通知书与《税收保全措施决定书（查封/扣押适用）》《税务文书送达回证》一并使用。

（2）文书字轨设为"协一"，稽查局使用设为"稽协一"。

（3）本通知书为A4竖式，一式二份，一份送协助执行机关，一份装入卷宗。

第十二节　协助执行通知书（二）

一、相关法律制度

根据《税收征收管理法实施细则》第六十六条的规定，税务机关执行《税收征收管理法》第三十七条、第三十八条、第四十条的规定，实施扣押、查封时，对有产权证件的动产或者不动产，税务机关可以责令当事人将产权证件交税务机关保管，同时可以向有关机关发出协助执行通知书，有关机关在扣押、查封期间不再办理该动产或者不动产的过户手续。

二、文书式样

＿＿＿＿税务局（稽查局）

协助执行通知书

＿＿＿税协二〔　〕号

＿＿＿＿＿＿＿＿＿：

　　根据＿＿＿＿＿＿＿＿规定，我局已依法解除对＿＿＿＿＿＿的＿＿＿＿＿实施的查封、扣押，请解除对该动产或不动产的过户限制。

　　附件：《解除税收保全措施决定书（查封/扣押适用）》(＿＿＿＿＿＿税解保封〔　〕号）

税务机关（签章）
年　月　日

三、文书的使用说明

（一）设置依据

本通知书依据《税收征收管理法》第五条、《税收征收管理法实施细则》第六十六条设置。

（二）适用范围

税务机关在通知有关机关协助执行解除税收保全措施时使用。

（三）填写说明

（1）抬头填写应通知的有关机关的具体名称，如：房地产管理、车辆管理等机关。

（2）"根据____规定"横线处填写解除查封、扣押的法律依据。一般填写《税收征收管理法》第三十八条、第四十条等条款。

（3）"我局已依法解除对____的____实施查封、扣押"中第一横线处填写被查封、扣押商品、货物或者其他财产纳税人的具体名称；第二横线处填写被查封、扣押商品、货物或者其他财产的具体名称。

（四）使用与格式

（1）本通知书与《解除税收保全措施决定书（查封/扣押适用）》《税务文书送达回证》一并使用。

（2）文书字轨设为"协二"，稽查局使用设为"稽协二"。

（3）本通知书为A4竖式，一式二份，一份随同《解除税收保全措施决定书（查封/扣押适用）》送协助执行机关，一份装入卷宗。

第十三节 协助执行通知书（三）

一、相关法律制度

根据《税收征收管理法实施细则》第六十九条的规定，税务机关将扣押、查封的商品、货物或者其他财产变价抵缴税款时，应当交由依法成立的拍卖机构拍卖；无法委托拍卖或者不适于拍卖的，可以交由当地商业企业代为销售，也可以责令纳税人限期处理；无法委托商业企业销售、纳税人也无法处理的，可以由税务机关变价处理，具体办法由国家税务总局规定。国家禁止自由买卖的商品，应当交由有关单位按照国家规定的价格收购。

二、文书式样

____税务局（稽查局）

协助执行通知书

____税协三〔 〕号

_____：

根据_____规定，我局已依法将_____的_____实施拍卖，请协助买受人_____办理该动产或不动产的过户手续。

  附件：1. 拍卖人出具的成交证明和有关材料；

    2.《税收强制执行决定书（拍卖/变卖适用）》（___税强拍〔　〕号）、《拍卖（变卖）商品、货物或其他财产清单》；

    3. 其他材料。

税务机关（签章）
年　月　日

三、文书的使用说明

（一）设置依据

本通知书依据《税收征收管理法》第五条设置。

（二）适用范围

税务机关通知有关机关协助买受人办理拍卖的动产或不动产的过户手续时使用。

（三）填写说明

（1）抬头填写应通知的有关机关的具体名称，如：房地产管理、车辆管理等机关。

（2）"根据_____规定"横线处填写税务机关拍卖纳税人商品、货物或者其他财产的法律依据。一般填写《税收征收管理法》第三十八条、第四十条、第五十五条、第八十八条等条款。

（3）"我局已依法对____的____实施拍卖"中第一横线处填写被拍卖的商品、货物或者其他财产的纳税人的具体名称；第二横线处填写被拍卖商品、货物或者其他财产的具体名称。

（4）"请协助买受人____办理该动产或不动产的过户手续"横线处填写取得动产或不动产产权的买受人的具体名称。

（四）使用与格式

（1）本通知书与《税收强制执行决定书（拍卖/变卖适用）》（____税强拍〔　〕号）、《拍卖（变卖）商品、货物或其他财产清单》《税务文书送达回证》一并使用。

（2）文书字轨设为"协三"，稽查局使用设为"稽协三"。

（3）本通知书为A4竖式，一式二份，一份随同《税收强制执行决定书（拍卖/变卖适用）》《拍卖（变卖）商品、货物或其他财产清单》送协助执行机关，一份装入卷宗。

第八章 税务处罚类文书

第一节 税务行政处罚事项告知书

一、相关法律制度

根据《中华人民共和国行政处罚法》(以下简称《行政处罚法》)第四十四条的规定,行政机关在作出行政处罚决定之前,应当告知当事人拟作出的行政处罚内容及事实、理由、依据,并告知当事人依法享有的陈述、申辩、要求听证等权利。

根据《行政处罚法》第六十三条的规定,行政机关拟作出下列行政处罚决定,应当告知当事人有要求听证的权利,当事人要求听证的,行政机关应当组织听证:①较大数额罚款;②没收较大数额违法所得、没收较大价值非法财物;③降低资质等级、吊销许可证件;④责令停产停业、责令关闭、限制从业;⑤其他较重的行政处罚;⑥法律、法规、规章规定的其他情形。当事人不承担行政机关组织听证的费用。

根据《行政处罚法》第六十四条的规定,听证应当依照以下程序组织:①当事人要求听证的,应当在行政机关告知后五日内提出;②行政机关应当在举行听证的七日前,通知当事人及有关人员听证的时间、地点;③除涉及国家秘密、商业秘密或者个人隐私依法予以保密外,听证公开举行;④听证由行政机关指定的非本案调查人员主持,当事人认为主持人与本案有直接利害关系的,有权申请回避;⑤当事人可以亲自参加听证,也可以委托一至二人代理;⑥当事人及其代理人无正当理由拒不出席听证或者未经许可中途退出听证的,视为放弃听证权利,行政机关终止听证;⑦举行听证时,调查人员提出当事人违法的事实、证据和行政处罚建议,当事人进行申辩和质证;⑧听证应当制作笔录。笔录应当交当事人或者其代理人核对无误后签字或者盖章。当事人或者其代理人拒绝签字或者盖章的,由听证主持人在笔录中注明。

二、文书式样

_____税务局(稽查局)

税务行政处罚事项告知书

___税罚告〔 〕号

_____:(纳税人识别号:)

对你(单位)(地址:____)的税收违法行为拟于___年__月__日之前作出行政处罚决定,根据《中华人民共和国税收征收管理法》第八条、《中华人民共和国行政处罚法》第四十四条、第六十三条、第六十四条规定,现将有关事项告知如下:

一、税务行政处罚的事实、理由、依据及拟作出的处罚决定:_____

二、你(单位)有陈述、申辩的权利。请在我局(所)作出税务行政处罚决定之前,到我局(所)进行陈述、申辩或自行提供陈述、申辩材料;逾期不进行陈述、申辩的,视同放弃权利。

三、若拟对你罚款 2 000 元(含 2 000 元)以上,拟对你单位罚款 10 000 元(含 10 000 元)以上,或符合《中华人民共和国行政处罚法》第六十三条规定的其他情形的,你(单位)有要求听证的权利。可自收到本告知书之日起五个工作日内向我局书面提出听证申请;逾期不提出,视为放弃听证权利。

税务机关(签章)

年　月　日

三、文书的使用说明

(一)设置依据

本告知书依据《中华人民共和国税收征收管理法》《中华人民共和国税收征收管理法实施细则》,《中华人民共和国行政处罚法》第四十四条、第六十三条、第六十四条,以及《税务稽查案件办理程序规定》第三十九条设置。

(二)适用范围

税务机关对税收违法行为调查取证后,依法应给予行政处罚前使用,依法当场给予行政处罚决定的除外。

（三）填写说明

本文书受送达人处填写纳税人、扣缴义务人等税务行政相对人名称或者姓名，统一社会信用代码或者有效身份证件号码，没有统一社会信用代码的，填写纳税人识别号。地址填写注册登记地址或者有效身份证件上的地址。

本告知书由税务人员在对当事人作出税务行政处罚决定前根据拟作出的处罚决定填写。

（四）使用与格式

（1）本告知书与《税务文书送达回证》一并使用。

（2）文书字号设为"罚告"，稽查局使用设为"稽罚告"。

（3）本告知书为A4竖式，一式二份，一份送当事人，一份装入卷宗。

四、文书范本

（一）深圳税务机关税务行政处罚事项告知书

国家税务总局深圳市税务局第三稽查局

税务行政处罚事项告知书

深税三稽罚告〔2022〕234号

深圳市××电子有限公司（纳税人识别号：××××）：

对你公司（地址：深圳市龙岗区××层）的税收违法行为拟于2022年9月23日之前作出行政处罚决定，根据《中华人民共和国税收征收管理法》第八条、《中华人民共和国行政处罚法》第四十四条、第六十三条、第六十四条规定，现将有关事项告知如下：

一、税务行政处罚的事实、理由、依据及拟作出的处罚决定

（一）违法事实、理由及法律依据

1. 少缴增值税及附加税费方面

深圳市冠丰源科技有限公司开具给你公司的195份增值税专用发票（发票代码为4403124140，发票号码为14412741；发票代码为4403124140，发票号码为14412764~14412766；发票代码为4403124140，发票号码为14412795~14412800；发票代码为4403132140，发票号码为11859492~11859501；发票代码为4403133140，发票号码为04520753~04520774；发票代码为4403133140，发票号码为08636941~08636954；发票代码为4403134140，发票号码为04544046~04544061；发票代码为4403141140，发票号码为01040335~01040368、06144939；发票代码为4403141140，发票号码为06145073~06145091；发票代码为4403142140，发票号码为

03733362～03733372、03733392～03733395；发票代码为4403142140，发票号码为07674609～07674614、07674619～07674634；发票代码为4403142140，发票号码为07674615～07674618、08464549～08464564；发票代码4403151130，发票号码为09501079～09501088；发票代码为4403161130，发票号码为12248852～12248853，金额合计17 910 382.61元，税额合计3 044 765.10元）已证实虚开。上述深圳市冠丰源科技有限公司开具的195份定性虚开的增值税专用发票，除代码为4403141140、号码为01040342以及代码为4403132140、号码为11859494和11859495的3份增值税专用发票查无认证抵扣信息，其余192份增值税专用发票，你公司已于2013年11月至2017年2月所属期认证抵扣税款2 779 902.26元。你公司上述接受虚开发票抵扣税款的行为，违反了《中华人民共和国增值税暂行条例》第九条的规定，相应的进项税额不得从销项税额中抵扣。根据《国家税务总局关于纳税人取得虚开的增值税专用发票处理问题的通知》（国税发〔1997〕134号）和《国家税务总局关于〈国家税务总局关于纳税人取得虚开的增值税专用发票处理问题的通知〉的补充通知》（国税发〔2000〕182号）的规定，你公司上述行为应按偷税处理。经计算，你公司上述行为造成2013年11月至2017年2月所属期少缴增值税2 779 902.26元、少缴城市维护建设税194 593.17元、少缴教育费附加83 397.06元、少缴地方教育附加55 598.05元。

你公司上述行为违反了《中华人民共和国增值税暂行条例》第一条、第十九条和第二十三条，《中华人民共和国城市维护建设税暂行条例》第二条和第三条，《国务院关于教育费附加征收问题的紧急通知》（国发明电〔1994〕2号）第一条，《深圳市地方教育附加征收管理暂行办法》（深府办〔2011〕60号）第二条和第四条的规定。

2. 少缴企业所得税方面

因你公司无法提供检查期间相关的账册凭证资料，企业所得税计税成本难以核算，根据《中华人民共和国税收征收管理法》第三十五条第一款第（三）项及《企业所得税核定征收办法（试行）》的通知（国税发〔2008〕30号）第六条、第八条的规定，对你公司2013年至2017年应纳企业所得税采取核定征收，按收入总额8%核定应纳税所得额。你公司2013年度自行申报企业所得税营业收入7 003 224.37元，核定后，应纳税所得额为560 257.95元，应申报缴纳企业所得税140 064.49元，已申报缴纳企业所得税583.69元，少申报缴纳企业所得税139 480.80元。你公司2014年度自行申报企业所得税营业收入127 677 857.74元，核定后，应纳税所得额为10 214 228.62元，应申报缴纳企业所得税2 553 557.16元，已申报缴纳企业所得税122 501.31元，少申报缴纳企业所得税2 431 055.85元。你公司2015年度自行申报企业所得税营业收入140 940 502.45元，核定后，应纳税所得额为11 275 240.20元，应申报缴纳企业所得税2 818 810.05元，已申报缴纳企业所得税123 781.17元，少申报缴纳企业所得税2 695 028.88元。你公司2016年度自行申报企业所得税营业收入99 603 219.48元，核定后，应纳税所得额为 7 968 257.56 元，应申报缴纳企业所得税 1 992 064.39 元，已申报缴纳企业所得税 0 元，少申报缴纳企业所得税 1 992 064.39 元。你公司 2017 年度自行申报企业所得税营业收入 63 782 703.39 元，核定后，应纳税所得额为 5 102 616.27 元，应申报缴纳企业所得税 1 275 654.07 元，已纳企业所得税 0 元，少申报缴纳企业所得税 1 275 654.07 元。

你公司上述行为违反了《中华人民共和国企业所得税法》第五条、第八条的规定。

（二）拟作出的处罚决定

根据《中华人民共和国税收征收管理法》第六十三条第一款的规定，你公司取得定性虚开增值税专用发票抵扣税款造成少缴税款的行为是偷税。同时根据《中华人民共和国税收征收管理法》第八十六条的规定："违反税收法律、行政法规应当给予行政处罚的行为，在五年内未被发现的，不再给予行政处罚"。故对你公司 2013 年 11 月至 2016 年 8 月的增值税、城市维护建设税以及 2013 年至 2016 年的企业所得税，本案不再给予行政处罚。对你公司少缴的 2017 年 2 月增值税 15 287.00 元、城市维护建设税 1 070.09 元、2016 年企业所得税 1 992 064.39 元、2017 年企业所得税 1 275 654.07 元，处以少缴税款百分之六十的罚款计 1 970 445.32 元。

二、你公司有陈述、申辩的权利。请在我局作出税务行政处罚决定之前，到我局进行陈述、申辩或自行提供陈述、申辩材料；逾期不进行陈述、申辩的，视同放弃权利。

三、若拟对你单位罚款 10 000 元（含 10 000 元）以上，或符合《中华人民共和国行政处罚法》第六十三条规定的其他情形的，你公司有要求听证的权利。可自收到本告知书之日起五个工作日内向我局书面提出听证申请；逾期不提出，视为放弃听证权利。

国家税务总局深圳市税务局第三稽查局
二〇二二年八月十一日

（二）广州税务机关税务行政处罚事项告知书

税务文书送达公告

（广州鼎商科技有限公司税务行政处罚事项告知书）

国家税务总局广州市税务局第一稽查局 2022 年第 90332 号送达公告

广州 ×× 科技有限公司（纳税人识别号：××××）：

因采用直接送达、留置送达、委托送达、邮寄送达等方式无法向你单位送达税务文书。根据《中华人民共和国税收征收管理法实施细则》第一百零六条的规定，向你（单位）公告送达《税务行政处罚事项告知书》穗税一稽罚告〔2022〕132 号），文书内容如下：

事由：拟作出行政处罚决定。

依据：《税务稽查案件办理程序规定》（国家税务总局令52号）第十五条。

通知内容：对你（单位）（地址：广州市白云区云城西路888号3401房）的税收违法行为拟于2022年10月31日之前作出行政处罚决定，根据《中华人民共和国税收征收管理法》第八条、《中华人民共和国行政处罚法》第四十四条、第六十三条、第六十四条规定，现将有关事项告知如下：

一、税务行政处罚的事实、理由、依据及拟作出的处罚决定：你单位在2019年11月以直接收款方式销售系统设备，通过刘言言的个人银行账户收取货款，实现含税销售收入120 000.00元，换算成不含税收入116 504.85元，上述业务你单位没有作销售收入记账，至检查日止未按规定申报纳税。上述违法事实主要有以下证据证明：(1)刘言言的中国银行账户流水明细；(2)你单位于2019年11月30日与纪海霞签订的《We Media 矩阵营销系统分公司授权合同书》；(3)广东省广州市中级人民法院《民事判决书》(〔2021〕粤01民终6225号)；(4)你单位相关税款所属期的增值税申报表；(5)你单位相关年度企业所得税申报表；(6)其他证据。根据《中华人民共和国税收征收管理法》第六十三条第一款的规定，拟对你单位少缴的增值税3 495.15元、城市维护建设税244.66元、企业所得税5 804.27元处以百分之五十的罚款合计4 772.05元（其中增值税罚款1 747.58元，城市维护建设税罚款122.33元，企业所得税罚款2 902.14元）。

二、你（单位）有陈述、申辩的权利。请在我局（所）作出税务行政处罚决定之前，到我局（所）进行陈述、申辩或自行提供陈述、申辩材料；逾期不进行陈述、申辩的，视同放弃权利。

三、若拟对你单位罚款10 000元（含10 000元）以上，或符合《中华人民共和国行政处罚法》第六十三条规定的其他情形的，你（单位）有要求听证的权利。可自收到本告知书之日起五个工作日内向我局（所）书面提出听证申请；逾期不提出，视为放弃听证权利。

请你单位及时到我局（广州市白云区机场路131号）领取《税务行政处罚事项告知书》穗税一稽罚告〔2022〕132号）正本，否则，自公告之日起满30日（催告书、行政强制执行决定书为60日），上述（税务文书）正本即视为送达。

特此公告。

国家税务总局广州市税务局第一稽查局
2022年10月14日

(三) 烟台税务机关税务行政处罚事项告知书送达公告

莱山区国家税务局稽查局
《税务行政处罚事项告知书》（莱山国税稽罚告〔2017〕128号）送达公告
2018年第001号

烟台××汽车销售服务有限公司（纳税人识别号：××××）：

我局于2017年11月23日开始对你单位2011年6月至2012年3月期间与烟台××汽车销售服务有限公司相互开具增值税专用发票申报抵扣情况进行了检查，《税务行政处罚事项告知书》（莱山国税稽罚告〔2017〕128号）已经作出，现已进入文书送达阶段。根据《中华人民共和国税收征收管理法实施细则》（国务院令第362号）第一百零六条规定，我局先采取直接送达的方式送达，你单位注册登记地址无人接收；后又采取邮寄送达的方式送达，你单位注册登记地址无人接收。现向你单位公告送达，税务行政处罚事项告知书主要内容如下：

一、税务行政处罚的事实依据、法律依据及拟作出的处罚决定。

（一）事实依据及法律依据

2017年11月，我局根据《山东省烟台市莱山区人民检察院起诉书》（烟莱检公刑诉〔2017〕238号）和莱山区公安机关对涉案当事人的询问笔录。确认2011年6月至2012年3月期间你单位在未发生实际业务的情况下，取得烟台××汽车销售服务有限公司开具的增值税专用发票共21张（金额合计537 888.04元，税额合计91 440.96元），其中6张为作废票，1张未认证，14张已认证抵扣（金额合计509 220.41元，税额合计86 567.47元）。你单位于2011年6月抵扣税款40 396.07元；2011年8月抵扣税款27 534.18元；2011年9月抵扣税款1 670.94元；2011年10月抵扣税款2 905.98元；2011年11月抵扣税款3 134.10元；2012年1月抵扣税款192.96元；2012年2月抵扣税款1 056.32元；2012年3月抵扣税款9 676.92元。2011年12月你单位出纳会计王××在未发生实际业务的情况下为烟台××汽车销售服务有限公司开具增值税专用发票2张（发票代码3700104140，发票号码：01279943～01279944，发票金额合计166 781.20元，税额合计28 352.80元）。该2张发票被烟台××汽车销售服务有限公司用于抵扣税款。

依据《中华人民共和国发票管理办法》（中华人民共和国国务院令第587号）第二十二条第二款"任何单位和个人不得有下列虚开发票行为：（一）为他人、为自己开具与实际经营业务情况不符的发票……"和国家税务总局转发《最高人民法院关于适用〈全国人民代表大会常务委员会关于惩治虚开、伪造和非法出售增值税专用发票犯罪的决定〉的若干问题的解释》的通知（国税发〔1996〕210号）第一条第一项"没有货物购销或者没有提供或接受应税劳务而为他人、为自己、让他人为自己、介绍他人开具增值税专用发票"的行为属于"虚开增值税专用发票"之规定，认定你单位与烟台××汽车销售服务有限公司互开23张增值税专用发票的行为属于虚开增值税专用发票。

（二）拟作出的处罚决定

对上述问题，依据《中华人民共和国发票管理办法》（中华人民共和国国务院令第587号）第三十七条第一款"违反本办法第二十二条第二款的规定虚开发票的，由税务机关没收违法所得；虚开金额在1万元以下的，可以并处5万元以下的罚款；虚开金额超过1万元的，并处5万元以上50万元以下的罚款；构成犯罪的，依法追究刑事责任"之规定，拟对你单位发票违法行为处罚款5万元。

二、你（单位）有陈述、申辩的权利。请在我局（所）作出税务行政处罚决定之前，到我局（所）进行陈述、申辩或自行提供陈述、申辩材料；逾期不进行陈述、申辩的，视同放弃权利。

三、若拟对你罚款2 000元（含2 000元）以上，拟对你单位罚款10 000元（含10 000元）以上，你（单位）有要求听证的权利。可自收到本告知书之日起3日内向本局书面提出听证申请；逾期不提出，视为放弃听证权利。

请你单位及时到我局签收《税务行政处罚事项告知书》（莱山国税稽罚告〔2017〕128号）。否则自公告之日起满30日，上述告知内容将作为《税务行政处罚事项告知书》（莱山国税稽罚告〔2017〕128号）被视同送达。

特此公告。

烟台市莱山区国家税务局
2018年4月4日

（四）淮安税务机关税务行政处罚事项告知书

盱眙县国家税务局稽查局

税务行政处罚事项告知书

盱国税稽罚告〔2018〕1号

盱眙××能源有限公司（纳税人识别号：××××）：

对你(单位)的税收违法行为拟于2018年1月5日之前作出行政处罚决定,根据《中华人民共和国税收征收管理法》第八条、《中华人民共和国行政处罚法》第三十一条规定，现将有关事项告知如下：

一、税务行政处罚的事实依据、法律依据及拟作出的处罚决定。

1.你户属于地炼"变票"名单企业,评估分局已发现你户涉嫌"变名销售"成品油。根据国家税务总局稽查局2017年重点工作部署，2017年4月至10月，开展对部分成品油商贸和地炼企业的税收检查，重点打击通过商贸流通企业"变票"偷逃消费税的行为。同时我局征管科在评估中发现你户涉嫌"变名销售"成品油未缴或少缴消费税、涉嫌虚开增值税专用发票,根据有关规定转县稽查局组织实施检查启动了该户检查程序。

2.你公司销售货物涉及应税消费品"成品油",而未缴纳消费税。进一步坐实你公司采取"变名销售"成品油未缴消费税。县稽查局检查人员下达了检查通知书,并调取了相关年度账簿,由于你企业保管不善2015年以前账簿凭证遗失,没有提供。你企业2015年1月1日至2017年4月30日开出发票304份,其中:品名为燃料油的284份,数量101 330.85吨,金额208 293 113.46元;为重油的1份,数量305吨,金额860 256.41元;其他发票都是非消费税应税商品名称。同期取得进项发票301份,其中:品名为燃料油的3份,数量1 061.5吨,金额3 058 550.43元;为喷气燃料油的34份,数量1 311.37吨,金额5 363 850.06元;为碳九燃料油的1份,数量41.62吨,金额123 792.82元;为重质油的10份,数量46 178.41吨,金额82 648 862.37元;其他发票都是非消费税应税商品名称。销售货物中,"燃料油""重油"都属于应征消费税"成品油"中"燃料油"范畴,均应缴纳消费税。根据《中华人民共和国消费税暂行条例实施细则》(财政部令第51号)第十条的规定,单位换算标准燃料油1吨=1 015升,根据财税〔2015〕11号文,燃料油单位税额为1.2元/升。

(1)消费税。2015年、2016年应缴消费税=(101 330.86+305)×1 015×1.2=123 792 477.48(元);上游已缴消费税=(1 061.5+1 311.37+41.62+46 178.41)×1 015×1.2=59 186 152.20(元);你户应补缴消费税=123 792 477.48-59 186 152.20=64 606 325.28(元)。

(2)企业所得税。消费税为价内税,你企业应纳税所得额全部调减,2015年、2016年合计应调减应纳税所得额64 606 325.28元。

(3)增值税。由于你企业在平时申报、缴纳增值税方面没有异常,在检查时增值税未发现有偷税行为。

3.自产自销部分不影响消费税偷税定性以及税额大小。你企业法定代表人认为你企业有自行勾兑少量燃料油,数量在两三千吨左右,但企业在申报时未申报缴纳消费税,仍然属于偷税行为,无论是不是事实,已不影响案件定性和税额,所以不再单独拿出来计算。在前述消费税计算中已包括该部分消费税税额。根据被检查企业涉及消费税的销售发票、购进发票以及记账凭证情况,结合消费税申报情况、二分局评估情况、企业自述情况,初步认定的事实是你企业(盱眙百业通能源有限公司)2015—2016年涉嫌变名销售成品油未缴消费税,累计少缴消费税64 606 325.28元,根据《中华人民共和国税收征收管理法》第六十三条的规定,拟处偷逃消费税64 606 325.28元的0.5倍罚款32 303 162.64元。

二、你(单位)有陈述、申辩的权利。请在我局(所)作出税务行政处罚决定之前,到我局(所)进行陈述、申辩或自行提供陈述、申辩材料;逾期不进行陈述、申辩的,视同放弃权利。

三、若拟对你单位罚款 10 000 元（含 10 000 元）以上，你（单位）有要求听证的权利。可自收到本告知书之日后 3 日内向本局书面提出听证申请；逾期不提出，视为放弃听证权利。

盱眙县国家税务局稽查局
二〇一八年一月二日

（五）鄂州税务机关税务行政处罚事项告知书

鄂州市国家税务局稽查局
税务行政处罚事项告知书
鄂州国税稽罚告〔2017〕12 号

鄂州市 ×× 贸易有限公司（纳税人识别号：××××）：

对你单位的税收违法行为拟作出行政处罚决定，根据《中华人民共和国税收征收管理法》第八条、《中华人民共和国行政处罚法》第三十一条规定，现将有关事项告知如下：

一、税务行政处罚的事实依据、法律依据及拟作出的处罚决定。

（一）税务行政处罚的事实依据、法律依据

通过对你单位 2016 年 3 月至 7 月间的购销业务进行统计分析、询问相关当事人、查询银行账户资金往来记录等情况，发现你单位存在以下违法行为：

1．未按规定取得增值税进项抵扣相关凭证（增值税专用发票）

（1）2016 年 3 月 1# 会计凭证记录显示：你单位接受西安甲商贸有限公司（以下简称西安甲公司）开具的 6 份增值税专票（票号 00683844～00683849），货物品名为钢材，数量 249 吨，金额 595 897.43 元，税额 101 302.57 元，价税合计 697 200.00 元；2016 年 3 月 2# 凭证记录显示：你单位接受西安乙商贸有限公司（以下简称西安乙公司）开具的 4 份增值税专票（票号 00683890～00683893），货物品名为钢材，数量 166 吨，金额 397 264.96 元，税额 67 535.04 元，价税合计 464 800.00 元。你单位将上述 10 份发票均以复印件入账，并已认证并申报抵扣此 10 份发票的进项税额 168 837.61 元，但无销售方主管税务机关就该 10 份发票出具的《丢失增值税专用发票已报税证明单》。

（2）检查你单位提供的资料显示：

①你单位与西安上述两家公司均未签订任何购货合同。经询问你单位实际负责购销业务的人员何 ××，其承认上述业务系由其本人与邓 ××（江西省 ×× 集团 ××1 汽运有限公司负责运输的司机）联系，且由你单位与江西 ×× 汽运集团 ××1 汽运有限公司和 ××2 汽运有限公司签订的购货合同。货物由上述两家汽运公司送到鄂州市汀祖镇刘显村，再由你单位的运输车辆转运到你单位货场。你单位会计收到邓 ×× 提供的上述西安两公司开具的发票，在申报认证抵扣后发现上述发票填开的货物

品名为"钢材",于是将发票退回给邓××,要求重新开具货物品名为"废料"的发票。但你单位会计仍将上述发票以复印件入账,并申报抵扣税款。

②经核查你单位 2016 年 3 月至 7 月间所开具的增值税专用发票数据,未发现有货物名称为"钢材"的销售记录。且通过查询系统内发票领用存记录,未发现你单位领用增值税普通发票情况。

③经询问你单位实际负责购销业务的人员何××了解获悉:你单位所有的购销业务均全部取得和开具了增值税专用发票(除对鄂州一家公司销售 20 余万元的"铁精粉"未及时开具发票外)。

④经检查和统计你单位取得的全部货物运输业增值税专用发票数据显示:你单位 2016 年 4 月 3#、4# 凭证中记录你单位取得的发货人名称为"西安乙公司"和"西安甲公司"的货物运输业增值税专用发票 25 份,发票上写明的货物品名均为"废料"。

⑤经查你单位银行账户资金流水记录,未发现你单位向上述西安两家公司购进钢材的付款记录。你单位也未能提供以"现金"等其他方式向西安两公司支付上述购货款项记录情况。经询问何××,其承认上述购货业务的货款系与江西省××汽运集团××1汽运公司结算的。通过查询你单位银行账户资金往来记录反映,你单位通过公司对公账户(开户行:中国银行鄂州南浦支行,账号:××××)与江西省××汽运集团××1汽运有限公司、江西省××汽运集团××2汽运有限公司结算了上述货运发票业务的款项。

2. 未按规定取得增值税进项抵扣相关凭证(货物运输业增值税专用发票)

(1)你单位 2016 年 4 月 3 日、4 日凭证记录显示:你单位取得的江西省××汽运集团××1汽运有限公司、江西省××汽运集团××2汽运有限公司所开具的货物运输业增值税专用发票 25 份,货物品名为废料,数量 4 153 吨,金额 2 432 432.44 元,税额 267 567.56 元,发货单位为西安甲商贸有限公司和西安乙商贸有限公司,并于 2016 年 4 月申报认证抵扣了进项税额 267 567.56 元。

(2)经询问你单位负责购销业务的何××,其讲述,你单位会计收到邓××提供的上述西安两公司开具的发票,在申报认证抵扣后发现上述发票填开的货物品名为"钢材",于是将发票退回给邓××,要求重新开具货物品名为"废料"的发票。由于邓××将发票邮寄回西安两家公司时邮件丢失导致发票原件遗失,会计只好用复印件入账。邓××说西安甲公司和西安乙公司不能红字冲红,无法换取发票。后何××与邓××协商,由邓××提供江西省××汽运集团××1汽运有限公司和江西省××汽运集团××2汽运有限公司开具的货物运输增值税专票,以此来抵顶上述所遗失的增值税专用发票,随后邓××将上述西安两公司的购货款总金额与运费金额一并开具了货物运输业增值税专用发票提供给该公司。

(3)你单位 4 月 3# 凭证会计分录为:借:原材料——废料 99 549.55 元,应交税费——进项税额 10 950.45 元,贷:应付账款——江西省××汽运集团××2汽运有限公司10 500.00元；借：原材料——废料99 549.55元，贷：应付账款——暂估应付款99 549.55元。4月4#凭证会计分录为：借：原材料——废料2 332 882.89元，应交税费——进项税额256 617.11元，贷：应付账款——江西省××汽运集团××1汽运有限公司2 589 500.00元；借：原材料——废料2 332 882.89元，贷：应付账款——暂估应付款2 332 882.89元。该两份会计凭证显示你单位记载所反映的业务只进行了增值税进项税额抵扣，其实无运输费用发生。

（4）你单位2016年4月3#、4#、5#、6#、7#凭证记录及2016年4月份增值税申报表显示你单位取得江西××汽运集团××1汽运有限公司和江西省××汽运集团××2汽运有限公司、江西××集团××汽车融资租赁有限公司、高安市××实业有限公司所开具的货物运输业增值税专用发票58份，金额5 639 639.65元，税额620 360.35元，价税合计6 260 000.00元。已全部抵扣了进项税额。

（5）检查你单位银行账户资金往来记录显示：

①你单位通过对公账户（开户行：中国银行鄂州南浦支行，账号：××××）先后向上述4户运输公司转款6 250 000.00元，其中：2016年5月向江西省××汽运集团××2汽运有限公司（中国农业银行××）付款1次，金额110 500.00元；向江西××集团××汽车融资租赁有限公司（中国建设银行）付款2次，金额共计1 211 000.00元；向高安市××实业有限公司（中国工商银行××）付款3次，金额共计2 339 000.00元；向江西省××汽运集团××1汽运有限公司(中国农业银行××)付款3次，金额共计2 589 500.00元。

②通过查阅你单位上述对公账户银行往来记录发现，你单位每次向上述四户运输公司转款前，均有一户名为"刘××"的账户（开户行：中国工商银行股份有限公司宜春东风支行。账号：往来记录无显示）事先向你单位转款，然后由你单位悉数将"刘××"账户转来的资金再转款给上述4户运输公司。"刘××"账户于2016年5月间共向你单位转款9次，金额共计6 250 080.00元。

综上所述：第一，你单位接受西安甲公司和乙公司开具的增值税专用发票抵扣进项税额168 837.61元不得抵扣，应作进项税额转出。

第二，你单位让邓××开具江西省××汽运集团××1汽运有限公司、江西省××汽运集团××2汽运有限公司两家公司的货物运输业增值税专用发票，以此抵扣上述丢失的西安两公司开具的增值税专用发票，且重复开具货物金额和抵扣进项税额，其进项税额267 567.56元不得抵扣，应作进项税额转出。

法律依据：《中华人民共和国增值税暂行条例》第九条："纳税人购进货物或者应税劳务，取得的增值税扣税凭证不符合法律、行政法规或者国务院税务主管部门有关规定的，其进项税额不得从销项税额中抵扣。"《中华人民共和国发票管理办法》第二十一条："不符合规定的发票，不得作为财务报销凭证，任何单位和个人有权拒收。"《中华人民共和国发票管理办法》第二十二条第二款："任何单位不得有下列虚开发票行为：（一）为他人、为自己开具与实际经营业务情况不符的发票；（二）让他人为自己开具与实际经营业务情况不符的发票；（三）介绍他人开具与实际经营业务情况不符的发票。"

《国家税务总局关于简化增值税发票领用和使用程序有关问题的公告》（国家税务总局公告2014年第19号）第三项："一般纳税人丢失已开具专用发票的发票联和抵扣联，如果丢失前已认证相符的，购买方可凭销售方提供的相应专用发票记账联复印件及销售方主管税务机关出具的《丢失增值税专用发票已报税证明单》或《丢失货物运输业增值税专用发票已报税证明单》（附件1、附件2，以下统称《证明单》），作为增值税进项税额的抵扣凭证；如果丢失前未认证的，购买方凭销售方提供的相应专用发票记账联复印件进行认证，认证相符的可凭专用发票记账联复印件及销售方主管税务机关出具的《证明单》，作为增值税进项税额的抵扣凭证。专用发票记账联复印件和《证明单》留存备查。"

（二）拟作出的处罚决定

根据《中华人民共和国税收征收管理法》第六十三条第一款"纳税人伪造、变造、隐匿、擅自销毁账簿、记账凭证，或者在账簿上多列支出或者不列、少列收入，或者经税务机关通知申报而拒不申报或者进行虚假的纳税申报，不缴或者少缴应纳税款的，是偷税。对纳税人偷税的，由税务机关追缴其不缴或者少缴的税款、滞纳金，并处不缴或者少缴的税款百分之五十以上五倍以下的罚款；构成犯罪的，依法追究刑事责任"的规定，拟对你单位少缴增值税436 405.17元定性为偷税，并处以百分之五十的罚款218 202.59元。

二、你（单位）有陈述、申辩的权利。请在我局作出税务行政处罚决定之前，到我局进行陈述、申辩或自行提供陈述、申辩材料；逾期不进行陈述、申辩的，视同放弃权利。

三、若拟对你罚款2 000元（含2 000元）以上，拟对你单位罚款10 000元（含10 000元）以上，你单位有要求听证的权利。可自收到本告知书之日起3日内向本局书面提出听证申请；逾期不提出，视为放弃听证权利。

鄂州市国家税务局稽查局
二〇一七年七月十四日

（六）安庆税务机关税务行政处罚事项告知书

安庆市国家税务局稽查局
税务行政处罚事项告知书
安国税稽罚告〔2018〕4号

安庆市××纺织有限公司（纳税人识别号：××××）：

根据专项检查案源，我局于2017年5月4日至2018年1月17日指派陈×、何

××、常×、张××、王×、郭××对你公司2016年1月1日至2016年12月31日的税法遵从情况，按照法定程序进行了立案检查，现已基本查结。对检查发现的你公司税收违法行为，我局拟于2018年2月5日之前作出行政处罚决定。根据《中华人民共和国税收征收管理法》第八条、《中华人民共和国行政处罚法》第三十一条之规定，现将有关事项告知如下：

一、税务行政处罚的事实依据、法律依据及拟作出的处罚决定。

（一）违法事实

经查明，你公司2016年度虚开增值税专用发票22份，金额2 189 897.46元，税额372 282.54元。

上述违法事实，主要有以下证据证实：

（1）税务稽查工作底稿；（2）你公司征管信息相关情况及证据；（3）现场笔录；（4）物业管理公司和光彩社居委出具的证明材料；(5)银行对账单；(6)相关人员询问笔录；(7)相关党委协查情况。

（二）法律依据

依据《中华人民共和国税发票管理办法》第二十二条第一款第一项"为他人、为自己开具与实际经营业务情况不符的发票"之规定，你公司属走逃失联企业，并利用银行账户回流资金，我局按照规定认定你公司虚开增值税专用发票22份，金额2 189 897.46元，税额372 282.54元。

（三）拟作出的处罚决定

依据《中华人民共和国税发票管理办法》第三十七条之规定，拟对你公司处20万元罚款。

二、你公司有陈述、申辩的权利。请在我局作出税务行政处罚决定之前，到我局进行陈述、申辩或自行提供陈述、申辩材料；逾期不进行陈述、申辩的，视同放弃权利。

三、拟对你公司罚款10 000元以上，你公司有要求听证的权利。可自收到本告知书之日后3日内向本局书面提出听证申请；逾期不提出，视为放弃听证权利。

附件：本文书涉及的相关法律法规条款。

请你公司及时到我局领取《税务行政处罚事项告知书》（安国税稽罚告〔2018〕4号）正本，否则，自公告之日起满30日，对上述公告内容将作为《税务行政处罚事项告知书》（安国税稽罚告〔2018〕4号）正本被视为送达。

联系人：陶× 李× 　　联系电话：0556-××××

安庆市国家税务局稽查局

二〇一八年一月三十日

附件：本文书涉及的相关法律法规条款

《中华人民共和国发票管理办法》

（1993年12月12日国务院批准、1993年12月23日财政部令第6号发布、根据2010年12月20日《国务院关于修改〈中华人民共和国发票管理办法〉的决定》修订。）

第二十二条　开具发票应当按照规定的时限、顺序、栏目，全部联次一次性如实开具，并加盖发票专用章。

任何单位和个人不得有下列虚开发票行为：

（一）为他人、为自己开具与实际经营业务情况不符的发票；

（二）让他人为自己开具与实际经营业务情况不符的发票；

（三）介绍他人开具与实际经营业务情况不符的发票。

第三十七条　违反本办法第二十二条第二款的规定虚开发票的，由税务机关没收违法所得；虚开金额在1万元以下的，可以并处5万元以下的罚款；虚开金额超过1万元的，并处5万元以上50万元以下的罚款；构成犯罪的，依法追究刑事责任。

（七）河北税务机关税务行政处罚事项告知书

河北省地方税务局稽查局

税务行政处罚事项告知书

冀地税稽罚告〔2016〕18号

河北××房地产开发有限公司：

对你单位的税收违法行为拟于《税务行政处罚事项告知书》（冀地税稽罚告〔2016〕18号）送达后18日内作出行政处罚决定，根据《中华人民共和国税收征收管理法》第八条、《中华人民共和国行政处罚法》第三十一条规定，现将有关事项告知如下：

一、税务行政处罚的事实依据、法律依据及拟作出的处罚决定。

（一）违法事实

我局对你单位2012年1月1日至2014年12月31日履行纳税义务情况进行了检查，并对你单位销售不动产业务涉及各项税款缴纳情况延伸检查至你单位开始记载售房款时间即2008年。

2008年度

逾期缴纳税款加收滞纳金

你单位不存在少缴2008年度营业税、城市维护建设税、印花税、土地增值税及企业所得税问题，但存在逾期缴纳上述税款行为。对上述未按规定期限缴纳的税款，根据《中华人民共和国税收征收管理法》第三十二条之规定，自税款滞纳之日起至缴纳税款之日止，按日加收万分之五滞纳金共计15 978.50元。具体如下：

1.逾期缴纳营业税加收滞纳金11 100元

（1）你单位2008年"预收账款——房款"科目记载3月收预售房款6 000 000元，应缴营业税300 000元。你单位于2008年6月27日补缴上述税款，自税款滞纳之日（2008年4月15日）起至税款缴纳之日（2008年6月27日）止，滞纳74天，应加收滞纳金11 100元。

（2）你单位2008年"预收账款——房款"科目记载6月收预售房款399 800元，应缴营业税19 990元，已缴560 000元，多缴营业税540 010元。上述多缴营业税补缴少缴的2008年3月营业税后，全部抵缴少缴的2008年7月至11月营业税。

（3）你单位2008年"预收账款——房款"科目记载7月收预售房款2 510 551元，应缴营业税125 527.55元；8月收预售房款699 237元，应缴营业税34 961.85元；9月收预售房款626 000元，应缴营业税31 300元；10月收预售房款606 414元，应缴营业税30 320.70元；11月收预售房款1 284 256元，应缴营业税64 212.80元，已缴46 312.90元，还应缴营业税17 899.90元。上述应缴营业税全部由2008年6月27日多缴的营业税抵缴。

2.逾期缴纳城市维护建设税加收滞纳金43.50元

（1）你单位应缴2008年3月城市维护建设税3 000元。你单位于2008年5月13日补缴上述税款，自税款滞纳之日（2008年4月15日）起至税款缴纳之日（2008年5月13日）止，滞纳29天，应加收滞纳金43.50元。

（2）你单位应缴2008年4月城市维护建设税1 184.76元，已缴8 293.32元，多缴城市维护建设税7 108.56元。上述多缴城市维护建设税补缴少缴的2008年3月城市维护建设税后，全部抵缴少缴的2008年7月至10月城市维护建设税、2009年6月城市维护建设税、2009年7月部分城市维护建设税。

（3）你单位应缴2008年5月城市维护建设税9 395.86元，已缴65 771.01元，多缴城市维护建设税56 375.15元。上述多缴城市维护建设税全部抵缴少缴的2009年7月部分城市维护建设税、2009年9月至12月城市维护建设税、2010年1月至10月城市维护建设税、2010年12月部分城市维护建设税。

（4）你单位应缴2008年6月城市维护建设税199.90元，已缴39 200元，多缴城市维护建设税39 000.10元。上述多缴城市维护建设税全部抵缴少缴的2010年12月部分城市维护建设税、2011年1月至3月城市维护建设税、2011年4月部分城市维护建设税。

（5）你单位应缴2008年7月城市维护建设税1 255.28元、8月城市维护建设税349.62元、9月城市维护建设税313元及10月城市维护建设税303.21元。上述应缴城市维护建设税全部由2008年5月13日多缴的城市维护建设税抵缴。

（6）你单位应缴2008年11月城市维护建设税642.13元，已缴3 241.91元，多缴城市维护建设税 2 599.78 元。上述多缴城市维护建设税全部抵缴少缴的 2011 年 4 月部分城市维护建设税。

（7）你单位应缴 2008 年 12 月城市维护建设税 285 元，已缴 1 995 元，多缴城市维护建设税 1 710 元。上述多缴城市维护建设税全部抵缴少缴的 2011 年 4 月部分城市维护建设税。

3. 逾期缴纳印花税应加收滞纳金 109.50 元

（1）你单位 2008 年"预收账款——房款"科目记载 3 月收预售房款 6 000 000 元，应缴印花税 3 000 元。你单位于 2008 年 6 月 26 日补缴上述税款，自税款滞纳之日（2008 年 4 月 15 日）起至税款缴纳之日（2008 年 6 月 26 日）止，滞纳 73 天，应加收滞纳金 109.50 元。

（2）你单位 2008 年"预收账款——房款"科目记载 6 月收预售房款 399 800 元，应缴印花税 199.90 元，已缴 5 600 元，多缴印花税 5 400.10 元。上述多缴印花税补缴少缴的 2008 年 3 月印花税后，全部抵缴少缴的 2008 年 7 月至 11 月印花税。

（3）你单位 2008 年"预收账款——房款"科目记载 7 月收预售房款 2 510 551 元，应缴印花税 1 255.30 元；8 月收预售房款 699 237 元，应缴印花税 349.60 元；9 月收预售房款 626 000 元，应缴印花税 313 元；10 月收预售房款 606 414 元，应缴印花税 303.20 元；11 月收预售房款 1 284 256 元，应缴印花税 642.10 元，已缴 463.10 元，还应缴印花税 179 元。上述应缴印花税全部由 2008 年 6 月 26 日多缴的印花税抵缴。

4. 逾期缴纳土地增值税应加收滞纳金 4 380 元

（1）你单位 2008 年"预收账款——房款"科目记载 3 月收预售房款 6 000 000 元，应预缴土地增值税 120 000 元。你单位于 2008 年 6 月 26 日补缴上述税款，自税款滞纳之日（2008 年 4 月 15 日）起至税款缴纳之日（2008 年 6 月 26 日）止，滞纳 73 天，应加收滞纳金 4 380 元。

（2）你单位 2008 年"预收账款——房款"科目记载 6 月收预售房款 399 800 元，应预缴土地增值税 7 996 元，已缴 224 000 元，多预缴土地增值税 216 004 元。上述多预缴土地增值税补缴少预缴的 2008 年 3 月土地增值税后，全部抵缴少预缴的 2008 年 7 月至 11 月土地增值税。

（3）你单位 2008 年"预收账款——房款"科目记载 7 月收预售房款 2 510 551 元，应预缴土地增值税 50 211.02 元；8 月收预售房款 699 237 元，应预缴土地增值税 13 984.74 元；9 月收预售房款 626 000 元，应预缴土地增值税 12 520 元；10 月收预售房款 606 414 元，应预缴土地增值税 12 128.28 元；11 月收预售房款 1 284 256 元，应预缴土地增值税 25 685.12 元，已缴 18 525.16 元，还应预缴土地增值税 7 159.96 元。上述应预缴土地增值税全部由 2008 年 6 月 26 日多预缴的土地增值税抵缴。

5. 逾期缴纳企业所得税应加收滞纳金 345.50 元

你单位 2008 年取得银行利息收入合计 14 278.99 元，应缴企业所得税 464.07 元。

你单位于2013年6月28日缴纳上述税款,自税款滞纳之日(2009年6月1日)起至税款缴纳之日(2013年6月28日)止,滞纳1 489天,应加收滞纳金345.50元。

你单位逾期缴纳2008年度税款应加收滞纳金合计15 978.50元。

2009年度

1. 逾期缴纳税款应加收滞纳金

你单位不存在少缴2009年度营业税及土地增值税问题,但存在逾期缴纳上述税款行为。对上述未按规定期限缴纳的税款,根据《中华人民共和国税收征收管理法》第三十二条之规定,自税款滞纳之日起至缴纳税款之日止,按日加收万分之五滞纳金共计25 241.79元。具体如下:

(1)逾期缴纳营业税应加收滞纳金18 029.85元

①你单位2009年"其他应付款——购房款"科目记载9月收预售房款5 785 995元,应缴营业税289 299.75元。你单位于2009年12月23日补缴上述税款,自税款滞纳之日(2009年10月24日)起至税款缴纳之日(2009年12月23日)止,滞纳61天,应加收滞纳金8 823.64元。

②你单位2009年"其他应付款——购房款"科目记载10月收预售房款9 952 656元,应缴营业税497 632.80元。你单位于2009年12月23日补缴上述税款,自税款滞纳之日(2009年11月17日)起至税款缴纳之日(2009年12月23日)止,滞纳37天,应加收滞纳金9 206.21元。

③你单位2009年"其他应付款——购房款"科目记载11月收预售房款8 491 000元,应缴营业税424 550元,已缴1 211 482.55元,多缴营业税786 932.55元。上述多缴营业税全部补缴少缴的2009年9月至10月营业税。

(2)逾期缴纳土地增值税应加收滞纳金7 211.94元

①你单位2009年"其他应付款——购房款"科目记载9月收预售房款5 785 995元,应预缴土地增值税115 719.90元。你单位于2009年12月23日补缴上述税款,自税款滞纳之日(2009年10月24日)起至税款缴纳之日(2009年12月23日)止,滞纳61天,应加收滞纳金3 529.46元。

②你单位2009年"其他应付款——购房款"科目记载10月收预售房款9 952 656元,应预缴土地增值税199 053.12元。你单位于2009年12月23日补缴上述税款,自税款滞纳之日(2009年11月17日)起至税款缴纳之日(2009年12月23日)止,滞纳37天,应加收滞纳金3 682.48元。

③你单位2009年"其他应付款——购房款"科目记载11月收预售房款8 491 000元,应预缴土地增值税169 820元,已缴484 593.02元,多预缴土地增值税314 773.02元。上述多预缴土地增值税全部抵缴少预缴的2009年9月至10月土地增值税。

2. 城市维护建设税

你单位 2009 年度未少申报缴纳城市维护建设税，但存在未按期缴纳问题。具体如下：

（1）你单位应缴 2009 年 1 月城市维护建设税 615.49 元，已缴 4 308.43 元，多缴城市维护建设税 3 692.94 元。上述多缴城市维护建设税全部抵缴少缴的 2011 年 4 月部分城市维护建设税。

（2）你单位应缴 2009 年 6 月城市维护建设税 136.78 元。上述应缴城市维护建设税全部由 2008 年 5 月 13 日多缴的城市维护建设税抵缴。

（3）你单位应缴 2009 年 7 月城市维护建设税 3 425 元。上述应缴税款已由 2008 年 5 月 13 日多缴的城市维护建设税抵缴 1 750.67 元，由 2008 年 6 月 17 日多缴的城市维护建设税抵缴 1 674.33 元。你单位实际不少缴 2009 年 7 月城市维护建设税。

（4）你单位应缴 2009 年 9 月城市维护建设税 2 893 元、10 月城市维护建设税 4 976.33 元、11 月城市维护建设税 4 245.50 元及 12 月城市维护建设税 2 375 元。上述应缴城市维护建设税全部由 2008 年 6 月 17 日多缴的城市维护建设税抵缴。

3. 印花税

你单位 2009 年度未少申报缴纳印花税，但存在未按期缴纳问题。具体如下：

（1）你单位多缴 2009 年 3 月印花税 39 733 元。上述多缴印花税全部抵缴少缴的 2009 年 9 月至 10 月印花税、2010 年 7 月至 10 月印花税、2010 年 12 月部分印花税。

（2）你单位 2009 年"其他应付款——购房款"科目记载 9 月收预售房款 5 785 995 元，应缴印花税 2 893 元；10 月收预售房款 9 952 656 元，应缴印花税 4 976.30 元。上述应缴印花税全部由 2009 年 4 月 9 日多缴印花税抵缴。

（3）你单位 2009 年"其他应付款——购房款"科目记载 11 月收预售房款 8 491 000 元，应缴印花税 4 245.50 元，已缴 12 114.80 元，多缴印花税 7 869.30 元。上述多缴印花税全部抵缴少缴的 2010 年 12 月部分印花税、2011 年 1 月至 2 月印花税、2011 年 3 月部分印花税。

你单位逾期缴纳 2009 年度税款应加收滞纳金合计 25 241.79 元。

2010 年度

1. 逾期缴纳税款加收滞纳金

你单位不存在少缴 2010 年度营业税、城市维护建设税、印花税、土地增值税及企业所得税问题，但存在逾期缴纳上述税款行为。对上述未按规定期限缴纳的税款，根据《中华人民共和国税收征收管理法》第三十二条之规定，自税款滞纳之日起至缴纳税款之日止，按日加收万分之五滞纳金共计 3 745 377.07 元。具体如下：

（1）逾期缴纳营业税应加收滞纳金 1 943 998.15 元

①你单位 2010 年"预收账款——房款"科目记载 7 月收售房款 2 726 666 元，应缴营业税 136 333.30 元。你单位于 2011 年 2 月 25 日缴纳营业税 1 000 元，自税

款滞纳之日（2010年8月17日）起至税款缴纳之日（2011年2月25日）止，滞纳193天，应加收滞纳金96.50元；于2013年6月28日补缴营业税135 333.30元，自税款滞纳之日（2010年8月17日）起至税款缴纳之日（2013年6月28日）止，滞纳1 047天，应加收滞纳金70 846.98元。

②你单位2010年"其他应付款——购房款"科目记载8月收售房款10 766 501.80元，应缴营业税538 325.09元。你单位于2013年6月28日补缴上述税款，自税款滞纳之日（2010年9月16日）起至税款缴纳之日（2013年6月28日）止，滞纳1 017天，应加收滞纳金273 738.31元。

③你单位2010年"其他应付款——购房款"科目记载9月收售房款22 368 286.40元，应缴营业税1 118 414.32元。你单位于2011年2月25日缴纳500元，自税款滞纳之日（2010年10月23日）起至税款缴纳之日（2011年2月25日）止，滞纳126天，应加收滞纳金31.50元；于2013年6月28日补缴营业税1 117 914.32元，自税款滞纳之日（2010年10月23日）起至税款缴纳之日（2013年6月28日）止，滞纳980天，应加收滞纳金547 778.02元。

④你单位2010年"其他应付款——购房款"科目记载10月收售房款24 372 393元，应缴营业税1 218 619.65元。你单位于2013年6月28日补缴营业税58 427.29元，自税款滞纳之日（2010年11月16日）起至税款缴纳之日（2013年6月28日）止，滞纳956天，应加收滞纳金27 928.24元；于2014年3月13日补缴营业税1 160 192.36元，自税款滞纳之日（2010年11月16日）起至税款缴纳之日（2014年3月13日）止，滞纳1 214天，应加收滞纳金704 236.76元。

⑤你单位2010年"预收账款——房款"科目记载11月收售房款4 489 780元，应缴营业税224 489元，已缴225 489元，多缴营业税1 000元。上述多缴营业税全部补缴少缴的2010年7月营业税。

⑥你单位2010年"其他应付款——购房款"科目记载12月收售房款11 107 542.48元，应缴营业税555 377.12元。你单位于2014年3月13日补缴上述税款，自税款滞纳之日（2011年1月19日）起至税款缴纳之日（2014年3月13日）止，滞纳1 150天，应加收滞纳金319 341.84元。

（2）逾期缴纳城市维护建设税应加收滞纳金1.58元

①你单位应缴2010年9月城市维护建设税11 184.14元，其中25元城市维护建设税于2011年2月25日缴纳，自税款滞纳之日（2010年10月23日）起至税款缴纳之日（2011年2月25日）止，滞纳126天，应加收滞纳金1.58元。

②你单位应缴2010年1月城市维护建设税778.62元、3月城市维护建设税4 120元、4月城市维护建设税3 680元、5月城市维护建设税875元、7月城市维护建设税1 363.33元、8月城市维护建设税5 383.25元、9月城市维护建设税11 159.14元（应缴11 184.14元，已缴25元）及10月城市维护建设税12 186.20元。上述应缴城市维护建设税全部由2008年6月17日多缴的城市维护建设税抵缴。

③你单位应缴 2010 年 11 月城市维护建设税 2 244.89 元，已缴 11 274.45 元，多缴城市维护建设税 9 029.56 元。上述多缴城市维护建设税全部抵缴少缴的 2011 年 4 月部分城市维护建设税。

④你单位应缴 2010 年 12 月城市维护建设税 5 553.77 元。上述应缴城市维护建设税由 2008 年 6 月 17 日多缴的城市维护建设税抵缴 665.45 元、由 2008 年 6 月 26 日多缴的城市维护建设税抵缴 4 888.32 元。你单位实际不少缴 2010 年 12 月城市维护建设税。

（3）逾期缴纳印花税应加收滞纳金 0.32 元

①你单位 2010 年"其他应付款——购房款"科目记载 9 月收售房款 22 368 286.40 元，应缴印花税 11 184.10 元，其中 5 元印花税于 2011 年 2 月 25 日缴纳，自税款滞纳之日（2010 年 10 月 23 日）起至税款缴纳之日（2011 年 2 月 25 日）止，滞纳 126 天，应加收滞纳金 0.32 元。

②你单位 2010 年"预收账款——房款"科目记载 7 月收售房款 2 726 666 元，应缴印花税 1 363.30 元；8 月"其他应付款——购房款"科目记载收售房款 10 766 501.80 元，应缴印花税 5 383.30 元；9 月"其他应付款——购房款"科目记载收售房款 22 368 286.40 元，已缴印花税 5 元，还应缴纳印花税 11 179.10 元；10 月"其他应付款——购房款"科目记载收售房款 24 372 393 元，应缴印花税 12 186.20 元。上述应缴印花税全部由 2009 年 4 月 9 日多缴的印花税抵缴。

③你单位 2010 年"预收账款——房款"科目记载 11 月收售房款 4 489 780 元，应缴印花税 2 244.90 元，已缴 2 254.90 元，多缴印花税 10 元。上述多缴印花税全部抵缴少缴的 2011 年 3 月印花税。

④你单位 2010 年"其他应付款——购房款"科目记载 12 月收售房款 11 107 542.48 元，应缴印花税 5 553.80 元。上述应缴印花税由 2009 年 4 月 9 日多缴的印花税抵缴 1 751.80 元、由 2009 年 12 月 23 日多缴的印花税抵缴 3 802 元。你单位实际不少缴 2010 年 12 月印花税。

（4）逾期缴纳土地增值税应加收滞纳金 777 599.27 元

①你单位 2010 年"预收账款——房款"科目记载 7 月收售房款 2 726 666 元，应预缴土地增值税 54 533.32 元。你单位于 2011 年 2 月 25 日缴纳土地增值税 400 元，自税款滞纳之日（2010 年 8 月 17 日）起至税款缴纳之日（2011 年 2 月 25 日）止，滞纳 193 天，应加收滞纳金 38.6 元；于 2013 年 6 月 28 日补缴土地增值税 54 133.32 元，自税款滞纳之日（2010 年 8 月 17 日）起至税款缴纳之日（2013 年 6 月 28 日）止，滞纳 1 047 天，应加收滞纳金 28 338.79 元。

②你单位 2010 年"其他应付款——购房款"科目记载 8 月收售房款 10 766 501.80 元，应预缴土地增值税 215 330.04 元。你单位于 2013 年 6 月 28 日补缴上述税款，自税款滞纳之日（2010 年 9 月 16 日）起至税款缴纳之日（2013 年 6 月 28 日）止，滞纳 1 017 天，应加收滞纳金 109 495.33 元。

③你单位2010年"其他应付款——购房款"科目记载9月收售房款22 368 286.40元,应预缴土地增值税447 365.73元。你单位于2011年2月25日缴纳土地增值税200元,自税款滞纳之日(2010年10月23日)起至税款缴纳之日(2011年2月25日)止,滞纳126天,应加收滞纳金12.6元;于2013年6月28日补缴土地增值税447 165.73元,自税款滞纳之日(2010年10月23日)起至税款缴纳之日(2013年6月28日)止,滞纳980天,应加收滞纳金219 111.21元。

④你单位2010年"其他应付款——购房款"科目记载10月收售房款24 372 393元,应预缴土地增值税487 447.86元。你单位于2013年6月28日补缴土地增值税23 370.91元,自税款滞纳之日(2010年11月16日)起至税款缴纳之日(2013年6月28日)止,滞纳956天,应加收滞纳金11 171.29元;于2014年3月13日补缴土地增值税464 076.95元,自税款滞纳之日(2010年11月16日)起至税款缴纳之日(2014年3月13日)止,滞纳1 214天,应加收滞纳金281 694.71元。

⑤你单位2010年"预收账款——房款"科目记载11月收售房款4 489 780元,应预缴土地增值税89 795.60元,已缴90 195.60元,多预缴土地增值税400元。多预缴土地增值税全部抵减少缴的2010年7月土地增值税。

⑥你单位2010年"其他应付款——购房款"科目记载12月收售房款11 107 542.48元,应预缴土地增值税222 150.85元。你单位于2014年3月13日补缴上述税款,自税款滞纳之日(2011年1月19日)起至税款缴纳之日(2014年3月13日)止,滞纳1 150天,应加收滞纳金127 736.74元。

(5)逾期缴纳企业所得税应加收滞纳金1 023 777.75元

你单位2010年度收售房款合计94 738 408.68元,取得利息收入合计13 925.55元,应缴2010年企业所得税3 079 450.86元,已缴761 180.70元,还应缴企业所得税2 318 270.16元。上述应缴企业所得税分别于2013年6月28日补缴1 202 035.93元,于2014年3月13日补缴1 116 234.23元。你单位不存在少缴2010年度企业所得税问题,但存在税款滞纳行为,逾期缴纳税款应加收滞纳金合计1 023 777.75元。具体如下:

①你单位于2013年6月28日补缴企业所得税1 202 035.93元,自税款滞纳之日(2011年6月1日)起至税款缴纳之日(2014年6月28日)止,滞纳759天,应加收滞纳金456 172.64元。

②你单位于2014年3月13日补缴企业所得税1 116 234.23元,自税款滞纳之日(2011年6月1日)起至税款缴纳之日(2014年3月13日)止,滞纳1 017天,应加收滞纳金567 605.11元。

2. 教育费附加

你单位2010年度未少申报缴纳教育费附加,但存在未按期缴纳问题。具体如下:

(1)你单位应缴2010年7月教育费附加4 090元。上述应缴教育费附加于2011年

2月25日缴纳30元,于2013年6月28日补缴4 060元。你单位实际不少缴2010年7月教育费附加。

(2)你单位应缴2010年8月教育费附加16 149.75元。上述应缴教育费附加全部由2013年6月28日多缴教育费附加补缴。

(3)你单位应缴2010年9月教育费附加33 552.43元,已缴15元,还应缴教育费附加33 537.43元。上述应缴教育费附加全部由2013年6月28日多缴教育费附加补缴。

(4)你单位应缴2010年10月教育费附加36 558.59元。上述应缴教育费附加于2013年6月28日补缴教育费附加1 752.82元,于2014年3月13日补缴教育费附加34 805.77元。你单位实际不少缴2010年10月教育费附加。

(5)你单位应缴2010年11月教育费附加6 734.67元,已缴6 764.67元,多缴教育费附加30元。上述多缴教育费附加全部补缴少缴的2010年7月部分教育费附加。

(6)你单位应缴2010年12月教育费附加16 661.31元。上述应缴教育费附加全部由2014年3月13日多缴的教育费附加补缴。

3. 地方教育附加

你单位2010年度未少申报缴纳地方教育附加,但存在未按期缴纳问题。具体如下:

(1)你单位应缴2010年7月地方教育附加2 726.67元。上述应缴地方教育附加于2011年2月25日缴纳20元,于2013年6月28日补缴2 706.67元。你单位实际不少缴2010年7月地方教育附加。

(2)你单位应缴2010年8月地方教育附加10 766.50元。上述应缴地方教育附加全部由2013年6月28日多缴的地方教育附加补缴。

(3)你单位应缴2010年9月地方教育附加22 368.29元,已缴10元,还应缴地方教育附加22 358.29元。上述应缴地方教育附加全部由2013年6月28日多缴的地方教育附加补缴。

(4)你单位应缴2010年10月地方教育附加24 372.39元。上述应缴地方教育附加于2013年6月28日缴纳1 168.54元,于2014年3月13日补缴23 203.85元。你单位实际不少缴2010年10月地方教育附加。

(5)你单位应缴2010年11月地方教育附加4 489.78元,已缴4 509.78元,多缴地方教育附加20元。上述多缴地方教育附加全部补缴少缴的2010年7月地方教育附加。

(6)你单位应缴2010年12月地方教育附加11 107.54元。上述应缴地方教育附加全部由2014年3月13日多缴的地方教育附加补缴。

你单位逾期缴纳2010年度税款应加收滞纳金合计3 745 377.07元。

2011 年度

1. 营业税

你单位 2011 年度收售房款合计 147 903 511.44 元，未按规定申报缴纳营业税。根据《中华人民共和国营业税暂行条例》（国务院令第 540 号）第一条、第二条、第四条、第五条及《中华人民共和国营业税暂行条例实施细则》（财政部国家税务总局第 52 号令）第二十五条之规定，应缴 2011 年营业税 7 395 175.57 元，当年申报缴纳 0 元。2014 年多缴营业税补缴本年度营业税合计 2 119 078.12 元，你单位实际少缴 2011 年营业税 5 276 097.45 元。具体如下：

（1）你单位 2011 年"其他应付款——购房款"科目记载 1 月收售房款 5 652 540 元，应缴营业税 282 627 元。上述应缴营业税于 2014 年 3 月 13 日补缴 134 430.52 元，于 2014 年 6 月 16 日补缴 148 196.48 元。你单位实际不少缴 2011 年 1 月营业税。

（2）你单位 2011 年"其他应付款——购房款"科目记载 2 月收售房款 1 258 916 元，应缴营业税 62 945.80 元；3 月收售房款 620 900 元，应缴营业税 310 450 元；4 月收售房款 9 920 000 元，应缴营业税 496 000 元；5 月收售房款 7 026 007 元，应缴营业税 351 300.35 元；6 月收售房款 2 411 000 元，应缴营业税 120 550 元。上述应缴营业税全部由 2014 年 6 月 16 日多缴的营业税补缴。

（3）你单位 2011 年"其他应付款——购房款"科目记载 7 月收售房款 8 170 400 元，应缴营业税 408 520 元。上述应缴营业税于 2014 年 6 月 16 日补缴 365 557.37 元，于 2014 年 7 月 11 日补缴 42 962.63 元。你单位实际不少缴 2011 年 7 月营业税。

（4）你单位 2011 年"其他应付款——购房款"科目记载 8 月收售房款 12 182 000 元，应缴营业税 609 100 元。上述应缴营业税于 2014 年 7 月 11 日补缴 30 128.97 元，于 2014 年 11 月 6 日补缴 56 556 元后，你单位还少缴 2011 年 8 月营业税 522 415.03 元。

（5）你单位 2011 年"其他应付款——购房款"科目记载 9 月收售房款 18 245 651.84 元，少缴 2011 年 9 月营业税 912 282.59 元。

（6）你单位 2011 年"其他应付款——购房款"科目记载 10 月收售房款 27 481 197.60 元，少缴 2011 年 10 月营业税 1 374 059.88 元。

（7）你单位 2011 年"其他应付款——购房款"科目记载 11 月收售房款 25 463 832 元，少缴 2011 年 11 月营业税 1 273 191.60 元。

（8）你单位 2011 年"其他应付款——购房款"科目记载 12 月收售房款 23 882 967 元，少缴 2011 年 12 月营业税 1 194 148.35 元。

2. 城市维护建设税

你单位 2011 年度未按规定申报缴纳以营业税为计税依据的城市维护建设税。根据《中华人民共和国城市维护建设税暂行条例》（国发〔1985〕19 号）第二条、第三条、第四条及《河北省城市维护建设税征收管理办法》（冀地税发〔2004〕57 号）第四条、第五条、第六条、第十一条之规定，应缴 2011 年城市维护建设税 369 758.78 元，当年申报缴纳 0 元。2008 年至 2014 年多缴城市维护建设税抵缴本年度城市维护建设税合计 276 627.98 元，你单位实际少缴 2011 年城市维护建设税 93 130.80 元。具体如下：

（1）你单位应缴 2011 年 1 月城市维护建设税 14 131.35 元、2 月城市维护建设税 3 147.29 元、3 月城市维护建设税 15 522.50 元。上述应缴城市维护建设税全部由 2008 年 6 月 26 日多缴的城市维护建设税抵缴。

（2）你单位应缴 2011 年 4 月城市维护建设税 24 800 元。上述应缴城市维护建设税由 2008 年 6 月 26 日多缴的城市维护建设税抵缴 1 310.64 元、2008 年 12 月 12 日多缴的城市维护建设税抵缴 2 599.78 元、2009 年 1 月 8 日多缴的城市维护建设税抵缴 1 710 元、2009 年 2 月 17 日多缴的城市维护建设税抵缴 3 692.94 元、2010 年 12 月 10 日多缴的城市维护建设税抵缴 9 029.56 元，由 2013 年 1 月 18 日多缴的城市维护建设税补缴 6 457.08 元。你单位实际不少缴 2011 年 4 月城市维护建设税。

（3）你单位应缴 2011 年 5 月城市维护建设税 17 565.02 元。上述应缴城市维护建设税于 2013 年 1 月 18 日补缴 9 042.92 元，于 2013 年 6 月 28 日补缴 8 522.10 元。你单位实际不少缴 2011 年 5 月城市维护建设税。

（4）你单位应缴 2011 年 6 月城市维护建设税 6 027.50 元、7 月城市维护建设税 20 426 元、8 月城市维护建设税 30 455 元。上述应缴城市维护建设税全部由 2013 年 6 月 28 日多缴的城市维护建设税补缴。

（5）你单位应缴 2011 年 9 月城市维护建设税 45 614.13 元。上述应缴城市维护建设税于 2013 年 6 月 28 日补缴 27 069.40 元，于 2014 年 3 月 13 日补缴 17 120.42 元，于 2014 年 6 月 16 日补缴 1 424.31 元。你单位实际不少缴 2011 年 9 月城市维护建设税。

（6）你单位应缴 2011 年 10 月城市维护建设税 68 702.99 元。上述应缴城市维护建设税全部由 2014 年 6 月 16 日多缴的城市维护建设税补缴。

（7）你单位应缴 2011 年 11 月城市维护建设税 63 659.58 元。上述应缴城市维护建设税于 2014 年 6 月 16 日补缴 22 622.70 元，于 2014 年 7 月 11 日补缴 3 654.58 元，于 2014 年 11 月 6 日补缴 3 958.92 元后，你单位还少缴 2011 年 11 月城市维护建设税 33 423.38 元。

（8）你单位少缴 2011 年 12 月城市维护建设税 59 707.42 元。

3. 教育费附加

你单位 2011 年度未按规定申报缴纳以营业税为计征依据的教育费附加。根据国务院《征收教育费附加的暂行规定》（国发〔1986〕50 号）第二条、第三条第一款、第六条及《国务院关于修改〈征收教育费附加的暂行规定〉的决定》（国务院令〔2005〕448 号）之规定，你单位应缴 2011 年教育费附加 221 855.27 元，当年申报缴纳 0 元。2014 年多缴教育费附加补缴本年度教育费附加合计 63 572.35 元，你单位实际少缴 2011 年教育费附加 158 282.92 元。具体如下：

（1）你单位应缴 2011 年 1 月教育费附加 8 478.81 元。上述应缴教育费附加于 2014 年 3 月 13 日补缴 4 032.92 元，于 2014 年 6 月 16 日补缴 4 445.89 元。你单位实际不少缴 2011 年 1 月教育费附加。

（2）你单位应缴 2011 年 2 月教育费附加 1 888.37 元、3 月教育费附加 9 313.50 元、

4月教育费附加14 880元、5月教育费附加10 539.01元、6月教育费附加3 616.50元。上述应缴教育费附加全部由2014年6月16日多缴的教育费附加补缴。

（3）你单位应缴2011年7月教育费附加12 255.60元。上述应缴教育费附加于2014年6月16日补缴10 966.73元，于2014年7月11日补缴12 88.87元。你单位实际不少缴2011年7月教育费附加。

（4）你单位应缴2011年8月教育费附加18 273元。上述应缴教育费附加于2014年7月11日补缴903.88元，于2014年11月6日补缴1 696.68元后，你单位还少缴2011年8月教育费附加15 672.44元。

（5）你单位少缴2011年9月教育费附加27 368.48元。

（6）你单位少缴2011年10月教育费附加41 221.8元。

（7）你单位少缴2011年11月教育费附加38 195.75元。

（8）你单位少缴2011年12月教育费附加35 824.45元。

4. 地方教育附加

你单位2011年度未按规定申报缴纳以营业税为计征依据的地方教育附加。根据《河北省地方教育附加征收使用管理规定》（河北省人民政府令〔2011〕第4号）第二条、第五条之规定，应缴2011年地方教育附加147 903.52元。2014年度多缴的地方教育附加补缴本年度地方教育附加合计42 381.56元，你单位实际少缴2011年地方教育附加105 521.96元。具体如下：

（1）你单位应缴2011年1月地方教育附加5 652.54元。上述应缴地方教育附加于2014年3月13日补缴2 688.61元，于2014年6月16日补缴2 963.93元。你单位实际不少缴2011年1月地方教育附加。

（2）你单位应缴2011年2月地方教育附加1 258.92元、3月地方教育附加6 209元、4月地方教育附加9 920元、5月地方教育附加7 026.01元、6月地方教育附加2 411元。上述应缴地方教育附加全部由2014年6月16日多缴的地方教育附加补缴。

（3）你单位应缴2011年7月地方教育附加8 170.40元。上述应缴地方教育附加于2014年6月16日补缴7 311.14元，于2014年7月11日补缴859.26元。你单位实际不少缴2011年7月地方教育附加。

（4）你单位应缴2011年8月地方教育附加12 182元。上述应缴地方教育附加于2014年7月11日补缴602.57元，于2014年11月6日补缴1 131.12元后，你单位还少缴2011年8月地方教育附加10 448.31元。

（5）你单位少缴2011年9月地方教育附加18 245.65元。

（6）你单位少缴2011年10月地方教育附加27 481.20元。

（7）你单位少缴2011年11月地方教育附加25 463.83元。

（8）你单位少缴2011年12月地方教育附加23 882.97元。

5. 印花税

你单位2011年度收售房款合计147 903 511.44元，未按规定申报缴纳印花税。

根据《中华人民共和国印花税暂行条例》(1988年8月6日中华人民共和国国务院令第11号发布)第一条、第二条、第三条之规定,应缴2011年印花税73 951.80元,当年申报缴纳0元。2009年至2014年多缴印花税抵缴本年度印花税合计62 518.80元,你单位实际少缴2011年印花税11 433元。具体如下:

(1)你单位2011年"其他应付款——购房款"科目记载1月收售房款5 652 540元,应缴印花税2 826.30元;2月收售房款1 258 916元,应缴印花税629.50元。上述应缴印花税全部由2009年12月23日多缴的印花税抵缴。

(2)你单位2011年"其他应付款——购房款"科目记载3月收售房款6 209 000元,应缴印花税3 104.50元。上述应缴印花税由2009年12月23日多缴的印花税抵缴611.50元,由2011年2月25日多缴的印花税抵缴10元,由2013年6月28日多缴的印花税补缴2 483元。你单位实际不少缴2011年3月印花税。

(3)你单位2011年"其他应付款——购房款"科目记载4月收售房款9 920 000元,应缴印花税4 960元;5月收售房款7 026 007元,应缴印花税3 513元;6月收售房款2 411 000元,应缴印花税1 205.50元;7月收售房款8 170 400元,应缴印花税4 085.20元。上述应缴印花税全部由2013年6月28日多缴的印花税补缴。

(4)你单位2011年"其他应付款——购房款"科目记载8月收售房款12 182 000元,应缴印花税6 091元。上述应缴印花税于2013年6月28日补缴2 253.30元,于2013年11月15日补缴3 837.70元。你单位实际不少缴2011年8月印花税。

(5)你单位2011年"其他应付款——购房款"科目记载9月收售房款18 245 651.84元,应缴印花税9 122.80元。上述应缴印花税全部由2013年11月15日多缴的印花税补缴。

(6)你单位2011年"其他应付款——购房款"科目记载10月收售房款27 481 197.60元,应缴印花税13 740.60元。上述应缴印花税于2013年11月15日补缴12 284.50元,于2014年6月16日补缴1 456.10元。你单位实际不少缴2011年10月印花税。

(7)你单位2011年"其他应付款——购房款"科目记载11月收售房款25 463 832元,应缴印花税12 731.90元。上述应缴印花税于2014年6月16日补缴11 943.90元,于2014年7月11日补缴730.90元,于2014年11月6日补缴57.10元。你单位实际不少缴2011年11月印花税。

(8)你单位2011年"其他应付款——购房款"科目记载12月收售房款23 882 967元,应缴印花税11 941.50元。上述应缴印花税于2014年11月6日补缴508.50元后,你单位还少缴2011年12月印花税11 433元。

6. 土地增值税

你单位2011年度收售房款合计147 903 511.44元,未按规定预缴土地增值税。根据《中华人民共和国土地增值税暂行条例》(国务院令第138号)第二条、第三条、第四条、第五条、第六条、第七条,《中华人民共和国土地增值税暂行条例实施细则》(财法字〔1995〕6号)第十六条及《河北省地方税务局关于调整房地产开发项目土地增值税预征率和核定征收率的公告》(河北省地方税务局公告2010年第1号)之规定,应预缴2011年土地增值税2 958 070.23元，当年预缴0元。2014年多预缴土地增值税补缴本年度土地增值税合计847 631.24元，你单位实际少预缴2011年土地增值税2 110 438.99元。具体如下：

（1）你单位2011年"其他应付款——购房款"科目记载1月收售房款5 652 540元，应预缴土地增值税113 050.80元。上述应预缴土地增值税于2014年3月13日补缴53 772.20元，于2014年6月16日补缴59 278.60元。你单位实际不少预缴2011年1月土地增值税。

（2）你单位2011年"其他应付款——购房款"科目记载2月收售房款1 258 916元，应预缴土地增值税25 178.32元；3月收售房款6 209 000元，应预缴土地增值税124 180元；4月收售房款9 920 000元，应预缴土地增值税198 400元；5月收售房款7 026 007元，应预缴土地增值税140 520.14元；6月收售房款2 411 000元，应预缴土地增值税48 220元。上述应预缴土地增值税全部由2014年6月16日多预缴的土地增值税补缴。

（3）你单位2011年"其他应付款——购房款"科目记载7月收售房款8 170 400元，应预缴土地增值税163 408元。上述应预缴土地增值税于2014年6月16日补缴146 222.94元，于2014年7月11日补缴17 185.06元。你单位实际不少预缴2011年7月土地增值税。

（4）你单位2011年"其他应付款——购房款"科目记载8月收售房款12 182 000元，应预缴土地增值税243 640元。上述应预缴土地增值税于2014年7月11日补缴12 051.58元，于2014年11月6日补缴22 622.40元后，你单位还少预缴2011年8月土地增值税208 966.02元。

（5）你单位2011年"其他应付款——购房款"科目记载9月收售房款18 245 651.84元，少预缴2011年9月土地增值税364 913.04元。

（6）你单位2011年"其他应付款——购房款"科目记载10月收售房款27 481 197.60元，少预缴2011年10月土地增值税549 623.95元。

（7）你单位2011年"其他应付款——购房款"科目记载11月收售房款25 463 832元，少预缴2011年11月土地增值税509 276.64元。

（8）你单位2011年"其他应付款——购房款"科目记载12月收售房款23 882 967元，少预缴2011年12月土地增值税477 659.34元。

7. 企业所得税

你单位2011年取得售房款合计147 903 511.44元，取得利息收入合计24 852.16元。根据《中华人民共和国企业所得税法》（中华人民共和国主席令〔2007〕63号）第一条、第二条、第三条、第四条、第六条及《河北省房地产开发企业所得税征收管理办法》（冀地税发〔2010〕28号）第六十三条之规定，你单位应缴2011年企业所得税4 807 671.82元，当年已申报缴纳企业所得税1 457.70元，还应缴2011年企业所得税4 806 214.12元。2014年多缴企业所得税补缴本年度企业所得税合计1 376 286.71元，你单位还少缴2011年企业所得税3 429 927.41元。

8. 逾期缴纳税款加收滞纳金

你单位存在逾期缴纳 2011 年营业税、城市维护建设税、印花税、土地增值税及企业所得税行为。对上述未按规定期限缴纳的税款，根据《中华人民共和国税收征收管理法》第三十二条之规定，自税款滞纳之日起至缴纳税款之日止，按日加收万分之五滞纳金共计 2 272 827.46 元。具体如下：

（1）逾期缴纳营业税应加收滞纳金 1 176 886.05 元

①你单位于 2014 年 3 月 13 日补缴 2011 年 1 月营业税 134 430.52 元，自税款滞纳之日（2011 年 2 月 23 日）起至税款缴纳之日（2014 年 3 月 13）止，滞纳 1 115 天，应加收滞纳金 74 945.01 元；于 2014 年 6 月 16 日补缴 2011 年 1 月营业税 148 196.48 元，自税款滞纳之日（2011 年 2 月 23 日）起至税款缴纳之日（2014 年 6 月 16 日）止，滞纳 1 210 天，应加收滞纳金 89 658.87 元。

②你单位于 2014 年 6 月 16 日补缴 2011 年 2 月营业税 62 945.80 元，自税款滞纳之日（2011 年 3 月 16 日）起至税款缴纳之日（2014 年 6 月 16 日）止，滞纳 1 189 天，应加收滞纳金 37 421.28 元。

③你单位于 2014 年 6 月 16 日补缴 2011 年 3 月营业税 310 450 元，自税款滞纳之日（2011 年 4 月 19 日）起至税款缴纳之日（2014 年 6 月 16 日）止，滞纳 1 155 天，应加收滞纳金 179 284.88 元。

④你单位于 2014 年 6 月 16 日补缴 2011 年 4 月营业税 496 000 元，自税款滞纳之日（2011 年 5 月 17 日）起至税款缴纳之日（2014 年 6 月 16 日）止，滞纳 1 127 天，应加收滞纳金 279 496 元。

⑤你单位于 2014 年 6 月 16 日补缴 2011 年 5 月营业税 351 300.35 元，自税款滞纳之日（2011 年 6 月 21 日）起至税款缴纳之日（2014 年 6 月 16 日）止，滞纳 1 092 天，应加收滞纳金 191 809.99 元。

⑥你单位于 2014 年 6 月 16 日补缴 2011 年 6 月营业税 120 550 元，自税款滞纳之日（2011 年 7 月 16 日）起至税款缴纳之日（2014 年 6 月 16 日）止，滞纳 1 067 天，应加收滞纳金 64 313.43 元。

⑦你单位于 2014 年 6 月 16 日补缴 2011 年 7 月营业税 365 557.37 元，自税款滞纳之日（2011 年 8 月 16 日）起至税款缴纳之日（2014 年 6 月 16 日）止，滞纳 1 036 天，应加收滞纳金 189 358.72 元；于 2014 年 7 月 11 日补缴 2011 年 7 月营业税 42 962.63 元，自税款滞纳之日（2011 年 8 月 16 日）起至税款缴纳之日（2014 年 7 月 11 日）止，滞纳 1 061 天，应加收滞纳金 22 791.68 元。

⑧你单位于 2014 年 7 月 11 日补缴 2011 年 8 月营业税 30 128.97 元，自税款滞纳之日（2011 年 9 月 20 日）起至税款缴纳之日（2014 年 7 月 11 日）止，滞纳 1 026 天，应加收滞纳金 15 456.16 元；于 2014 年 11 月 6 日补缴 2011 年 8 月营业税 56 556 元，自税款滞纳之日（2011 年 9 月 20 日）起至税款缴纳之日（2014 年 11 月 6 日）止，

滞纳1 144天，应加收滞纳金32 350.03元。

（2）逾期缴纳城市维护建设税应加收滞纳金89 751.29元

①你单位于2013年1月18日补缴2011年4月城市维护建设税6 457.08元，自税款滞纳之日（2011年5月17日）起至税款缴纳之日（2013年1月18日）止，滞纳613天，应加收滞纳金1 979.10元。

②你单位于2013年1月18日补缴2011年5月城市维护建设税9 042.92元，自税款滞纳之日（2011年6月21日）起至税款缴纳之日（2013年1月18日）止，滞纳578天，应加收滞纳金2 613.40元；于2013年6月28日补缴2011年5月城市维护建设税8 522.10元，自税款滞纳之日（2011年6月21日）起至税款缴纳之日（2013年6月28日）止，滞纳739天，应加收滞纳金3 148.92元。

③你单位于2013年6月28日补缴2011年6月城市维护建设税6 027.50元，自税款滞纳之日（2011年7月16日）起至税款缴纳之日（2013年6月28日）止，滞纳714天，应加收滞纳金2 151.82元。

④你单位于2013年6月28日补缴2011年7月城市维护建设税20 426元，自税款滞纳之日（2011年8月16日）起至税款缴纳之日（2013年6月28日）止，滞纳683天，应加收滞纳金6 975.48元。

⑤你单位于2013年6月28日补缴2011年8月城市维护建设税30 455元，自税款滞纳之日（2011年9月20日）起至税款缴纳之日（2013年6月28日）止，滞纳648天，应加收滞纳金9 867.42元。

⑥你单位于2013年6月28日补缴2011年9月城市维护建设税27 069.40元，自税款滞纳之日（2011年10月25日）起至税款缴纳之日（2013年6月28日）止，滞纳613天，应加收滞纳金8 296.77元；于2014年3月13日补缴2011年9月城市维护建设税17 120.42元，自税款滞纳之日（2011年10月25日）起至税款缴纳之日（2014年3月13日）止，滞纳871天，应加收滞纳金7 455.94元；于2014年6月16日补缴2011年9月城市维护建设税1 424.31元，自税款滞纳之日（2011年10月25日）起至税款缴纳之日（2014年6月16日）止，滞纳966天，应加收滞纳金687.94元。

⑦你单位于2014年6月16日补缴2011年10月城市维护建设税68 702.99元，自税款滞纳之日（2011年11月16日）起至税款缴纳之日（2014年6月16日）止，滞纳944天，应加收滞纳金32 427.81元。

⑧你单位于2014年6月16日补缴2011年11月城市维护建设税22 622.70元，自税款滞纳之日（2011年12月16日）起至税款缴纳之日（2014年6月16日）止，滞纳914天，应加收滞纳金10 338.57元；于2014年7月11日补缴2011年11月城市维护建设税3 654.58元，自税款滞纳之日（2011年12月16日）起至税款缴纳之日（2014年7月11日）止，滞纳939天，应加收滞纳金1 715.83元；于2014年11月6日补缴2011年11月城市维护建设税3 958.92元，自税款滞纳之日（2011年12月16日）

起至税款缴纳之日（2014年7月11日）止，滞纳1 057天，应加收滞纳金2 092.29元。

（3）逾期缴纳印花税应加收滞纳金22 984.62元

①你单位于2013年6月28日补缴2011年3月印花税2 483元，自税款滞纳之日（2011年4月19日）起至税款缴纳之日（2013年6月28日）止，滞纳802天，应加收滞纳金995.68元。

②你单位于2013年6月28日补缴2011年4月印花税4 960元，自税款滞纳之日（2011年5月17日）起至税款缴纳之日（2013年6月28日）止，滞纳774天，应加收滞纳金1 919.52元。

③你单位于2013年6月28日补缴2011年5月印花税3 513元，自税款滞纳之日（2011年6月21日）起至税款缴纳之日（2013年6月28日）止，滞纳739天，应加收滞纳金1 298.05元。

④你单位于2013年6月28日补缴2011年6月印花税1 205.50元，自税款滞纳之日（2011年7月16日）起至税款缴纳之日（2013年6月28日）止，滞纳714天，应加收滞纳金430.36元。

⑤你单位于2013年6月28日补缴2011年7月印花税4 085.20元，自税款滞纳之日（2011年8月16日）起至税款缴纳之日（2013年6月28日）止，滞纳683天，应加收滞纳金1 395.10元。

⑥你单位于2013年6月28日补缴2011年8月印花税2 253.30元，自税款滞纳之日（2011年9月20日）起至税款缴纳之日（2013年6月28日）止，滞纳648天，应加收滞纳金730.07元；于2013年11月15日补缴2011年8月印花税3 837.70元，自税款滞纳之日（2011年9月20日）起至税款缴纳之日（2013年11月15日）止，滞纳788天，应加收滞纳金1 512.05元。

⑦你单位于2013年11月15日补缴2011年9月印花税91 22.80元，自税款滞纳之日（2011年10月25日）起至税款缴纳之日（2013年11月15日）止，滞纳753天，应加收滞纳金3 434.73元。

⑧你单位于2013年11月15日补缴2011年10月印花税12 284.50元，自税款滞纳之日（2011年11月16日）起至税款缴纳之日（2013年11月15日）止，滞纳731天，应加收滞纳金4 489.98元；于2014年6月16日补缴2011年10月印花税1 456.10元，自税款滞纳之日（2011年11月16日）起至税款缴纳之日（2014年6月16日）止，滞纳944天，应加收滞纳金687.28元。

⑨你单位于2014年6月16日补缴2011年11月印花税11 943.90元，自税款滞纳之日（2011年12月16日）起至税款缴纳之日（2014年6月16日）止，滞纳914天，应加收滞纳金5 458.36元；于2014年7月11日补缴2011年11月印花税730.90元，自税款滞纳之日（2011年12月16日）起至税款缴纳之日（2014年7月11日）止，滞纳939天，应加收滞纳金343.16元；于2014年11月6日补缴2011年11月印花税57.10元，自税款滞纳之日（2011年12月16日）起至税款缴纳之日（2014年11月

6日)止,滞纳1057天,应加收滞纳金30.18元。

⑩你单位于2014年11月6日补缴2011年12月印花税508.50元,自税款滞纳之日(2012年1月19日)起至税款缴纳之日(2014年11月6日)止,滞纳1023天,应加收滞纳金260.10元。

(4)逾期缴纳土地增值税应加收滞纳金470 754.40元

①你单位于2014年3月13日补缴2011年1月土地增值税53 772.20元,自税款滞纳之日(2011年2月23日)起至税款缴纳之日(2014年3月13日)止,滞纳1 115天,应加收滞纳金29 978元;于2014年6月16日补缴2011年1月土地增值税59 278.60元,自税款滞纳之日(2011年2月23日)起至税款缴纳之日(2014年6月16日)止,滞纳1 210天,应加收滞纳金35 863.55元。

②你单位于2014年6月16日补缴2011年2月土地增值税25 178.32元,自税款滞纳之日(2011年3月16日)起至税款缴纳之日(2014年6月16日)止,滞纳1 189天,应加收滞纳金14 968.51元。

③你单位于2014年6月16日补缴2011年3月土地增值税124 180元,自税款滞纳之日(2011年4月19日)起至税款缴纳之日(2014年6月16日)止,滞纳1 155天,应加收滞纳金71 713.95元。

④你单位于2014年6月16日补缴2011年4月土地增值税198 400元,自税款滞纳之日(2011年5月17日)起至税款缴纳之日(2014年6月16日)止,滞纳1 127天,应加收滞纳金111 798.40元。

⑤你单位于2014年6月16日补缴2011年5月土地增值税140 520.14元,自税款滞纳之日(2011年6月21日)起至税款缴纳之日(2014年6月16日)止,滞纳1 092天,应加收滞纳金76 724元。

⑥你单位于2014年6月16日补缴2011年6月土地增值税48 220元,自税款滞纳之日(2011年7月16日)起至税款缴纳之日(2014年6月16日)止,滞纳1 067天,应加收滞纳金25 725.37元。

⑦你单位于2014年6月16日补缴2011年7月土地增值税146 222.94元,自税款滞纳之日(2011年8月16日)起至税款缴纳之日(2014年6月16日)止,滞纳1 036天,应加收滞纳金75 743.48元;于2014年7月11日补缴2011年7月土地增值税17 185.06元,自税款滞纳之日(2011年8月16日)起至税款缴纳之日(2014年7月11日)止,滞纳1 061天,应加收滞纳金9 116.67元。

⑧你单位于2014年7月11日补缴2011年8月土地增值税12 051.58元,自税款滞纳之日(2011年9月20日)起至税款缴纳之日(2014年7月11日)止,滞纳1 026天,应加收滞纳金6 182.46元;于2014年11月6日补缴2011年8月土地增值税22 622.40元,自税款滞纳之日(2011年9月20日)起至税款缴纳之日(2014年11月6日)止,滞纳1 144天,应加收滞纳金12 940.01元。

（5）逾期缴纳企业所得税加收滞纳金

你单位应缴2011年企业所得税4 807 671.82元，当年已申报缴纳1 457.70元，少申报缴纳企业所得税4 806 214.12元。你单位2014年多缴企业所得税补缴本年度企业所得税合计1 376 286.71元，应加收滞纳金512 451.10元。具体如下：

①你单位于2014年3月13日补缴企业所得税86 265.77元，自税款滞纳之日（2012年6月1日）起至税款缴纳之日（2014年3月13日）止，滞纳651天，应加收滞纳金28 079.51元。

②你单位于2014年6月16日补缴企业所得税1 205 750元，自税款滞纳之日（2012年6月1日）起至税款缴纳之日（2014年6月16日）止，滞纳746天，应加收滞纳金449 744.75元。

③你单位于2014年7月11日补缴企业所得税47 682.99元，自税款滞纳之日（2012年6月1日）起至税款缴纳之日（2014年7月11日）止，滞纳771天，应加收滞纳金18 381.79元。

④你单位于2014年11月5日补缴企业所得税36 587.95元，自税款滞纳之日（2012年6月1日）起至税款缴纳之日（2014年11月5日）止，滞纳888天，应加收滞纳金16 245.05元。

你单位少缴2011年度税（费）款合计11 184 832.53元，逾期缴纳税款应加收滞纳金合计2 272 827.46元。

2012年度

1. 营业税

你单位2012年度收售房款合计30 797 900元，未按规定申报缴纳营业税。根据《中华人民共和国营业税暂行条例》（国务院令第540号）第一条、第二条、第四条、第五条及《中华人民共和国营业税暂行条例实施细则》（财政部国家税务总局第52号令）第二十五条之规定，应缴2012年营业税1 539 895元，已缴238 500元，少缴2012年营业税1 301 395元。具体如下：

（1）你单位2012年"其他应付款——购房款"科目记载1月收售房款2 048 000元，少缴2012年1月营业税102 400元。

（2）你单位2012年"其他应付款——购房款"科目记载2月收售房款780 000元，少缴2012年2月营业税39 000元。

（3）你单位2012年"其他应付款——购房款"科目记载3月收售房款2 040 000元，少缴2012年3月营业税102 000元。

（4）你单位2012年"其他应付款——购房款"科目记载4月收售房款1 900 000元，少缴2012年4月营业税95 000元。

（5）你单位2012年"其他应付款——购房款"科目记载5月收售房款2 000 000元，少缴2012年5月营业税100 000元。

（6）你单位2012年"其他应付款——购房款"科目记载6月收售房款6 356 780元，

少缴 2012 年 6 月营业税 317 839 元。

（7）你单位 2012 年"其他应付款——购房款"科目记载 7 月收售房款 6 300 000 元，少缴 2012 年 7 月营业税 315 000 元。

（8）你单位 2012 年"其他应付款——购房款"科目记载 8 月收售房款 2 001 120 元，少缴 2012 年 8 月营业税 100 056 元。

（9）你单位 2012 年"其他应付款——购房款"科目记载 9 月收售房款 2 602 000 元，少缴 2012 年 9 月营业税 130 100 元。

（10）你单位 2012 年"其他应付款——购房款"科目记载 11 月收售房款 1 430 000 元，应缴营业税 71 500 元。上述应缴营业税全部由 2013 年 1 月 18 日多缴的营业税补缴。

（11）你单位 2012 年"其他应付款——购房款"科目记载 12 月收售房款 3 340 000 元，应缴营业税 1 670 00 元，已缴 238 500 元，多缴营业税 71 500 元。上述多缴营业税全部补缴 2012 年 11 月少缴的营业税。

2. 城市维护建设税

你单位 2012 年度未按规定申报缴纳以营业税为计税依据的城市维护建设税。根据《中华人民共和国城市维护建设税暂行条例》（国发〔1985〕19 号）第一条、第三条、第四条及《河北省城市维护建设税征收管理办法》（冀地税发〔2004〕57 号）第四条、第五条、第六条、第十一条之规定，少缴 2012 年城市维护建设税 68 644.75 元。具体如下：

（1）你单位少缴 2012 年 1 月城市维护建设税 5 120 元。

（2）你单位少缴 2012 年 2 月城市维护建设税 1 950 元。

（3）你单位少缴 2012 年 3 月城市维护建设税 5 100 元。

（4）你单位少缴 2012 年 4 月城市维护建设税 4 750 元。

（5）你单位少缴 2012 年 5 月城市维护建设税 5 000 元。

（6）你单位少缴 2012 年 6 月城市维护建设税 15 891.95 元。

（7）你单位少缴 2012 年 7 月城市维护建设税 15 750 元。

（8）你单位少缴 2012 年 8 月城市维护建设税 5 002.80 元。

（9）你单位少缴 2012 年 9 月城市维护建设税 6 505 元。

（10）你单位少缴 2012 年 11 月城市维护建设税 3 575 元。

（11）你单位应缴 2012 年 12 月城市维护建设税 8 350 元，已缴 23 850 元，多缴城市维护建设税 15 500 元。上述多缴城市维护建设税全部补缴少缴的 2011 年 4 月部分城市维护建设税、2011 年 5 月部分城市维护建设税。

3. 教育费附加

你单位 2012 年度未按规定申报缴纳以营业税为计征依据的教育费附加。根据国务院《征收教育费附加的暂行规定》（国发〔1986〕50 号）第二条、第三条第一款、第六条及《国务院关于修改〈征收教育费附加的暂行规定〉的决定》（国务院令〔2005〕448 号）之规定，你单位少缴 2012 年教育费附加 39 041.85 元。具体如下：

（1）你单位少缴 2012 年 1 月教育费附加 3 072 元。

（2）你单位少缴 2012 年 2 月教育费附加 1 170 元。

（3）你单位少缴 2012 年 3 月教育费附加 3 060 元。

（4）你单位少缴 2012 年 4 月教育费附加 2 850 元。

（5）你单位少缴 2012 年 5 月教育费附加 3 000 元。

（6）你单位少缴 2012 年 6 月教育费附加 9 535.17 元。

（7）你单位少缴 2012 年 7 月教育费附加 9 450 元。

（8）你单位少缴 2012 年 8 月教育费附加 3 001.68 元。

（9）你单位少缴 2012 年 9 月教育费附加 3 903 元。

（10）你单位应缴 2012 年 11 月教育费附加 2 145 元。上述应缴教育费附加全部由 2013 年 1 月 18 日多缴的教育费附加补缴。

（11）你单位应缴 2012 年 12 月教育费附加 5 010 元，已缴 7 155 元，多缴教育费附加 2 145 元。上述多缴教育费附加全部补缴少缴的 2012 年 11 月教育费附加。

4. 地方教育附加

你单位 2012 年度未按规定申报缴纳以营业税为计征依据的地方教育附加。根据《河北省地方教育附加征收使用管理规定》（河北省人民政府令〔2011〕第 4 号）第二条、第五条之规定，少缴 2012 年地方教育附加 26 027.90 元。具体如下：

（1）你单位少缴 2012 年 1 月地方教育附加 2 048 元。

（2）你单位少缴 2012 年 2 月地方教育附加 780 元。

（3）你单位少缴 2012 年 3 月地方教育附加 2 040 元。

（4）你单位少缴 2012 年 4 月地方教育附加 1 900 元。

（5）你单位少缴 2012 年 5 月地方教育附加 2 000 元。

（6）你单位少缴 2012 年 6 月地方教育附加 6 356.78 元。

（7）你单位少缴 2012 年 7 月地方教育附加 6 300 元。

（8）你单位少缴 2012 年 8 月地方教育附加 2 001.12 元。

（9）你单位少缴 2012 年 9 月地方教育附加 2 602 元。

（10）你单位应缴 2012 年 11 月地方教育附加 1 430 元。上述应缴地方教育附加全部由 2013 年 1 月 18 日多缴的地方教育附加补缴。

（11）你单位应缴 2012 年 12 月地方教育附加 3 340 元，已缴 4 770 元，多缴地方教育附加 1 430 元。上述多缴地方教育附加全部补缴少缴的 2012 年 11 月地方教育附加。

5. 印花税

你单位 2012 年度收售房款合计 30 797 900 元，未按规定申报缴纳印花税。根据《中华人民共和国印花税暂行条例》（1988 年 8 月 6 日中华人民共和国国务院令第 11 号发布）第一条、第二条、第三条之规定，应缴 2012 年印花税 15 399 元，已缴 2 385 元，少缴 2012 年印花税 13 014 元。具体如下：

（1）你单位2012年"其他应付款——购房款"科目记载1月收售房款2 048 000元，少缴2012年1月印花税1 024元。

（2）你单位2012年"其他应付款——购房款"科目记载2月收售房款780 000元，少缴2012年2月印花税390元。

（3）你单位2012年"其他应付款——购房款"科目记载3月收售房款2 040 000元，少缴2012年3月印花税1 020元。

（4）你单位2012年"其他应付款——购房款"科目记载4月收售房款1 900 000元，少缴2012年4月印花税950元。

（5）你单位2012年"其他应付款——购房款"科目记载5月收售房款2 000 000元，少缴2012年5月印花税1 000元。

（6）你单位2012年"其他应付款——购房款"科目记载6月收售房款6 356 780元，少缴2012年6月印花税3 178.40元。

（7）你单位2012年"其他应付款——购房款"科目记载7月收售房款6 300 000元，少缴2012年7月印花税3 150元。

（8）你单位2012年"其他应付款——购房款"科目记载8月收售房款2 001 120元，少缴2012年8月印花税1 000.60元。

（9）你单位2012年"其他应付款——购房款"科目记载9月收售房款2 602 000元，少缴2012年9月印花税1 301元。

（10）你单位2012年"其他应付款——购房款"科目记载11月收售房款1 430 000元，应缴印花税715元。上述应缴印花税全部由2013年1月18日多缴的印花税补缴。

（11）你单位2012年"其他应付款——购房款"科目记载12月收售房款3 340 000元，应缴印花税1 670元，已缴2 385元，多缴印花税715元。上述多缴印花税全部补缴少缴的2012年11月印花税。

6. 土地增值税

你单位2012年度收售房款合计30 797 900元，未按规定预缴土地增值税。根据《中华人民共和国土地增值税暂行条例》（国务院令第138号）第二条、第三条、第四条、第五条、第六条、第七条，《中华人民共和国土地增值税暂行条例实施细则》（财法字〔1995〕6号）第十六条及《河北省地方税务局关于调整房地产开发项目土地增值税预征率和核定征收率的公告》（河北省地方税务局公告2010年第1号）之规定，应预缴2012年土地增值税615 958元，已预缴95 400元，少预缴2012年土地增值税520 558元。具体如下：

（1）你单位2012年"其他应付款——购房款"科目记载1月收售房款2 048 000元，少预缴2012年1月土地增值税40 960元。

（2）你单位2012年"其他应付款——购房款"科目记载2月收售房款780 000元，少预缴2012年2月土地增值税15 600元。

（3）你单位2012年"其他应付款——购房款"科目记载3月收售房款2 040 000元，少预缴2012年3月土地增值税40 800元。

（4）你单位2012年"其他应付款——购房款"科目记载4月收售房款1 900 000元，少预缴2012年4月土地增值税38 000元。

（5）你单位2012年"其他应付款——购房款"科目记载5月收售房款2 000 000元，少预缴2012年5月土地增值税40 000元。

（6）你单位2012年"其他应付款——购房款"科目记载6月收售房款6 356 780元，少预缴2012年6月土地增值税127 135.60元。

（7）你单位2012年"其他应付款——购房款"科目记载7月收售房款6 300 000元，少预缴2012年7月土地增值税126 000元。

（8）你单位2012年"其他应付款——购房款"科目记载8月收售房款2 001 120元，少预缴2012年8月土地增值税40 022.40元。

（9）你单位2012年"其他应付款——购房款"科目记载9月收售房款2 602 000元，少预缴2012年9月土地增值税52 040元。

（10）你单位2012年"其他应付款——购房款"科目记载11月收售房款1 430 000元，应预缴土地增值税28 600元。上述应预缴土地增值税全部由2013年1月18日多预缴的土地增值税补缴。

（11）你单位2012年"其他应付款——购房款"科目记载12月收售房款3 340 000元，应预缴土地增值税66 800元，已缴95 400元，多预缴土地增值税28 600元。上述多预缴土地增值税全部补缴少预缴的2012年11月土地增值税。

7. 企业所得税

你单位2012年度收售房款合计30 797 900元，取得利息收入合计17 441.79元。根据《中华人民共和国企业所得税法》（中华人民共和国主席令〔2007〕63号）第一条、第二条、第三条、第四条、第六条及《河北省房地产开发企业所得税征收管理办法》（冀地税发〔2010〕28号）第六十三条之规定，你单位应缴2012年企业所得税1 001 498.61元，已缴155 591.86元，少缴2012年度企业所得税845 906.75元。

8. 逾期缴纳税款加收滞纳金

你单位存在逾期缴纳2012年11月营业税、印花税、土地增值税行为。对上述未按规定期限缴纳的税款，根据《中华人民共和国税收征收管理法》第三十二条之规定，自税款滞纳之日起至缴纳税款之日止，按日加收万分之五滞纳金共计1 613.04元。具体如下：

（1）你单位于2013年1月18日补缴2012年11月营业税71 500元，自税款滞纳之日（2012年12月18日）起至税款缴纳之日（2013年1月18日）止，滞纳32天，应加收滞纳金1 144元。

（2）你单位于2013年1月18日补缴2012年11月印花税715元，自税款滞纳之日（2012年12月18日）起至税款缴纳之日（2013年1月18日）止，滞纳32天，应加收滞纳金11.44元。

（3）你单位于2013年1月18日补缴2012年11月土地增值税28 600元，应自税款滞纳之日（2012年12月18日）起至税款缴纳之日（2013年1月18日）止，滞纳32天，应加收滞纳金457.60元。

你单位少缴2012年度税（费）款合计2 814 588.25元，逾期缴纳税款应加收滞纳金合计1 613.04元。

2013年度

1. 营业税

你单位多申报缴纳2013年5月营业税1 850 000元。上述多缴营业税全部补缴少缴的2010年7月至9月营业税、2010年10月部分营业税。

2. 城市维护建设税

你单位2013年度未按规定申报缴纳以营业税为计税依据的城市维护建设税。根据《中华人民共和国城市维护建设税暂行条例》（国发〔1985〕19号）第二条、第三条、第四条及《河北省城市维护建设税征收管理办法》（冀地税发〔2004〕57号）第四条、第五条、第六条、第十一条之规定，应缴2013年城市维护建设税34 450元，当年申报缴纳115 025元，补缴2011年少缴的城市维护建设税92 500元后，你单位还少缴2013年城市维护建设税11 925元。具体如下：

（1）你单位少缴2013年1月城市维护建设税325元。

（2）你单位少缴2013年3月城市维护建设税75元。

（3）你单位多缴2013年5月城市维护建设税92 500元。上述多缴城市维护建设税全部补缴少缴的2011年5月部分城市维护建设税、2011年6月至8月城市维护建设税、2011年9月部分城市维护建设税。

（4）你单位少缴2013年9月城市维护建设税675元。

（5）你单位应缴2013年10月城市维护建设税14 025元，已缴3 175元，少缴2013年10月城市维护建设税10 850元。

3. 印花税

你单位2013年度未按规定申报缴纳印花税。根据《中华人民共和国印花税暂行条例》（1988年8月6日中华人民共和国国务院令第11号发布）第一条、第二条、第三条之规定，你单位应缴2013年印花税6 890元，当年申报缴纳49 360元，补缴少缴的2011年印花税43 745元后，你单位还少缴2013年印花税1 275元。具体如下：

（1）你单位多缴2013年5月印花税18 500元。上述多缴印花税全部补缴少缴的2011年3月部分印花税、2011年4月至7月印花税、2011年8月部分印花税。

（2）你单位2013年"其他应付款——购房款"科目记载8月收售房款5 190 000元，应缴印花税2 595元。上述应缴印花税全部由2013年10月22日多缴的印花税补缴。

（3）你单位2013年"其他应付款——购房款"科目记载9月收售房款270 000元，应缴印花税135元，已缴2 730元，多缴印花税2 595元。上述多缴印花税全部补缴少缴的2013年8月印花税。

（4）你单位2013年"其他应付款——购房款"科目记载10月收售房款5 610 000元，应缴印花税2 805元，已缴28 050元，多缴印花税25 245元。上述多缴印花税全部补缴少缴的2011年8月部分印花税、2011年9月印花税、2011年10月部分印花税。

（5）你单位2013年"预收账款——购房款"科目记载11月收售房款2 550 000元，少缴2013年11月印花税1 275元。

4. 土地增值税

你单位多预缴2013年5月土地增值税740 000元。上述多预缴土地增值税全部补缴少预缴的2010年7月部分土地增值税、2010年8月至9月土地增值税、2010年10月部分土地增值税。

5. 教育费附加

你单位多申报缴纳2013年5月教育费附加55 500元。上述多缴教育费附加全部补缴少缴的2010年7月部分教育费附加、2010年8月至9月教育费附加、2010年10月部分教育费附加。

6. 地方教育附加

你单位多申报缴纳2013年5月地方教育附加37 000元。上述多缴地方教育附加全部补缴少缴的2010年7月部分地方教育附加、2010年8月至9月地方教育附加、2010年10月部分地方教育附加。

7. 企业所得税

你单位2013年收售房款合计13 780 000元，取得利息收入合计7 383.97元。根据《中华人民共和国企业所得税法》(中华人民共和国主席令〔2007〕63号)第一条、第二条、第三条、第四条、第六条及《河北省房地产开发企业所得税征收管理办法》(冀地税发〔2010〕28号)第六十三条之规定，你单位应缴2013年企业所得税448 089.98元，已缴1 650 589.98元，多缴企业所得税1 202 500元。上述多缴企业所得税全部补缴少缴的2008年企业所得税464.07元、2010年企业所得税1 202 035.93元。

8. 逾期缴纳印花税应加收滞纳金

你单位2013年"其他应付款——购房款"科目记载8月收售房款5 190 000元，应缴印花税2 595元，你单位于2013年10月22日补缴上述税款，存在逾期缴纳行为。根据《税收征收管理法》第三十二条之规定，自税款滞纳之日（2013年9月17日）起至税款缴纳之日（2013年10月22日）止，滞纳36天，应加收滞纳金46.71元。

你单位少缴2013年度税（费）款合计13 200元，逾期缴纳税款应加收滞纳金46.71元。

2014年度

1. 营业税

你单位应缴2014年营业税2 548 246.70元，已缴6 382 894.30元，多缴2014年

营业税3 834 647.60元。上述多缴营业税全部补缴以前纳税期间少缴的营业税。具体如下：

（1）你单位多缴2014年2月营业税1 850 000元。上述多缴营业税全部补缴少缴的2010年10月部分营业税、2010年12月营业税、2011年1月部分营业税。

（2）你单位多缴2014年5月营业税1 855 000元。上述多缴营业税全部补缴少缴的2011年1月部分营业税、2011年2月至6月营业税、2011年7月部分营业税。

（3）你单位多缴2014年6月营业税73 091.60元。上述多缴营业税全部补缴少缴的2011年7月部分营业税、2011年8月部分营业税。

（4）你单位2014年"预收账款"科目记载9月支付退房款1 131 120元，10月收售房款1 452 199元。你单位应缴2014年10月营业税16 053.95元，已缴72 609.95元，多缴营业税56 556元。上述多缴营业税全部补缴少缴的2011年8月部分营业税。

2. 城市维护建设税

你单位2014年度未按规定申报缴纳以营业税为计税依据的城市维护建设税。根据《中华人民共和国城市维护建设税暂行条例》（国发〔1985〕19号）第二条、第三条、第四条及《河北省城市维护建设税征收管理办法》（冀地税发〔2004〕57号）第四条、第五条、第六条、第十一条之规定，应缴2014年城市维护建设税127 743.49元（你单位1～9月城市维护建设税税率5%，10～12月城市维护建设税税率7%），当年申报缴纳243 627.41元，补缴少缴的2011年城市维护建设税117 483.92元后，你单位还少缴2014年城市维护建设税1 600元。具体如下：

（1）你单位少缴2014年1月城市维护建设税1 600元。

（2）你单位多缴2014年2月城市维护建设税17 120.42元。上述多缴城市维护建设税全部补缴少缴的2011年9月部分城市维护建设税。

（3）你单位多缴2014年5月城市维护建设税92 750元。上述多缴城市维护建设税全部补缴少缴的2011年9月部分城市维护建设税、2011年10月城市维护建设税、2011年11月部分城市维护建设税。

（4）你单位多缴2014年6月城市维护建设税3 654.58元。上述多缴城市维护建设税全部补缴少缴的2011年11月部分城市维护建设税。

（5）你单位应缴2014年10月城市维护建设税1 123.78元，已缴5 082.70元，多缴城市维护建设税3 958.92元。上述多缴城市维护建设税全部补缴少缴的2011年11月部分城市维护建设税。

3. 教育费附加

你单位应缴2014年教育费附加76 447.41元，已缴191 486.84元，多缴2014年教育费附加115 039.43元。上述多缴教育费附加全部补缴以前纳税期间少缴的教育费附加。具体如下：

（1）你单位多缴2014年2月教育费附加55 500元。上述多缴教育费附加全部补缴少缴的2010年10月部分教育费附加、2010年12月教育费附加、2011年1月部分教育费附加。

（2）你单位多缴 2014 年 5 月教育费附加 55 650 元。上述多缴教育费附加全部补缴少缴的 2011 年 1 月部分教育费附加、2011 年 2 月至 6 月教育费附加、2011 年 7 月部分教育费附加。

（3）你单位多缴 2014 年 6 月教育费附加 2 192.75 元。上述多缴教育费附加全部补缴少缴的 2011 年 7 月部分教育费附加、2011 年 8 月部分教育费附加。

（4）你单位应缴 2014 年 10 月教育费附加 481.62 元，已缴 2 178.30 元，多缴教育费附加 1 696.68 元。上述多缴教育费附加全部补缴少缴的 2011 年 8 月部分教育费附加。

4. 地方教育附加

你单位应缴 2014 年地方教育附加 50 964.94 元，已缴 127 657.89 元，多缴 2014 年地方教育附加 76 692.95 元。上述多缴地方教育附加全部补缴以前纳税期间少缴的地方教育附加。具体如下：

（1）你单位多缴 2014 年 2 月地方教育附加 37 000 元。上述多缴地方教育附加全部补缴少缴的 2010 年 10 月部分地方教育附加、2010 年 12 月地方教育附加、2011 年 1 月部分地方教育附加。

（2）你单位多缴 2014 年 5 月地方教育附加 37 100 元。上述多缴地方教育附加全部补缴少缴的 2011 年 1 月部分地方教育附加、2011 年 2 月至 6 月地方教育附加、2011 年 7 月部分地方教育附加。

（3）你单位多缴 2014 年 6 月地方教育附加 1 461.83 元。上述多缴地方教育附加全部补缴少缴的 2011 年 7 月部分地方教育附加、2011 年 8 月部分地方教育附加。

（4）你单位应缴 2014 年 10 月地方教育附加 321.08 元，已缴 1 452.20 元，多缴地方教育附加 1 131.12 元。多缴地方教育附加全部补缴少缴的 2011 年 8 月部分地方教育附加。

5. 印花税

你单位 2014 年度收售房款合计 50 964 933.92 元，未按规定申报缴纳印花税。根据《中华人民共和国印花税暂行条例》（1988 年 8 月 6 日中华人民共和国国务院令第 11 号发布）第一条、第二条、第三条之规定，应缴 2014 年印花税 25 482.40 元，当年度申报缴纳 39 858.90 元，补缴少缴的 2011 年印花税 14 376.50 后，你单位还少缴 2014 年印花税 320 元。具体如下：

（1）你单位 2014 年"预收账款"科目记载 1 月收售房款 640 000 元，少缴 2014 年 1 月印花税 320 元。

（2）你单位多缴 2014 年 5 月印花税 13 400 元，已全部补缴少缴的 2011 年 10 月部分印花税、2011 年 11 月部分印花税。

（3）你单位多缴 2014 年 6 月印花税 730.90 元，已全部补缴少缴的 2011 年 11 月部分印花税。

（4）你单位 2014 年"预收账款"科目记载 9 月支付退房款 1 131 120 元，10 月收售房款 1 452 199 元。你单位应缴 2014 年 10 月印花税 160.50 元，已缴 726.10 元，多缴印花税 565.60 元。上述多缴印花税全部补缴少缴的 2011 年 11 月部分印花税、2011 年 12 月部分印花税。

6. 土地增值税

你单位 2014 年度收售房款合计 50 964 933.92 元，未按规定预缴土地增值税。根据《中华人民共和国土地增值税暂行条例》（国务院令第 138 号）第二条、第三条、第四条、第五条、第六条、第七条，《中华人民共和国土地增值税暂行条例实施细则》（财法字〔1995〕6 号）第十六条及《河北省地方税务局关于调整房地产开发项目土地增值税预征率和核定征收率的公告》（河北省地方税务局公告 2010 年第 1 号）之规定，应预缴 2014 年土地增值税 1 019 298.68 元，已预缴 2 553 157.72 元，多预缴 2014 年土地增值税 1 533 859.04 元。上述多预缴土地增值税全部补缴以前纳税期间少预缴土地增值税。具体如下：

（1）你单位多预缴 2014 年 2 月土地增值税 740 000 元，已全部补缴少预缴的 2010 年 10 月部分土地增值税、2010 年 12 月土地增值税、2011 年 1 月部分土地增值税。

（2）你单位多预缴 2014 年 5 月土地增值税 742 000 元，已全部补缴少预缴的 2011 年 1 月部分土地增值税、2011 年 2 月至 6 月土地增值税、2011 年 7 月部分土地增值税。

（3）你单位多预缴 2014 年 6 月土地增值税 29 236.64 元，已全部补缴少预缴的 2011 年 7 月部分土地增值税、2011 年 8 月土地增值税。

（4）你单位 2014 年"预收账款"科目记载 9 月支付退房款 1 131 120 元，10 月收售房款 1 452 199 元。你单位应预缴 2014 年 10 月土地增值税 6421.58 元，已预缴 29 043.98 元，多预缴土地增值税 22 622.40 元。上述多预缴土地增值税全部补缴少预缴的 2011 年 8 月土地增值税。

7. 企业所得税

你单位 2014 年收售房款合计 50 964 933.92 元，取得利息收入合计 8 265.55 元。根据《中华人民共和国企业所得税法》（中华人民共和国主席令〔2007〕63 号）第一条、第二条、第三条、第四条、第六条及《河北省房地产开发企业所得税征收管理办法》（冀地税发〔2010〕28 号）第六十三条之规定，你单位应缴 2014 年企业所得税 1 656 628.98 元，已缴 4 149 149.92 元，多缴 2014 年企业所得税 2 492 520.94 元。上述多缴企业所得税全部补缴少缴的 2010 年企业所得税 1 116 234.23 元、2011 年企业所得税 1 376 286.71 元。你单位实际不多缴 2014 年度企业所得税。

8. 发票问题

检查期间发现你单位存在收取售房款，未按规定开具发票情况。根据《中华人民共和国发票管理办法》（中华人民共和国国务院令第 587 号）第十九条及《中华人民共和国发票管理办法实施细则》（国家税务总局令第 25 号）第二十六条之规定，你单位应向买房人开具发票而未开具。

你单位少缴 2014 年税（费）款合计 1 920 元。

你单位少缴 2008 年度至 2014 年度税（费）款共计 14 014 540.78 元，逾期缴纳税款应加收滞纳金共计 6 061 084.57 元。

（二）法律依据及拟处罚决定

1. 根据《中华人民共和国税收征收管理法》第六十三条第一款，对你单位以虚假纳税申报手段少缴的 2011 年度营业税 5 276 097.45 元、城市维护建设税 93 130.80 元、企业所得税 3 429 927.41 元、印花税 11 433 元，2012 年度营业税 1 301 395 元、城市维护建设税 68 644.75 元、企业所得税 845 906.75 元、印花税 13 014 元，2013 年度城市维护建设税 11 925 元、印花税 1 275 元及 2014 年度城市维护建设税 1 600 元、印花税 320 元的行为，定性为偷税，偷税金额合计 11 054 669.16 元。同时依据《河北省国家税务局 河北省地方税务局关于发布〈河北省规范税务行政处罚裁量权实施办法〉的公告》（河北省国家税务局 河北省地方税务局公告 2015 年第 2 号）之规定，拟处偷税数额百分之五十的罚款合计 5 527 334.58 元。

2. 对于你单位未按规定开具发票行为，根据《中华人民共和国发票管理办法》（中华人民共和国国务院令第 587 号）第三十五条第一款第（一）项之规定，责令你单位限期改正，并对你单位未按规定开具发票行为应予以 10 000 元以下处罚。根据《中华人民共和国行政处罚法》第二十四条"对当事人的同一个违法行为，不得给予两次以上罚款的行政处罚"之规定，鉴于已对你单位未按规定开具发票造成少缴税款的行为进行处罚，因此，责令你单位限期改正未按规定开具发票行为，不再根据《中华人民共和国发票管理办法》（中华人民共和国国务院令第 587 号）第三十六条之规定，对你单位未按规定开具发票行为进行处罚。

以上拟处罚款共计 5 527 334.58 元。

二、你单位有陈述、申辩的权利。请在我局作出税务行政处罚决定之前，到我局进行陈述、申辩或自行提供陈述、申辩材料；逾期不进行陈述、申辩的，视同放弃权利。

三、符合下列条件，你单位有要求听证的权利：从事非经营活动的公民，罚款 500 元以上，或者从事非经营活动的法人或其他组织，罚款 5 000 元以上；从事经营活动的公民，罚款 1 000 元以上，或者从事经营活动的法人或其他组织，罚款 10 000 元以上。若你单位符合听证条件并要求听证，应自收到本告知书之日起 3 日内向本税务机关书面提出听证申请；逾期不提出，视为放弃听证权利。

河北省地方税务局稽查局
2016 年 8 月 5 日

（八）东莞税务机关税务行政处罚事项告知书

国家税务总局东莞市税务局第二稽查局

税务行政处罚事项告知书

东税二稽罚告〔2022〕146号

东莞市××酒吧（纳税人识别号：××××）：

　　对你（单位）（地址：广东省东莞市××室）的税收违法行为拟于2022年12月28日之前作出行政处罚决定，根据《中华人民共和国税收征收管理法》第八条、《中华人民共和国行政处罚法》第四十四条、第六十三条、第六十四条规定，现将有关事项告知如下：

　　一、税务行政处罚的事实、理由、依据及拟作出的处罚决定：

　　你（单位）成立于2020年7月17日，税务登记日期为2020年7月30日，投资人：杨××，是一户个人独资企业，经营地址：广东省东莞市××室；经营范围：餐饮服务（酒吧）；歌舞娱乐；销售：预包装食品；行业门类：住宿和餐饮业，行业大类：餐饮业，行业明细：正餐服务；主管税务机关是国家税务总局东莞市税务局××分局；财务制度是小企业会计准则；增值税纳税人类型为小规模纳税人。

　　经检查，发现你（单位）在经营期间通过"收钱吧"、拉卡拉支付股份有限公司等进行经营款项结算，利用财务人员杨××个人账户收取经营款项，少报营业收入，逃避缴纳税款。根据向第三方取证结果和金融机构反馈的资金查询结果，你（单位）通过拉卡拉支付股份有限公司在2020年7月30日至12月31日取得营业收入（含税）12 910 958.33元，折算为不含税收入12 34 911，已申报不含税收入为62 481.19元，少申报不含税收入为12 472 429.81元；在2021年取得营业收入（含税）21 612 741.59元，折算为不含税收入20 983 244.26元，已申报不含税收入为210 415.40元，少申报不含税收入为20 772 828.86元。

　　1.你（单位）在2020年7月30日至2021年12月31日少缴纳增值税及附加税费

　　根据《财政部　税务总局关于支持新型冠状病毒感染的肺炎疫情防控有关税收政策的公告》（财政部　税务总局公告2020年第8号）和《财政部　税务总局关于支持疫情防控保供等税费政策实施期限的公告》（财政部　税务总局公告2020年第28号）、《财政部　税务总局关于延续实施应对疫情部分税费优惠政策的公告》（财政部　税务总局公告2021年第7号）的规定，自2020年1月1日至2021年3月31日，对纳税人提供生活服务取得的收入免征增值税，你（单位）经营业务属于"生活服务业"，其通过拉卡拉支付股份有限公司取得2020年7月30日至2021年3月31日不含税收入共计16 359 378.12元，免征增值税。

　　根据《中华人民共和国增值税暂行条例》第一条、第二条、第五条、第二十三条、《中华人民共和国城市维护建设税暂行条例》(国发〔1985〕19号)第二条、第三条和第四条、《征收教育费附加的暂行规定》(国发〔1986〕50号)第二条和第三条、第六条、《国务院关于修改〈征收教育费附加的暂行规定〉的决定》(中华人民共和国国务院令第448号)《印发广东省地方教育附加征收使用管理暂行办法的通知》(粤府办〔2011〕10号)第六条、第十条的规定,你(单位)通过拉卡拉支付股份有限公司取得2021年4月1日至2021年12月31日不含税收入共计17 158 777.14元,应纳增值税514 763.32元、城市建设维护税25 738.17元,教育费附加15 442.90元,地方教育附加10 295.27元,由于已纳增值税及附加税费为0元,故少缴增值税514 763.32元、城市建设维护税25 738.17元,教育费附加15 442.90元,地方教育附加10 295.27元。

2. 你(单位)在2020年和2021年少缴纳个人所得税

根据《中华人民共和国税收征收管理法》第三十五条、第六十三条、《中华人民共和国个人所得税法》第一条至第四条、第八条、《东莞市地方税务局关于个人所得税核定征收的行业所得率及带征率调整问题的公告》(东莞市地方税务局公告2014年第2号)的规定,你(单位)存在大额未申报收入,其申报的计税依据明显偏低,又无正当理由,符合核定征收条件,应对你(单位)采用核定应税所得率核定计征个人所得税。你(单位)经营范围属于"生活服务业",按服务业核定应税所得率为10%,2020年度核定应纳税所得1 253 491.1元,适用税率为35%,应缴锦豪酒吧个人所得税(经营所得)388 221.89元,已缴0元,少缴388 221.89元。2021年度核定应纳税所得2 098 324.43元,适用税率为35%,应缴个人所得税(经营所得)683 913.55元,已缴0元,少缴683 913.55元。

综上所述,2020年度至2021年度应补缴个人所得税(经营所得)合计1 072 135.44元。

(二)以上事实有以下证据证明:(1)房东提供的《情况说明》及现场照片。(2)你(单位)主管税务机关提供的《申报纳税证明》、增值税纳税申报表、个人所得税(经营所得)纳税申报表。(3)上海收钱吧互联网科技股份有限公司提供的《情况说明》、你(单位)开户基本资料。(4)拉卡拉支付股份有限公司广东分公司提供的《东莞市××酒吧2020年7月30日至2021年12月31日交易明细》。

根据《中华人民共和国税收征收管理法》第六十三条第一款的规定,你(单位)取得营业收入未开具发票,在账簿上不列、少列收入进行虚假纳税申报,少缴税款的行为是偷税,拟对你(单位)少缴的增值税514 763.32元、城市维护建设税25 738.17元、个人所得税(经营所得)1 072 135.44元处百分之五十的罚款,共计罚款806 318.50元。

二、你(单位)有陈述、申辩的权利。请在我局(所)作出税务行政处罚决定之前,到我局(所)进行陈述、申辩或自行提供陈述、申辩材料;逾期不进行陈述、申辩的,视同放弃权利。

三、若拟对你单位罚款 10 000 元（含 10 000 元）以上，或符合《中华人民共和国行政处罚法》第六十三条规定的其他情形的，你（单位）有要求听证的权利。可自收到本告知书之日起五个工作日内向我局（所）书面提出听证申请；逾期不提出，视为放弃听证权利。

国家税务总局东莞市税务局第二稽查局
二〇二二年十一月十七日

（九）沈阳税务机关税务行政处罚事项告知书

国家税务总局沈阳市税务局第二稽查局
税务行政处罚事项告知书
沈税稽二罚告〔2022〕0210号

辽宁××拍卖有限公司：（纳税人识别号：××××）

对你单位的税收违法行为拟于2022年4月30日之前作出行政处罚决定，根据《中华人民共和国税收征收管理法》第八条、《中华人民共和国行政处罚法》第三十一条规定，现将有关事项告知如下：

一、税务行政处罚的事实依据、法律依据及拟作出的处罚决定：

（一）你单位受中国东方资产管理公司大连办事处（现为中国东方资产管理股份有限公司辽宁省分公司）委托，拍卖沈阳中驰房地产开发有限公司债权及抵债物项目。该债权及抵债物项目由沈阳中鼎致远资产管理有限公司拍得，取得了《拍卖成交确认书》，按照《拍卖成交确认书》记载，拍卖成交日期为2016年5月20日，成交价格为1.2371亿元，佣金比例为5%。你单位未按规定确认2016年5月佣金收入6 185 500元。

（二）你单位受中国信达资产管理股份有限公司辽宁省分公司委托，拍卖沈阳宏辉铜业有限公司等15户债权包，拍卖成交日为2016年5月10日，根据拍卖合同双方约定，成交后五日内支付佣金，根据沈阳市和平区人民法院民事判决书〔2018〕辽0102民初794号、辽宁省沈阳市中级人民法院民事判决书〔2018〕辽01民终5778号的判决结果，确定你单位此次拍卖取得拍卖佣金共计22 006 000.00元。

你单位上述业务产生的28 191 500元佣金收入，确认少列收入，认定偷税。

根据《中华人民共和国增值税暂行条例》（中华人民共和国国务院令第538号）第一条、第二条第一款第（一）项、第十九条第一款第（一）项，《中华人民共和国企业所得税法》（中华人民共和国主席令 第63号）第一条第一款、第四条第一款、第六条、第十八条，《中华人民共和国税收征收管理法》（中华人民共和国主席令第

49号）第六十三条第一款，根据《中华人民共和国城市维护建设税暂行条例》第二条、第三条、第四条，《征收教育费附加的暂行规定》（国发〔1986〕50号）第二条及《国务院关于教育费附加征收问题的紧急通知》（国发明电〔1994〕2号文件）第一条，根据《关于开征地方教育费的通知》（辽财文字〔1999〕106号）第一条、第二条，《财政部关于辽宁省地方教育费等政府性基金有关问题的复函》（财综函〔2003〕2号）第二条，《辽宁省人民政府关于调整地方教育附加征收标准有关问题的通知》（辽政发〔2011〕4号）、辽宁省地方税务局《关于贯彻落实辽宁省人民政府调整地方教育附加征收标准有关问题的通知》（辽地税函〔2011〕35号）及《关于贯彻落实辽宁省人民政府调整地方教育附加征收标准有关问题的通知》（沈地税发〔2011〕25号）之规定，对你单位少缴的增值税、城市维护建设税、企业所得税拟处3倍罚款，金额合计23 099 059.62元。

二、你单位有陈述、申辩的权利。请在我局作出税务行政处罚决定之前，到我局进行陈述、申辩或自行提供陈述、申辩材料；逾期不进行陈述、申辩的，视同放弃权利。

三、若拟对你单位罚款10 000元（含10 000元）以上，你单位有要求听证的权利。可自收到本告知书之日后3日内向本局书面提出听证申请；逾期不提出，视为放弃听证权利。

国家税务总局沈阳市税务局第二稽查局
二〇二二年二月十日

（十）武汉税务机关税务行政处罚事项告知书

武汉市国家税务局第四稽查局

税务行政处罚事项告知书

武国税四稽罚告〔2018〕8号

武汉××贸易有限公司（纳税人识别号：××××）：

对你（单位）的税收违法行为拟于2018年3月7日之前作出行政处罚决定，根据《中华人民共和国税收征收管理法》第八条、《中华人民共和国行政处罚法》第三十一条规定，现将有关事项告知如下：

一、税务行政处罚的事实依据、法律依据及拟作出的处罚决定。

（一）直接走逃失踪不纳税申报情况：据武汉市青山区国家税务局征管科提供证据证明你单位于2015年10月29日认定为非正常户，属于直接走逃失踪且不纳税申报的情形。

（二）发票流通过查询金税三期系统信息，企业2015年6月19日至2015年7月27日合计开具增值税专用发票49份（发票代码:4200144130、发票起始号码:02338236、

02338237、02338239～02338260、03517369～03517393），金额 4 758 894.45 元（不含税）、税款 809 012.05 元，取得进项发票 6 份，于 2015 年 6～7 月报送增值税专用发票 6 份，认证并申报抵扣进项税额 791 644.21 元（与云南省昆明市五华区国税局稽查局出具的已证实虚开通知单认定的税额相符）。但取得的增值税专用发票品名为淀粉［税收违法案件原始信息清单（一）］，开具的增值税专用发票品名为电子产品、防水剂等。

（三）资金流：通过对其注册的开户银行汉口银行武昌支行调查，你单位在其银行开立账户，银行账号：××××，2015 年 1～12 月有流水，检查核实流入资金与流出资金均与购进和销售单位无关，属于大宗交易未付款的情形。（见证据五）

（四）货物流：法人罗×× 失联，无法取得你单位的相关财务凭证资料，故对你单位货物流情况无法查证。

（五）虚假注册情况：据武汉市武昌区国家税务局征管科提供证据证明你单位于 2015 年 10 月 29 日认定为非正常户，本稽查组人员在注册地址实地核实，以及通过江宏世纪名苑物业公司了解证实，物业人员口头回答无此经营单位，但江宏世纪名苑物业公司不愿提供书面证明材料，法人罗×× 无法联系（手机号码：××××空号），注册的财务会计也为罗××，办税人员吴×（手机号码：××××空号）。

综上所属述，根据调查违法事实（一）和（三）等核实情况，企业的违法事实符合《关于走逃（失联）企业涉嫌虚开增值税专用发票检查问题的通知》（税总发〔2016〕172 号）中的"交易真实性的判定……（二）直接走逃失踪不纳税申报，或虽然申报但通过填列增值税纳税申报表相关栏次，规避税务机关审核比对，进行虚假申报的。……（五）已查实全部或部分交易资金信息不真实的（如利用银行账户回流资金）、大宗交易未付款或虚假现金支付的等"所列的情形，判定企业无货交易，属于对外虚开增值税专用发票的行为，实际为开票公司。

拟处罚决定：

根据《中华人民共和国发票管理办法》第二十二条第二款和第三十七条第一款的规定。对武汉××贸易有限公司虚开增值税专用发票行为处罚款 50 万元。

二、你（单位）有陈述、申辩的权利。请在我局（所）作出税务行政处罚决定之前，到我局（所）进行陈述、申辩或自行提供陈述、申辩材料；逾期不进行陈述、申辩的，视同放弃权利。

三、若拟对你单位罚款 10 000 元（含 10 000 元）以上，你（单位）有要求听证的权利。可自收到本告知书之日后 3 日内向本局书面提出听证申请；逾期不提出，视为放弃听证权利。

武汉市国家税务局第四稽查局
二〇一八年三月一日

（十一）上海税务机关税务行政处罚事项告知书送达公告

上海市松江区国家税务局稽查局
关于向上海××实业有限公司送达《税务行政处罚事项告知书》的公告
上海市松江区国家税务局稽查局送达公告
沪国税松稽公〔2018〕69号

上海××实业有限公司：

　　根据《中华人民共和国税收征收管理法实施细则》第一百零六条规定，现向你单位公告送达本局《税务行政处罚事项告知书》（沪国税松稽罚告〔2018〕106号）。

　　对你（单位）的税收违法行为拟于2018年5月29日之前作出行政处罚决定，根据《中华人民共和国税收征收管理法》第八条、《中华人民共和国行政处罚法》第三十一条规定，现将有关事项告知如下：

　　一、税务行政处罚的事实依据、法律依据及拟作出的处罚决定。

　　经查，你公司在2016年9月至2017年5月期间，对外虚开增值税专用发票423份，金额31 271 209.11元，税额5 316 105.55元，根据《中华人民共和国发票管理办法》（中华人民共和国国务院令第587号）第三十七条第一款，拟对虚开增值税专用发票的行为处以罚款500 000.00元。

　　二、你（单位）有陈述、申辩的权利。请在我局（所）作出税务行政处罚决定之前，到我局（所）进行陈述、申辩或自行提供陈述、申辩材料；逾期不进行陈述、申辩的，视同放弃权利。

　　三、若拟对你单位罚款10 000元（含10 000元）以上，你（单位）有要求听证的权利。可自收到本告知书之日后3日内向本局书面提出听证申请；逾期不提出，视为放弃听证权利。

　　自发出本公告之日起满30日，即视为已送达。

　　特此公告。

上海市松江区国家税务局稽查局
二〇一八年五月二十八日

（十二）宁德税务机关税务行政处罚事项告知书

国家税务总局宁德市税务局第二稽查局
税务行政处罚事项告知书
宁税二稽罚告〔2021〕7号

杨××（纳税人识别号：××××）：

　　对你（单位）（地址：广东省深圳市福田区香梅路1071号香蜜新村××栋

××)的税收违法行为拟作出行政处罚决定,根据《中华人民共和国税收征收管理法》第八条、《中华人民共和国行政处罚法》第四十四条、第六十三条、第六十四条规定,现将有关事项告知如下:

一、税务行政处罚的事实、理由、依据及拟作出的处罚决定:

2017年6月23日,你所投资的4家合伙企业将持有的深圳市润泰供应链管理有限公司51%股权(原值2 550万元)以15 810万元的价格转让给深圳九有股份有限公司,并于2017年8月2日至8月4日收到第一期款项7 905万元(合同剩余款项因未达协议支付条件未执行),其间你的个人账户收到转账款项(转账摘要为股东分红),你取得该笔收入应缴纳生产经营所得个人所得税3 224 750.25元。你未依法申报2017年度生产经营所得个人所得税,进行虚假的纳税申报,不缴应纳税款,构成偷税。根据《中华人民共和国税收征收管理法》第六十三条第一款规定,拟对你处罚款3 224 750.25元。

二、你(单位)有陈述、申辩的权利。请在我局(所)作出税务行政处罚决定之前,到我局(所)进行陈述、申辩或自行提供陈述、申辩材料;逾期不进行陈述、申辩的,视同放弃权利。

三、若拟对你罚款2 000元(含2 000元)以上,或符合《中华人民共和国行政处罚法》第六十三条规定的其他情形的,你(单位)有要求听证的权利。可自收到本告知书之日起五个工作日内向我局(所)书面提出听证申请;逾期不提出,视为放弃听证权利。

国家税务总局宁德市税务局第二稽查局
二○二一年八月三十一日

第二节 税务行政处罚决定书(简易)

一、相关法律制度

根据《行政处罚法》第五十一条规定,违法事实确凿并有法定依据,对公民处以200元以下、对法人或者其他组织处以3 000元以下罚款或者警告的行政处罚的,可以当场作出行政处罚决定。法律另有规定的,从其规定。

根据《行政处罚法》第五十二条规定,执法人员当场作出行政处罚决定的,应当向当事人出示执法证件,填写预定格式、编有号码的行政处罚决定书,并当场交付当事人。当事人拒绝签收的,应当在行政处罚决定书上注明。行政处罚决定书应当载明当事人的违法行为,行政处罚的种类和依据、罚款数额、时间、地点,申请行政复议、提起行政诉讼的途径和期限以及行政机关名称，并由执法人员签名或者盖章。执法人员当场作出的行政处罚决定，应当报所属行政机关备案。

二、文书式样

_____税务局（稽查局）

税务行政处罚决定书（简易）

_____税简罚〔 〕号

被处罚人名称			
被处罚人证件名称		证件号码	
处罚地点		处罚时间	
违法事实及处罚依据			
缴纳方式	□1. 当场缴纳； □2. 限十五日内到_____缴纳。		
罚款金额	（大写）_____¥____		
告知事项	1. 当事人应终止违法行为并予以纠正； 2. 如对本决定不服，可以自收到本决定书之日起六十日内依法向_____申请行政复议； 3. 到期不缴纳罚款的，税务机关可自缴款期限届满次日起每日按罚款数额的百分之三加处罚款，加处罚款的数额不超过罚款本数； 4. 对处罚决定逾期不申请行政复议又不履行的，税务机关将依法采取强制执行措施或者申请人民法院强制执行。		
执法人员已告知我享有陈述、申辩权利，我陈述、申辩如下：			

经办人：

年 月 日

（续表）

执法人员： 税务机关（印章）： 　　　　　　　　年 月 日	签收情况： 经办人： 　　　　　　　年 月 日

三、文书的使用说明

（一）设置依据

本决定书依据《税收征收管理法》和《行政处罚法》第五十一条、第五十二条设置。

（二）适用范围

在对公民处以200元（含200元）以下，对法人或者其他组织处以3 000元（含3 000元）以下罚款，当场作出税务行政处罚时使用。

（三）填写说明

（1）被处罚人名称：单位被处罚的，填写单位全称；个人被处罚的，填写个人姓名。

（2）被处罚人证件名称：单位填写税务登记证件（含加载统一社会信用代码的营业执照），未办理税务登记的，填写其他合法有效证件；个人被处罚的，填写个人有效身份证件名称。

（3）证件号码：单位填写纳税人识别号（含统一社会信用代码），未办理税务登记的，填写其他有效证件号码；个人填写有效身份证件号码。

（4）缴纳方式：如果是当场缴纳，在"□1"内打"√"；如是指定缴纳在"□2"处打"√"，在"_____"填写缴纳地点。

（5）经办人：填写具体经办被处罚事项，能代表被处罚人陈述、申辩及签收文书的人员，被处罚人是单位的，要同时加盖单位公章。

（6）文书字号设为"税简罚"，稽查局使用设为"税稽简罚"。

（四）格式与份数

本表为A4型竖式，一式二份，当事人一份，作出处罚决定的税务机关一份。

四、文书范本

国家税务总局南皮县税务局第一税务分局
税务行政处罚决定书（简易）

冀沧南皮税第一分局简罚〔2022〕132号

被处罚人名称	南皮县****制品有限公司		
被处罚人证件名称	营业执照	证件号码	***********
处罚地点	国家税务总局南皮县税务局第一税务分局	处罚时间	2022-06-22
违法事实及处罚依据	2021年8月至2022年3月个人所得税未按期申报《中华人民共和国税收征收管理法》第六十二条。		
缴纳方式	□ 1. 当场缴纳； ☑ 2. 限十五日内到银行缴纳。		
罚款金额	（大写）伍佰元整 ¥500.0		
告知事项	1. 当事人应终止违法行为并予以纠正； 2. 如对本决定不服，可以自收到本决定书之日起六十日内可以依法向国家税务总局南皮县税务局申请行政复议，或者自收到本决定书之日起六个月内依法向人民法院起诉； 3. 到期不缴纳罚款的，税务机关可自缴款期限届满次日起每日按罚款数额的百分之三加处罚款，加处罚款的数额不超过罚款本数； 4. 对处罚决定逾期不申请行政复议也不向人民法院起诉、又不履行的，税务机关有权依法采取强制执行措施或者申请人民法院强制执行。		

执法人员已告知我享有陈述、申辩权利，我陈述、申辩如下：
无异议

经办人：尹秀玲
2022年6月22日

执法人员：刘贵轩，贾国强 税务机关（印章）： 　　　　　年　月　日	签收情况： 经办人： 　　　　　年　月　日

第三节　税务行政处罚听证通知书

一、相关法律制度

根据《税收征收管理法》第八条的规定，纳税人、扣缴义务人有权向税务机关了解国家税收法律、行政法规的规定以及与纳税程序有关的情况。纳税人、扣缴义务人有权要求税务机关为纳税人、扣缴义务人的情况保密。税务机关应当依法为纳税人、扣缴义务人的情况保密。纳税人依法享有申请减税、免税、退税的权利。纳税人、扣缴义务人对税务机关所作出的决定，享有陈述权、申辩权；依法享有申请行政复议、提起行政诉讼、请求国家赔偿等权利。纳税人、扣缴义务人有权控告和检举税务机关、税务人员的违法违纪行为。

根据《行政处罚法》第六十三条的规定，行政机关拟作出下列行政处罚决定，应当告知当事人有要求听证的权利，当事人要求听证的，行政机关应当组织听证：①较大数额罚款；②没收较大数额违法所得、没收较大价值非法财物；③降低资质等级、吊销许可证件；④责令停产停业、责令关闭、限制从业；⑤其他较重的行政处罚；⑥法律、法规、规章规定的其他情形。当事人不承担行政机关组织听证的费用。

根据《行政处罚法》第六十四条的规定，听证应当依照以下程序组织：①当事人要求听证的，应当在行政机关告知后五日内提出；②行政机关应当在举行听证的七日前，通知当事人及有关人员听证的时间、地点；③除涉及国家秘密、商业秘密或者个人隐私依法予以保密外，听证公开举行；④听证由行政机关指定的非本案调查人员主持；当事人认为主持人与本案有直接利害关系的，有权申请回避；⑤当事人可以亲自参加听证，也可以委托一至二人代理；⑥当事人及其代理人无正当理由拒不出席听证或者未经许可中途退出听证的，视为放弃听证权利，行政机关终止听证；⑦举行听证时，调查人员提出当事人违法的事实、证据和行政处罚建议，当事人进行申辩和质证；⑧听证应当制作笔录。笔录应当交当事人或者其代理人核对无误后签字或者盖章。当事人或者其代理人拒绝签字或者盖章的，由听证主持人在笔录中注明。

根据国家税务总局《税务行政处罚听证程序实施办法》（国税发〔1996〕190号）的规定，税务行政处罚的听证，遵循合法、公正、公开、及时和便民的原则。

税务机关对公民作出2 000元以上（含本数）罚款或者对法人或者其他组织作出

1万元以上（含本数）罚款的行政处罚之前，应当向当事人送达《税务行政处罚事项告知书》，告知当事人已经查明的违法事实、证据、行政处罚的法律依据和拟将给予的行政处罚，并告知有要求举行听证的权利。

要求听证的当事人，应当在《税务行政处罚事项告知书》送达后三日内向税务机关书面提出听证；逾期不提出的，视为放弃听证权利。当事人要求听证的，税务机关应当组织听证。

税务机关应当在收到当事人听证要求后十五日内举行听证，并在举行听证的七日前将《税务行政处罚听证通知书》送达当事人，通知当事人举行听证的时间、地点、听证主持人的姓名及有关事项。当事人由于不可抗力或者其他特殊情况而耽误提出听证期限的，在障碍消除后五日以内，可以申请延长期限。申请是否准许，由组织听证的税务机关决定。

二、文书式样

_____税务局（稽查局）
税务行政处罚听证通知书
__税听通〔　〕号

_____：（纳税人识别号：　　　　）

　　根据你（单位）提出的听证要求，决定于____年__月__日_____时在_____举行听证，请准时参加。无正当理由不参加听证的，视为放弃听证权利。

　　本次听证由_____主持，如你（单位）认为主持人与本案有直接利害关系需要申请回避的，请在举行听证的三日前提出，并说明理由。

税务机关（签章）
年　月　日

三、文书的使用说明

（一）设置依据

本通知书依据《税收征收管理法》第八条和《行政处罚法》第六十三条、第六十四条设置。

（二）适用范围

税务机关通知当事人参加听证时使用。

（三）填写说明

抬头：填写当事人姓名或名称。

（四）使用与格式

（1）本通知应在举行听证的7日前送达当事人。

（2）本通知与《税务文书送达回证》一并使用。

（3）文书字号设为"听通"，稽查局使用设为"稽听通"。

（4）本通知书一式二份，一份送当事人，一份装入卷宗。

第四节 听 证 笔 录

一、相关法律制度

根据国家税务总局《税务行政处罚听证程序实施办法（试行）》（国税发〔1996〕190号）的规定，当事人提出听证后，税务机关发现自己拟作的行政处罚决定对事实认定有错误或者偏差，应当予以改变，并及时向当事人说明。

税务行政处罚的听证，由税务机关负责人指定的非本案调查机构的人员主持，当事人、本案调查人员及其他有关人员参加。听证主持人应当依法行使职权，不受任何组织和个人的干涉。

当事人可以亲自参加听证，也可以委托一至二人代理。当事人委托代理人参加听证的，应当向其代理人出具代理委托书。代理委托书应当注明有关事项，并经税务机关或者听证主持人审核确认。

当事人认为听证主持人与本案有直接利害关系的，有权申请回避。回避申请，应当在举行听证的3日前向税务机关提出，并说明理由。听证主持人是本案当事人的近亲属，或者认为自己与本案有直接利害关系或其他关系可能影响公正听证的，应当自行提出回避。听证主持人的回避，由组织听证的税务机关负责人决定。对驳回申请回避的决定，当事人可以申请复核一次。

税务行政处罚听证应当公开进行。但是涉及国家秘密、商业秘密或者个人隐私的，听证不公开进行。对公开听证的案件，应当先期公告当事人和本案调查人员的姓名、案件和听证的时间、地点。公开进行的听证，应当允许群众旁听。经听证主持人许可，旁听群众可以发表意见。对不公开听证的案件，应当宣布不公开听证的理由。

当事人或者其代理人应当按照税务机关的通知参加听证，无正当理由不参加的，视为放弃听证权利。听证应当予以终止。本案调查人员有前款规定情形的，不影响听证的进行。

听证开始时,听证主持人应当首先声明并出示税务机关负责人授权主持听证的决定,然后查明当事人或者其代理人、本案调查人员、证人及其他有关人员是否到场,宣布案由;宣布听证会的组成人员名单;告知当事人有关的权利义务。记录员宣读听证会场纪律。

听证过程中,由本案调查人员就当事人的违法行为予以指控,并出示事实证据材料,提出行政处罚建议。当事人或者其代理人可以就所指控的事实及相关问题进行申辩和质证。听证主持人可以对本案所及事实进行询问,保障控辩双方充分陈述事实、发表意见,并就各自出示的证据的合法性、真实性进行辩论。辩论先由本案调查人员发言,再由当事人或者其代理人答辩,然后双方相互辩论。辩论终结,听证主持人可以再就本案的事实、证据及有关问题向当事人或者其代理人、本案调查人员征求意见。当事人或者其代理人有最后陈述的权利。

听证主持人认为证据有疑问无法听证辨明,可能影响税务行政处罚的准确公正的,可以宣布终止听证,由本案调查人员对证据进行调查核实后再行听证。当事人或者其代理人可以申请对有关证据进行重新核实,或者提出延期听证;是否准许,由听证主持人或者税务机关作出决定。

听证过程中,当事人或者其代理人放弃申辩和质证权利,声明退出听证会;或者不经听证主持人许可擅自退出听证会的,听证主持人可以宣布听证终止。

听证过程中,当事人或者其代理人、本案调查人员、证人及其他人员违反听证秩序,听证主持人应当警告制止;对不听制止的,可以责令其退出听证会场。当事人或者代理人有上述严重行为致使听证无法进行的,听证主持人或者税务机关可以终止听证。

听证的全部活动,应当由记录员写成笔录,经听证主持人审阅并由听证主持人和记录员签名后,封卷上交税务机关负责人审阅。听证笔录应交当事人或者其代理人、本案调查人员、证人及其他有关人员阅读或者向他们宣读,他们认为有遗漏或者有差错的,可以请求补充或者改正。他们在承认没有错误后,应当签字或者盖章。拒绝签名或者盖章的,记明情况附卷。

听证结束后,听证主持人应当将听证情况和处理意见报告税务机关负责人。对应当进行听证的案件,税务机关不组织听证,行政处罚决定不能成立;当事人放弃听证权利或者被正当取消听证权利的除外。听证费用由组织听证的税务机关支付,不得由要求听证的当事人承担或者变相承担。

二、文书式样

听 证 笔 录

共　　页第　　页

案　　由：_____

时　　间：_____　地　　点：_____

听证主持人：_____　记录员：_____

当事人姓名：_____　性　　别：_____　年龄：_____

工作单位：_____　职　　务：_____

现住所：_____

调查人员姓名：_____

委托代理人姓名：_____

工作单位：_____　职　　务：_____

现住所：_____

听证记录：

_____

_____

_____

_____

_____

_____

_____

_____

听证笔录续页

共　　页第　　页

_____

_____

_____

_____

_____

_____

听证主持人签字：　　　　　　　　　记录员签字：

当事人签字：　　　　　　　　　　　代理人签字：

本案调查人签字：　　　　　　　　　证人签字：

其他有关人员：

三、文书的使用说明

（一）设置依据

本笔录依据《税收征收管理法》第八条、《行政处罚法》第六十四条和国家税务总局《税务行政处罚听证程序实施办法（试行）》（国税发〔1996〕190号）第十八条设置。

（二）适用范围

税务机关在对税务案件组织听证时使用。

（三）填写说明

（1）本笔录所设定的内容应逐项填写，不得缺漏。

（2）"案由"填写组织听证的案件名称和理由。

（3）本笔录要对当事人、代理人、本案调查人员等的意见客观、准确、详细地记录并经核对无误。

（四）格式与份数

本笔录为A4竖式，一式一份，装入卷宗。

第五节　税务行政处罚决定书

一、相关法律制度

根据《行政处罚法》第五十九条的规定，行政机关依照《行政处罚法》相关规定给予行政处罚，应当制作行政处罚决定书。行政处罚决定书应当载明下列事项：当事人的姓名或者名称、地址；违反法律、法规或者规章的事实和证据；行政处罚的种类和依据；行政处罚的履行方式和期限；申请行政复议或者提起行政诉讼的途径和期限；作出行政处罚决定的行政机关名称和作出决定的日期。行政处罚决定书必须盖有作出行政处罚决定的行政机关的印章。

二、文书式样

_____税务局（稽查局）
税务行政处罚决定书
____税罚〔 〕号

_____：（纳税人识别号：   ）

经我局（所）_____，你单位存在违法事实及处罚决定如下：

一、违法事实及证据

（一）

1.

2.

（二）

……

上述违法事实，主要有以下证据证明：

1.

2.

3.

……

二、处罚决定

（一）

1.

2.

（二）

……

以上应缴款项共计_____元。限你（单位）自本决定书送达之日起____日内到缴纳入库（账号：_____）。到期不缴纳罚款，我局（所）将依照《中华人民共和国行政处罚法》第七十二条第一款第（一）项规定，每日按罚款数额的百分之三加处罚款。

如对本决定不服，可以自收到本决定书之日起六十日内依法向_____申请行政复议，或者自收到本决定书之日起六个月内依法向人民法院起诉。如对处罚决定逾期不申请复议也不向人民法院起诉、又不履行的，我局（所）有权采取《中华人民共和国税收征收管理法》第四十条规定的强制执行措施，或者申请人民法院强制执行。

税务机关（签章）
年 月 日

三、文书的使用说明

（一）设置依据

本决定书依据《税收征收管理法》《税收征收管理法实施细则》《行政处罚法》设置。

（二）适用范围

税务机关在对纳税人、扣缴义务人及其他当事人作出税务行政处罚决定时使用。

（三）填写说明

（1）本文书受送达人处填写纳税人、扣缴义务人等税务行政相对人名称或者姓名，统一社会信用代码或者有效身份证件号码，没有统一社会信用代码的，填写纳税人识别号。

（2）"经我局（所）_____"横线处填写"于___年__月__日至___年__月__日对你（单位））（地址：____）___年__月__日至___年__月__日_____情况进行检查"，或者"对你单位）（地址：____）_____情况进行检查核实"。地址填写注册登记地址或者有效身份证件上的地址。

（3）本决定书的主体部分，必须抓住税收违法的主要违法事实，简明扼要地加以陈述并说明主要证据，然后列举处罚的法律依据和具体情节轻重，写明处罚结论。若违法事实及证据复杂，应给予分类分项陈述。

（4）本决定书所援引的处罚依据，必须是税收法律、行政法规或者规章，并应当注明文件名称、文号和有关条款。

（5）"向_____"横线处填写有权受理行政复议申请的上级税务机关的具体名称。

（四）使用与格式

（1）本决定书与《税务文书送达回证》一并使用。

（2）文书字号设为"罚"，稽查局使用设为"稽罚"。

（3）本决定书为A4竖式，一式三份，一份送纳税人或者扣缴义务人或者其他当事人，一份送征管部门，一份装入卷宗。

四、文书范本

(一) 北京税务机关税务行政处罚决定书

北京市地方税务局第一稽查局

税务行政处罚决定书

一稽税稽罚〔2015〕111 号

北京××房地产开发有限责任公司（纳税人识别号：××××）：

经我局于 2013 年 3 月 28 日至 2014 年 7 月 29 日对你（单位）2009 年 1 月 1 日至 2011 年 12 月 31 日缴纳地方税情况进行了检查，违法事实及处罚决定如下：

一、违法事实

（一）经查你单位 2009 年 4 月 30 日实际取得在建工程项目转让收入 160 000 000 元，经查此笔款项是由北京××房地产开发有限公司直接支付给北京 YY 置业有限公司冲抵你单位与北京××置业有限公司的欠款 160 000 000 元；2009 年 5 月 31 日实际取得在建工程项目转让收入 26 413 855 元，经查此笔款项是由北京××房地产开发有限公司直接支付给中国建筑第×工程局有限公司抵扣应由你单位支付的工程款 26 413 855 元；你单位在账簿上不列收入共计 186 413 855 元，造成不缴纳应纳税款的行为是偷税，违反了《中华人民共和国税收征收管理法》第二十五条第一款 "纳税人必须依照法律、行政法规规定或者税务机关依照法律、行政法规的规定确定的申报期限、申报内容如实办理纳税申报，报送纳税申报表、财务会计报表以及税务机关根据实际需要要求纳税人报送的其他纳税资料"的规定。

（二）经查你单位检查纳税期间取得不符合规定发票共计 183 张在开发成本中列支，金额合计 317 173 200 元，经北京市地方税务局票证管理中心鉴定，伪造发票 35 张，金额 130 000 000 元，无开具数据发票 8 张，金额 56 000 000 元；经北京市国家税务局鉴定伪造发票及领购单位与发票上加盖印章单位名称不符的发票共 140 张，金额 131 173 200 元。经检查组外调核实，上述发票票面印章单位与你单位没有业务发生和相关经济往来，没有为你单位开具过发票，业务不真实，造成少缴纳 2011 年企业所得税的行为是偷税，违反了《中华人民共和国税收征收管理法》第十九条 "纳税人、扣缴义务人按照有关法律、行政法规和国务院财政、税务主管部门的规定设置账簿，根据合法、有效凭证记账，进行核算"的规定。

二、处罚决定

根据《中华人民共和国税收征收管理法》第六十三条第一款 "纳税人伪造、变造、隐匿、擅自销毁账簿、记账凭证，或者在账簿上多列支出或者不列、少列收入，或者经税务机关通知申报而拒不申报或者进行虚假的纳税申报，不缴或者少缴应纳税款的，是偷税。对纳税人偷税的，由税务机关追缴其不缴或者少缴的税款、滞纳金，并处不缴或者少缴的税款百分之五十以上五倍以下的罚款；构成犯罪的，依法追究刑事责任"的规定，对你单位在账簿上不列收入及多列支出，少缴营业税、城市维护建设税、企业所得税的行为定性为偷税，并对偷税税额 133 166 904.10 元处以一倍罚款计 133 166 904.10 元（其中：营业税偷税额罚款 9 320 692.75 元、城市维护建设税偷税额罚款 466 034.64 元、企业所得税偷税额罚款 123 380 176.71 元）。

以上应缴款项共计 133 166 904.10 元。限你（单位）自本决定书送达之日起十五日内到银行缴纳入库（账号：××）。到期不缴纳罚款，我局将依照《中华人民共和国行政处罚法》第五十一条第（一）项规定，每日按罚款数额的百分之三加处罚款。

如对本决定不服，可以自收到本决定书之日起六十日内依法向北京市地方税务局申请行政复议，或者自收到本决定书之日起六个月内依法向北京市朝阳区人民法院起诉。如对处罚决定逾期不申请复议也不向人民法院起诉、又不履行的，我局（所）将采取《中华人民共和国税收征收管理法》第八十八条规定的强制执行措施，或者申请人民法院强制执行。

北京市地方税务局第一稽查局
2015 年 10 月 10 日

（二）安徽税务机关税务行政处罚决定书

青阳县国家税务局稽查局
税务行政处罚决定书
青国税稽罚〔2017〕4 号

安徽省××矿业发展有限公司（纳税人识别号：××××）：

根据执法过程中发现的税收违法线索，我局于 2017 年 4 月 13 日至 2017 年 12 月 19 日派徐××、周××对你单位 2012 年 1 月 1 日至 2016 年 12 月 31 日期间在账簿上不列收入造成少缴应纳税款的情况，按照法定程序进行了立案检查，你单位存在违法事实及处罚决定如下：

一、违法事实及证据

（一）检查发现的问题

1. 在账簿上不列收入造成少缴应纳税款之一

经查明，2015 年 11 月至 2016 年 5 月期间，你单位采取预收货款方式销售 3×5 规格白云石 17 621.49 吨（含税价每吨 30 元）、瓜子片 313 吨（含税价每吨 18 元），含税销售额合计 534 278.70 元，在账簿上未列销售收入，且未计算销项税额。根据《中华人民共和国增值税暂行条例》（中华人民共和国国务院令第 538 号）第一条、第二条第一款第（一）项、第五条、第十九条、《中华人民共和国增值税暂行条例实施细则》（财政部 国家税务总局第50号令）第十四条、第三十八条第（四）项之规定，应按适用税率17%计算增值税销项税额77 630.24元（销项税额的计算过程见下表），少缴增值税税款77 630.24元。

所属时间	规格型号	重量（吨）	含税单价（元）	价税合计（元）	销项税额（元）
2015年11月	3×5白云石	631.18	30	18 935.40	2 751.30
2015年12月	3×5白云石	2 378.22	30	71 346.60	10 366.60
2016年1月	3×5白云石	2 960.32	30	88 809.60	12 903.96
2016年2月	3×5白云石	1 661.70	30	49 851.00	7 243.31
2016年2月	瓜子片	154.90	18	2 788.20	405.12
2016年3月	3×5白云石	3 487.57	30	104 627.10	15 202.23
2016年3月	瓜子片	158.10	18	2 845.80	413.49
2016年4月	3×5白云石	1 791.00	30	53 730.00	7 806.92
2016年5月	3×5白云石	4 711.50	30	141 345.00	20 537.31
合计		17 934.49		534 278.70	77 630.24

上述税收违法事实，主要有以下证据证实。

证据一：提取青阳县××商贸有限公司发票违法案件的夏××和徐××的《询问笔录》、2016年2～5月期间青阳县××商贸有限公司从安徽省××矿业发展有限公司采购白云石统计表、夏××和陈××的储蓄存款交易明细记录。

证据二：夏××提供的《关于从安徽省××矿业发展有限公司购买白云石的情况说明》《发料单》和《收据》复制件、采购白云石统计表。

证据三：周××提供的《关于从安徽省××矿业发展有限公司购买白云石的情况说明》。

证据四：安×提供的《关于销售给周××石子的情况说明》。

证据五：周××、徐××的储蓄存款交易明细记录。

证据六：安徽省××矿业发展有限公司提供的《关于账外经营的情况说明》《税务稽查工作底稿（二）》。

2. 在账簿上不列收入造成少缴应纳税款之二

2014年5月30日第0075记账凭证"应收账款——严××"科目贷方金额53 570.00元，长期挂账。经查明，2014年5月份，你单位采取预收货款方式销售白云石给严××，取得含税销售收入 53 570.00 元，在账簿上未列销售收入，且未计算销项税额。根据《中华人民共和国增值税暂行条例》（中华人民共和国国务院令第 538 号）第一条、第二条第一款第（一）项、第五条、第十九条以及《中华人民共和国增值税暂行条例实施细则》（财政部国家税务总局第 50 号令）第十四条、第三十八条第（四）项之规定，应按适用税率 17% 计算增值税销项税额 53 570.00÷（1+17%）×17% =7 783.68 元，少缴增值税税款 7 783.68 元。

上述税收违法事实，主要有以下证据证实。

证据六：安徽省××矿业发展有限公司提供的《关于账外经营的情况说明》《税务稽查工作底稿（二）》。

证据七：严××提供的《关于从安徽省××矿业发展有限公司购买石子的情况说明》。

证据八：《税务稽查工作底稿（一）》、客户明细账复制件、记账凭证复制件。

在检查结束前，我局于 2017 年 12 月 18 日向你单位直接送达了《税务事项通知书》（青国税稽通〔2017〕5 号），将检查发现的上述税收违法事实和依据告知你单位。同日，你单位提供了《关于税务事项通知书载明的税收违法事实的情况说明》，对上述《税务事项通知书》上载明的税收违法事实无异议，愿意在规定的期限内补缴税款及滞纳金并接受税务行政处罚。

你单位上述税收违法事实，已违反了《中华人民共和国税收征收管理法》第二十五条第一款"纳税人必须依照法律、行政法规规定或者税务机关依照法律、行政法规的规定确定的申报期限、申报内容如实办理纳税申报，报送纳税申报表、财务会计报表以及税务机关根据实际需要要求纳税人报送的其他纳税资料"之规定，根据《中华人民共和国税收征收管理法》第六十三条第一款"纳税人伪造、变造、隐匿、擅自销毁账簿、记账凭证，或者在账簿上多列支出或者不列、少列收入，或者经税务机关通知申报而拒不申报或者进行虚假的纳税申报，不缴或者少缴应纳税款的，是偷税"之规定，上述你单位在账簿上不列收入造成少缴增值税税款 85 413.92 元的税收违法事实，具有主观故意性，属于偷税行为。

针对上述税收违法事实及拟处罚情况，我局于 2017 年 12 月 20 日派徐××、周××向你单位法定代表人都××直接送达了《税务行政处罚事项告知书》（青国税稽罚告〔2017〕4 号）。

（二）当事人陈述申辩采信情况

你单位于 2017 年 12 月 21 日进行了陈述申辩，陈述申辩意见无异议，但你单位在法定期限内未提出听证申请。

二、处罚决定

经青阳县国家税务局稽查局案件审理委员会集体审理认为，你单位上述税收违法事实，已构成偷税。鉴于你单位偷税行为在五年内首次出现，能积极配合税务检查，愿意在规定期限内补缴税款及滞纳金并接受税务行政处罚，主动减轻违法行为危害后果，具有《中华人民共和国行政处罚法》第二十七条第一款第（一）项之规定的主动消除或者减轻违法行为危害后果的从轻处罚情节，决定从轻给予处罚。

根据《中华人民共和国税收征收管理法》第六十三条第一款"对纳税人偷税的，由税务机关追缴其不缴或者少缴的税款、滞纳金，并处不缴或者少缴的税款百分之五十以上五倍以下的罚款；构成犯罪的，依法追究刑事责任"之规定，对你单位上述偷税行为，处少缴的增值税税款 85 413.92 元百分之五十的罚款，即罚款 42 706.97 元。

以上应缴款项共计 42 706.97 元。限你单位自本决定书送达之日起 15 日内到安徽省青阳县国家税务局缴纳入库。到期不缴纳罚款，我局可依照《中华人民共和国行政处罚法》第五十一条第（一）项规定，每日按罚款数额的百分之三加处罚款，加处罚款的数额不超过罚款本数。

如对本决定不服，可以自收到本决定书之日起六十日内依法向安徽省青阳县国家税务局申请行政复议，或者自收到本决定书之日起六个月内依法向人民法院起诉。如对处罚决定逾期不申请复议也不向人民法院起诉、又不履行的，我局将采取《中华人民共和国税收征收管理法》第四十条规定的强制执行措施，或者申请人民法院强制执行。

附件：本文书涉及的相关法律法规条款

青阳县国家税务局稽查局
二〇一七年十二月二十八日

附件：本文书涉及相关法律法规条款

《中华人民共和国增值税暂行条例》（中华人民共和国国务院令第538号）

第一条 在中华人民共和国境内销售货物或者提供加工、修理修配劳务以及进口货物的单位和个人，为增值税的纳税人，应当依照本条例缴纳增值税。

第二条 第一款第（一）项 纳税人销售或者进口货物，除本条第（二）项、第（三）项规定外，税率为17%。

第五条 纳税人销售货物或者应税劳务，按照销售额和本条例第二条规定的税率计算并向购买方收取的增值税额，为销项税额。销项税额计算公式：

$$销项税额 = 销售额 \times 税率。$$

第十九条 增值税纳税义务发生时间：

（一）销售货物或者应税劳务，为收讫销售款项或者取得索取销售款项凭据的当天；先开具发票的，为开具发票的当天。

（二）进口货物，为报关进口的当天。

增值税扣缴义务发生时间为纳税人增值税纳税义务发生的当天。

《中华人民共和国增值税暂行条例实施细则》（财政部　国家税务总局第50号令）

第十四条　一般纳税人销售货物或者应税劳务，采用销售额和销项税额合并定价方法的，按下列公式计算销售额：

$$销售额＝含税销售额÷（1+税率）$$

第三十八条　第（四）项　采取预收货款方式销售货物，为货物发出的当天，但生产销售生产工期超过12个月的大型机械设备、船舶、飞机等货物，为收到预收款或者书面合同约定的收款日期的当天。

《中华人民共和国税收征收管理法》

第二十五条第一款　纳税人必须依照法律、行政法规规定或者税务机关依照法律、行政法规的规定确定的申报期限、申报内容如实办理纳税申报，报送纳税申报表、财务会计报表以及税务机关根据实际需要要求纳税人报送的其他纳税资料。

第四十条　从事生产、经营的纳税人、扣缴义务人未按照规定的期限缴纳或者解缴税款，纳税担保人未按照规定的期限缴纳所担保的税款，由税务机关责令限期缴纳，逾期仍未缴纳的，经县以上税务局（分局）局长批准，税务机关可以采取下列强制执行措施：

（一）书面通知其开户银行或者其他金融机构从其存款中扣缴税款；

（二）扣押、查封、依法拍卖或者变卖其价值相当于应纳税款的商品、货物或者其他财产，以拍卖或者变卖所得抵缴税款。

税务机关采取强制执行措施时，对前款所列纳税人、扣缴义务人、纳税担保人未缴纳的滞纳金同时强制执行。

个人及其所扶养家属维持生活必需的住房和用品，不在强制执行措施的范围之内。

第六十三条第一款　纳税人伪造、变造、隐匿、擅自销毁账簿、记账凭证，或者在账簿上多列支出或者不列、少列收入，或者经税务机关通知申报而拒不申报或者进行虚假的纳税申报，不缴或者少缴应纳税款的，是偷税。对纳税人偷税的，由税务机关追缴其不缴或者少缴的税款、滞纳金，并处不缴或者少缴的税款百分之五十以上五倍以下的罚款；构成犯罪的，依法追究刑事责任。

《中华人民共和国行政处罚法》

第二十七条　当事人有下列情形之一的，应当依法从轻或者减轻行政处罚：

（一）主动消除或者减轻违法行为危害后果的；

（二）受他人胁迫有违法行为的；

（三）配合行政机关查处违法行为有立功表现的；

（四）其他依法从轻或者减轻行政处罚的。

违法行为轻微并及时纠正，没有造成危害后果的，不予行政处罚。

第五十一条 当事人逾期不履行行政处罚决定的，作出行政处罚决定的行政机关可以采取下列措施：

（一）到期不缴纳罚款的，每日按罚款数额的百分之三加处罚款；

（二）根据法律规定，将查封、扣押的财物拍卖或者将冻结的存款划拨抵缴罚款；

（三）申请人民法院强制执行。

（三）上海税务机关税务行政处罚决定书送达公告

上海市松江区国家税务局稽查局送达公告

沪国税松稽公〔2017〕2号

上海××服饰有限公司：

根据《中华人民共和国税收征收管理法实施细则》第一百零六条规定，现向你单位公告送达本局《税务行政处罚决定书》（沪国税松稽罚〔2016〕10041号）。

我局（所）于2016年9月22日至2016年10月8日对你（单位）2013年1月1日至2014年12月31日纳税情况进行了检查，违法事实及处理决定如下：

一、违法事实

经查，你公司取得第三方开具的11份增值税专用发票，抵扣进项税款185 038.49元。

二、处罚决定

根据《中华人民共和国税收征收管理法》（2001年4月28日第九届全国人民代表大会常务委员会第二十一次会议修订）第六十三条第一款，决定处查补税款一倍的罚款：增值税罚款185 038.49元，城建税罚款9 251.93元，企业所得税罚款274 299.65元。

以上应缴款项共计468 590.07元。限你单位自本决定书送达之日起15日内到上海市松江区国家税务局缴纳入库。到期不缴纳罚款，我局（所）可依照《中华人民共和国行政处罚法》第五十一条第（一）项规定，每日按罚款数额的百分之三加处罚款。

如对本决定不服，可以自收到本决定书之日起六十日内依法向上海市松江区国家税务局申请行政复议，或者自收到本决定书之日起六个月内依法向人民法院起诉。如对处罚决定逾期不申请复议也不向人民法院起诉、又不履行的，我局（所）将采取《中华人民共和国税收征收管理法》第四十条规定的强制执行措施，或者申请人民法院强制执行。

自发出本公告之日起满三十日，即视为已送达。

特此公告。

上海市松江区国家税务局稽查局

二〇一七年五月十二日

（四）蚌埠税务机关税务行政处罚决定书

蚌埠市地方税务局稽查局
税务行政处罚决定书

蚌地税稽罚〔2017〕16号

蚌埠××置业有限公司（地址：蚌埠市秦集镇镇政府内办公楼×楼××室，法人代表：黎××）：

经我局于2015年1月18日至2017年1月16日对你单位2010年至2014年地方各税缴纳情况进行检查核实，你单位存在违法事实及处罚决定如下：

一、违法事实

（一）2010年：你公司取得预售房收入1 570 000元。

1. 应申报缴纳销售不动产营业税=1 570 000×5%=78 500（元）。

2. 应申报缴纳城市维护建税=78 500×7%=5 495（元）。

3. 应申报缴纳教育费附加=78 500×3%=2 355（元）。

4. 应申报缴纳产权转移书据印花税=1 570 000×0.05%=785（元）。

5. 签订建筑安装合同，应申报缴纳建筑安装合同印花税=24 308 433×0.03%=7 292.50（元）；签订技术合同，应申报缴纳技术合同印花税=885 367×0.03%=265.60（元），两项合计应申报缴纳印花税7 558.1元。

6. 你公司项目用地13 000平方米（19.5亩×666.67），自2010年9月开工使用，应申报缴纳土地使用税=13 000×2÷12×4=8 666.66（元）。

7. 按核定征收，应申报缴纳企业所得税=1 570 000×10%×25%=39 250（元）。

以上税款均未申报缴纳。

（二）2011年：你公司取得预售房收入6 544 350.40元。

1. 应申报缴纳营业税=6 544 350.40×5%=327 217.52（元），已申报缴纳346 740.64元，多申报缴纳19 523.12元。

2. 应申报缴纳城市维护建税=327 217.52×7%=22 905.23（元），已申报缴纳24 271.84元，多申报缴纳1 366.61元。

3. 应申报缴纳教育费附加=327 217.52×3%=9 816.53（元），已申报缴纳10 402.22元，多申报缴纳585.69元。

4. 应申报缴纳产权转移书据印花税=6 544 350.40×0.05%=4 057.20（元），已申报缴纳3 467.40元，少申报缴纳589.80元。

5. 按核定征收，应申报缴纳企业所得税=6 544 350.40×10%×25%=163 608.76（元），

未申报缴纳。

6.房地产项目用地13 000平方米，建筑面积18 092平方米，1～6月应缴土地使用税=13 000×2÷2=13 000（元），到2011年9月30日交付房屋面积2 203.83平方米，7～12月应缴土地使用税=（18 092-2 203.83）÷18 092×13 000×2÷2=11 416.42（元），合计应申报缴纳土地使用税24 416.42元，未申报缴纳。

（三）2012年：你单位取得预售房收入13 483 500元。

1.应申报缴纳营业税=13 483 500×5%=674 175（元）。

2.应申报缴纳城市维护建税=674 175×7%=47 192.25（元）。

3.教育费附加=674 175×3%=20 225.25（元）。

4.应申报缴纳产权转移书据印花税=13 483 500×0.05%=6 741.80（元）。

5.按核定征收，应申报缴纳企业所得税=13 483 500×10%×25%=337 087.50（元）。

6.房地产项目用地13 000平方米，建筑面积18 092平方米，到2012年3月31日累计交付房屋面积3 354.11平方米，1～6月应缴纳土地使用税=（18 092-3 354.11）÷18 092×13 000×2÷2=10 589.90（元），到2012年9月30日累计交付房屋面积6 562.86平方米，7～12月应申报缴纳土地使用税=（18 092-6 562.86）÷18 092×13 000×2÷2=8 284.26（元），合计应申报缴纳土地使用税18 874.16元。

以上税款均未申报缴纳。

（四）2013年：你单位取得售房收入4 830 000元。

1.应申报缴纳营业税=4 830 000×5%=241 500（元）。

2.应申报缴纳城市维护建税=241 500×7%=16 905（元）。

3.应申报缴纳教育费附加=241 500×3%=7 245（元）。

4.应申报缴纳产权转移书据印花税=4 830 000×0.05%=2 415（元）。

5.按核定征收，应申报缴纳企业所得税=4 830 000×10%×25%=120 750（元）。

6.房地产项目用地13 000平方米，建筑面积18 092平方米，到2013年3月31日累计交付房屋面积9 757.38平方米，1～6月应申报缴纳土地使用税=（18 092-9 757.38）÷18 092×13 000×2÷2=5 988.83（元），到2013年9月30日累计交付房屋面积10 762.02平方米，7～12月应申报缴纳土地使用税=（18 092-10 762.02）÷18 092×13 000×2÷2=5 266.95（元），合计应申报缴纳土地使用税11 255.78元。

以上税款均未申报缴纳。

7.支付个人利息161 311元，应代扣代缴"利息、股息、红利"所得个人所得税=161 311×20%=32 262.20（元），未按规定代扣代缴。

（五）2014年：你单位取得售房收入1 449 000元。

1.应申报缴纳营业税=1 449 000×5%=72 450（元）。

2.应申报缴纳城市维护建税=72 450×7%=5 071.50（元）。

3. 应申报缴纳教育费附加 =72 450×3%=2 173.50（元）。

4. 应申报缴纳产权转移书据印花税 =1 449 000×0.05%=724.50（元）。

5. 按核定征收，应申报缴纳企业所得税 =1 449 000×10%×25%=36 225（元）。

6. 房地产项目用地 13 000 平方米，建筑面积 18 092 平方米，到 2013 年 9 月 30 日累计交付房屋面积 10 762.02 平方米（以后没有发生销售），应申报缴纳土地使用税 =（18 092-10 762.02）÷18 092×13 000×8=42 135.62（元）。

以上税款均未申报缴纳。

二、处罚决定

根据《中华人民共和国营业税暂行条例》第一条、第二条、第四条之规定；根据《中华人民共和国城市维护建设税暂行条例》第二条、第三条、第四条之规定；根据《中华人民共和国印花税暂行条例》第一条、第二条、第三条及《安徽省印花税征收管理暂行办法》第四条、第六条之规定；根据《中华人民共和国土地使用税暂行条例》第二条、第三条、第四条及《关于蚌埠市区实施新的城镇土地使用税土地等级和适用税额的通知》（蚌地税〔2008〕28号）、《蚌埠市地方税务局关于调整蚌埠市区城镇土地使用税等级范围和适用税额标准的通知》蚌地税发〔2014〕21号之规定；根据《中华人民共和国税收征收管理法》第六十三条第一款之规定，对少申报纳缴的营业税、城建税、印花税、土地使用税处以 50% 计 616 652.88 元罚款。依据《中华人民共和国税收征收管理法》第六十九条之规定，对你单位未代扣代个人所得税处以 50% 计 16 131.1 元罚款。

限你单位自本决定书送达之日起 15 日内到蚌埠市各金融机构缴纳入库。到期不缴纳罚款，我局将依照《中华人民共和国行政处罚法》第五十一条第（一）项规定，每日按罚款数额的百分之三加处罚款。

如对本决定不服，可以自收到本决定书之日起六十日内依法向蚌埠市地方税务局申请行政复议，或者自收到本决定书之日起六个月内依法向蚌埠市蚌山区人民法院起诉。如对处罚决定逾期不申请复议也不向人民法院起诉、又不履行的，我局将采取《中华人民共和国税收征收管理法》第四十条规定的强制执行措施，或者申请人民法院强制执行。

蚌埠市地方税务局稽查局
二〇一七年六月二日

（五）广州税务机关税务行政处罚决定书送达公告

关于《税务行政处罚决定书》送达公告

广州××贸易有限公司（纳税人识别号：××××）：

我局对你单位的税务案件已审理终结，因你单位下落不明，采用直接送达及邮寄送达方式无法送达，根据《税收征收管理法实施细则》第一百零六条的规定，向你单位公告送达《税务行政处罚决定书》（穗国税中稽罚〔2017〕27号），决定内容如下。

经我局对你单位2015年4月1日至2015年6月30日期间的纳税情况进行了检查，你单位存在违法事实及处理决定如下：

一、违法事实

你单位在2015年4月至2015年6月期间，凭广州白云机场、黄埔、大连等海关出具的213份进口增值税专用缴款书（详见《广州××贸易有限公司海关进口增值税专用缴款书清单》）向税务机关申报抵扣销项税额共3 710 814.13元，其中，2015年4月2 068 426.33元，2015年5月429 712.47元，2015年6月1 212 675.33元，至检查之日止未作进项税额转出。经查实，上述213份海关进口增值税专用缴款书的缴款单位名称均不是你单位。

上述事实有以下主要证据证明：（1）越秀区国税局出具的《关于广州××贸易有限公司海关完税凭证抵扣情况的说明》；（2）大连市国家税务局、广州市花都区国家税务局和广州市经济技术开发区国家税务局的协查回复函；（3）你单位所属期为2015年4月至6月的《增值税纳税申报表》。

二、处罚决定

根据2008年修订的《中华人民共和国增值税暂行条例》第一条、第九条，2008年修订的《中华人民共和国增值税暂行条例实施细则》第十九条和《国家税务总局关于加强进口环节增值税专用缴款书抵扣税款管理的通知》（国税发〔1996〕32号）中的"对海关代征进口环节增值税开具的增值税专用缴款书上标明有两个单位名称，即既有代理进口单位名称，又有委托进口单位名称的，只准予其中取得专用缴款书原件的一个单位抵扣税款"的规定，不符合规定的海关进口增值税专用缴款书不得作为增值税进项税额的扣税凭证，其注明的税额不得从销项税额中抵扣，对上述违法事实，你单位多计进项税额3 710 814.13元，应补缴增值税3 710 814.13元，其中，2015年4月应补缴2 068 426.33元，2015年5月应补缴429 712.47元，2015年6月应补缴1 212 675.33元。

根据《中华人民共和国税收征收管理法》第六十三条第一款"纳税人伪造、变造、隐匿、擅自销毁账簿、记账凭证，或者在账簿上多列支出或者不列、少列收入，或者经税务机关通知申报而拒不申报或者进行虚假的纳税申报，不缴或者少缴应纳税款的，是偷税。对纳税人偷税的，由税务机关追缴其不缴或者少缴的税款、滞纳金，并处不缴或者少缴的税款百分之五十以上五倍以下的罚款；构成犯罪的，依法追究刑事责任"的规定，你单位使用非你单位名称的海关进口增值税专用缴款书进行虚假纳税申报已构成偷税，根据你单位2015年4月至6月期间增值税每月申报数据计算，实际偷税数额为 3 657 856.10 元，现对你单位处以百分之五十的罚款 1 828 928.05 元，决定以上应缴罚款款项 1 828 928.05 元。

以上应缴款项共计 1 828 928.05 元。限你单位自本决定书送达之日起 15 日内到广州市越秀区国家税务局缴纳入库。到期不缴纳罚款，我局（所）可依照《中华人民共和国行政处罚法》第五十一条第（一）项规定，每日按罚款数额的百分之三加处罚款。

如对本决定不服，可以自收到本决定书之日起六十日内依法向广州市国家税务局申请行政复议，或者自收到本决定书之日起六个月内依法向人民法院起诉。如对处罚决定逾期不申请复议也不向人民法院起诉、又不履行的，我局（所）将采取《中华人民共和国税收征收管理法》第四十条规定的强制执行措施，或者申请人民法院强制执行。

请你公司及时到我局领取《税务处理决定书》正本，否则，自公告之日起满 30 日，上述决定及告知内容将作为《税务行政处罚决定书》正本被视为送达。

特此公告。

广州市国家税务局中区稽查局
二〇一七年八月九日

（六）盘锦税务机关税务行政处罚决定书

盘锦市国家税务局稽查局
税务行政处罚决定书
盘国税稽罚〔2016〕10008 号

盘锦××商贸有限公司（纳税人识别号：××××）：

经我局于 2016 年 5 月 27 日至 2016 年 9 月 19 日对你单位 2016 年 1 月 1 日至 2016 年 4 月 30 日开具和取得增值税专用发票情况进行检查，你单位存在违法事实及处罚决定如下：

一、违法事实

经查，你单位在 2016 年 4 月（所属期 3 月）未进行纳税申报并携带税控设备走逃，嫌疑人同时注册成立 8 户企业，分别是盘锦 A 商贸有限公司、盘锦 B 商贸有限公司、盘锦 C 商贸有限公司、盘锦 D 商贸有限公司、盘锦 E 商贸有限公司、盘锦 F 商贸有限公司、盘锦 G 商贸有限公司、盘锦 H 商贸有限公司。其中盘锦 G 商贸有限公司、盘锦 H 商贸有限公司两户企业未认定一般纳税人，未领购过发票。盘锦市兴隆台区国家税务局于 2016 年 4 月 28 日将你单位认定为非正常户，你单位共申请领用增值税专用发票（中文三联电脑版）150份，使用150份，作废6份，开具的有效增值税专用发票144份。2016年1~2月开具的144份增值税专用发票货物名称分别为钢材、沙子、水泥、方管、LED灯管、控制灯、电源线、灯箱扣条、灯布、聚乙烯、聚丙烯、聚氯乙烯，税率17%，销项发票流向地有天津、大连、南京、山东、广州。认证抵扣的增值税专用发票181份，分别来自黑龙江省××粮食贸易有限公司和哈尔滨市××商贸有限公司。进项发票记载的货物名称分别是玉米和水稻，税率13%。其中认证抵扣哈尔滨市××商贸有限公司开具的增值税专用发票52份，金额5 138 086.27元，税额667 951.17元。通过查询你单位与哈尔滨市××商贸有限公司资金往来情况，现已经证实资金全部回流。

根据《国家税务总局转发〈最高人民法院关于适用"全国人民代表大会常务委员会关于惩治虚开、伪造和非法出售增值税专用发票犯罪的决定"的若干问题的解释〉的通知》（国税发〔1996〕210号）文件附件《最高人民法院印发关于〈适用全国人民代表大会常务委员会关于惩治虚开、伪造和非法出售增值税专用发票犯罪的决定〉的若干问题的解释》中的"具有下列行为之一的，属于虚开增值税专用发票：没有货物购销或者没有提供或接受应税劳务而为他人、为自己、让他人为自己、介绍他人开具增值税专用发票"之规定，你单位开具的144份增值税专用发票，金额13 911 031.66元，税额2 364 875.34元，上述行为属于虚开增值税专用发票行为。

二、处罚决定

根据《国家税务总局转发〈最高人民法院关于适用"全国人民代表大会常务委员会关于惩治虚开、伪造和非法出售增值税专用发票犯罪的决定"的若干问题的解释〉的通知》（国税发〔1996〕210号）、《中华人民共和国发票管理办法》第三十七条"违反本办法第二十二条第二款的规定虚开发票的，由税务机关没收违法所得；虚开金额在1万元以下的，可以并处5万元以下的罚款；虚开金额超过1万元的，并处5万元以上50万元以下的罚款；构成犯罪的，依法追究刑事责任"之规定，对你单位处以50万元罚款。

以上应缴款项共计500 000.00元。限你单位自本决定书送达之日起15日内到盘锦市兴隆台区国家税务局缴纳入库。到期不缴纳罚款，我局可依照《中华人民共和国行政处罚法》第五十一条第（一）项规定，每日按罚款数额的百分之三加处罚款。如对本决定不服，可以自收到本决定书之日起六十日内依法向辽宁省盘锦市国家税务局申请行政复议，或者自收到本决定书之日起六个月内依法向人民法院起诉。如对处罚决定逾期不申请复议也不向人民法院起诉、又不履行的，我局将采取《中华人民共和国税收征收管理法》第四十条规定的强制执行措施，或者申请人民法院强制执行。

盘锦市国家税务局稽查局
二〇一六年十一月七日

（七）武汉税务机关税务行政处罚决定书

武汉市国家税务局第五稽查局
税务行政处罚决定书

武国税五稽罚〔2017〕24号

武汉××贸易有限公司（纳税人识别号：××××）：

经我局（所）1.协查函锡国税（稽）协〔2016〕8151号，协查编号为432020000160168、江苏无锡市失控发票协查——无锡××贸易有限公司，涉及武汉××贸易有限公司发票数7份、税额112 338.03元、金额660 811.94元。发票号码为02003608~02003614（连号），发票代码均为4200152130。

2.协查函锡国税（稽）协〔2016〕8154号，协查编号为432020000160171、江苏无锡市失控发票协查——无锡市××贸易有限公司，涉及武汉××贸易有限公司发票数25份、税额424 853元、金额2 499 135.29元。发票号码为03645186~03645210（连号），发票代码均为4200151130。

3.协查函锡国税（稽）协〔2016〕8155号，协查编号为432020000160172、江苏无锡市失控发票协查——无锡××商贸易有限公司，涉及武汉××贸易有限公司发票数12份、税额192 579.48元、金额484 910.29元。发票号码为02003596~02003607、发票代码均为4200152130。

三份协查函锡国税（稽）协，涉及武汉源华辉贸易有限公司发总计发票数44份、税额729 770.51元、金额4 292 767.71元。

你单位存在违法事实及处罚决定如下：

一、违法事实

武汉××贸易有限公司于2015年10月14日至2015年10月26日向税务机关抄报专用发票75份，包含以上协查函提供的44份专用发票，但均未申报纳税缴纳税额（见基本证据）。未申报增值税729 770.51元。

二、处罚决定

根据《中华人民共和国增值税暂行条例》（中华人民共和国国务院令第538号）第十九条第一项"增值税纳税义务发生时间：（一）销售货物或者应税劳务，为收讫销售款项或者取得索取销售款项凭据的当天；先开具发票的，为开具发票的当天"，《中华人民共和国税收征收管理法》第三十二条"纳税人未按照规定期限缴纳税款的，扣缴义务人未按照规定期限解缴税款的，税务机关除责令限期缴纳外，从滞纳税款之日起，按日加收滞纳税款万分之五的滞纳金"和《中华人民共和国税收征收管理法实施细则》第七十五条"税收征管法第三十二条规定的加收滞纳金的起止时间，为法律、行政法规规定或者税务机关依照法律、行政法规的规定确定的税款缴纳期限届满次日起至纳税人、扣缴义务人实际缴纳或者解缴税款之日止"的规定，加收滞纳金。

根据《中华人民共和国税收征收管理法》第六十三条"纳税人伪造、变造、隐匿、擅自销毁账簿、记账凭证，或者在账簿上多列支出或者不列、少列收入，或者经税务机关通知申报而拒不申报或者进行虚假的纳税申报，不缴或者少缴应纳税款的，是偷税。对纳税人偷税的，由税务机关追缴其不缴或者少缴的税款、滞纳金，并处不缴或者少缴的税款百分之五十以上五倍以下的罚款；构成犯罪的，依法追究刑事责任"。

以上应缴款项共计 729 770.51 元。限你单位自本决定书送达之日起 15 日内到武汉市东湖新技术开发区国家税务局缴纳入库。到期不缴纳罚款，我局（所）可依照《中华人民共和国行政处罚法》第五十一条第（一）项规定，每日按罚款数额的百分之三加处罚款。

如对本决定不服，可以自收到本决定书之日起六十日内依法向湖北省武汉市国家税务局申请行政复议，或者自收到本决定书之日起六个月内依法向人民法院起诉。如对处罚决定逾期不申请复议也不向人民法院起诉，又不履行的，我局（所）将采取《中华人民共和国税收征收管理法》第四十条规定的强制执行措施，或者申请人民法院强制执行。

武汉市国家税务局第五稽查局
二〇一七年五月二日

（八）大连税务机关税务行政处罚决定书

大连市国家税务局第二稽查局
税务行政处罚决定书
大国税稽罚〔2016〕6 号

××服装辅料（大连）有限公司（地址：大连市沙河口区华顺街×号，纳税人识别号：××××，法定代表人：王×）：

根据稽查选案，我局于 2015 年 4 月 23 日立案调查，并于 2015 年 5 月 6 日至 2016 年 1 月 15 日对你单位 2013 年 1 月 1 日至 2013 年 12 月 31 日有关纳税情况进行检查。发现的违法事实、对你单位处罚的理由及决定如下：

一、违法事实

你单位 2013 年 4 月、7 月、11 月取得佛山市××贸易有限公司开具的 9 份增值税专用发票（发票代码：4400123140，发票号码分别为 10491741～10491743、00992037～00992039、03951132～03951134，货物名称为纽扣、金属四合扣、铆钉等，金额合计857 330.66元，税额合计145 746.20元），并在取得发票当月全部认证抵扣，并于当年全部结转成本扣除。根据佛山市国家税务局出具的《已证实虚开通知单》，上述发票为虚开的增值税专用发票，你单位未进行纳税调整，造成多抵扣2013年4月进项税额50 496.81元、7月进项税额49 172.00元、11月进项税额46 077.39元，少计2013年应纳税所得额857 330.66元。

你单位法定代表人王×陈述，通过张××、李××购进纽扣、金属四合扣、铆钉等货物并取得佛山市××贸易有限公司开具的9份增值税专用发票，货物已经全部销售给××国际商贸有限公司并开具了增值税专用发票，货物成本已经全部结转了主营业务成本。你单位支付的购货款，在账簿中记载为2013年4月25日向佛山市××贸易有限公司电汇24 330元（2013年4月30日20#凭证），7月19日向佛山市××贸易有限公司电汇23 689元（2013年7月31日17#凭证），9月6日以通存通兑形式支付现金50 000元（2013年9月30日3#凭证），11月18日向佛山市××贸易有限公司电汇24 500元（2013年11月30日5#凭证），其余购货款以支票形式支付，支票领款人为刘××（系王××妻子），且刘××账户近期无大额资金支出。

上述违法事实有以下主要证据：

1. 对你单位法定代表人王×、对你单位会计陈××、对辽宁××国际商贸有限公司经理蔡××询问（调查）笔录。

2. 税收违法案件协查函、已证实虚开通知单。

3. 情况说明、应付账款明细账、应收账款明细账、主营业务成本明细账、银行对账单、记账凭证、增值税专用发票。

4. 相关增值税申报表、企业所得税申报表。

我局于2016年2月2日向你单位送达了《税务处罚事项告知书》（大国税稽罚告〔2016〕5号），你单位在法定期限内提出申辩意见如下：

公司业务人员经手该批增值税专用发票，企业法人不知情。

以通存通兑形式支付现金5万元是作为公司差旅费和日常开销。

另，你单位于2016年2月2日收到《税务处罚事项告知书》（大国税稽罚告〔2016〕5号），于2016年3月1日提出听证申请。

二、处罚决定

你单位取得虚开增值税发票抵扣进项税额，少计应纳税所得额的行为，根据《中华人民共和国增值税暂行条例》第九条"纳税人购进货物或者应税劳务，取得的增值税扣税凭证不符合法律、行政法规或者国务院主管部门有关规定的，其进项税额不得从销项税额中抵扣"、《国家税务总局关于纳税人取得虚开的增值税专用发票处理问题的通知》（国税发〔1997〕134号）第一条"受票方利用他人虚开的专用发票，向税务机关申报抵扣税款进行偷税的,应当依照《中华人民共和国税收征收管理法》及有关规定追缴税款,处以偷税数额五倍以下的罚款;进项税金大于销项税金的,还应当调减其留抵的进项税额。利用虚开的专用发票进项骗取出口退税的,应当依法追缴税款,处以骗税税额五倍以下的罚款"、《中华人民共和国企业所得税法》第八条"企业实际发生的与取得收入有关的、合理的支出,包括成本、费用、税金、损失和其他支出,准予在计算应纳税所得额时扣除"、《国家税务总局关于加强企业所得税管理的意见》(国税发〔2008〕88号)第二条第(三)项第3目"……加强发票核实工作,不符合规定的发票不得作为税前扣除凭据……"的规定,属于进行虚假纳税申报。你单位进行虚假纳税申报的行为,根据《中华人民共和国税收征收管理法》第六十三条第一款"纳税人伪造、变造、隐匿、擅自销毁账簿、记账凭证,或者在账簿上多列支出或者不列、少列收入,或者经税务机关通知申报而拒不申报或者进行虚假的纳税申报,不缴或者少缴应纳税款的,是偷税。对纳税人偷税的,由税务机关追缴其不缴或者少缴的税款、滞纳金,并处不缴或者少缴的税款百分之五十以上五倍以下的罚款;构成犯罪的,依法追究刑事责任"的规定,已构成偷税,应当处以罚款。在检查过程中,你单位能够积极配合我局检查,可以作为从轻处罚的情节予以考虑。对于你单位提出的申辩意见,我局认为上述理由于法无据,具体如下:

你单位涉嫌偷税行为是企业行为,与法定代表人是否知情无关。

大部分货款存入法人妻子刘××账户,且该银行账户近期无大额资金支出。

故申辩意见不予采纳。

另,你单位逾期提出听证申请,且无不可抗力原因及特殊情况,也未提出申请延长听证期限,根据《税务行政处罚听证程序实施办法(试行)》第二十条规定,取消你单位听证权利。

根据《中华人民共和国税收征收管理法》第六十三条第一款的规定,对你单位处少缴税款一倍的罚款,罚款金额为361 196.51元。

限你单位自本决定书送达之日起15日内到你单位开户行缴纳入库。到期不缴纳罚款,我局将依照《中华人民共和国行政处罚法》第五十一条第(一)项规定,可每日按罚款数额的百分之三加处罚款。

如对本决定不服,可以自收到本决定书之日起六十日内依法向大连市国家税务局申请行政复议,或者自收到本决定书之日起六个月内依法向人民法院起诉。如对处罚决定逾期不申请复议也不向人民法院起诉、又不履行的,我局将采取《中华人民共和国税收征收管理法》第四十条规定的强制执行措施,或者申请人民法院强制执行。

大连市国家税务局第二稽查局
二〇一六年三月七日

（九）烟台税务机关税务行政处罚决定书送达公告

莱山区国家税务局稽查局

《税务行政处罚决定书》（莱山国税稽罚〔2017〕128号）送达公告

2018年第004号

烟台××汽车销售服务有限公司（纳税人识别号：××××）：

我局于2017年11月23日开始对你单位2011年6月至2012年3月期间与烟台××汽车销售服务有限公司相互开具增值税专用发票申报抵扣情况进行了检查，《税务行政处罚决定书》（莱山国税稽罚〔2017〕128号）已经做出，现已进入文书送达阶段。根据《中华人民共和国税收征收管理法实施细则》（国务院令第362号）第一百零六条规定，我局先采取直接送达的方式送达，你单位注册登记地址无人接收；后又采取邮寄送达的方式送达，你单位注册登记地址无人接收。现向你单位公告送达，税务行政处罚事项告知书主要内容如下：

一、违法事实

2017年11月，我局根据《山东省烟台市莱山区人民检察院起诉书》（烟莱检公刑诉〔2017〕238号）和莱山区公安机关对涉案当事人的询问笔录。确认2011年6月至2012年3月期间你单位在未发生实际业务的情况下，取得烟台××汽车销售服务有限公司开具的增值税专用发票共21张（金额合计537 888.04元，税额合计91 440.96元），其中6张为作废票，1张未认证，14张已认证抵扣（金额合计509 220.41元，税额合计86 567.47元）。你单位于2011年6月抵扣税款40 396.07元；2011年8月抵扣税款27 534.18元；2011年9月抵扣税款1 670.94元；2011年10月抵扣税款2 905.98元；2011年11月抵扣税款3 134.10元；2012年1月抵扣税款192.96元；2012年2月抵扣税款1 056.32元；2012年3月抵扣税款9 676.92元。2011年12月你单位出纳会计王××在未发生实际业务的情况下为烟台××汽车销售服务有限公司开具增值税专用发票2张（发票代码3700104140，发票号码：01279943～01279944，发票金额合计166 781.20元，税额合计28 352.80元）。该2张发票被烟台××汽车销售服务有限公司用于抵扣税款。

依据《中华人民共和国发票管理办法》（中华人民共和国国务院令第587号）第二十二条第二款"任何单位和个人不得有下列虚开发票行为：（一）为他人、为自己开具与实际经营业务情况不符的发票……"和《国家税务总局转发〈最高人民法院关于适用"全国人民代表大会常务委员会关于惩治虚开、伪造和非法出售增值税专用发票犯罪的决定"的若干问题的解释〉》（国税发〔1996〕210号）第一条第一项"没有货物购销或者没有提供或接受应税劳务而为他人、为自己、让他人为自己、介绍他人开具增值税专用发票的行为属于'虚开增值税专用发票'"之规定,认定你单位与烟台××汽车销售服务有限公司互开23张增值税专用发票的行为属于虚开增值税专用发票。

二、处罚决定

对上述问题,依据《中华人民共和国发票管理办法》(中华人民共和国国务院令第587号)第三十七条第一款"违反本办法第二十二条第二款的规定虚开发票的,由税务机关没收违法所得;虚开金额在1万元以下的,可以并处5万元以下的罚款;虚开金额超过1万元的,并处5万元以上50万元以下的罚款;构成犯罪的,依法追究刑事责任"之规定,对你单位发票违法行为处罚款5万元。

限你单位自本决定书送达之日起15日内到烟台市莱山区国家税务局办税服务厅缴纳入库。到期不缴纳罚款,我局将依照《中华人民共和国行政处罚法》第五十一条第(一)项规定,每日按罚款数额的百分之三加处罚款。

如对本决定不服,可以自收到本决定书之日起六十日内依法向莱山区国家税务局申请行政复议,或者自收到本决定书之日起六个月内依法向人民法院起诉。如对处罚决定逾期不申请复议也不向人民法院起诉、又不履行的,我局将采取《中华人民共和国税收征收管理法》第四十条规定的强制执行措施,或者申请人民法院强制执行。

请你单位及时到我局签收《税务行政处罚决定书》(莱山国税稽罚〔2017〕128号)。否则自公告之日起满30日,上述告知内容将作为《税务行政处罚决定书》(莱山国税稽罚〔2017〕128号)被视同送达。

特此公告。

烟台市莱山区国家税务局
2018年5月15日

(十)保定税务机关税务行政处罚决定书送达公告

保定市国家税务局稽查局

税务行政处罚决定书、税务处理决定书送达公告

冀保国税稽送达公告〔2018〕9号

保定××箱包制造有限公司:

依据《中华人民共和国税收征收管理法实施细则》第一百零六条规定,因采用

其他方式无法送达《税务行政处罚决定书》（冀保国税稽罚〔2018〕5号）和《税务处理决定书》（冀保国税稽处〔2018〕27号），现向你单位公告送达。自公告之日起满30日，即视为送达。限你单位见此公告后立即前往保定白沟新城国家税务局（地点：保定白沟新城富强路355号）缴纳相关税费。

附件一：《税务行政处罚决定书》（冀保国税稽罚〔2018〕5号）。

附件二：《税务处理决定书》（冀保国税稽处〔2018〕27号）。

保定市国家税务局稽查局
2018年3月28日

附件一

税务行政处罚决定书

冀保国税稽罚〔2018〕5号

保定××箱包制造有限公司：

经我局（所）于2016年11月15日至2017年12月19日对你（单位）2015年5月1日至2015年6月30日账簿及纳税资料情况，你单位存在违法事实及处罚决定如下：

一、违法事实

你单位取得曲靖××皮革有限公司开具的已证实虚开的增值税专用发票21份涉及金额2 009 000.07元，税额341 529.93元，价税合计2 350 530元，已全部抵扣进项税额。经查证，以上发票存在资金交易不真实情况，有证据证明你单位明知取得的增值税专用发票系销售方以非法手段获得的。

该行为违反了《中华人民共和国增值税暂行条例》（国务院令第538号）第九条"纳税人购进货物或者应税劳务，取得的增值税扣税凭证不符合法律、行政法规或者国务院税务主管部门有关规定的，其进项税额不得从销项税额中抵扣"、《国家税务总局关于纳税人取得虚开的增值税专用发票处理问题的通知》（国税发〔1997〕134号）"一、受票方利用他人虚开的专用发票，向税务机关申报抵扣税款进行偷税的，应当依照《中华人民共和国税收征收管理法》及有关规定追缴税款，处以偷税数额五倍以下的罚款；进项税金大于销项税金的，还应当调减其留抵进项税额"、《国家税务总局关于〈国家税务总局关于纳税人取得虚开的增值税专用发票处理问题的通知〉的补充通知》（国税发〔2000〕182号）"有下列情形之一的，无论购货方（受票方）与销售方是否进行了实际的交易，增值税专用发票所注明的数量、金额与实际交易是否相符，购货方向税务机关申请抵扣进项税款或者出口退税的，对其均应按偷税或者骗取出口退税处理。……三、其他有证据表明购货方明知取得的增值税专用发票系销售方以非法手段获得的，即134号文件第一条规定的'受票方利用他人虚开的专用发票，向税务机关申报抵扣税款进行偷税'的情况"的规定，造成少缴增值税 341 529.93 元。

二、处罚决定

根据《中华人民共和国税收征收管理办法》第六十三条"纳税人伪造、变造、隐匿、擅自销毁账簿、记账凭证，或者在账簿上多列支出或者不列、少列收入，或者经税务机关通知申报而拒不申报或者进行虚假申报，不缴或者少缴应纳税款的，是偷税。对纳税人偷税的，由税务机关追缴其不缴或者少缴的税款、滞纳金，并处不缴或者少缴的税款百分之五十以上五倍以下的罚款；构成犯罪的，依法追究刑事责任"的规定，你单位的行为已构成偷税，决定对你单位处以少缴税款百分之五十的罚款 170 764.97 元。

以上应缴款项共计 170 764.97 元。限你单位自本决定书送达之日起 15 日内到保定白沟新城国家税务局缴纳入库。到期不缴纳罚款，我局（所）可依照《中华人民共和国行政处罚法》第五十一条第（一）项规定，每日按罚款数额的百分之三加处罚款。

如对本决定不服，可以自收到本决定书之日起六十日内依法向河北省保定市国家税务局申请行政复议，或者自收到本决定书之日起六个月内依法向人民法院起诉。如对处罚决定逾期不申请复议也不向人民法院起诉、又不履行的，我局（所）将采取《中华人民共和国税收征收管理法》第四十条规定的强制执行措施，或者申请人民法院强制执行。

保定市国家税务局稽查局
二〇一八年三月六日

附件二

税务处理决定书

冀保国税稽处〔2018〕27 号

保定××箱包制造有限公司：

我局（所）于 2016 年 11 月 15 日至 2017 年 12 月 19 日对你（单位）2015 年 5 月 1 日至 2015 年 6 月 30 日账簿及纳税资料情况进行了检查，违法事实及处理决定如下：

一、违法事实

1. 你单位取得曲靖××皮革有限公司开具的已证实虚开的增值税专用发票 21 份涉及金额 2 009 000.07 元，税额 341 529.93 元，价税合计 2 350 530 元，已全部抵扣进项税额。经查证，以上发票存在资金交易部分真实情况，有证据证明你单位明知取得的增值税专用发票系销售方以非法手段获得的。

该行为违反了《中华人民共和国增值税暂行条例》（国务院令第 538 号）第九条"纳税人购进货物或者应税劳务，取得的增值税扣税凭证不符合法律、行政法规或者国务院税务主管部门有关规定的,其进项税额不得从销项税额中抵扣"、《国家税务总局关于纳税人取得虚开的增值税专用发票处理问题的通知》(国税发〔1997〕134号):"一、受票方利用他人虚开的专用发票,向税务机关申报抵扣税款进行偷税的,应当依照《中华人民共和国税收征收管理法》及有关规定追缴税款,处以偷税数额五倍以下的罚款;进项税金大于销项税金的,还应当调减其留抵进项税额"、《国家税务总局关于〈国家税务总局关于纳税人取得虚开的增值税专用发票处理问题的通知〉的补充通知》(国税发〔2000〕182号)"有下列情形之一的,无论购货方(受票方)与销售方是否进行了实际的交易,增值税专用发票所注明的数量、金额与实际交易是否相符,购货方向税务机关申请抵扣进项税款或者出口退税的,对其均应按偷税或者骗取出口退税处理。……三、其他有证据表明购货方明知取得的增值税专用发票系销售方以非法手段获得的,即134号文件第一条规定的'受票方利用他人虚开的专用发票,向税务机关申报抵扣税款进行偷税'的情况"的规定,造成少缴增值税341 529.93元。

2. 你单位接受虚开发票列支成本。该行为违反了《中华人民共和国企业所得税法》(中华人民共和国主席令第63号2007年3月16日)第一条"在中华人民共和国境内,企业和其他取得收入的组织(以下统称企业)为企业所得税的纳税人,依照本法的规定缴纳企业所得税。个人独资企业、合伙企业不适用本法"、《国家税务总局关于调整新增企业所得税征管范围问题的通知》(国税发〔2008〕120号)"一、基本规定2009年起新增企业所得税纳税人中,应缴纳增值税的企业,其企业所得税由国家税务局管理;应缴纳营业税的企业,其企业所得税由地方税务局管理"、《国家税务总局关于开展打击制售假发票和非法代开发票专项整治行动有关问题的通知》(国税发〔2008〕40号)"对于不符合规定的发票和其他凭证,包括虚假发票和非法代开发票,均不得用以税前扣除、出口退税、抵扣税款"之规定,该笔业务所结转销售成本不能在税前扣除。

二、处理决定

1. 根据《中华人民共和国增值税暂行条例》(国务院令第538号)第九条《国家税务总局关于纳税人取得虚开的增值税专用发票处理问题的通知》(国税发〔1997〕134号)、《国家税务总局关于〈国家税务总局关于纳税人取得虚开的增值税专用发票处理问题的通知〉的补充通知》(国税发〔2000〕182号)以及《中华人民共和国税收征收管理办法》第六十三条"纳税人伪造、变造、隐匿、擅自销毁账簿,记账凭证,或者在账簿上多列支出或者不列,少列收入,或者经税务机关通知申报而拒不申报或者进行虚假申报,不缴或者少缴应纳税款的,是偷税。对纳税人偷税的,由税务机关追缴其不缴或者少缴的税款、滞纳金,并处不缴或者少缴的税款百分之五十以上五倍以下的罚款;构成犯罪的,依法追究刑事责任"的规定,你单位的行为已构成偷税,应补缴少缴增值税341 529.93元。

根据《中华人民共和国税收征收管理法》第三十二条"纳税人未按照规定期限

缴纳税款的，扣缴义务人未按照规定期限解缴税款的，税务机关除责令限期缴纳外，从滞纳税款之日起，按日加收滞纳税款万分之五的滞纳金"之规定，以上税款从滞纳税款之日起至入库之日止，按日加收滞纳税款万分之五的滞纳金。

2. 根据《中华人民共和国企业所得税法》(2007年3月16日中华人民共和国主席令第63号公布)第一条、《国家税务总局关于调整新增企业所得税征管范围问题的通知》(国税发〔2008〕120号)、《国家税务总局关于开展打击制售假发票和非法代开发票专项整治行动有关问题的通知》(国税发〔2008〕40号)之规定，你单位2015年度应补缴企业所得税242 829.9元，2016年度应补缴企业所得税265 563.23元。

限你（单位）自收到本决定书之日起15日内到保定白沟新城国家税务局将上述税款及滞纳金缴纳入库，并按照规定进行相关账务调整。逾期未缴清的，将依照《中华人民共和国税收征收管理法》第四十条规定强制执行。

你（单位）若同我局（所）在纳税上有争议，必须先依照本决定的期限缴纳税款及滞纳金或者提供相应的担保，然后可自上述款项缴清或者提供相应担保被税务机关确认之日起六十日内依法向河北省保定市国家税务局申请行政复议。

保定市国家税务局稽查局
二〇一八年三月六日

（十一）贵阳税务机关税务行政处罚决定书

国家税务总局贵阳市税务局第二稽查局
税务行政处罚决定书
筑税二稽罚〔2022〕47号

贵州××商贸有限公司：（纳税人识别号：××××）

经我局对你公司2022年1月1日至2022年3月31日期间的纳税情况进行检查，你公司存在违法事实及处罚决定如下：

一、违法事实及证据

你公司2022年3月29日对外开具25份增值税电子专用发票：发票代码为052002100113，发票号码为06534863～06534887、金额合计2 490 265.50元、税额合计323 734.50元、价税合计2 814 000.00元，无进项未进行纳税申报。你公司上述虚开增值税专用发票的行为违反了《中华人民共和国发票管理办法》第二十二条第二款第（一）项之规定。

（二）上述违法事实，主要有以下证据证明：

增值税专用发票数据查询（发票开具明细）、申报资料、走逃失联证明。

二、处罚决定

根据《中华人民共和国发票管理办法》第二十二条第二款第(一)项、第三十七条第一款之规定,决定对你公司虚开增值税专用发票行为处 500 000.00 元罚款。

以上应缴款项共计 500 000.00 元。限你公司自本决定书送达之日 15 日内到国家税务总局贵阳经济技术开发区税务局缴纳入库。到期不缴纳罚款,我局可依照《中华人民共和国行政处罚法》第七十二条第一款第(一)项规定,每日按罚款数额的百分之三加处罚款。

如对本决定不服,可以自收到本决定书之日起六十日内依法向国家税务总局贵阳市税务局申请行政复议,或者自收到本决定书之日起六个月内依法向人民法院起诉。如对处罚决定逾期不申请复议也不向人民法院起诉、又不履行的,我局有权采取《中华人民共和国税收征收管理法》第四十条规定的强制执行措施,或者申请人民法院强制执行。

国家税务总局贵阳市税务局第二稽查局
二〇二二年九月二十八日

(十二)神农架林区税务机关税务行政处罚决定书

神农架林区国家税务局稽查局
税务行政处罚决定书
神国税稽罚〔2017〕9号

神农架××药业有限公司(纳税人识别号:××××):

经我局于 2017 年 6 月 15 日至 2017 年 6 月 19 日对你公司 2014 年 1 月 1 日至 2016 年 12 月 31 日增值税、企业所得税情况进行了检查,你公司存在违法事实及处罚决定如下:

一、违法事实

(一)企业所得税检查情况

1. 2014 年度,神农架××药业有限公司财政拨付专款 72 379.51 元,根据财税〔2011〕70 号文件第一条第一项"企业能够提供资金专项用途的资金拨付文件"、第二项"财政部门或其他拨付资金管理办法或具体管理要求"、第三项"企业对该资金以及该项资金发生的支出单独进行核算"的规定,此笔专款不同时符合以上三项条件,应计入营业外收入、应调增应纳所得税额 72 379.51 元;2014 年计入"在建工程"贷款利息支出 309 961.26 元,企业所得税年度申报作财务费用进行了扣除,根据《中华人民共和国企业所得税法实施条例》第三十七条"企业为购置、建造固定资产、无形资产和经过 12 个月、以上的建造才能达到预定可销售状态的存货发生的借款的,在有关资产购置、建造期间发生的借款费用,应当作为资本性支出计入有关资产的成本,并依照本条例的规定扣除"的规定,应在工程竣工后计入"固定资产"按年限提取折旧,当年不能计入"财务费用",应调增应纳税所得额 309 961.26 元。

以上合计应调增企业所得税所得额 382 340.77 元。

2. 2015 年度,神农架××药业有限公司财政拨付专款 115 万元,根据财税〔2011〕70 号文件第一条第一项"企业能够提供资金专项用途的资金拨付文件"、第二项"财政部门或其他拨付资金管理办法或具体管理要求"、第三项"企业对该资金以及该项资金发生的支出单独进行核算"的规定,此笔专款不同时符合以上三项条件,应计入营业外收入、应调增应纳所得税额 115 万元;2015 年计入"在建工程"贷款利息支出 505 009.29 元,企业所得税年度申报作财务费用进行了扣除,根据《中华人民共和国企业所得税法实施条例》第三十七条"企业为购置、建造固定资产、无形资产和经过 12 个月,以上的建造才能达到预定可销售状态的存货发生的借款的,在有关资产购置、建造期间发生的借款费用,应当作为资本性支出计入有关资产的成本,并依照本条例的规定扣除"的规定,应在工程竣工后计入"固定资产"按年限提取折旧,当年不能计入"财务费用",应调增应纳税所得额 505 009.29 元。

以上合计应调增企业所得税所得额 1 655 009.29 元。

3. 2016 年计入"在建工程"贷款利息支出 560 153.90 元,企业所得税年度申报作财务费用进行了扣除,根据《中华人民共和国企业所得税法实施条例》第三十七条"企业为购置、建造固定资产、无形资产和经过 12 个月,以上的建造才能达到预定可销售状态的存货发生的借款的,在有关资产购置、建造期间发生的借款费用,应当作为资本性支出计入有关资产的成本,并依照本条例的规定扣除"的规定,应在工程竣工后计入"固定资产"按年限提取折旧,当年不能计入"财务费用",应调增应纳税所得额 560 153.90 元。

该公司 2014 年至 2016 年企业所得税应调增应纳税所得额 2 597 503.96 元。

二、处罚决定

根据财税〔2011〕70 号文件第一条第一项、第二项、第三项,《中华人民共和国企业所得税法实施体例》第三十七条,《中华人民共和国增值税暂行条例》第十条第一项,《中华人民共和国增值税暂行条例实施细则》第二十三条,《中华人民共和国税收征收管理法》第六十三条第(一)项的规定,决定拟追缴该公司违法事实造成少缴增值税 13 349.73 元,并对少缴税款拟处百分之五十的罚款,罚款金额 6 674.87 元。

以上应缴款项共计 6 674.87 元。限你单位自本决定书送达之日起 15 日内到湖北省神农架林区国家税务局缴纳入库。到期不缴纳罚款,我局(所)可依照《中华人民共和国行政处罚法》第五十一条(一)项规定,每日按罚款数额的百分之三加处罚款。

如对本决定不服，可以自收到本决定书之日起六十日内依法向湖北省神农架林区国家税务局申请行政复议，或者自收到本决定书之日起六个月内依法向人民法院起诉。如对处罚决定逾期不申请复议也不向人民法院起诉、又不履行的，我局（所）将采取《中华人民共和国税收征收管理法》第四十条规定的强制执行措施，或者申请人民法院强制执行。

神农架林区国家税务局稽查局
二〇一七年六月二十六日

（十三）宁德税务机关税务行政处罚决定书

国家税务总局宁德市税务局第二稽查局
税务行政处罚决定书
宁税二稽罚〔2022〕9号

高×：（纳税人识别号：××××）

经我局（所）对你（单位）（地址：广东省深圳市福田区深南大道×号集体户）2017年6月1日至2020年11月30日的涉税情况进行了检查，你（单位）存在违法事实及处罚决定如下：

一、违法事实及证据

2017年6月23日，你所投资的寿宁润宏茂科技合伙企业（有限合伙）、寿宁润坤德投资合伙企业（有限合伙）、寿宁润源飞投资合伙企业（有限合伙）、寿宁润丰恒业投资合伙企业（有限合伙）等4家合伙企业将持有的深圳市润泰供应链管理有限公司51%股权（原值2 550万元）以15 810万元的价格转让给深圳九有股份有限公司，并于2017年8月2日至8月4日收到第一期款项7 905万元（合同剩余款项因未达协议支付条件未执行），其间你的个人账户收到转账款项（转账摘要为股东分红），你取得该笔收入应缴纳生产经营所得个人所得税9 853 972.50元。你未依法申报2017年度生产经营所得个人所得税，进行虚假的纳税申报，不缴应纳税款，构成偷税。

上述违法事实，主要有以下证据证明：

1. 内资企业信息登记表，四家合伙企业的合伙协议，生产、经营所得个人所得税申报表等基础资料；

2. 税务事项通知书及其他相关文书；

3. 国家企业信用公示系统打印信息，深圳市市场监督管理局档案查询清单等案件事实材料。

二、处罚决定

根据《中华人民共和国税收征收管理法》第六十三条第一款规定，决定对你处不缴税款一倍的罚款 9 853 972.50 元。

以上应缴款项共计 9 853 972.50 元。限你（单位）自本决定书送达之日起 15 日内到国家税务总局寿宁县税务局缴纳入库。到期不缴纳罚款，我局（所）可依照《中华人民共和国行政处罚法》第七十二条第一款第（一）项规定，每日按罚款数额的百分之三加处罚款。

如对本决定不服，可以自收到本决定书之日起六十日内依法向国家税务总局福建省税务局申请行政复议，或者自收到本决定书之日起六个月内依法向人民法院起诉。如对处罚决定逾期不申请复议也不向人民法院起诉、又不履行的，我局（所）有权采取《中华人民共和国税收征收管理法》第四十条规定的强制执行措施，或者申请人民法院强制执行。

国家税务总局宁德市税务局第二稽查局

二〇二二年五月十八日

（十四）福州税务机关税务行政处罚决定书

国家税务总局福州市税务局第一稽查局

税务行政处罚决定书

榕税一稽罚〔2022〕56 号

福州××贸易有限公司（纳税人识别号：××××）：

经我局对你公司的税款所属期 2019 年 8 月 1 日至 2021 年 11 月 30 日期间的涉税情况进行检查，你公司存在违法事实及处罚决定如下：

一、违法事实及证据

你公司在检查过程中提供虚假的购销合同及收付款凭证。

上述违法事实，主要有以下证据证明：

（一）海关缉私局提供你公司相关案卷材料；

（二）你公司法人及相关人员的笔录；

（三）你公司提供的情况说明。

二、处罚决定

根据《中华人民共和国税收征收管理法》第七十条、《中华人民共和国税收征收管理法实施细则》第九十六条及《国家税务总局福建省税务局 国家税务总局厦门市税务局关于发布＜福建省税务行政处罚裁量基准＞的公告》（国家税务总局福建省税务局 国家税务总局厦门市税务局公告 2021 年第 1 号）的规定，对你公司处以罚款

10 000.00元。

以上应缴款项共计10 000.00元。限你公司自本决定书送达之日起15日内到国家税务总局福州市鼓楼区税务局缴纳入库，并及时将缴款凭证复印一份报我局备案。到期不缴纳罚款，我局可依照《中华人民共和国行政处罚法》第七十二条第一款第(一)项规定，每日按罚款数额的百分之三加处罚款。

如对本决定不服，可以自收到本决定书之日起六十日内依法向国家税务总局福州市税务局申请行政复议，或者自收到本决定书之日起六个月内依法向人民法院起诉。如对处罚决定逾期不申请复议也不向人民法院起诉，又不履行的，我局有权采取《中华人民共和国税收征收管理法》第四十条规定的强制执行措施，或者申请人民法院强制执行。

国家税务总局福州市税务局第一稽查局
2022年9月14日

第六节　不予税务行政处罚决定书

一、相关法律制度

根据《税收征收管理法》第八十六条的规定，违反税收法律、行政法规应当给予行政处罚的行为，在五年内未被发现的，不再给予行政处罚。

根据《行政处罚法》第三十二条的规定，当事人有下列情形之一的，应当从轻或者减轻行政处罚：①主动消除或者减轻违法行为危害后果的；②受他人胁迫或者诱骗实施违法行为的；③主动供述行政机关尚未掌握的违法行为的；④配合行政机关查处违法行为有立功表现的；⑤法律、法规、规章规定其他应当从轻或者减轻行政处罚的。

根据《行政处罚法》第三十三条的规定，违法行为轻微并及时改正，没有造成危害后果的，不予行政处罚。初次违法且危害后果轻微并及时改正的，可以不予行政处罚。当事人有证据足以证明没有主观过错的，不予行政处罚。法律、行政法规另有规定的，从其规定。对当事人的违法行为依法不予行政处罚的，行政机关应当对当事人进行教育。

根据《行政处罚法》第五十七条的规定，调查终结，行政机关负责人应当对调查结果进行审查，根据不同情况，分别作出如下决定：①确有应受行政处罚的违法行为的，根据情节轻重及具体情况，作出行政处罚决定；②违法行为轻微，依法可以不予行政处罚的，不予行政处罚；③违法事实不能成立的，不予行政处罚；④违法行为涉嫌犯罪的，移送司法机关。对情节复杂或者重大违法行为给予行政处罚，行政机关负责人应当集体讨论决定。

二、文书式样

＿＿＿税务局（稽查局）

不予税务行政处罚决定书

＿＿＿税不罚〔　〕号

＿＿＿＿＿＿＿＿：（纳税人识别号：　　　　）

经我局（所）＿＿＿＿＿＿＿＿＿＿＿＿＿＿，你单位存在以下违法事实：＿＿＿＿＿＿＿＿＿＿＿＿＿＿＿。上述事实，主要有以下证据证明：＿＿＿＿＿＿＿＿＿。

上述行为违反＿＿＿＿＿＿＿＿＿＿规定，鉴于上述税收违法行为＿＿＿＿＿＿＿＿＿＿，依照＿＿＿＿＿＿＿＿＿＿＿＿＿＿规定，现决定不予行政处罚。

如对本决定不服，可以自收到本决定书之日起六十日内依法向＿＿＿＿＿＿＿＿＿＿申请行政复议，或者自收到本决定书之日起六个月内依法直接向人民法院起诉。

税务机关（签章）

年　月　日

三、文书的使用说明

（一）设置依据

本决定书依据《税收征收管理法》第八十六条和《行政处罚法》第三十三条、第五十七条设置。

（二）适用范围

税务机关对违法行为轻微，依法可以不予行政处罚的案件；或者违反税收法律、行政法规应当给予行政处罚的行为，五年后发现的案件作出决定时使用；或者其他依法不予处罚情形的。

（三）填写说明

（1）本文书受送达人处填写纳税人、扣缴义务人等税务行政相对人名称或者姓名，统一社会信用代码或者有效身份证件号码，没有统一社会信用代码的，填写纳税人识别号。

（2）"经我局（所）_____"横线处填写"于___年_月_日至___年_月_日对你（单位）（地址：____）___年_月_日至___年_月_日_____情况进行检查"，或者"对你单位（地址：____）_____情况进行检查核实"。地址填写注册登记地址或者有效身份证件上的地址。

（3）"上述行为违反____规定"横线处可根据实际情况在正文直接填写相关法律规定条款。

（4）"鉴于上述税收违法行为_____"横线处根据实际情况，填写违法行为轻微并及时改正，没有造成危害后果的；或者初次违法且危害后果轻微并及时改正的；或者属于超过五年被发现的违法行为等情形。

（5）"依照____规定"，横线处根据具体情形，填写《中华人民共和国行政处罚法》第三十三条、第五十七条和《中华人民共和国税收征收管理法》第八十六条等条款。

（6）"向_____"横线处填写有权受理行政复议申请的上级税务机关的具体名称。

（四）使用与格式

（1）本决定书与《税务文书送达回证》一并使用。

（2）文书字号设为"不罚"，稽查局使用设为"稽不罚"。

（3）本决定书为A4竖式，一式三份，一份送纳税人或者扣缴义务人或者其他当事人，一份送征收管理单位，一份装入卷宗。

四、文书范本

（一）宿州税务机关不予税务行政处罚决定书

国家税务总局宿州市税务局第一稽查局

不予税务行政处罚决定书

宿税一稽不罚〔2022〕14号

泗县××棉业有限公司：（纳税人识别号：××××）

我局于2022年4月13日至2022年7月11日对你（单位）（地址：安徽省宿州市××）2015年9月1日至2015年12月31日期间涉税情况进行检查，违法事实及不予处罚决定如下：

一、违法事实

（一）企业登记信息虚假，企业走逃失联。

你单位2015年9月17日注册成立，注册及生产经营地址均为安徽省宿州市××，经实地核实上述地址非你单位使用（泗县大庄镇人民政府提供相关证据）。2017年6月19日被认定为非正常户，法定代表人许××登记联系电话151××××××××、办税人员魏××登记联系电话139××××××××已由别人使用，无其他联系方式，会计账簿资料及涉税资料无法取得，无法调取账簿及相关涉税资料，资金结算方式、货物运输情况、抵扣发票情况、相关合同凭证情况无法核实（主管税务机关提供相关证明）。检查组联系不到你单位相关人员，《税务检查通知书》（宿税一稽检通〔2022〕34号）邮寄送达被退回，上述文书最终公告送达。

（二）你单位存在虚假生产经营，涉嫌虚开农产品收购发票

经对你单位用电情况进行调查取证，你单位在电力部门系统中查无此户，无相应生产能力。

通过电子底账查询你单位农产品收购发票信息，农产品收购发票中部分身份证信息存在虚假，存在大量相同人员不同身份号的情况。

（三）涉嫌资金回流，虚开增值税专用发票

（四）大额交易无转账记录

二、不予处罚决定

根据《中华人民共和国税收征收管理法》第八十六条"违反税收法律、行政法规应当给予行政处罚的行为，在五年内未被发现的，不再给予行政处罚。"规定，对你单位上述行为不予罚款。

如对本决定不服，可以自收到本决定书之日起六十日内依法向国家税务总局宿州市税务局申请行政复议，或者自收到本决定书之日起六个月内依法向安徽省宿州市埇桥区人民法院起诉。

国家税务总局宿州市税务局第一稽查局
二〇二二年八月九日
联系人：张永娟、庄文进
地址：安徽省宿州市胜利东路667号

（二）清远税务机关不予税务行政处罚决定书

国家税务总局清远市税务局第二稽查局
不予税务行政处罚决定书
清税二稽不罚〔2022〕5号

刘××：（纳税人识别号：××××）

我局于2022年4月21日至2022年7月20日对你（地址：湖南省郴州市北湖区香花路××号）2014年1月1日至2014年12月31日的涉税情况进行了检查，

你存在以下违法事实：

你与冯××于2014年签订《合作协议书》，双方约定你出资1.35亿元购买冯××持有的连山壮族瑶族自治县大龙山矿业有限公司（以下简称"大龙山公司"）50%的股权。你应作为冯××本次财产转让所得的个人所得税扣缴义务人进行扣缴申报，应扣未扣冯××所属期2014年4月的个人所得税24 391 666.67元。

以上事实有以下证据证明：

1.《刘××、冯××股权转让纠纷二审民事判决书》[（2017）粤民终2215号]、大龙山公司提供的《合作协议书》，证明《合作协议书》真实有效、涉案股权转让的真实价格。

2.连山壮族瑶族自治县税务局提供的资料，证实你未就《合作协议书》扣缴申报冯小平相关个人所得税。

3.金税三期税收管理系统的申报查询数据，证实你未进行相关扣缴纳税申报。

4.国家税务总局清远市税务局第二稽查局《税务处理决定书》（清税二稽处〔2022〕23号），证明冯××转让涉案股权少缴的个人所得税情况。

上述行为违反《中华人民共和国税收征收管理法》第六十九条的规定，我局应对你应扣未扣冯××所属期2014年4月个人所得税的税收违法行为处以罚款，鉴于上述税收违法行为已超出行政处罚期限，依照《中华人民共和国税收征收管理法》第八十六条的规定，现决定不予行政处罚。

如对本决定不服，可以自收到本决定书之日起六十日内依法向国家税务总局清远市税务局申请行政复议，或者自收到本决定书之日起六个月内依法直接向人民法院起诉。

国家税务总局清远市税务局第二稽查局
2022年9月22日

附：相关法律法规规章司法解释条文和规范性文件内容

（以下附录内容如有文字错漏，以正式文件为准）

《中华人民共和国税收征收管理法》

第六十九条　扣缴义务人应扣未扣、应收而不收税款的，由税务机关向纳税人追缴税款，对扣缴义务人处应扣未扣、应收未收税款百分之五十以上三倍以下的罚款。

第八十六条　违反税收法律、行政法规应当给予行政处罚的行为，在五年内未被发现的，不再给予行政处罚。

第七节 暂缓或者分期缴纳罚款通知书

一、相关法律制度

根据《行政处罚法》第六十六条的规定，行政处罚决定依法作出后，当事人应当在行政处罚决定书载明的期限内，予以履行。当事人确有经济困难，需要延期或者分期缴纳罚款的，经当事人申请和行政机关批准，可以暂缓或者分期缴纳。

根据《税务稽查案件办理程序规定》第五十一条的规定，当事人确有经济困难，需要延期或者分期缴纳罚款的，可向稽查局提出申请，经税务局局长批准后，可以暂缓或者分期缴纳。

根据《国家税务总局关于优化纳税人延期缴纳税款等税务事项管理方式的公告》（国家税务总局公告2022年第20号），为落实《国务院办公厅关于全面实行行政许可事项清单管理的通知》（国办发〔2022〕2号）要求，进一步优化税收营商环境，深入开展"我为纳税人缴费人办实事暨便民办税春风行动"，根据《国家税务总局关于全面实行税务行政许可事项清单管理的公告》（2022年第19号），税务总局决定进一步简化优化"对纳税人延期缴纳税款的核准""对纳税人延期申报的核准""对纳税人变更纳税定额的核准""对采取实际利润额预缴以外的其他企业所得税预缴方式的核定""确定发票印制企业"5个事项的办理程序。对纳税人延期缴纳税款的核准""对纳税人延期申报的核准""对纳税人变更纳税定额的核准""对采取实际利润额预缴以外的其他企业所得税预缴方式的核定"4个事项按照行政征收相关事项管理，依据《中华人民共和国税收征收管理法》及其实施细则、《中华人民共和国企业所得税法》及其实施条例等相关法律、行政法规规定实施，同时简化办理程序。①简化受理环节。将受理环节由5个工作日压缩至2个工作日。税务机关接收申请材料，当场或者在2个工作日内进行核对。材料齐全、符合法定形式的，自收到申请材料之日起即为受理；材料不齐全、不符合法定形式的，一次性告知需要补正的全部内容。将"对纳税人延期缴纳税款的核准"事项的受理机关由省税务机关调整为主管税务机关，取消代办转报环节。②简并办理程序。将办理程序由"申请、受理、审查、决定"调整为"申请、受理、核准（核定）"。"对纳税人延期缴纳税款的核准"，税务机关收到纳税人延期缴纳税款申请后，对其提供的生产经营和货币资金情况进行核实，情况属实且符合法定条件的，通知纳税人延期缴纳税款。对该事项不再实行重大执法决定法制审核。③减少材料报送。对已实名办税纳税人、扣缴义务人的经办人、代理人，免于提供个人身份证件。⑤实行全程网办。税务机关依托电子税务局支持事项全程网上办理。经申请人同意，可以采用电子送达方式送达税务文书。

二、文书式样

____税务局（稽查局）

暂缓或者分期缴纳罚款通知书

____税（稽）暂罚〔 〕 号

关于批准____暂缓（分期）缴纳罚款的通知

_____：（纳税人识别号： ）

　　经对你（单位）____年__月__日提出的延期（分期）缴纳罚款申请研究，根据《中华人民共和国行政处罚法》第六十六条规定，批准你（单位）暂缓（分期）缴纳我局____年__月__日作出的《税务行政处罚决定书》(____税罚〔 〕 号）中所处以的罚款（大写）_____(¥_____)（以下内容区分暂缓或者分期缴纳的情形选择性填写）

　　经批准暂缓缴纳的罚款，限你（单位于____年__月__日前缴清。

　　经批准分期缴纳的罚款，限你（单位）于____年__月__日前分____期缴清。具体缴纳时限和金额为：

　　（一）____年__月__日前缴纳（大写）_____(¥___);

　　（二）____年__月__日前缴纳（大写）_____(¥___);

　　（三）____年__月__日前缴纳（大写）_____(¥___);

　　……

税务机关（印章）

年　月　日

三、文书的使用说明

（一）设置依据

《暂缓或者分期缴纳罚款通知书》依据《行政处罚法》第六十六条、《税务稽查案件办理程序规定》第五十一条设置。

（二）适用范围

税务机关批准被处罚对象提出的延期或者分期缴纳罚款申请，并通知被处罚对象暂缓或者分期缴纳罚款时使用。

（三）填写说明

（1）本通知书抬头填写批准暂缓或者分期缴纳罚款对象的单位名称或者个人姓名，统一社会信用代码或者有效身份证件号码，没有统一社会信用代码的，以纳税人识别号代替。

（2）本通知书与《税务文书送达回证》一并使用。

（3）文书字号设为"税暂罚"；稽查局使用时设为"税稽暂罚"。

（四）格式与份数

本通知书为 A4 竖式，一式二份，一份交批准暂缓或者分期缴纳罚款对象，一份由税务机关装入卷宗。

第八节　税务行政执法审批表

一、相关法律制度

根据《税收征收管理法》第三十七条的规定，对未按照规定办理税务登记的从事生产、经营的纳税人以及临时从事经营的纳税人，由税务机关核定其应纳税额，责令缴纳；不缴纳的，税务机关可以扣押其价值相当于应纳税款的商品、货物。扣押后缴纳应纳税款的，税务机关必须立即解除扣押，并归还所扣押的商品、货物；扣押后仍不缴纳应纳税款的，经县以上税务局（分局）局长批准，依法拍卖或者变卖所扣押的商品、货物，以拍卖或者变卖所得抵缴税款。

根据《税收征收管理法》第三十八条的规定，税务机关有根据认为从事生产、经营的纳税人有逃避纳税义务行为的，可以在规定的纳税期之前，责令限期缴纳应纳税款；在限期内发现纳税人有明显的转移、隐匿其应纳税的商品、货物以及其他财产或者应纳税的收入的迹象的，税务机关可以责成纳税人提供纳税担保。如果纳税人不能提供纳税担保，经县以上税务局（分局）局长批准，税务机关可以采取下列税收保全措施：书面通知纳税人开户银行或者其他金融机构冻结纳税人的金额相当于应纳税款的存款；扣押、查封纳税人的价值相当于应纳税款的商品、货物或者其他财产。纳税人在规定的限期内缴纳税款的，税务机关必须立即解除税收保全措施；限期期满仍未缴纳税款的，经县以上税务局（分局）局长批准，税务机关可以书面通知纳税人开户银行或者其他金融机构从其冻结的存款中扣缴税款，或者依法拍卖或者变卖所扣押、查封的商品、货物或者其他财产，以拍卖或者变卖所得抵缴税款。个人及其所扶养家属维持生活必需的住房和用品，不在税收保全措施的范围之内。

根据《税收征收管理法》第四十条的规定，从事生产、经营的纳税人、扣缴义务人未按照规定的期限缴纳或者解缴税款，纳税担保人未按照规定的期限缴纳所担保的税款，由税务机关责令限期缴纳，逾期仍未缴纳的，经县以上税务局（分局）局长批准，税务机关可以采取下列强制执行措施：书面通知其开户银行或者其他金融机构从其存款中扣缴税款；扣押、查封、依法拍卖或者变卖其价值相当于应纳税款的商品、货物或者其他财产，以拍卖或者变卖所得抵缴税款。税务机关采取强制执行措施时，对上述所列纳税人、扣缴义务人、纳税担保人未缴纳的滞纳金同时强制执行。个人及其所扶养家属维持生活必需的住房和用品，不在强制执行措施的范围之内。

　　根据《税收征收管理法》第五十四条的规定，税务机关有权进行下列税务检查：检查纳税人的账簿、记账凭证、报表和有关资料，检查扣缴义务人代扣代缴、代收代缴税款账簿、记账凭证和有关资料；到纳税人的生产、经营场所和货物存放地检查纳税人应纳税的商品、货物或者其他财产，检查扣缴义务人与代扣代缴、代收代缴税款有关的经营情况；责成纳税人、扣缴义务人提供与纳税或者代扣代缴、代收代缴税款有关的文件、证明材料和有关资料；询问纳税人、扣缴义务人与纳税或者代扣代缴、代收代缴税款有关的问题和情况；到车站、码头、机场、邮政企业及其分支机构检查纳税人托运、邮寄应纳税商品、货物或者其他财产的有关单据、凭证和有关资料；经县以上税务局（分局）局长批准，凭全国统一格式的检查存款账户许可证明，查询从事生产、经营的纳税人、扣缴义务人在银行或者其他金融机构的存款账户。税务机关在调查税收违法案件时，经设区的市、自治州以上税务局（分局）局长批准，可以查询案件涉嫌人员的储蓄存款。税务机关查询所获得的资料，不得用于税收以外的用途。

二、文书式样

税务行政执法审批表

编号		纳税人识别号	
纳税人名称			
税务执法行为			
拟使用文书			
申请理由			
		申请单位：	年　月　日

（续表）

承办部门审核意见	负责人：　　　　　　　　　　年　月　日
局长意见	局长：　　　　　　　　　　　　年　月　日

三、文书的使用说明

（一）设置依据

本审批表依据《税收征收管理法》《税收征收管理法实施细则》设置。

（二）适用范围

本审批表适用于税务机关内部审批税收执法行为时使用。各级税务稽查局在拟采取税收执法行为时，依照规定的审批程序和权限由税务局（分局）局长批准税收执法行为时使用本审批表。本审批表不能直接作为税收执法行为的法律文书。

（三）填写说明

（1）本审批表中的"税务执法行为"是指拟采取的具体税务执法行为，如调取账簿、检查存款账户、税收保全措施、税收强制执行措施等需要由税务局局长审批的执法行为。

（2）本审批表"申请理由"是指拟采取税务执法行为的原因及依据，由提出申请的单位或部门经办人填写。

（3）本审批表需逐级分别填写及审批。"申请单位"填写查办案件部门或下级税务机关名称；"承办部门意见"填写稽查局或者其他主管部门意见；"局长意见"填写有审批权限的同级税务局（分局）局长意见。

（4）本审批表为A4竖式，一式一份，装入卷宗。

第九节　涉嫌犯罪案件移送书

一、相关法律制度

根据《税收征收管理法》第七十七条的规定，纳税人、扣缴义务人有《税收征收管理法》第六十三条、第六十五条、第六十六条、第六十七条、第七十一条规定的行为涉嫌犯罪的，税务机关应当依法移交司法机关追究刑事责任。

根据《发票管理办法》第三十五条的规定，违反《发票管理办法》的规定虚开发票的，由税务机关没收违法所得；虚开金额在1万元以下的，可以并处5万元以下的罚款；虚开金额超过1万元的，并处5万元以上50万元以下的罚款；构成犯罪的，依法追究刑事责任。

根据《行政执法机关移送涉嫌犯罪案件的规定》（国务院令第310号）的规定，行政执法机关，是指依照法律、法规或者规章的规定，对破坏社会主义市场经济秩序、妨害社会管理秩序以及其他违法行为具有行政处罚权的行政机关，以及法律、法规授权的具有管理公共事务职能、在法定授权范围内实施行政处罚的组织。

行政执法机关在依法查处违法行为过程中，发现违法事实涉及的金额、违法事实的情节、违法事实造成的后果等，根据刑法关于破坏社会主义市场经济秩序罪、妨害社会管理秩序罪等罪的规定和最高人民法院、最高人民检察院关于破坏社会主义市场经济秩序罪、妨害社会管理秩序罪等罪的司法解释以及最高人民检察院、公安部关于经济犯罪案件的追诉标准等规定，涉嫌构成犯罪，依法需要追究刑事责任的，必须依照规定向公安机关移送。

行政执法机关在查处违法行为过程中，必须妥善保存所收集的与违法行为有关的证据。行政执法机关对查获的涉案物品，应当如实填写涉案物品清单，并按照国家有关规定予以处理。对易腐烂、变质等不宜或者不易保管的涉案物品，应当采取必要措施，留取证据；对需要进行检验、鉴定的涉案物品，应当由法定检验、鉴定机构进行检验、鉴定，并出具检验报告或者鉴定结论。

行政执法机关对应当向公安机关移送的涉嫌犯罪案件，应当立即指定2名或者2名以上行政执法人员组成专案组专门负责，核实情况后提出移送涉嫌犯罪案件的书面报告，报经本机关正职负责人或者主持工作的负责人审批。行政执法机关正职负责人或者主持工作的负责人应当自接到报告之日起3日内作出批准移送或者不批准移送的决定。决定批准的,应当在 24 小时内向同级公安机关移送;决定不批准的,应当将不予批准的理由记录在案。

行政执法机关向公安机关移送涉嫌犯罪案件,应当附有下列材料:涉嫌犯罪案件移送书;涉嫌犯罪案件情况的调查报告;涉案物品清单;有关检验报告或者鉴定结论;其他有关涉嫌犯罪的材料。

公安机关对行政执法机关移送的涉嫌犯罪案件,应当在涉嫌犯罪案件移送书的回执上签字;其中,不属于本机关管辖的,应当在 24 小时内转送有管辖权的机关,并书面告知移送案件的行政执法机关。

公安机关应当自接受行政执法机关移送的涉嫌犯罪案件之日起 3 日内,依照刑法、刑事诉讼法以及最高人民法院、最高人民检察院关于立案标准和公安部关于公安机关办理刑事案件程序的规定,对所移送的案件进行审查。认为有犯罪事实,需要追究刑事责任,依法决定立案的,应当书面通知移送案件的行政执法机关;认为没有犯罪事实,或者犯罪事实显著轻微,不需要追究刑事责任,依法不予立案的,应当说明理由,并书面通知移送案件的行政执法机关,相应退回案卷材料。

行政执法机关接到公安机关不予立案的通知书后,认为依法应当由公安机关决定立案的,可以自接到不予立案通知书之日起 3 日内,提请作出不予立案决定的公安机关复议,也可以建议人民检察院依法进行立案监督。作出不予立案决定的公安机关应当自收到行政执法机关提请复议的文件之日起 3 日内作出立案或者不予立案的决定,并书面通知移送案件的行政执法机关。移送案件的行政执法机关对公安机关不予立案的复议决定仍有异议的,应当自收到复议决定通知书之日起 3 日内建议人民检察院依法进行立案监督。公安机关应当接受人民检察院依法进行的立案监督。

行政执法机关对公安机关决定不予立案的案件,应当依法作出处理;其中,依照有关法律、法规或者规章的规定应当给予行政处罚的,应当依法实施行政处罚。

行政执法机关对应当向公安机关移送的涉嫌犯罪案件,不得以行政处罚代替移送。行政执法机关向公安机关移送涉嫌犯罪案件前已经作出的警告,责令停产停业,暂扣或者吊销许可证、暂扣或者吊销执照的行政处罚决定,不停止执行。依照行政处罚法的规定,行政执法机关向公安机关移送涉嫌犯罪案件前,已经依法给予当事人罚款的,人民法院判处罚金时,依法折抵相应罚金。

行政执法机关对公安机关决定立案的案件,应当自接到立案通知书之日起 3 日内将涉案物品以及与案件有关的其他材料移交公安机关,并办结交接手续;法律、行政法规另有规定的,依照其规定。

公安机关对发现的违法行为,经审查,没有犯罪事实,或者立案侦查后认为犯罪事实显著轻微,不需要追究刑事责任,但依法应当追究行政责任的,应当及时将案件移送同级行政执法机关,有关行政执法机关应当依法作出处理。

行政执法机关移送涉嫌犯罪案件，应当接受人民检察院和监察机关依法实施的监督。任何单位和个人对行政执法机关违反规定，应当向公安机关移送涉嫌犯罪案件而不移送的，有权向人民检察院、监察机关或者上级行政执法机关举报。

行政执法机关违反规定，隐匿、私分、销毁涉案物品的，由本级或者上级人民政府，或者实行垂直管理的上级行政执法机关，对其正职负责人根据情节轻重，给予降级以上的行政处分；构成犯罪的，依法追究刑事责任。对上述行为直接负责的主管人员和其他直接责任人员，比照上述规定给予行政处分；构成犯罪的，依法追究刑事责任。

行政执法机关违反规定，逾期不将案件移送公安机关的，由本级或者上级人民政府，或者实行垂直管理的上级行政执法机关，责令限期移送，并对其正职负责人或者主持工作的负责人根据情节轻重，给予记过以上的行政处分；构成犯罪的，依法追究刑事责任。行政执法机关违反规定，对应当向公安机关移送的案件不移送，或者以行政处罚代替移送的，由本级或者上级人民政府，或者实行垂直管理的上级行政执法机关，责令改正，给予通报；拒不改正的，对其正职负责人或者主持工作的负责人给予记过以上的行政处分；构成犯罪的，依法追究刑事责任。对上述行为直接负责的主管人员和其他直接责任人员，分别比照上述规定给予行政处分；构成犯罪的，依法追究刑事责任。

公安机关违反规定，不接受行政执法机关移送的涉嫌犯罪案件，或者逾期不作出立案或者不予立案的决定的，除由人民检察院依法实施立案监督外，由本级或者上级人民政府责令改正，对其正职负责人根据情节轻重，给予记过以上的行政处分；构成犯罪的，依法追究刑事责任。对上述行为直接负责的主管人员和其他直接责任人员，比照上述规定给予行政处分；构成犯罪的，依法追究刑事责任。

行政执法机关在依法查处违法行为过程中，发现贪污贿赂、国家工作人员渎职或者国家机关工作人员利用职权侵犯公民人身权利和民主权利等违法行为，涉嫌构成犯罪的，应当比照上述规定及时将案件移送人民检察院。

根据《北京市地方税务局税务稽查案件移送工作办法》（京地税稽〔2010〕160号）的规定，稽查局负责涉税违法行为涉嫌构成违法犯罪案件的移送工作，并指定两名以上税务稽查人员组成专案组专门负责。

下列涉税违法行为涉嫌构成违法犯罪：纳税人采取欺骗、隐瞒手段进行虚假纳税申报或者不申报，逃避缴纳税款，数额在五万元以上并且占各税种应纳税总额百分之十以上，经税务机关依法下达追缴通知后，不补缴应纳税款、不缴纳滞纳金或者不接受行政处罚的。扣缴义务人采取欺骗、隐瞒手段，不缴或者少缴已扣、已收税款，数额在五万元以上的。纳税人五年内因逃避缴纳税款受过刑事处罚或者被税务机关给予二次以上行政处罚，又逃避缴纳税款，数额在五万元以上并且占应纳税总额百分之十以上的。对隐匿、故意销毁会计凭证、会计账簿、财务会计涉及金额在五十万元以上的。依法应当向税务机关提供而隐匿、故意销毁或者拒不交出会计凭证、会计账簿、财务会计报告的。以暴力、威胁方法拒不缴纳税款的,具体包括造成税务工作人员轻微伤以上的;以给税务工作人员及其亲友的生命、健康、财产等造成损害为威胁,抗拒缴纳税款的;聚众抗拒缴纳税款的;以其他暴力、威胁方法拒不缴纳税款的。纳税人欠缴应纳税款,采取转移或者隐匿财产的手段,致使税务机关无法追缴欠缴的税款,数额在1万元以上的。虚开增值税专用发票或者虚开用于骗取出口退税、抵扣税款的其他发票,虚开的税款数额在1万元以上或者致使国家税款被骗数额在5 000元以上的。伪造、擅自制造或者出售伪造、擅自制造的可以用于骗取出口退税、抵扣税款的非增值税专用发票五十份以上或者票面额累计在二十万元以上的。伪造、擅自制造或者出售伪造、擅自制造的不具有骗取出口退税、抵扣税款功能的普通发票一百份以上或者票面额累计在四十万元以上的。非法出售可以用于骗取出口退税、抵扣税款的非增值税专用发票五十份以上或者票面额累计在二十万元以上的。非法出售普通发票一百份以上或者票面额累计在四十万元以上的。其他法定税收违法犯罪行为。

稽查局发现涉税违法行为涉嫌构成违法犯罪的,应在依法下达《税务处理决定书》和《税务行政处罚决定书》后,依法移送公安机关。

稽查局对拟移送的涉嫌构成违法犯罪案件,应填制《税务行政执法审批表》及附相关证据资料,经稽查局长审核签署意见后,上报所属税务局重大案件审理委员会审议,并经所属税务局局长批准后移送公安机关。税务局局长应当自接到重大案件审理委员会决定和《税务行政执法审批表》之日起3日内,作出批准移送或者不批准移送的决定。

稽查局对经批准需进行移送的案件,应当在接到《税务行政执法审批表》后24小时内,填制《涉税案件移送书》和《税务文书送达回证》附带下列资料,并加盖骑缝公章后,向同级公安机关进行移送:《税务登记证》的复印件;相关账册、凭证及票据的复印件;《询问(调查)笔录》的复印件;《涉税事实认定意见书》的复印件;《税务检查报告》;《税务处理决定书》的复印件;《税务行政处罚决定书》的复印件;《税务检查执行报告》《税收缴款书》及其他相关法律文书的复印件其他相关证据材料。

稽查局对审核批准已移送案件,应在依法移送公安机关之日起3日内,填制《税务行政执法审批表》和《移送涉嫌犯罪案件抄备函》,并附《税务处理决定书》《税务行政处罚决定书》和《涉税案件移送书》,经稽查局长审核报所属税务局局长批准后,一并向同级人民检察院报送备案。对审核批准不移送案件,应在作出税务行政处罚决定之日起10日内,填制《税务行政执法审批表》,经稽查局局长审核报所属税务局局长批准后,将《税务行政处罚决定书》复印件加盖稽查局公章报送同级人民检察院。

稽查局对案情复杂、疑难、性质难以认定的案件，可以将案件情况向公安机关、人民检察院通报，并可以就涉嫌犯罪的标准、证据的固定和保全等问题进行咨询。对有证据表明可能涉嫌违法犯罪的行为人可能逃匿或者销毁证据，需要公安机关参与、配合的，稽查局可以函请公安机关提前介入。对已作出税务行政处罚，但对是否涉嫌犯罪存在争议的案件，稽查局应在作出税务行政处罚决定之日起10日内，填制《税务行政执法审批表》和《涉嫌犯罪案件抄备审查意见函》，并附《税务行政处罚决定书》及相关证据资料，经稽查局局长审核报所属税务局局长批准后，向同级人民检察院抄备，并书面提出咨询意见。

稽查局在完成案件移送后，应当在法定职责范围内，积极配合公安机关的刑事侦查取证工作。同时，应当根据已作出的行政处理和处罚决定，商请公安机关协助追缴涉案税款、滞纳金和罚款。

稽查局接到公安机关不予立案的通知书后，认为依法应当由公安机关决定立案的，可以自接到不予立案通知书之日起3日内，提请作出不予立案决定的公安机关复议。稽查局对公安机关不予立案的复议决定仍有异议的，应当自收到复议决定通知书之日起3日内，建议同级人民检察院依法进行立案监督，并将《涉税案件移送书》和不予立案的通知书、不予立案的复议决定抄送同级人民检察院。

稽查局移送涉嫌违法犯罪案件，应当接受人民检察院和监察机关依法实施的监督。稽查局违反规定，逾期不将案件移送公安机关的，由所属或者上级税务局责令限期移送，并对其正职负责人或者主持工作的负责人根据情节轻重，给予记过以上的行政处分；构成犯罪的，依法追究刑事责任。稽查局违反规定，对应当向公安机关移送的案件不移送的，由所属或者上级税务局责令改正，给予通报；拒不改正的，对其正职负责人或者主持工作的负责人给予记过以上的行政处分；构成犯罪的，依法追究刑事责任。

二、文书式样

＿＿＿税务局（稽查局）

涉嫌犯罪案件移送书

＿＿＿税移〔　〕号

关于＿＿＿＿＿＿案件的移送书

＿＿＿＿＿＿：

＿＿＿＿＿＿一案，经我局调查核实，认为已涉嫌触犯《中华人民共和国刑法》＿＿＿＿＿＿的规定。根据＿＿＿＿＿＿和国务院《行政执法机关移送涉嫌犯罪案件的规定》第三条有关规定，现将该案移送你局审查，是否决定立案侦查，请于收到本移送书三日内将审查结果告知我局。

附件：1. 关于＿＿案件的调查报告
　　　2.
　　　……

税务机关（签章）
年　月　日

三、文书的使用说明

（一）设置依据

本移送书依据《税收征收管理法》第七十七条《发票管理办法》第三十五条《行政执法机关移送涉嫌犯罪案件的规定》、《税务稽查案件办理程序规定》第四十八条设置。

（二）适用范围

税务机关向公安机关移送涉嫌犯罪的税收违法案件时使用。

（三）填写说明

（1）本移送书抬头填写受移送案件的公安机关的名称。

（2）"＿＿一案"横线处填写移送案件的名称。

（3）"根据＿＿"横线处根据案件情况填写《中华人民共和国税收征收管理法》第七十七条或《中华人民共和国发票管理办法》相关规定。

（4）依法向公安机关移送案件时，应当附送以下资料：①《关于＿＿案件的调查报告》；②作出处理决定的，应附送《税务处理决定书》的复制件；作出处罚决定的，应附送《税务行政处罚决定书》的复制件；③涉嫌犯罪的主要证据材料复制件；④其他有关涉嫌犯罪的材料。对有一定的涉嫌犯罪线索，但依税务机关法定职权无法查证并作出税务处理、处罚决定的税收违法行为，税务机关可以依法移送公安机关。

（5）用于证明税务处理、处罚等税收执法行为的证据材料原件不得移交。

（6）《税务稽查报告》《税务稽查审理报告》《税收违法案件集体审理纪要》等税务机关内部研究相关材料不得移送。

（四）使用与格式

（1）本移送书与《税务文书送达回证》一并使用。

（2）文书字号设为"移"，稽查局使用设为"稽移"。

（3）本移送书为 A4 竖式，一式二份，一份送公安机关，一份装入卷宗。

第十节 涉嫌犯罪案件情况调查报告

一、相关法律制度

根据《税收征管法》第七十七条的规定，纳税人、扣缴义务人有《税收征管法》规定的行为涉嫌犯罪的，税务机关应当依法移交司法机关追究刑事责任。

根据《税务稽查案件办理程序规定》第四十八条的规定，税收违法行为涉嫌犯罪的，填制涉嫌犯罪案件移送书，经税务局局长批准后，依法移送公安机关，并附送以下资料：①涉嫌犯罪案件情况的调查报告；②涉嫌犯罪的主要证据材料复制件；③其他有关涉嫌犯罪的材料。

二、文书式样

涉嫌犯罪案件情况调查报告

编号：____

关于_____案件的调查报告

我局于____年__月__日起对_____（纳税人识别号：____）的____年__月__日至____年__月__日涉税情况进行了查处。现将查处过程中发现的涉嫌犯罪的税收违法情况报告如下：

一、基本情况

……

二、涉嫌犯罪的税收违法事实

（一）

1.

2.

……

（二）

……

三、涉嫌犯罪的税收违法行为的税务处理、处罚情况

（一）

1.

2.

……

（二）

……

四、其他情况说明

（一）

1.

2.

……

（一）

……

税务机关（印章）

年__月__日

三、文书的使用说明

（一）设置依据

《涉嫌犯罪案件情况调查报告》依据《中华人民共和国税收征收管理法》第七十七条、《行政执法机关移送涉嫌犯罪案件的规定》、《税务稽查案件办理程序规定》第四十八条设置。

（二）适用范围

税务机关向公安机关移送涉嫌犯罪的税收违法案件时，将当事人涉嫌犯罪的税收违法事实等情况通报公安机关时使用。

（三）填写说明

（1）本报告正文"对_____"横线处填写当事人姓名或者名称，有效身份证件号码或者统一社会信用代码，没有统一社会信用代码的，以纳税人识别号代替。

（2）"基本情况"概括填写：

A.当事人基本情况。如：当事人姓名或者名称、法定代表人或者单位负责人姓名、主管部门、经营地址、企业类型、经营范围、经营方式以及稽查所属期间、申报、缴纳税款等情况以及与涉嫌犯罪有关的其他情况。

B. 税务机关查处概况。

（3）"涉嫌犯罪的税收违法事实"部分详细写明涉嫌犯罪的税收违法事实，与涉嫌犯罪无关的税收违法事实可以不填写或者不详细填写。

（4）"涉嫌犯罪的税收违法行为的税务处理、处罚情况"部分应当写明税务机关对涉嫌犯罪的税收违法行为所进行的税务处理、处罚的内容及依据。依税务机关法定职权无法查证并作出税务处理、处罚决定的，应当说明原因。

（5）"其他情况说明"主要填写：

A. 当事人在税务机关依法下达追缴通知后，是否补缴应纳税款，缴纳滞纳金，并已受行政处罚。

B. 当事人五年内是否因逃避缴纳税款受过刑事处罚或者被税务机关给予二次以上行政处罚。

（6）本报告只正面叙述税务机关认定的涉嫌犯罪的税收违法行为事实及意见，不叙述税务机关调查、审理过程中内部的不同看法。

（四）使用与格式

本报告为 A4 竖式，一式二份，一份送公安机关，一份装入卷宗。